論文集

羅門蓉子

羅門・蓉子文學世界學術研討會
羅門・蓉子文學世界學術研討會
羅門・蓉子文學世界學術研討會
羅門・蓉子文學世界學術研討會
羅門・蓉子文學世界學術研討會
羅門・蓉子文學世界學術研討會
羅門・蓉子文學世界學術研討會
羅門・蓉子文學世界學術研討會
羅門・蓉子文學世界學術研討會

國立中央圖書館出版品預行編目資料

羅門蓉子文學世界學術研討會論文集／周偉民．
唐玲玲主編．--初版．--台北市：文史哲，
民83
　面；　公分
ISBN 957-547-861-4（平裝）

1. 現代文學－論文，講詞等

851.586

羅門蓉子文學世界學術研討會論文集

主編者：周偉民・唐玲玲
出版者：文史哲出版社
登記證字號：行政院新聞局局版臺業字五三三七號
發行人：彭　　正　雄
發行所：文史哲出版社
印刷者：文史哲出版社
台北市羅斯福路一段七十二巷四號
郵撥○五一二八八一二彭正雄帳戶
電話：三　五　一　一　○　二　八

中華民國八十三年四月十四日初版

實價新台幣五四○元

「羅門、蓉子文學世界」
學術研討會論文集

目 次

主題發言

大會主席周偉民

羅門、蓉子的文學世界
對世界文學的啓示

——在「羅門蓉子的文學世界」
學術研討會上的主題發言

周偉民

　　由海南大學、海南日報社聯合主辦、海口市對外文學藝術交流協會協辦的「羅門、蓉子的文學世界」學術研討會終於成功地召開了。這是值得我們大家很好地慶幸的。

　　今天，海內外的詩人、作家和專家、學者們在這個有意義的日子裡，匯聚在海南大學邵逸夫學術中心，共同研討飲譽世界的羅門、蓉子的文學世界，這是一次難得的盛會，也是海峽兩岸文化交流的盛事。

　　一九八八年十月，羅門在離開故土四十多年後，第一次回到了故鄉——海南省文昌縣探親，故鄉的親人激動而又驕傲地迎接這位來自祖國第一大島的游子。他在海南逗留了九天，記得當年十月二十二日，海南大學邀請羅門演講，那天，正好颱風登島，教室外風狂雨驟，階梯教室內座無虛席，教室的走廊，也擠滿了聽講的人群。大家爲詩人飽含激情的演講報以一陣陣熱烈的掌聲和會心的笑聲，台上台下，讓詩歌的強音連成一片。在這一難忘的時刻，海峽兩岸文化人的心緊緊地連在一起了。當時，羅門跟我和文學院部分教授們傾心交談，大家議定做成三件事：第一，在海南大學圖書館設置「羅門、蓉子著作專櫃」，供師生和廣大讀者閱讀、研究。第二，寫出一部專著，評論羅

門、蓉子的文學世界。第三，召開一次高層次的有海內外學者參加的「羅門、蓉子的文學世界」學術研討會。

時間過得很快，四年多的歲月轉瞬即逝。今天，上述三個心願已依次轉化爲現實。這就是這次「羅門、蓉子的文學世界」學術研討會的緣起。

羅門、蓉子從五十年代起在台灣已負盛名。羅門創作的詩集有《曙光》、《第九日的底流》、《死亡之塔》、《日月集》、《羅門自選集》、《曠野》、《羅門詩選》、《隱形的椅子》、《日月的行蹤》、《整個世界停止呼吸在起跑線上》、《有一條永遠的路》等十一部，論文集有《現代人的悲劇精神與現代詩人》、《心靈訪問記》、《長期受著審判的人》、《時空的回聲》、《詩眼看世界》等五部。作品入選世界各地五十八部選集中，其中列入外文選集的英文版有十三種，法文版有一種，日文版有二種，韓文版有四種。他的代表作《麥堅利堡》享譽世界。蓉子著作詩集及散文集有十三部，計有《青鳥集》、《七月的南方》、《蓉子詩抄》、《童話城》、《日月集》、《維納麗沙組曲》、《橫笛與豎琴的晌午》、《天堂鳥》、《蓉子自選集》、《雪是我童年》、《這一站不到神話》、《歐遊手記》等。她以處女作《青鳥》一詩一舉成名。作品入選世界各地的四十九種選集裡。選入外文選集的英文版七種，法文版一種，日文版二種，韓文版四種。羅門與蓉子，在第一屆世界詩人大會上，被譽爲「世界詩人大會第一文學伉儷」，獲菲國總統大授勛章，在第三屆世界詩人大會上，獲大會特別獎與接受大會加冕。羅門還獲得中國時報推荐詩獎、中山文學獎，蓉子獲得一九七五年國際婦女文學獎和國家文學獎等。羅門和蓉子，在他們的作品裡，一直關懷著人類的前途和命運，並以深刻的思想和藝術的魅力，感動和激動著千百萬讀者；他們在那商品經濟充分發展的台灣社會裡，以自己高尚的人品，抵禦著拜金主義的襲擊；他

們用自己的全部身心、全部生命，爲嚴肅文學作了一生的追求。羅門、蓉子的文學世界，對世界的文學，提供了有益的啟示。

一、羅門、蓉子對不斷淨化人類的精神空間，有著強烈的歷史責任感。

幾十年來，在台灣的商品經濟大潮中，泥沙與金子俱下，文學受到金錢至上的社會觀的猛烈沖擊。在這樣一股不可避免的帶世界性的浪潮中，詩人怎樣對自己定位？我們讀羅門、蓉子的詩，深深地領略到，他們對於社會上人的精神的沒落與內心的貧困，有著強烈的歷史責任感和歷史使命感。羅門曾說：「我認爲一個真正偉大的詩人，應該是：

㈠他除了有不凡的才華與智慧，以及對藝術盡責外，也應該是一個具有是非感、良知、良能與人道精神的人。

㈡他最了解自由，對世界懷有全然開放的心境，擁有廣闊的視野；他關心人的苦難，其工作，是在解決人類精神與內心的貧窮，賦給生命與一切事物，以豐富與完美的內容。

㈢他不同於賣藝者與雜要者，是因爲他向詩投資的，是藝術與生命雙方面的。

羅門與蓉子作爲時代的優秀詩人，他們全部的創作實踐，正是在履行著這樣的人生理想。羅門認爲，「人的一生就是一首詩」，如果沒有詩與藝術的美的心，再高明的科學帶來再豪華的物質文明世界，都將趨於冷漠，粗糙，甚至野蠻，使人類的生存空間惡化與醜化，這可從世界許多缺乏詩與藝術美感的內外生活空間都醜的物質文明都市看到。羅門在一九五七年寫過一首名詩，標題即是《向不朽的精神文明致敬》。羅門與蓉子，他們用生命寫詩，永遠高唱著精神文明的不朽，也正因此，人們將這一觀念，共許爲「羅門、蓉子永恆的主題」。

二、羅門、蓉子的文學世界,堅持和維護著中國的「國魂」和文化中國的「根」。

一九九二年秋冬間,羅門、蓉子應邀到美國參加愛荷華國際作家筆會,十一月二十七日在愛荷華市的燕京大飯店,發表了《詩眼看中國文化的卓越性》的演講。在演講中他著重以事實來證明中國文化的卓越性以及做為一個具有深厚傳統文化的中國人,在未來人類存在的共同世界中,應該享有優越與光榮。他說:「中國文化中昇華的卓越詩心,顯然是對人類不斷穿越科學所開拓的物質世界向未來邁進的生命,具有至高的引導力與主導。因而可見做為以詩的民族自豪的中國人應是優秀與光榮的。因為做為人的存在,中國人一直具有世界上最美與最優越的詩心。」「在中國詩歌史上,有陶淵明、王維、李白、杜甫等偉大的詩人,他們都具有最卓越高超的詩心」,在他們那「靈悟與諢化的詩境中體現中國的詩魂,也即中國文化的國魂。」在羅門看來,屈原是中國傳統詩魂、國魂的代表:「你怎樣也扳不回太陽的斜度/便將心碎成汨羅江上的浪花/撒到最高最闊的天上去/成為星海。」(《升起的河流──悼詩人屈原》)為了國家和民族的利益,可以將自己的心碎作千百萬花瓣,撒向天空,轉化成星的海洋。

羅門、蓉子認為,在中國文化中,有一種高超的境界,能使人類內在的生命,得到弘揚,同時在中國文化中,還具有一種潛力,能「幫助那越來越陷在物化與機械化的冷漠生存空間中的人,將他們拯救,恢復靈性」。中國文化,讓世界上的炎黃子孫,對中華民族認同、對民族傳統親和、依戀以及回歸,讓中國人永遠保持一種生機和活力。請讀蓉子的《只要我們有根》:

> 在寒冷的冬天,惡劣的氣候裡
> 翠綠的葉子片片枯萎

　　正似溫馨的友情一一離去

　　我親愛的手足　不要傷悲
　　縱使葉子們都落盡
　　最後就剩下了我們自己——

　　那光潔的樹身　仍舊
　　吾人擁有最眞實的存在

　　——只要我們有根

　　只要我們有根
　　縱然沒有一片葉子遮身
　　仍舊是一株頂天立地的樹
　　就讓我們調整那立姿
　　在風雨裡站得更穩
　　堅忍地度過這凜冽寒冬

　　是的，只要我們有根
　　明春　明春來時
　　我們又會枝繁葉茂　宛如新生

這根，體現了我們民族精神，也正是我們國魂之所在。英國哲學大師懷德海說：「我們對中國藝術、文學與人生哲學知道越多，就會越羨慕這個文化所達到的高度……。從歷史的綿延與影響的廣度來看，中國的文明是世界上自古以來最偉大的文明。」偉大的文明正是我們的「根」。

三、羅門、蓉子的文學世界，永遠關懷著當代社會。

羅門與蓉子，在對精神理想作不計功利得失的執著追求的同時，作品始終感應著生活的風雨，追蹤著當今的社會文化，永遠關懷著整個社會生活的變化。

羅門向來被評論界譽為現代詩的守護神，都市詩的巨擘。羅門是以都市詩名世的。現代都市的形成與發展，促進了工業文明以來人類思想和生活的許多新的變化，舉凡道德倫理觀念、生活方式、文化心態，從外在行為到內心世界都有著日新月異的變化；羅門以現代的觀念，圍繞著都市的三個主題——物、場和事，並通過都市群體活動的秩序反映出來。

羅門對當代社會生活，特別是對都市的現代文明，一方面是以開闊的胸懷，肯定工業文明所帶來的社會的進步，人類生活水平的提高，但同時又有極其嚴峻的批評。

羅門說：「我認為人類活著應擁有兩個美麗的花園：一個是靠科學帶來物質文明的力量來達成；一個是更美更卓越的內在花園，它是靠文化中昇華到極致的美與卓越的詩心來建造。」對於物質文明與精神文明，他認為人類活著的兩座美麗的花園，是應該肯定的。但他接著又指出：「我們發現，科學所證實的客觀與真實的世界，在人類的生存中，並非全部的真理；而只有從現實中不斷超越與昇華進入存在意境的詩心，方能認清真理的全貌。」（《詩眼看中國文化的卓越性》）純粹追求物質生活，物欲會蒙蔽人類對真理的把握。因此，羅門在《第九日的底流》《死亡之塔》及《都市之死》等組詩中，對於都市中的拜金主義、因物欲的追求而鮮廉寡恥、急促的都市生活中的忙亂、信仰的沒落、縱慾者道德的淪喪等，反復地給予曲折的諷刺或嚴厲的批判。羅門對於現代都市生活中的諸多醜惡現象，不認同它們，同時

又不斷地給人以精神理想，導引人們趨於完美。

蓉子因爲詩風不同於羅門，她在繁雜的現代都市生活面前，總是以心的透明、情的摯誠、愛的純眞，蕩漾人們的心靈，給浮躁的都市人以心靈的撫慰；她總是爲讀者展現生活的美好，即使在抨擊都市的塵囂時，也使人們容寄對未來、對大自然的美好的憧憬

四、羅門、蓉子的文學世界始終追求嚴肅文學，以強烈的藝術精神意識對待創作，並對藝術經驗作出科學的總結。

據我所知，迄今爲止，蓉子沒有發表過理論專著，但在作品的前言或後記中，對詩的觀念，多所闡發；羅門則不同，他先後出版了五部理論著作。五部專著，可以看作是羅門與蓉子從事詩的創作三十多年來的藝術實踐的理論概括；這裡面，包括他們伉儷對人生對藝術的全部思考。他們一貫堅持，詩與藝術是一項永恆性的精神作業；詩應該對人的心靈不斷地淨化；他們認爲，現代詩應從優秀的古典文學中吸取有機的生命與原動力；對於如何寫好現代都市詩，他們有著精闢的見解，而羅門提出的，在詩這項嚴肅而且是創造性的精神作業中，「第三自然」與「現代感」，是必須特殊強調的創作觀念。

在這些理論觀念中，不論是思考的廣度或深度來說，都是令人欽佩的；而其中的理論發現，就其理論價值來評價，與他們伉儷在創作上的輝煌成就，珠聯璧合，相得益彰。

這次學術研討會，分兩段進行。正如日程所示，前一段有八場會議廳裡的研討作業；大家宣讀論文，每場有精要的評論，第八場有總結性的演講。不管怎樣策劃這八場研討，總是傾盆大雨式的理論灌輸，而細細的推敲與爭論，則是在後一天中進行。這四天，我們作跑馬觀花式的環島旅遊考察。這四天我們投入大自然懷抱中；關於旅遊對文人的重要性，距今一四○○多年的齊梁時代的劉勰說得很清楚，他在

《文心雕龍・物色》中說過：文章江山助。我相信在旅遊中，海南島的江山，可以引起大家的文章的興致的！

　　順便說到的，這次旅遊，我們第一站到羅門先生的故里。這樣，我們有一個難得的機會，即不是在幾個風景點溜躂一下，而是到一個村子裡，真正領略到一下海南島風俗，細看海南的典型民居。

　　謝謝大家。

羅門・蓉子
發表自己詩觀

將同詩走完我的一生

羅　門

　　首先必須感謝海內外的五十多位學者與作家們參加這次研討我與蓉子的創作會議，尤其是海南大學周偉民與唐玲玲兩位教授，他們花兩年時間寫我與蓉子的專論著作達三十多萬字；接著又花一年的時間，來籌辦這次研討會，除了感謝，更多的應是感激。

　　大會安排我與蓉子分別就個人詩創作理念與經驗、發表論見，構想是基於在這次嚴肅的學術研討會中，我們是被研討的對象，自己又創作了近四十年，訴說一些感言，的確有些必要也含有人情味，於是便接受大會這項安排。

　　談到寫詩，我寫了近四十年，還要寫下去，並且覺得離開詩，我整個人與世界會空掉，同時我也會失去認識「人」與「世界」的最深入與最確實的可持信的力量。詩對我有這樣強大、絕對且具近乎宗教性的吸力，究竟是什麼理由？這更可從我以往曾寫過的那些詩話中，得到可靠的答案。下面是我摘錄自己的一些詩話。

● 作官與做生意的，往往只能使我們在陶淵明的「東籬下」，採到更多的「菊花」，但看不見「東籬外更無限的「南山」；而詩能夠。如果沒有詩，我們只能看見柳宗元獨釣寒江魚（給魚老板看）；而看不見柳宗元「獨釣寒江雪」——釣整個宇宙的荒寒與孤寂感（給哲學家看）。

● 詩能以最快的速度與最短的距離，進入生命存在的真位與核心，而接近完美與永恆。

● 詩創造的美的心靈，如果死亡，太陽與皇冠也只好拿來紮花圈了；

在我看來，詩已成爲一切完美事物的鏡子，並成爲那絕對與高超的力量，幫助我們回到純粹生命的領地。

● 詩與藝術是傳達人類內在生命活動最佳的線索。

● 詩與藝術能幫助人類將「科學」與「現實世界」所證實的非全面性的眞理，於超越的精神作業中，臻至生命存在的全面性的「眞理」。

● 詩在超越與昇華的美中，可使時間變成美的時間，使空間變成美的空間，使生命變成美的生命，使各種學問思想（包括科學、哲學、政治、文學與藝術）在最後都變成美的學問思想。

● 詩能將人類與一切，提昇到「美」的顛峯世界。

● 古今中外，所有偉大的文學家與藝術家，他們雖不一定都寫詩，但他們不能沒有卓見的「詩眼」，否則在創作中便不可能看到精彩的東西，也不可能卓越與偉大，其實，他們都是不寫詩的詩人。

● 詩是人類精神世界的原子能、核能與微粒子。

● 詩在無限超越的N度空間裏追蹤「美」，可拿到「上帝」的通行證與信用卡。

● 詩是打開智慧世界金庫的一把金鑰匙，上帝住的地方也用得上。

● 詩與藝術創造人類內心的美感空間，是建造天堂最好的地段。

● 如果神與上帝眞的有一天請長假或退休了，那麼在人類可感知的心靈之天堂裏，除了詩人與藝術家，誰適宜來看管這塊美麗可愛的地方呢？

● 如果世界上確有上帝的存在，則你要到祂那裏去，除了順胸前劃十字架的路上走；最好是從悲多芬的聽道，米開蘭基羅的視道，以及杜甫、李白與里爾克的心道走去，這樣上帝會更高興，因爲你一路替祂帶來實在好聽好看的風景。

● 詩與藝術不但是人類內在生命最華美的人行道，就是神與上帝禮

拜天來看我們，祂也是從讚美詩與聖樂裏走來的。

● 將詩與藝術從人類的生命裏放逐出去，那便等於將花朵殺害，然後來尋找春天的定義。

● 太空船可把我們的產房、臥房、廚房、賬房與焚屍爐搬到月球去，而人類內在最華美的世界，仍須要詩與藝術來搬運。

● 世界上最美的人羣社會與國家，最後仍是由詩與藝術而非由機器造的。

● 沒有詩與藝術，人類的內在世界，雖不致於瘂盲，也會丟掉最美的看見與聽見。

● 如果詩死了，美的焦點，時空的核心，生命的座標到那裏去找？

● 「詩」是神之目，「上帝」的筆名。

　　除了上面這些抽樣的詩話，同時我發現詩人也創造了一門屬於生命與心靈的學問。譬如科學家面對「海」的存在，是在研究海存在的物理性——海的水質、鹽份、海的深廣度、海的產物、海的四季變化等。而詩人則多是坐在海邊觀海，把海看到自己的生命裡來，把自己的生命，看到海裡去；看到海天間的水平線，便發覺那是「宇宙最後的一根弦」；看到海上一朵雲在飄，便聯想「雲帶着海散步」，悠哉遊哉，畫面便也跟着顯映出王維與老莊來；凝望着海圓寂的額頭，便會聯想到哲人愛恩斯坦與羅素等人的額頭；將藍藍的海，看成宇宙的獨目，又倒轉來看人類的眼睛，最多望了百餘年，都要閉上，而海的眼睛，卻望了千萬年仍在望——望着人類的鄉愁、時空的鄉愁、宇宙的鄉愁、上帝的鄉愁；更神妙的，是浮在海上的那條天地線，幾千年來，一直不停的牽着日月進進出出，從未停過；而海也一直握着浪刀，一路雕過來，把山越雕越高，一路雕過去，把水平線越雕越細，此時，難怪王維要把「山色有無中」的境界在詩中說了出來。由此可見詩的確是探索與創造那埋在事物與生命深處的一門奧秘的「美」的學問，

那往往是其他學問無法說得清楚與完全的。

　　此外，我也體認只有詩能把「自然的生命」、「藝術的生命」與「道德的生命」三者在其無限超越與昇華的思想感通力與慧悟中，統化為一體的存在，而使人類與宇宙萬物的生命獲得接近完美性與永恆性的存在；而且詩在超越與昇華的精神作業中，最了解自由，並被視為絕對的力量，能將人類徹底的從專制極權政治的籠子與都市機械文明的鐵籠等兩大籠子以及現實勢利社會大大小小的各種籠子中，解救出來，重獲真正自由、自覺與具有美好內容的「人」的生命。

　　從上述的這些潛藏有創作特殊意識的詩話中，可看出寫詩這件事，對我已不只是存在於第一層面的「興趣」問題，也不只是玩弄文字遊戲；而是對存在深層價值與意義的追認，令使我以生命來全面的投入與專注的問題。誠然，詩已成為我企圖透過封閉的肉體存在，向內打開且建立起那無限透明的生命建築。人的生命，在我看來已是一首活的詩；人從搖籃到墳墓的整個過程，是詩的過程；人整個存在與活動的空間，是詩的活動空間；人整個活動的形態，也是詩的活動形態。詩能確切地透視與監控着一切在美中存在。

　　其次我想談的，是如何能成為一個真正偉大的詩人。

　　我認為一個詩人能偉大，他必須在根本上具有下面的條件：

(1)他除了有不凡的才華與智慧，以及對藝術盡責外，也應該是一個具有是非感、良知、良能與人道精神的人；如果做為一個詩人，沒有正義感、鄉愿、顛倒是非，做人都有問題，還做什麼偉大的詩人。

(2)他最了解自由，對世界懷有全然開放的心境，擁有遼濶的視野，守望着一切進入理想的世界。他除了關心人的苦難；更廣泛的工作，是在解決人類精神與內心的貧窮，賦給生命與一切事物，以豐富與完美的內容。

(3)他不同於賣藝者與雜耍者，是因爲他向詩投資的，是藝術與生命雙方面的。也就是他必須寫出有偉大思想的詩，也同時寫出有詩的高明思想的詩。前者是詩中具有確實感人的偉大思想；後者是詩中具有確實傑出非凡的藝術表現與美學理念。若只有前者，將對詩本身的生命有傷害；若只有後者，將使詩變成一種耍巧的行爲，失去生命內涵的淵博感與偉大感，詩便難免浮面化，甚至淪爲文字的賣藝者，同其他行業的賣藝者，沒有兩樣，而違背了詩人是往精神深層世界工作的藝術家。

(4)他必須具有對詩始終執着與嚮往的宗教情懷，不能被勢利的現實擊敗，若被擊敗，詩心已死，詩人都做不成，還談什麼偉大的詩人。

接著談我對詩創作世界的基本界定：

我認爲詩不同於其他文學類型的創作，是在於：詩絕非是第一層次現實的複寫，而是將之透過聯想力，導入潛在的經驗世界，予以觀照、交感與轉化爲內心中第二層次的現實，使其獲得更爲富足的內涵，而存在於更爲龐大且永恆的生命結構與形態之中；使外在有限的表象世界，變爲內在無限的心象世界。這也正符合我「第三自然螺旋型架構」的精神運作的基型，也就是將現實的「第一自然（田園）與「第二自然（都市）」的兩大生存空間，經由心的交感轉化昇華，變爲內涵更富足與無限的「第三自然」的景觀，詩方可能獲得理想與無限的活動空間。

此外我想除在詩創作中主張的「第三自然螺旋型架構」（見文史哲出版的論文集「詩眼看世界」）理念，尚順便談我較特別強調的觀點。

(1)我強調詩的「現代感」，因爲現代感具有前衞性、創新性與驚異性（震撼性），這是詩乃至任何文藝創作，所必須重視的，否則

創作生命會失去最佳的機能，甚至發生停滯與癱瘓現象。

(2)我強調多向性（N. D. B）的藝術表現。因為詩人與藝術家是在自由廣濶的「天空」而不是在狹窄的「鳥籠」內工作的；而且他們是「生命」的另一個造物主；是拿到「上帝」發給通行證與信用卡的創作者，不宜標上任何「主義」的標籤。至於任何階段性的現實生存環境，以及出現過的任何「主義」與「流派」乃至古、今、中、外等時空範疇、以及「現代」之後的「後現代」的「後現代」……等不斷呈現的「新」的「現代」，對於一個具有龐大涵蓋力的詩人，那都只是不斷納入他超越的自由創作心靈溶化爐中的各種「景象」與「材料」，有待他以機動與自由開放的「心靈」，來將之創造與呈現出新的藝術生命，所以詩的創作，不能不採取開放的多向性視點──包括表現技巧的多向性與內涵世界表現的多向性。

【註】（NDB-NONE DIRECTION BEACON）是我在美國航空中心研究期間，看見的一種導航儀器，叫做「多向歸航臺（NDB）」，飛機可在看得見、看不見的狀況下，從各種方向，準確地飛向機場。這情形，頗似詩人與藝術家以廣體的心靈與各種媒體，將世界從各種方向，導入存在的眞位與核心，這便無形中形成我創作上「多向性」的詩觀。

最後我想對陳鵬翔教授與林耀德兩位評論家發表的兩篇論文，也分別表示我個人的一些意見，並借此多說一些有關創作思想的話。

陳教授寫「論羅門的詩歌理論」，寫得相當切實與深入。至於提到我「第三自然螺旋架構」的超越觀念時，我認為施友忠教授的兩度超越，近乎是一種流露出中國傳統文化人具有修持、有德性、無為而為的開濶與曠達的生命情懷，這種情懷在形而上的昇華中，便自然進

入無限超越的和諧與圓融的心靈境界。這同尼采式的心靈超越，雖都同是超越，但有所不同。尼采的超越，是屬於西方式的，有突破的、銳利的「尖端」、有「傷口」、有「悲劇」；施教授的超越是屬於東方中國式的，有謙和、寬大的包容性，有時對世事雖也有慨嘆，但較少有悲劇感，這種外歸造化，中得心源、融合圓通、超塵出俗、自足自給的超越心境，確也是人存在於世一種至爲高超卓越的人生境界。尤其在物慾泛濫、道德淪落以及偏向功利與心術大行其道的世紀末的現實生存環境中，便的確更顯得高潔與珍貴了。

　至於我「第三自然螺旋型架構」世界，所呈現的心靈超越，同施教授同尼采，也有所不同，我是從近四十年來詩創作的實踐的心境所體認與呈現出來的。我認爲做爲一個詩與藝術的創作者，是勢必要穿越「第一自然」與人爲的「第二自然」兩大實際的生存空間，並轉化進入內心「第三自然螺旋型」的具有無限超越的世界，方能臻至與達成創作的終極目的與企求。同時爲了在創作中，有效地凸現作品的前衛性與創新性，創作者便不能不正面地介入存在與變化的「第二自然」，並同之打交道與對談，以求在創作媒體的運用、以及思考空間與美學觀點有新的發現、突破與建立——於無形中也顯示出這是屬於詩的創作「心靈」與「藝術」的雙重超越；並也因此，在「存在與變化」的時空中，看出詩人與藝術家有不同的創作心境與風貌，譬如柳宗元在千年前寫「獨釣寒江雪」，是在看得見有江有雪的景物，來寫出人存在於荒寒中的孤寂感，表現心靈在超越存在中的覺悟之境；而現代詩人於被人爲「第二自然」的「機器鳥」帶到三萬呎高空無江無雪的新的時空景況之中，寫「問時間／春夏秋冬都在睡／問空間／東南西北都不在／太空船能運回多少天空／多少渺茫；」，那便是在表現新的時空鄉愁，在進行着一種和柳宗元同中有異的心靈超越。

　如此看來，無論是施教授的心靈超越，尼采的心靈超越，雖都有

突破現實與時空阻力，進入「前進中的永恆」世界之欲求，但形態與意涵都非盡同。

如果我說的不錯，施教授的超越，是一種自足性高、自守性強、以不變應萬變較溫和的觀照性的超越；尼采的超越是採取極端、激烈性的具突破性的超越；而我的「第三自然螺旋型架構」世界的超越，是透過創作心靈同第一與第二自然多元性存在與變化的現場景況經由詩的穿透力、轉化力與提昇力所進行的超越，便難免含有尼采正面介入引起衝突所產生的悲劇性，這是施教授的超越心靈，較不易出現的；也免不了含有施教授二度超越中所流露的偏於東方性的形而上的靈悟與自然觀，這是同尼采西方式的超越心靈所呈示激烈性的悲劇精神，多少有距離。他們兩位較偏於「哲學」性的，我是較偏向「詩」的。

Ⅱ

林燿德發表的「羅門思想與後現代」，也是做了相當深入的研判，他大體上對我的創作思想與觀念，在大方向上是給予肯定的，論文中他說：

「羅門，做為一個具備現代思想與前衛創新傾向的重要詩人與詩論家，在五○年代以降臺灣詩壇形成一家之言，他的發展軌跡隨著自己的思想與詩風、以及整個文化環境的變遷而顯現出來。在多次有關潮流、技巧以及詩人內在生命本質的論爭中，羅門始終能夠提出獨到的見解，包括了創作的形式、與古典詩的關係、各種主義流派的反思，他的洞見維護了詩的純粹性，並且以不輟的創作親自證明了詩人毫不屈撓於現實的意志」。

最後在結論時，他也說：作者仍願指出，「羅門思想」中的「第三自然螺旋型架構」對於後現代的批判與修正仍然具備以下嚴肅的意義：

㈠羅門能夠以一己營造的壯美思想體系面對時潮，提出具體的立

場，這種胸襟和氣魄，在臺灣詩壇陷入沉寂、被小說界奪去解釋權的八、九〇年代，無疑是令人振奮的。

㈡羅門講究立場，雖然也有模型理論的自我制約，但比起後現代主義玩家的閃爍其詞、飄忽不定，他篤定而誠懇的態度值得肯定，重建真理的企圖則令人敬佩。

㈢後現代主義者譏笑現代主義是「刺蝟」，眼睛只能看到一個方向，他們又自比為「狐狸」，可以同時注意不同的方位。不過眼觀八方的狐狸常常因為咬不著刺蝟而餓死，就算咬著了也往往痛斃當場。後起的浪潮不見得必然高過前驅的浪鋒；能夠堅持自我理念的詩人羅門是永不過時。

至於該文中說後現代不只是關係到文學與藝術上的問題，我想這是大家都知道的。所以我也特別聲明我只是以詩眼來看同詩創作生命有關的後現代問題。既然後現代又是各說各話，我應也有權益，對存在的問題，表示自己的意見；而不是去全面應對所有「後現代主義」各說各話的代言者他們的全部思想，我也非他們專門的研討者。那也不是我要走的路。縱然如此，我仍是有理由去對凡是被學者譯出來的已成為後現代主義各說各話的某一位代言者的某一些較重要的觀點，表示個人的看法與意見。譬如我曾特別把詹明信這位後現代主義的顯著人物，他將目前世界的人類裁決為沒有深度、沒有歷史感的存在，這一嚴重的問題，（見一九八七年八月六日十六期的「當代」雜誌「詹明信後現代主義評介」一文的評述），後來便引發我個人進一步對後現代人類存在的實況提出質疑，並對目前所謂後現代偏向於沒有深度、沒有歷史感、流行、商業化、消費性格、浮面、淺薄等劣質化的文藝走向提出警告、批判與防範，應是有理由的，也有言論的正當空間。我並沒有反對詹明信的論見，只是附加我個人較強烈的判定。又林文中說德希達屢次表明『我沒有立場的立場」」，這一由後現代思

想家提出的觀點，我也不一定要全面查詢與了解各說各話的後現代主義，我只就這一個同人類存在關係也至為嚴重的觀點，放在我「第三自然螺旋型世界」來論談，並提出個人的意見，應是正當的。我承認人有些時候的確覺得持沒有立場的立場，也是一種立場，甚至也可能是超乎所有立場之上的更為合理的立場。然而持沒有立場的立場，仍難免有可怕的盲點。那就是持這樣的立場，一旦淪入沒有是非感，看風轉舵，跟着勢利跑，人的存在豈不敗壞，便不能不提出警告與防範。

又林燿德在文中認為我是站在現代思想對「後現代情境與狀況的一次絕地大反攻」但接着又說我的現代思想同後現代仍有交集之處；同時也說我的「第三自然螺旋型架構」所呈現的現代思想有「大的包容性」，可見我面對後現代情況是帶有批判性的選擇態度，非採取「絕地大反攻」的對立形式。

其實我是選擇地同意後現代凡是具有正面影響的思想表現的。從我十多年前，採取全面的解構觀念，儘可能使所有的材質與藝術主義流派都自由參與到我所組合成的「燈屋」藝術造型空間；以及我十年前寫的「曠野」與後來為林燿德「一九九〇」詩集寫的序都充份說明我對後現代創作意念所提供的正面效果是表以重視的。當然對「後現代」偏向多元化所呈現浮面粗略、失散與迷亂等的負面現象，我還是像對「現代」的缺失與盲點一樣的提出質疑與批判。

在此，我尚可提出另一個例證，譬如三十年前，根本沒有談什麼後現代創作上的「解構」與拼湊觀念。但那時創作中已有這種現象與情形。像我「麥堅利堡」詩中的「神來過、敬仰來過、汽車與都市也來過／而史密斯、維廉斯你們是不來，也不去了」，這段詩的前一句，顯然已在使用後現代的「解構」與「拼湊」的創作意念與手段，使「神」（永恆、仁慈）「敬仰」（抽象觀念、人間的崇敬）、「都市與汽車」（都市文明的吃喝玩樂以及俊男美女的遊客）不相干的拼湊在

一起，爭論在一起；越是「各說各話」，爭吵的聲音便越大，這一越來越大的多元的聲音，便「無形中」在思想的新的一元性中，匯合成更強大的力量，對着由戰亡的七萬美軍在戰爭中所建起的「偉大」與「不朽」的價值，提出連上帝也難於面對的質疑；如果上述的那句詩中，解構後，「各說各話」後，便各自東西沒有「無形」的「新」的一元性予以統合，則不可能進入創作思想強有力的新的重力場，產生爆發力；也不可能使創作生命有能力確實進入「前進中的永恆」之境。這就是說所有的藝術創造者，無論採取何樣的解構與多元性的展現，最後都應該歸向「前進中的永恆」無限地超越的生命世界──這一潛在於「第三自然螺旋型世界」中的「無形」的「一元性」世界，否則都將成為飄忽與無依的孤立存在境況，甚至失落。

　　從這一「存在與變化」的「新」的一元性所呈示的具有形而上崇高感的存在觀，我想它同林燿德文中提到後現代思想家李奧塔所主張的「崇高」意念應是有交會的，但他有他的思想見地，我是從實際的創作中體認的。

　　至於談到我「第三自然螺旋型架構」着重在一元性的「恆定性」，這我想稍做說明。我主張從多元到一元，並非停在「恆定」的一元的原處，而是等待另一個新的多元性的展開朝向另一個新的一元性發展，這樣方能進入我「第三自然螺旋型架構」的不斷超越的「前進中的永恆之境。可見我抱持的一元性，非「恆定」不變的。至於說不同於德希達的一元性中所保持的分裂與創造的繁殖過程，這也不盡然。因為「第三自然螺旋型架構」的尖端，並非指向「定限」與「恆定」的極點，而是不斷指向無限的超越之境。所以「尖端」之「極點」，也是蘊藏着有待分裂與繁殖的面，朝向新的解構之途，而形成生生不死的螺旋型的超越之存在，使現代與後現代乃至未來的後後現代，都同樣有被接納與被揚棄的地方，人的存在便是不停的探索與選擇。

談到這裡，反而浮現「後現代」，如果主張解構與多元化時，完全否定有一元性的存在，則我們在接受多元化的思考利益時，會感到有問題與難免產生疑慮：

(1)人類思想世界一直在互動的兩部大機器——「演釋（多向展開）」與「歸納（向「無形」的主導向匯合）」，如果只有前一部在轉動，非但不健全，而且也不可能，因為那是兩部相互動的齒輪。

(2)如果後現代以多元性對一元性進行解構，是把「現代」當作一座「太陽」擊碎，使所有碎片都分別成為太陽，是誰都可以接受與叫好的；但如果它本身就不是太陽，被擊碎的碎片，如何能是太陽？既不是，便只是製造浮面、閃爍的紛亂現象，到處流行着薄片、粗略、弱質化、乃至商品化、地攤型與低俗性的文學景觀，能不出現問題與令人疑慮？能不出現盲點？

至於林燿德在論文中提出三組VS（對抗）課題：第一項「進化文學史觀VS不連續史觀」，我除主張把「進」字改成「演」字，其餘都大致同意，譬如「後現代」要超越或反對「現代」，不能不與「現代」有「史」性的關係。第二項「形上學VS反形下學」，我大致同意，因為沒有「形而上」學，人類與世界的存在，便無法有超越的境界，但我「第三自然螺旋型架構」的「形而上」性，是必須經由「第一自然」與「第二自然」的「形而下」性，方超越而形成的，非「架空」的形而上性。第三項「純文純的超越性VS讀者論」，這在我「第三自然螺旋型架構」的世界裡，並沒有顯著的對抗性，如果有，作者在創作中，傳達自己認為純粹又具超越感的好的作品給讀者，這種意識行為沒有什麼不對。事實上，只有壞與不夠水準的作品，才會永遠不對。而且讀者有不同層次的讀者，一個有深見的作者，他把筆停下來時，也具讀者的身份。至於我一再說我不喜歡「框架」，尤其是一個心胸開濶與自由的詩人與藝術家更不喜歡，像我詩中也常出現有超現實的表現

精神，但我不強調只寫超現實主義的詩，我強調多向性的表現。而林
燿德認爲我的「第三自然螺旋型架構」雖然具有無限的超越性，但也
是一個框架。如果我同意他的說法，那這一框架，應是沒有框架的「
框架」，無形的「框架」，否則它也會變成一個有形的「鳥籠」，而
非我在談論中常說的「天空」那樣的無限自由與開闊，那樣的似有形
又無形。

　　寫到這裡，我仍深信「第三自然螺旋型架構」，是可超越各種階
段性的流派、主義等有形的框架，是可包含「存在與變化」，邁向「
前進中的永恆」的無限超越之境，去探索世界的。而且我發現它已是
讓人類心靈去瞭望「美」與「萬物生命」的一座無限地向上超越的螺
旋塔；同時它也已是所有詩人與藝術家創作心靈永久居住的家鄉。

　　其實「詩」就是一座不斷在「第三自然」中超越與昇華中的螺旋
塔，在瞭望與探視着不斷「存在與變化」的生命與世界，走動在「前
進中的永恆」之境。

【註】我在講稿中，後來加上對陳鵬翔教授與林燿德兩篇論文的意見部份，是
　　　基於能對我的創作觀與思想有多一些言談與說明，而且也涉及後現代的
　　　一些論見，同時也多少有對談的意味。

詩和詩人

蓉　子

　　有一次，英國詩人史蒂文生（Robert Louis Stevenson 1850-1894）去訪太平洋島上的一位酋長，碰巧酋長也是詩人，當史問他詩的內容是甚麼時，酋長回答說：「情人與海、情人與海，您要知道，不全是眞的，也不全是假的」。我想、詩確乎如此，因詩所表現的是「眞實」而不是「事實」。人必須有所接受、才能有所表現。詩人也是要食人間煙火的，因此，作爲詩的重要質素的經驗，乃是提供自人生現實，絕非無中生有、嚮壁虛構的。嚮壁虛構的東西是蒼白的，不着邊際的，而且無法引人共鳴；不過，話又得說回來：藝術固然是經驗，卻不是那種生硬的、原封不動的經驗。因爲人生的經驗不論多麼豐富或珍貴，並不是隨手拈來就可以放在詩中的。經驗只是創作的素材，總得經過一番剪裁和變化，特別要經過心靈的吸收、提升和轉化，使成一新的東西方可爲用。正如英美現代派大師T. S. 艾略特所說：「詩是許多經驗的集中和這種集中所產生的新事物」。既稱之爲「新事物」，可知它已非原來的經驗，而是由許多經驗集中、綜合後而得的新經驗。就像美學家朱光潛先生所說：「任何作品所寫的經驗，決不能與未寫以前的實際經驗完全一致」。它是透過詩人心靈再現到詩裏的經驗，已著上了詩人的感情、思想和顏色，是現實的變貌而非現實的模倣。當一個人在創作時，原來經驗的本身已被省略或已變形；換言之，詩和實際人生世相之間，必須保持一種不即不離的關係，既非依樣畫葫蘆；亦非空中樓閣。因爲詩「不是不信美的事實；而是不落實的眞相」。正如那位酋長以他簡單的智慧詮釋說：「不全是眞的，

也不全是假的」——也許這便是詩的迷人處。無可否認的，詩的確有一種難以言說的魅力，當我們偶然讀到一首好詩之際，內心會感到一種說不出的愉快和幸福。因為詩能提升性靈，予人一顆靈明潔淨的心；雖無現實上的用途，但詩揭示給我們豐富的精神領域，幫助我們保持作為一個「人」的本質。此所以很多人在年輕時候都曾愛過詩；兒童們泰半富於藝術感，因他們比我這些成人更接近生命的源頭，更多保有人的「初貌」。

有人說：「詩是一種最古老、最普遍的藝術，它潛藏在人類的天性裏，成為靈魂的一種需要」。這也就是說：人原都有著一顆「詩心」，可惜很多人的這顆詩心——特別在廿世紀末、現實功利金錢掛帥的今天，已逐漸為物慾的塵土掩埋了！現實世界草草潦人，而且多半是不完美的，在這樣的際遇下，詩人的肩頭似有一份負荷，詩人的處境也就格外艱困。我們該如何將現實提升而重新賦於它意義，詩是一種從粗糙的現實生活中提煉出來的經驗，揉合了思想、感情、更經想像力的提升、熔鑄而獲得的美和秩序。這熔鑄的過程是不可或缺的，它甚至比經驗本身更重要。這種經鎔鑄後的經驗是豐富的而且也是熱忱的，因為有着詩人本身的情感和血肉在內。

當然，現實上的各種各樣的現象都是作家和詩人要處理的對象，詩的題材無所不在——任何生活都可做我們的題材，但看詩人有無敏銳的覺識去把握它們。德裔詩人里爾克（Rainer Maria Rilke 1875-1926）就曾說過：「從人生最微小的芬芳到最大果實的品味，沒有甚麼不能在戰慄的記憶之漣漪裏瞭解、捕捉、經驗與認識」。詩是極富包容力的藝術，小自個人的感受，大到國家的興衰、人生、宇宙，俱可包容；但必須有一個原則，那就是首先你對於你所要表達的經驗有真切的認識，有真實的體驗。「修辭立其誠」，有真實的體驗方能產生有生命的詩篇，而這樣的作品也才能感人。如果現實的體驗不夠廣，

其所能處理的題材就相對地狹窄。一般說來，年輕時的生活經驗較少；但那個階段，很多人都愛詩、迷詩，遂有「爲賦新詞強說愁」的情形出現。當然，在初寫詩時，我們可以從熟悉的經驗和眞正感動自己的事物著手，如愛的經驗、美的經驗、痛苦或離別的經驗等。隨着一己的成長、成熟，逐漸推廣我們的關懷，拓寬我們的題材。愛是美好，情所包含的範圍是很廣濶的，並不完全偏限在小我的情，男女之愛，親情和友情；也包含詩人生活中所觸及的事事物物，各種的感情和感受，關愛與憐憫，與夫自然界中的一切現象，如：山河之美，國族之愛；甚至興天下人之思，抒全人類之情。因詩中所包含的是一片廣濶的人生，全面的人生，無遠弗屆的人生。

「經驗決定自我」。詩人表現爲詩的素材係歷練、讀書和深思的結果，而每一位作者都有各自獨特的感受和經驗，是勉強不來的。這種種從生活和現實中獲得的經驗（含旅行），都屬直接經驗；而讀書乃間接經驗，因讀書是吸取別人的經驗，也可以藉此瞭解到很多自己本身經驗以外的事情，並拓寬一己狹窄的經驗。而讀詩本身更是一種美好的深刻經驗，詩有時能跳出一般的趣味風尚，超越時代存在。詩開發人類的內心生活，啓發人性中的智慧，提高人生的境界。詩的境界在中國詩內，幾乎是一種宗教的啓示，我們通過詩感覺到未知的神祕，人與自然的契合。

縱然詩有以上的功能；但對我來說，可貴的是詩而非詩人。寫詩迄今，我從不曾「自視甚高」地把作爲「詩人」這件事看成是甚麼了不起的「行業」。我以爲一位詩人必須首先做成了「人」，然後方能爲「詩人」。我總覺得常人對「詩人」這一名詞的估價不是過高；就是偏低，很少能確如其份的。有人把詩人看成好像是不食人間烟火的「神仙族類」那般高高在上；也有人將「詩人」這兩字等同百無一用或「怪物」的代名詞。而詩人對自身的估價又多一半有偏高的傾向，

總視自己有點不同凡響，便「高自位置」，於是在態度上會流露出那種不切實際，加上很多想像的「自尊」。的確，從某種程度說，詩人的心性應較敏銳，更擁有不同於一般常人的創作才能；然而在日常生活中，詩人和常人並沒有甚麼不同的地方。我認爲詩人只有當他創作的時候，才是詩人；而在平常的日子裏，和大家一樣，他只是一個生活中的人。他必須認眞地工作，同樣爲生活奮鬥，經歷過痛苦、快樂，希望和沮喪，疾病或健康，澈底的去體驗生活，然後盡可能地運用藝術技巧，將成熟了的內涵表現成詩。

在廿世紀末的今天，詩人旣非有閒階級，又無法專業化，詩人必須另有職業，否則不能維生。這樣，儘管詩人有着一份不同於常人的理想和抱負；但在現實生活裏，幾乎每一位詩人都像「隔壁的鄰居」那樣平常，並無絲毫顯赫之處——詩人應當顯赫的是他們的作品而不是行爲。因此，當人家稱呼我「詩人」之際，我絲毫不覺得有什麼特別之處，而我滿意於這種「平凡」——我喜歡做一個「隔壁的繆斯」。

最後要說的是：原不曾想到自己也要在這次難能可貴的研討會上發言，我們是帶着受教的心情前來的。面對各位當地和遠道而來的作家、詩人、學者和貴賓，更承您們花了寶貴的時間，針對我二人的作品撰寫論文，提出高見，至感榮幸。由於作品也是無數的生命體，這次，我們是專程帶着「作品」來接受各位高明大夫的「體檢」的，不論檢驗的結果怎樣；衷心感謝各位的盛情和盛意！

海内外學者作家
論文發表

女性意識與女性自覺

——論蓉子的詩

丁善雄

　　女性意識（women's consciousness）與女性自覺（women's self-awareness）可以說是二而一的事，或又可稱之爲女性意識提昇（consciousness-raising），朱麗葉・米雪兒（Juliet Mitchell）的定義是：「把女性隱藏的憂慮轉化成社會問題的共覺意義的過程，把憤怒、渴望、宣洩痛苦的掙扎解放出來，使之成爲政治的一環」（註一）。稍後蕭華特（Showalter）在她著名的論文〈女性主義詩學的建立〉中一方面提倡女性評論，一方面強調女性作家應以女性的經驗書寫文本的意義，不要依賴男性的模式或理論（註二）。

　　蓉子被譽爲「自由中國最先出現的女詩人」（註三），一九五〇年正式發表作品迄今，詩齡已逾四十年，可謂詩壇的長青樹，她與詩人羅門結婚後，有「中國白朗寧夫婦」之美譽，傳爲佳話。一九六七年《星座詩刊》登了一篇署名衣凡評介蓉子作品的論文，約一萬多字，題目很長，有點拗口：〈詩壇上一座由聖經自然與存在觀造成的三角塔〉（註四）。這篇文章大體上屬於傳統式的詮釋性批評，其中有一段話，可引用爲我論文的開場白：

　　　　像蓉子那樣擁有一個極富於展佈性與擴張力的龐大的創作面，
　　　　在世界古今中外的女詩人當中，確是罕見的……無論是上帝、
　　　　自然、時空、生存、死亡、天國、都市、永恆、戰爭、幻滅、
　　　　空無……等重大標題，乃至細微的事物，如一片落葉、一扇窗、

一盞燈、一聲鐘響、一朵雲、一陣風以及家庭的一切瑣事、都
是她創作的對象⋯⋯。同時，蓉子能越出她柔性的創作世界，
而適度地掌握住那個是女性詩人所不易掌握住的剛性創作世界，
也是一項傑出的表現（頁三十二）。

這段話其實是延伸了余光中更早時寫的一篇詩評〈女詩人王蓉子〉
中的觀點。余光中說：「蓉子的作品並非永遠是『閨秀』的，往往她
的筆下竟聞風雷之聲，這是許多女詩人做不到的。」（註五）這「風雷」
之聲，就是衣凡所謂「剛性」世界，是屬於男性作家的題材與內容，
「女」作家少見。基於這個「男／女」的觀念，美國的榮之穎翻譯羅
門蓉子作品出版專書時冠予《日月集》之名，顯示了男性中心（
androcentric）的意識型態（榮之穎是位女教授，這本書出版於一九
六八年）（註六）。而兩年前海南大學的周偉民唐玲玲夫婦，合評了羅
門蓉子的詩，周論羅門唐評蓉子，一九九一年書出版時用的也是《日
月的雙軌》這含有男性為尊女性為卑的意識型態的記號（註七）。故「
女」詩人蓉子題材的非「閨秀」、「婉約」風格，三十多年前就已讓
余光中大吃一驚，故曰「竟聞風雷之聲」，隨後亦引來衣凡的「剛性
創作世界」之讚。

事實上蓉子早在第一本詩集《青鳥集》（一九五三）時代，就已
宣告世人，她不要做男人的附屬品，她要獨立，要尋找、建立「自我」
（Selfhood）──一個完整的女性自我。這在女性主義尚未流行之際，
當真是頗為「前衛」。《青鳥集》中有這麼一首詩，名之為〈樹〉，
乃一九五三年二月所作，時蓉子尚未婚（《青鳥集》同年十一月出版），
前面幾行如下：

我是一棵獨立的樹──

不是藤蘿。

從日光吸收能力，

從大地吸取養料，

伸展無盡的枝葉，

在無邊的空氣之海。

我的根幹支持著我，

成爲一個彩色的華蓋。（註八）

「不是藤蘿」，是很清楚的訊息。藤蘿依附樹此原型，中西文學中常見，此種男強女弱，女附屬男的男性中心思想，正是男性稱「詩人」，女性得稱「女」詩人的父權社會的產品。蓋「詩人」或「作家」，原是男性的稱呼，女性若從事同樣的活動，乃是特殊例子，得冠予「女」字形容之，以示分別。而「女」詩人或「女」作家，出自男性之口，又隱隱含有讚美之意，因乃十分難得之故。另外，英詩中的「婚讚」傳統（Epithalamy），榆樹與藤蘿（elm and vine）的套語，在在都明示了丈夫是強壯的榆，妻子是柔弱的藤蘿，後者依賴前者是天經地義的事（註九）。

蓉子要做獨立的樹，要擁有自己的「根幹」，建造自己「彩色的華蓋」，此種強烈的尋求獨立自主，不假外求的女性意識，用「日月」來形容她與羅門，對她而言，當是心有戚戚焉。值得注意的是，蓉子寫〈樹〉時是結婚之前，亦即在年輕時就立志做完整的我，做「詩人」，不做「女」詩人。此時蓉子二十五歲，寫詩已四年，作品甚多，據她自己說是兩百多首（註一〇），而羅門的第一首詩〈加力布露斯〉發表於一九五四年（註一一），比《青鳥集》的出版還晚了一年，可見蓉子「女性意識」的形成，並非因結婚的「妻子」角色所影響。「妻子」是「藤蘿」，是不完整的，蓉子追求完整的自我，遠在變成「妻子」之前，這一點在研究她的詩時是很重要的，因爲結婚後的女性，扮演「妻子」乃至「母親」的角色之後，如果產生女性意識的話，多因此角色之衝擊所引起的省思及行爲。蓉子顯然不是。

鍾玲曾肯定蓉子兩個突出的成就,一是她的詩塑造了中國現代婦女的新形象,二是她表現了充滿生命力的大自然及豐盈的人生觀(註一二)。同時鍾玲又很納悶:「縱觀蓉子的詩,可說是十本詩集中找不到一首所謂『情詩』,即找不到一首個人色彩濃厚的,深刻描寫愛情體驗的詩……蓉子這方面的緘默可說是個奇特的現象」(註一三)。事實上一點也不奇特,蓉子既有那麼強烈的完整自我性及獨立精神,傳統的「愛情是女人的全部」自非她所喜,何況「情詩」易令人聯想到「女」詩人這個記號,以及「閨秀」、「婉約」等等加諸女性的二元對立指涉:如剛陽/閨秀,豪邁/婉約,立志做獨立的樹的她,自是多方避免,甚至心理抗拒之(「樹」這象徵,在佛洛依德的心理學中是「陽」,眾所周知,此處略過)。蓉子在《這一站不到神話》的自序中曾如此表白:

> ……人總不能永遠在戀愛中,不食人間煙火的……除了兩個人的小世界外,我們有更多的人、更多的事要關懷……雖然從來我就不是一個長於寫情詩的人,但經粗略的統計,情詩在我十本詩集中,還是以第一本詩集《青鳥集》所佔百分比較高,約佔全書五分之一強,其後就愈來愈少了(註一四)。

《青鳥集》共四十一首,五分之一強,只得八、九首,其後幾乎很少,可見愛情、結婚對蓉子而言,只是女人的過程之一,是生活的一部份,重心擺在自我、自主的蓉子,做「詩人」比做「女」人(譬如男女愛情)重要而有意義得多,故情詩少其他題材多,在豐富而多樣性的題材中,我們看到了蓉子反映了女性困境、女性自覺、尋求自我等問題,例如《七月的南方》(一九六一)(註一五)中的一些詩——

> 櫻花謝落
> 多彩的康乃馨不絕如縷

杜鵑如血　榴花似火
更有深夢一般的茉莉……

但是──我底夢呢？
我的乃一束馨美的小白花朵
未在夏日繁花如星的枝頭開放！

　　　　　　（〈序詩〉頁一）

這是失去預言的日子：
　在憂鬱藍的穹蒼下
‥‥‥‥‥‥‥‥‥‥‥‥
一群白色音符之寂靜
──我的憂悒在其中
在紫色花蕊。
‥‥‥‥‥‥
　很多影子　很多萎謝　很多喧嚷
我柔和的心難以承當！

　　　　　　（〈白色的睡〉，頁十五）

我乃一無聲的空白
一孤立在曠野裡的橋
一擱淺了的小舟
有迷失在水天間的那種沮喪

　　　　　　　（〈亂夢〉，頁五十一）

總是零　總是負數

> 總是逆風而行
>
> 且不住地死亡
>
> 這種持續的死、使我衰弱
>
> （〈碎鏡〉，頁五十五）

　　婚後的蓉子，生活在都市裡的蓉子，有憂悒、空白、無法突破困境（「擱淺了的小舟」）、日子是負數……等等找不到自我的女性自覺。「女性」是什麼？顯然在蓉子的腦裡反覆出現。西蒙·波娃的一篇文章〈布魯東或詩歌〉（一九四九），特別批評了詩人把女人當作一切，是真、善、美的化身，是靈感、是謎、是救星。波娃評曰：女人對男人而言什麼都是，就是不是她自己（註一六）。這使我們想起徐志摩。徐志摩是理想主義者，追求美好，把「美好」投射在陸小曼身上，視她為「愛、自由、美」的化身，以致為她忙碌為她犧牲，而我們知道，偏偏陸小曼並不是「男人」徐志摩所想像的樣子，堪謂可悲（註一七）。

　　話說蓉子覺察到了女性所受到的諸多限制，時時思索反省，於是寫下了〈我的妝鏡是一隻弓背的貓〉此類女性自覺意識強烈的詩，收入《七月的南方》後出版的《蓉子詩抄》（一九六五年）裡（註一八）。這首頗具代表性的作品，美國一位女學者朱麗亞、林（Julia C. Lin中文名林明暉）竟視為冷漠的幽默（dry humor）（註一九），真是大大錯過了瞭解蓉子的良機！倒是鍾玲特別提道，這首詩「巧妙地運用了鏡子意象，而貓又是常被比作女性的動物。蓉子把這兩個限制自我發展，製造幻象的象徵，扭轉為反省自覺的象徵，反映出女性的困境，最後觸及反省過程中，尋求自我的問題」（註二〇）。下面是結尾的兩節：

> 我的妝鏡是一隻命運的貓
>
> 如限制的臉容　鎖我的豐美於

　　它底單調　我的靜淑
　　於它底粗糙　步態遂倦慵了
　　慵困如長夏

　　捨棄它有韻律的步履　在此困居
　　我的妝鏡是一隻蹲居的貓
　　我的貓是一迷離的夢　無光　無影
　　也從未正確的反映我形像。

　　蓉子在《蓉子詩抄》序文中坦認：「作爲一個生活在現代的婦女，生活面是多元而且匆迫的。生活與現實上的一切往往用千手來牽妳扯妳，要求妳的注意⋯⋯在家務與職業的雙重壓力之餘，試問我們能有多少『閒暇』來從事於創作？我所說的『閒暇』，並不單指時間；更包含了不爲紛紜世事所擾亂了的澄明如水的心」。可見「女」詩人蓉子尋找正確的自我形象之心路歷程之艱辛，除了家務、職業之外，都市文明也是一種壓力，她說「我與都市爲鄰／鄰室常喧鬧，欲淹沒我／以其喧騷，我與都市爲伍／都市常凶暴」（註二一）。但是，這並非意味突破遙不可及，三年後，蓉子寫出〈一朵青蓮〉來象徵她終於突破了重重阻礙，建立了自我，一朵完整的青蓮，不再是前面所提過的尚未開放的無名小白花——

　　有一種低低的迴響也成過往　仰瞻
　　祇有沈寒的星光　照亮天邊
　　有一朵青蓮　在水之田
　　在星月之下獨自思吟。

　　可觀賞的是本體
　　可傳誦的是芬美　一朵青蓮

有一種月色的朦朧　有一種星沈荷池的古典
越過這兒那兒的潮濕和泥濘而如此馨美

（一九六八年）（註二二）

以「青蓮」象徵自己，很是符合蓉子的名字。蓉者，出水芙蓉也，與蓮是一樣的，清淨香潔，不染塵埃，超凡脫俗而有孤高之氣質，這正是女性自我的展現，不依附別物，而且可以「傳誦」，就像詩歌一樣可以流傳千古。「女」詩人蓉子至此終於成了「詩人」，成爲「自己」，這也是蓉子特別重視這首詩的原因。蓉子在《蓉子自選集》（一九七八）中，選了這首詩抄下前面兩段做爲手跡，「傳誦」之意不言而喻（註二三）。

不過談到「正確的自我形像」，就必須談談〈維納麗沙〉，這是一組詩的名字，稱爲組曲，共十二首，表現的正是女性從少女到婦女追求獨立的過程，可以說是一首很完整的組詩。此書原由《純文學》出版社出版，列爲《藍星叢書之七》，時爲一九六九年。數年後再版時，發行三千冊，書名改爲《雪是我的童年》（註二四），蓋《維納麗沙組曲》收錄了兩輯，除此十二首主題詩一輯外，尚有另外一輯二十二首別類的詩，〈雪是我的童年〉爲其中一首，改名稱是爲了商業原因，與詩無關。且說「維納麗沙」這洋味十足的名字很易引起誤會，故蓉子在〈後記〉中說明「維納麗沙」與「夢娜麗沙」無關。她說：「我詩中的維納麗沙……生活在一個擾攘喧囂的年代，在不停地跋涉充滿風沙的長途，但不忘自我塑造。這是一組自我世界的描繪，自我靈魂的畫像，一組孤獨堅定的徐徐跫音，當她走過山嶺平原所發出的一些眞實的回音」（註二五）。

名字只是符號，倒也不必斤斤計較。只是這「維納麗沙」在我看來，卻有其特殊的象徵。就似「青蓮」被「傳誦」一樣，達文西的「夢娜麗沙」以藝術而永恆，「維納麗沙」極可能是蓉子潛意識中的美

與愛的女神「維納斯」（Venus），兩者結合，遂成「維納麗沙」，一個完美的婦女形象，一個可以「傳誦」的不朽的形象（蓉子這組詩的創作時間是一九六五至一九六八年左右，客廳擺著一大石膏像，正是維納斯！而英文版《日月集》所刊的蓉子照片，背景亦是此石膏像）。

〈維納麗沙組曲〉含有自傳性質應該是可以確信的，這從前面所引〈後記〉中的暗示可推敲出來，至少朱麗亞・林是持這個看法的（註二六）。這組詩的第一首重複了作者早期《青鳥集》中「樹」的志願——

> 維納麗沙
> 你不是一株喧嘩的樹
> 不需用彩帶裝飾自己
>
> 你靜靜地走著
> 讓浮動的眼神將你遺落
> 因你不需在炫耀和烘托裡完成
> ——你完成自己於無邊的寂靜之中。
>
> （〈維納麗沙〉，頁三）

這棵追求獨立的樹，在人生的過程中，免不了會遭遇阻礙，譬如第二首〈親愛的維納麗沙〉描述年少已逝，已進入中年（「已經是正午了」），尚不能企求得「澄明如水的心」（見前引《蓉子詩抄》序文），所以她說：

> 維納麗沙
> 此刻竟長伴擾攘、喧囂
> 任歡悅和光華在煩瑣裡剝落！

但維納麗沙是堅強的、奮鬥的、有主見的，在〈維納麗沙的超越〉裡，蓉子認同了維納麗沙，她寫道：

　　美麗的維納麗沙

　　你有難以止息的憂傷

　　當「現實」的槍彈一陣掃蕩

　　哀哉　我們的同伴有多人中彈

　　　　多人受傷多人死亡。

　　讓我也能這樣伸出筆直的腿

　　如在夢中行走的維納麗沙

　　走出峽谷　躲過現實洶湧的浪濤

　　逃過機器咬人的利齒

　　滑過物慾文明傾斜的坡度

　　──奇蹟似地走向前

　　走向遙遠的地平線！

（頁六～七）

　　很多「同伴」在現實中犧牲了，蓉子希望能與維納麗沙一樣，很女鬥士似的，能夠到達理想的境界──「遙遠的地平線」。這條路當然是崎嶇的，除了時間、現實、都市喧亂等重量之外，還有「孤寂」的重量，故在建立獨立自主的路上，維納麗沙得層層超越，不斷受磨練，接受挑戰，個中滋味──

　　且無人知那寂寞的高度　獨目的深度

　　以及河流永不出海的困懵

　　維納麗沙　你就這樣的單騎走向

　　通過崎嶇　通過自己　通過大寂寞……

（〈維納麗沙的世界〉，頁二十三）

　　我們當然知道蓉子這些詩句所欲傳達的訊息，這在第一首〈維納

麗沙〉中已表露出來了：「你不需要在炫耀和烘托裡完成，你完成自己於無邊的寂靜之中」。在男性中心的社會架構中，女性尋求獨立精神，本就是寂寞的大業，但卻也是不朽的盛事，是故蓉子一再強調：

　　沒有人爲你添加什麼　　維納麗沙

　　…………

　　你自給自足　　自我訓練　　自我塑造

　　　　　　　（〈維納麗沙的星光〉，頁二十四）

　　這是〈維納麗沙組曲〉的最後一首，我們討論至此，用這些句子來當結尾也是很恰當的。維納麗沙在自我塑造中完成了自己，蓉子寫完「維納麗沙」，當也已建立女性自我，是一棵獨立的樹，不是藤蘿了！

【附註】

註　一　參閱K.K. Ruthven. Feminist Literary Studies : an Introduction（London: Cambridge UP, 1984），71.原文出處爲：Juliet Mitchell. Woman's Estate（Harmonsworth, 1971）,61.

註　二　Elaine Showalter. 'Toward A Feminist Poetics', Elaine Showalter ed. The New Feminist Criticism （New York: Pantheon, 1985），125-143.

註　三　張默等編．《八十年代詩選》．台北，濂美出版社，一九七六，頁三八三。

註　四　衣凡．〈詩壇上一座由聖經自然與存在觀造成的三角塔〉．《星座季刊》第十二期（台北：一九六七年七月）頁二十三至三十三。

註　五　余光中．〈女詩人王蓉子〉．《婦友月刊》第八十三期，月份不詳，一九六一年出版。

註　六　榮之穎Angela Jung Palandri．Sun Moon Collection （Taipei: Mei

-Ya, 1968）。本書印有中文《日月集》字樣。

註　七　周偉民、唐玲玲‧《日月的雙軌：羅門蓉子創作世界評介》‧台北：文史哲，一九九一。

註　八　蓉子‧《青鳥集》‧台北：中興文學出版社，一九五三，頁一〇〇。

註　九　參閱K.K. Ruthven，頁七十七。

註一〇　見〈後記〉‧《青鳥集》‧頁一〇四。

註一一　羅門‧《羅門自選集》‧台北：黎明文化，一九七五，頁一。

註一二　鍾玲‧〈都市女性與大地之母：論蓉子的詩歌〉‧《中外文學》月刊，十七卷三期（台北：一九八八），頁四至二十一‧引文見頁五。

註一三　同前，頁九。

註一四　蓉子‧《這一站不到神話》‧台北：大地，一九八六，頁十至十一。

註一五　蓉子‧《七月的南方》‧台北：藍星詩社，一九六一。

註一六　西蒙‧波娃Simone De Beauvoir "Breton or Roetry," Robert Con Davis ed. Comtemporary Literary Criticism （New York: Longman, 1986）182~187.

註一七　林綠‧〈徐志摩與哈代〉‧《文學評論集》‧台北：國家，一九七七。頁一至二十二。

註一八　蓉子‧《蓉子詩抄》‧台北：藍星詩社，一九六五，頁一一〇。

註一九　Julia C. Lin（林明暉）Essays on Contemporary Chinese Poetry（Ohio: Ohio UP, 1985）,80.

註二〇　鍾玲‧〈都市女性與大地之母〉，頁十至十一。

註二一　蓉子‧〈白日在騷動〉‧《蓉子詩抄》，頁九十三。

註二二　蓉子‧《橫笛與豎琴的晌午》‧台北：三民書局，一九七四，頁四十。

註二三　蓉子‧《蓉子自選集》‧台北：黎明文化，一九七八，見〈手跡〉頁。

註二四　蓉子‧《維納麗沙組曲》‧台北：純文學，一九六九‧此書後更名《雪是我的童年》，收入林綠主編之《女作家叢書》，台北：乾隆圖書

　　無限公司，一九七八年。

註二五　《維納麗沙組曲》，頁九十五。

註二六　Julia Lin，頁八十。

從蓉子詩看其詩觀

王一桃

■何謂詩

　　台灣詩人大多爲詩評家，女詩人蓉子也不例外，唯她較少談論自己的詩，她曾引美國詩人瑞德‧惠特摩（Reed　Whittomore）的話：「詩是一種藝術，其素材有賴表現……而難以談論」藉以說明創作比評論給人帶來更多的快感。但她並非沒有個人的詩觀，儘管她自謙地說那是「片斷和不成系統的」。（註一）

　　蓉子的詩觀，除了以邏輯思維形式表達出來的以外，還有鮮爲人道的，那就是以形象思維形式來表現的。「以詩說詩」，可說是蓉子詩觀表達的一種特殊方式。

　　　那奇妙的詩　世人對它

　　　僅具浮雲般的概念　以爲

　　　詩只是美詞麗句　以及

　　　潑濕了的感情

　　　　　　　——《廟街和玉》

　　詩被人稱譽爲「文學之華」，但往往又被誤解，以爲只是玄之又玄的意念加上華麗的詞藻和造作的感情。其實，詩來自現實生活宇宙自然和詩人主觀的體驗和感受。正如蓉子在《這一站不到神話》自序所指出的「詩是一種對生活現象的探索，對生命本質的體驗」，從「人性世態」到「自然景物」（註二），都可以成爲詩人擷取的素材：

　　　我們的繆斯有陽光的顏色

　　水的豐神　花的芬芳以及

　　鐘的無際回響

　　　　——《詩》

　　此外，「人海無休的浪濤衝擊，善美人性的淪喪，物慾的囂張」，「不停的戰爭，驪別與流亡」，等等，這些「時代感覺，生活感覺，與現實的感覺」，都會使詩人產生抑鬱、憂憤或憧憬，使他「不自禁的要寫詩」。（註三）

　　若我是翼我就是飛翔　是漣漪就是湖水

　　是波瀾就是海洋

　　是連續的蹄痕就是路徑

　　從一點引發作永不中止的跋涉

　　涉千山萬水　向你展示

　　無邊的視域與諸多的光影

　　　　——《詩》

　　詩人將他在宇宙人生中的種種「體驗、感受、思考和認知，其中也包含了歡樂與憂傷，信仰和懷疑」寫成詩，並賦以具體感人的意象，使之具有「渾然天成的美」。也就是說，「任何偉大不凡的心靈，任何美好的情思都必須借形體來顯示——要借具象的物體來表現，方能稱為藝術品（詩）」，因詩不僅是「人類心力的精華」，也是「心智活動最高度的組織形式」。一首詩是「心智和技藝的結晶」。（註四）

■詩之緣

　　既然詩是詩人「心智和技藝的結晶」，詩的構思對一首詩來說就非常重要了。蓉子在她的《未言之門》一詩中引了桑德堡的話：「詩是一扇門……」，而她就「曾歎息於／那門一啓一閉之際」，「偶而

哭泣於／那門一開一闔之間」，「往往驚心於／那門一旬一旬之時」，
目的無非是窺看門內「那永恆的奧秘」，於是「就這樣傾聽且耐心地
守候／於那門開闔之際……」等到詩人所見到的事物或現象，一撞擊
到她心中的「情弦」，就成了她等待的「機緣」，創作的「靈感」：

　　　　從鳥翼到鳥

　　　　從風到樹　從影至形

　　　　──一顆種子從泥土出生的路徑與變化

　　　　　　──《詩》

　　而想像和聯想對詩創作又是必不可少的，沒有了它，「音符的鴿
群」就無法「捕捉」，「永恆的鏈環」就無從連接，詩人無法透過門
的「一縫之隙」所見到的「一飄動的窗帷／一含糊的低語」「展佈為
寬廣的園林」；也不會因眼前簇立「在鏤刻著福與壽字的古老花甕」
的那「紫色雛菊」勾起一陣陣「晚秋的鄉愁」：「看青青的澤水有多
冷／十月的寒意有多深」「幽壑奔冽的光／有一種可觸及的悲涼」。
末了，詩人為此唱道：

　　　　啊！誰說秋天月圓

　　　　佳節中盡是殘缺

　　　　──每回西風走過

　　　　總踩痛我思鄉的弦！

　　　　　　──《晚秋的鄉愁》

　　當詩人的「情弦」一被撞擊，就會將她「心靈所感受到的種種，經
過心靈的轉化和鎔鑄後，運用匠心獨運的手法表現出來，就成為不受
時間和自然力摧毀的藝術品──詩。」而詩的整個構思就是「把所見
所聞所想思滲進感受性之中，以構成全部想像力的經驗，且振奮自己
期望與你所表現的對象合而為一以及腦中詩形的概念；心內節奏的回
應，意象的呈現，句構、變化、分行、分段，每部分如何安排，使形

式變得很稠密且又能充分透露出作品的信息」。蓉子還談到她構思的甘苦：爲了使一首詩深刻雋永而又天衣無縫「不知道要經過多少年多少月多少日子的努力、潛修、探索、勞苦、流汗……」「有時一半天的時間就這樣浪費掉了，或某個句子或詞匯總是不對勁，不和協；卻又尋思不到更適當的。有時內容很優異，但感技巧稚拙；也有成熟技巧包含著一個沒有太多價值的內涵。」總之，「即使付出如許代價，也不一定能到達圓滿無缺的境地，因爲藝術原是沒有止境的。

　　蓉子很講究構思的藝術，她所追求的是「一個無懈可擊的圓」，一個「匠心獨具的美好結構」，讓所有意象和語言、感情和節奏「一齊向中心密集，形成張力和均衡」使之成爲「圓的整體，美的幅射」，「閃漾著金片或銀線的光／滿月般令人激賞！」（《雖說傘是一庭花樹》）她常常以傘來比喻藝術，比喻詩，例如從傘的「圓通自舞／變化莫測／無中生有」就想到詩：

　　　　詩人有時也像魔術師
　　　　能令陳舊的事物脫胎換骨
　　　　呈現新貌　叫絕對相反的花式
　　　　在一頂傘上同時呈現
　　　　使各色飄揚的絲巾　連綴成同樣的幅度
　　　　刹那間全凝附在同一傘骨上
　　　　總合成多彩的傘面

　　　　他處理手中材料　像無所不能的神
　　　　每一柄傘的出現都帶來驚喜！
　　　　　　　　——《傘的變奏——又名傘的魔術》

　　　　　　■詩與真

　　眞、善、美是詩和藝術的最高境界。一首好詩，應當示人以眞，導人以善，給人以美。蓉子強調說：「倘若我無眞實的創作意慾，我就不勉強自己來發出聲響——即使那是不快樂和易引起誤估的」。（註六）同時還引詩人佛洛斯特（Robert Frost）的話，說明「詩原是一種良知的事業」，詩人應當「從殘缺粗糙的現實中提昇起來，經過剪裁、變化，再賦予美和秩序。」（註七）

　　詩的出發點是眞，誠如蓉子所說的：眞誠的詩和美的藝術都是永遠引人入勝。唯其眞，才能表現生命的本質，生活的內涵和大自然的奧秘。試看她的《笑》：

　　最美的是

　　　最眞，

　啊

　　　你聰明的，

　　爲什麼編織你的笑？

　　　笑是自然開放的小紅花，

　　一經編織

　　　便揉皺了！

　　這首自然生動的小詩使人想起冰心和泰戈爾，但它卻是蓉子發自內心深處的「自然開放的小紅花」，是一首眞的讚歌。同樣，在《我寧願擁抱大理石的柱石》一詩中，詩人對巍然屹立、嚴峻忠誠「久久地支撐那偉麗的穹窿」的大理石柱石表示崇高的敬意和衷心的讚美，說「它不會說諂媚的言詞／也不會說虛謊的話」，「它肯定『是』，／否定『非』正是由於它的正直和眞誠，才令人心折，情不自禁地「走去擁抱它」。而在《爲什麼向我索取形象》中，詩人反問道：

　　爲什麼向我索取形象？

　　　如果你有那份眞，

我已經鑴刻在你心上；

　　若沒有——

我恥於裝飾你的衣裳。

　蓉子的那份眞，在《維納麗沙》組曲裡得到充分的體現。詩中的維納麗沙，正是蓉子的自我寫照：沈默而柔美，眞誠而歡樂。她是一朵「浸溢在晨初醒的清流之中／沒有任何藻飾的原始的渾樸的雛菊」，「在過往與未來間緩緩形成自己」：

維納麗沙

你不是一株喧嘩的樹

不需用彩帶裝飾自己。

你靜靜地走著

讓浮動的眼神將你遺落

因你不需在炫耀和烘托裡完成

——你完成自己於無邊的寂靜之中。

　　　　　　——《維納麗沙》

■詩與善

　但詩人並不局限於小我的個人悲歡，或只訴諸內心世界的孤獨和省思，她心靈的感受和情弦的撞擊大大開拓了詩的天地。她以良善的愛心獻給大自然和全人類。《兩極的愛》通過：「清晨」和「黃昏」的抒寫表達了「幼吾幼以及人之幼」、「老吾老以及人之老」的永恆主題。對於待放的花卉，詩人呼籲大家「給他們滿盈的陽光／給他們澤潤的雨水／給他們一個溫暖的春天」，並說「讓寒冷減爲最低／傷害減到最小／這人間將是天國！」對於那年暮的老者，詩人希望他們能擁有「白雪爐火的晚上」，還有「傾聽他們細訴回憶的同伴」以及

「伸向他們的愛的手　攙扶他們／散步在平靜的落日大道上」，欣賞「那美好壯麗的晚景」。

悲劇入詩，使蓉子的作品顯得更深沈凝重，她那人類之愛的善心也表現得更加淋漓盡致。如果說《太空葬禮》是對美國女教師爲將個人的經歷引發學生對太空探索的興趣不幸化成光華四溢的火光和驚天動地的悲劇而使「億萬仰望的臉立刻轉爲哀戚」、六歲稚女「日日倚門翹首仰望」仍無法見到「媽咪的形象」寄以深深的關注的話，那麼《死神打後窗走過》則是對一位無名無姓的貧苦老婦被死神攫取而發出「連續無望的悲啼」和次日「更近上帝的若望二十三世」相繼辭世而引起全球的震動所寫出的悲慟輓歌。

作爲詩人，蓉子對詩人在「功利掛帥、價值混亂」的現代都會中所受到的冷遇和打擊深表同情，她以茶喻詩，說詩人奮鬥而無援，悲苦而無告，比茶樹還不如。她覺得「每一種生命都有他所屬的世界，也都有生離死別的痛楚」，她就「試著把自身化爲一切的存在」。在寫了茶樹的病害之後，她仰天長歎：

> 詩人更像一株樹　也免不了
> 蟲的齧咬
> 心的旱澗
> 風的搥擊　以及
> 戕害性靈的一些病原菌的侵襲
> （既無園丁　或
> 心靈的大夫能照顧他們）
> ……………………
>
> 另有　啊，詩人最無告
> 他們必須是挺拔的樹又是殷殷的啄木鳥

是自備糧草向理想進軍的戰士
萬一受傷要懂得自我看護和醫治
——也許一杯香醇的茶　在紛冗中
能帶給他們些許寧靜的慰藉。
　　　　　　——《茶與同情》

　　同樣是「樹」，詩人和茶樹的際遇就完全不一樣，詩人為社會奉獻了他的一切，卻得不到社會的任何回報。他們的創作沒有人關心，生活沒有人照顧，唯有個人奮鬥，自己求存。作者呼籲社會上有「仁心仁術」的人伸出熱情的手來，像香醇的茶一樣給他們以溫暖和慰藉。同樣，對於其他文學家和藝術家，蓉子對他們的生平和創作也充滿關切，她並不沈浸在「雕刻家的手」留她凝她於「寧美」、「靜謐」的藝術境界之中，反而感覺到置身於「愛倫坡的陰影與貝多芬的怒目之間」的「不幸」和「呆滯」，並發生「被掛在此　在茲十架／長年長月長夜／也釘不死貝多芬的怒臉／也釘不死愛倫坡的絕望」《被掛的面影》的抗議。正如愛倫坡詩中所揭示的：過去並無歷史，未來僅餘死亡，現在只剩下憂鬱和絕望。蓉子在此作了有力的回應，發出了強烈的共鳴。

　　除了《茶與同情》外，蓉子還寫了《回大海去——迷途幼鯨的悲歌》。詩中，有詩人的一句旁白：「一隻年幼的抹香鯨從來不怕海洋的狂風激浪／唯恐會窒息於人類陌生的池塘」也有幼鯨的自白：「總算人類並不如傳說的那等殘酷／他們也有一顆善良的心」，只可惜牠游出台中港後即擱淺在沙灘而死亡／以致激起詩人「內心深處情緒的迴盪」。至於《水的影子》，也頗能表現詩人對整個大自然的關愛：

等時間似數不清的
　鳥的翅膀拍過去後……
我忽然從那些

　　屬於往昔的紅牆上，

看到你掠過後

　　所留下的一首

蒼鬱而悲涼的詩

　　遽知你曾經滄海！

■詩與美

　　美，是生活的真、感情的善在整個藝術形式的完美體現。蓉子在談她的詩觀時開門見山地指出：「我以為一首詩總得先掌握了那急於『成形』的精神內涵，然後才能賦予這份內涵以應有的形式」，而兩者又「是一枚不可以二分等的球，它圓滿自足」。（註八）她在《詩》中寫道：

　　　「伐柯　伐柯　其則不遠」

　　而盛藻為紙花　規條是冷鏈

　　倘生命不具　妙諦不與

　　這就說明，如果缺乏了詩的生命和妙諦，即使再好的形式也只是「紙花」和「冷鏈」。更何況是那些華而不實的詞藻和生硬僵化的形式。蓉子曾談到她早期寫詩的經驗，說明音樂的旋律對她詩作的影響：「有時候，為了表達某一心緒的動盪，我心中會首先響起一種應和的旋律，由這旋律發展下來就成了詩。有時就因為一首詩的音樂性找不到了，我就停止了它的創作。」（註九）當然，這種「規條」有時也能產生一些佳作，例如為余光中所稱道的《為尋找一顆星》那首具有「新月派」詩風結構完美疊句自然的詩，但很難進入遼闊、交錯和深透的境界。除非「破除往日詩中對音樂性的要求（註一〇），以「意」運「法」（註一一），使美好價值的內容和高明技巧的形式得到密切無間的配合，達到爐火純青的地步，直窺詩的「準確」和「完美」，「張

力」和「密度」的更高陳義。

　　蓉子不愧爲美的使者。《青鳥》就是她將美的消息告訴給人間的處女詩集中的代表作。在《晨的戀歌》中，她天眞地問：「你輕捷的腳步爲何不繫帶銅鈴？／好將我早早從沈睡中喚醒！」並表示要「用我生命的玉杯／祝飲盡早晨的甜美」，「要挽起篾筐，／將大地的彩虹收集」，將晨的「千百種美麗」展示於人間。試看她筆下的《一朵青蓮》：

> 可觀賞的是本體
>
> 可傳誦的是芬美　一朵青蓮
>
> 有一種月色的朦朧　有一種星沈荷池的古典
>
> 走過這兒那兒的潮濕和泥濘而如此馨美！

　　多美的一朵青蓮啊，在星月之下「影中有形　水中有影」，「仍舊有蓊鬱的青翠　仍舊有妍婉的紅焰／從淡淡的寒波　擎起」。這首詩，溫馨、靜美，給人以美的感受。

　　而以「一樹欲融的春天和逐漸上升的燦美」令人喜出望外的則是《七月的南方》。這是一本「充滿光、影、繽紛的色彩和驚喜的詩集。洋溢著一股新鮮而說不出的詩味，一種生命的感覺時時流動其間。」這是詩人在對生命和藝術的整個感受與認知上，在對美的整個探索和追求上，一個相當重要的超越。其中用來作集名的《七月的南方》這首近百行的長詩，更是充分表現了詩人「氣度的渾厚，心智的壯闊，節奏處理的明快和想像的豐盈」。她寫南方的自然美，是以北方的都市風作反襯的，以灰冷、陰暗來襯托火熱、亮麗：

> 南方喚我！
>
> 以一種澄澈的音響
>
> 以華美無比的金陽
>
> 以青春的豐澤和

它多彩情的名字。

詩人不僅寫了南方的柔美、嫵媚，而且寫了南方的艷美、豐盈，更寫了南方的歡美、華麗。在她的筆下，「綠色乃是一種無比的豐衍／不斷地從它的本質再生出來／又迅速地漾蕩開去……」「繁英將美呈現：／爲淺紅的桃金孃　深紅的太陽花／似軟鐲的牽牛黃　丁香紫　石竹白／綠微紫色的風信子　七彩的剪絨」以及百合、牡丹等盡現眼底……而在金色的陽光下「鳥在光波中划泳／樹在光波中凝定／椰子樹的巨幹靜靜地支撐南方無柱的蒼穹／古老桐的身上現出野獸的紋斑／松果緩緩地跌落在寂謐的苔鮮上／像是幸福的凝滴……」詩人爲七月的南方所陶醉，在可餐的秀色中唱道：

我便用這一叢叢綠　一朵朵紅花燃耀

一季節的光影彩虹

來描摹南方

描繪它悅人的形象

不是麼？「空氣中正流佈鬱熱的芳馨／小樹盡如花嫁時的衣飾／繁柯因不勝美的負荷而低垂」；而艷陽「更用它鮮明的油彩到處塗繪／塗抹在林葉、河水、原野、山巔／使一切都燦爛耀熠」，同時還「用七弦金琴演奏／演奏於綠色發光的草原／如羣雀歌噪在南方……」而所有這些，「對於棲留在灰黯中的心是無比的歡悅／對於習慣於冷漠單調的眼睛乃彩色的盛宴」，連「我慚慚的灰衣遂也浸染了南方的繽紛／南方的華麗！」至此，南方的美完全被詩人描繪無遺；不僅有聲，而且有色；不僅有詩，而且有畫。

■詩之風

如果說，《青鳥》是蓉子創作的第一個階段，充滿著天眞和幻想的話，那麼《七月的南方》則是其創作的第二個階段，標誌著成熟和

反思了。而愈往後，她作品的現實感和社會感就愈強，現代性和傳統性的結合也就愈緊。她曾經說過：「將來我若需要大量寫詩，也許更該接近現代和『大我』」，同時還表示她自己的氣質是較東方的（註一一）。從蓉子四十多年的詩作來看，其風格本身就是在不斷變化的，她的詩既有星月之下的靜美，又有艷陽之下的豐美；既有祈禱時的玄思，又有生活中的悲憫。很難一言以蔽之。她說：「詩總是和生命認同的。生命的層次有高有低；生命的形貌千變萬化，我們的詩也就蘊含著諸多樣相和各種不同的豐采。」「每一位作者有其不同的性格、氣質、感受和經驗；而這些決定了詩人的自我以及他（她）那不同於別人的風格。」即使在同一個詩人身上，不同年代就有不同際遇和感受，就有不同藝術追求和創作風格。所謂「詩是人自體的變形」也就是這個意思。關於個人的風格，蓉子這樣交代：「看來，我既不像法蘭西斯·詹姆斯（Francis Jammes 1868~1938）那樣純樸明朗，也缺乏里爾克（Rainer Maria Rilke 1875~1926）那樣深沈的氣質。我喜歡好多位詩人的作品，但又看不出任何明顯的師承，也許我只是追蹤那內心的召喚而創作吧？！」（註一二）

　　記得六十年代初，余光中曾以自焚新生的「火鳳凰」來形容蓉子，並對她作了這樣的概括：「中國古典女子的嫻靜含蓄，職業婦女的繁忙，家庭主婦的責任感，加上日趨尖銳的現代詩的敏感，此四者加起來，形成了女詩人蓉子。」（註一三）這就說明，傳統和現代，小我和大我、有限和無限、空間和時間，集中交融在這位女詩人的身上，她曾是五十年代初與台灣現代詩壇起步同時開始的一抹異彩和馨香，一汪在「第一個春天就萌芽了的泉水」，而且又是「開得最久的菊花」（註一四）一直到九十年代仍盛開怒放。

■詩無價

　　然而儘管如此，社會上仍有人並不重視詩這「文學之華」尤其在現代功利社會，就像詩人佛洛斯特（Robert Frost）所說：「詩在它被寫成的那個時代裡，是很少爲人所重視的」（註一五）。蓉子在《一隻鳥飛過》寫道：

　　一棵樹上升

　　詩人們下降

　　樹碧綠而挺直

　　惟詩人下降

　　詩仍然無價

　　在《亂夢》一詩中，她進一步感歎：「而我們的優異對於某些人尚沒有一枚草莓的價值。」這實在令詩人太傷心、太失望了！在談自己詩觀時，她公開爲自己的詩作辯護：「你盡可以不喜歡我的詩；卻不能否定它存在的價值！」（註一六）並強調：「詩與藝術使生命產生耐度，在時間裡不朽」。（註一七）

　　實際上，詩的藝術價值是不能用市場的商品價值來衡量的。儘管「詩人不能靠詩療飢」，但他的詩作卻能淨化人們的靈魂，昇華人們的思想，豐富人們的精神世界。蓉子寫道：「

　　啊，我所認識的詩人是一蓬煙

　　是一握閃耀的星

　　一束無聲引燃的火柴　或

　　一枚黃澄澄的戒指——

　　奈何世人每爲那黃色所惑　辨不清金，銅。

　　這裡，作者先後用煙、星、火柴、戒指來比喻詩人，將詩人善於想像聯想、善於創造意象、善於鎔鑄語言、善於表現眞善美的生命和妙諦充分表現出來，同時又深感遺憾地指出世人仍辨不清眞僞、看不到其眞正價值。當作者來到香港時，曾在女詩人鍾玲的陪同下去廟街

逛玉市，就很自然地從玉聯想到詩：

　　多少天光雲影無心的著色

　　多少日月精華有意的凝聚

　　刻繪成爲此堅石的肌理

　　含蓄著這樣玉潤的美質

　　　　　——《廟街和玉》

　　與此同時，還特別讚賞其人如玉如詩細緻精巧的鍾玲，說只有她「能同時將詩和玉的眞僞價値辨識」——誠知音也！

　　除了鍾玲，能辨識詩的眞僞價値的並不乏其人，在台灣就有紀弦、覃子豪、余光中、瘂弦、白萩、張默、張健、辛鬱、菩提、鍾鼎文、周伯乃、季薇、琦君、張秀亞、藍采、劉國金等一長串的方家，他們都曾在各種報章雜誌上評論過蓉子的詩，賞識蓉子的佳作。紀弦讚賞她《晨的戀歌》，余光中喜歡她《爲尋找一顆星》，鍾鼎文欣賞她《爲什麼向我索取形象》，瘂弦則說她詩的藝術創造「己是一種完成」……。（註一八）所有這些，都給她以極大的鼓舞！

■詩與愛

　　而特別値得一提的是羅門，他是蓉子的一位最熱心的讀者、最細心的評家，最忠心的伴侶。從一九五五年他倆結合以來，「燈屋」一直成爲其藝術世界。在互相鼓勵共同切磋中，他們送走了三十八個春秋，完成了千百首膾炙人口風格各異的詩歌精品。羅門把他倆共同生活的日子稱爲「詩的歲月」，他寫道：「要是青鳥不來／春日照耀的林野／如何飛入明麗的四月」；接著從繽紛燦爛的春寫到燃燒的夏，又從輝煌的秋寫到溫馨的冬；「隨便抓一把雪／一把銀髮／一把相視的目光／都是流回四月的河水／都是寫回四月的詩」。（註一九）詩中的「青鳥」就是蓉子的成名作，四月是他們伉儷結婚的月份，幾十年

來他們就是這樣一如既往相敬如賓，白頭偕老。而詩，正是他們的月下老人，他們的愛情天使，和他們同在的繆斯。

從五十年代起，蓉子一直成爲羅門熱情謳歌和詠歎的對象：「注視維納斯石膏像的臉，我刻劃妳的形象」；「傾聽蕭邦的鋼琴詩我跟蹤妳的足音」；「盯住妳美目流著的七色河上」──「我在年華中便永遠凝望著一幅不朽的畫，默唱著一支聖潔的歌，細讀一首絢麗的詩。」（註二〇）

而詩和愛情的結合，則使兩者相得益彰，結婚三十週年那天，羅門作了一個充滿著無比溫馨和幸福的回顧：從「你銜住那支仍青翠的桂葉／飛來歲月的雙翅」寫到「把你每天用詩／釀造的白晝／泡好在那杯茶裡／將你每日用筆尖／裝訂的夜晚／堆滿在你沈思的燈下」，接著再繼續寫他的三十年共度的時光：

　　一聲晚
　　一聲早
　　日月已伴我們
　　走了三十年

　　三十年
　　是詩說的
　　就讓詩回頭來看
　　除了你每進廚房
　　忙來一臉傻笑
　　白晝與夜晚
　　都一頁頁
　　疊在《日月集》裡
　　疊高成時空的《燈屋》（註二一）

　　附帶說明一下，《日月集》是一九六八年八月美亞出版社的英譯詩集，作者就是羅門和蓉子，由榮之穎翻譯。書名的「日」象徵羅門，「月」象徵蓉子，這本詩集使這一對文學伉儷從台灣走向世界，並連連獲獎，其中就有第一屆世界詩人大會頒發的「第一文學伉儷」獎和世界詩人學會頒贈的「東亞傑出的中國勃朗寧夫婦」榮銜。

　　無獨有偶，二十四年後，廣州花城出版社又出了一本《太陽與月亮》的中文詩集，作者還是羅門和蓉子。這本由太陽和月亮互相輝映的詩集使羅門和蓉子在大江南北、長城內外不脛而走。以往，我國古代的趙明誠和李清照這一對文學伉儷的生平和創作曾爲文壇佳話而流傳後世，如今，中國又多了一對文學伉儷，那就是羅門和蓉子。

　　繆斯，永遠佑護著執著地追求理想的有心人，不信請看

　　　訝異於一粒幽渺落在泥土　垂實成穗
　　　看你名字的繁卉！
　　　倘若你能窺知。

　　　假如你偶然地閒步來此
　　　你就聽見溫柔的風中正充滿
　　　你的名字的回音……

　　　從春到夏每一夢靨
　　　都有你名字靜美的回馨
　　　…………………………
　　　以片片綠葉交互的窣窣
　　　如此閃耀在露珠和星輝之間
　　　如此地走過紫色的繁花！

　　　　　　　——《看你名字的繁卉》

一九九三年詩人節，九龍的家

【附註】

註　一　蓉子：《序——我的詩觀》，《太陽與月亮》，廣州花城出版社一九
　　　　九二年三月版，第一四四頁。

註　二　蓉子：《自序》，《這一站不到神話》，台灣大地出版社一九八六年
　　　　九月版，第一頁～第二頁。

註　三　《千曲無聲——蓉子》，《蓉子自選集》，台灣黎明文化事業股份有
　　　　限公司一九七八年五月版，第二八八頁。

註　四　蓉子：《序——我的詩觀》，《太陽與月亮》，廣州花城出版社一九
　　　　九二年三月版，第一四一頁。

註　五　蓉子：《序——我的詩觀》，《太陽與月亮》，廣州花城出版社一九
　　　　九二年三月版，第一四二頁。

註　六　《千曲無聲——蓉子》，《蓉子自選集》，台灣黎明文化事業股份有
　　　　限公司一九七八年五月版，第二九一頁。

註　七　蓉子：《自序》，《這一站不到神話》，台灣大地出版社一九八六年
　　　　九月版，第三頁。

註　八　蓉子：《序——我的詩觀》，《太陽與月亮》，廣州花城出版社一九
　　　　九二年三月版，第一四一頁。

註　九　《千曲無聲——蓉子》，《蓉子自選集》，台灣黎明文化事業股份有
　　　　限公司一九七八年五月版，第二八九頁。

註一〇　《千曲無聲——蓉子》，《蓉子自選集》，台灣黎明文化事業股份有
　　　　限公司一九七八年五月版，第二九八頁。

註一一　《千曲無聲——蓉子》，《蓉子自選集》，台灣黎明文化事業股份有
　　　　限公司一九七八年五月版，第二九八頁。

註一二　蓉子：《序——我的詩觀》，《太陽與月亮》，廣州花城出版社一九

九二年三月版，第一四二頁～第一四三頁。

註一三　《千曲無聲——蓉子》，《蓉子自選集》，台灣黎明文化事業股份有限公司一九七八年五月版，第二九三頁。

註一四　《千曲無聲——蓉子》，《蓉子自選集》，台灣黎明文化事業股份有限公司一九七八年五月版，第二八六頁。

註一五　蓉子：《自序》，《這一站不到神話》，台灣大地出版社一九八六年九月版，第三頁。

註一六　蓉子：《序——我的詩觀》，《太陽與月亮》，廣州花城出版社一九九二年三月版，第一四二頁。

註一七　《千曲無聲——蓉子》，《蓉子自選集》，台灣黎明文化事業股份有限公司一九七八年五月版，第二九七頁。

註一八　《千曲無聲——蓉子》，《蓉子自選集》，台灣黎明文化事業股份有限公司一九七八年五月版，第二八六頁、第二八七頁、第二九三頁、第二九四頁、第二九五頁、第二九六頁。

註一九　羅門：《詩的歲月——給蓉子》，《太陽與月亮》，廣州花城出版社一九九二年三月版，第十二頁～第十三頁。

註二〇　羅門：《曙光——給蓉子》，《羅門詩選》，台灣洪範書店一九八四年七月版，第十五頁～第一六頁。

註二一　羅門：《給「青鳥」——蓉子》，《太陽與月亮》，廣州花城出版社一九九二年三月版，第一三六頁～第一三八頁。

論羅門的城市詩

王一桃

作為現代詩人，羅門是和社會同步的。自從一九九四年他以第一首詩《加力布露斯》被紀弦用紅字刊登於《現代詩》季刊步上詩壇以來，他就一直透過社會、自然和時代，「追蹤著人的生命」。而他的《語路》，也一直與他的「心路」並行──用他的話說：「我的語言是我的生命通過『現代』的時空位置，對人存在於『都市』與『大自然』兩大生存空間所遭遇到的『生死』、『戰爭』、『自我』、『性』與『永恆』等重大生命主題予以沈思默想，所發出一己的獨特的聲音；同時也更企求這聲音，必須與人類原本的生命相呼應。」（註一）

從他一九八四年七月出版的《羅門詩選》（其中包括《曙光》、《第九日的底流》、《死亡之塔》、《隱形的椅子》、《曠野》、《日月的行蹤》等時期之作）以及此後他所發表的詩作來看，城市詩似乎佔了很大的份量。兩岸的詩評家在評論他的詩作時都不約而同地指出他在城市詩創作的成就和他對詩壇的貢獻。大陸詩評家古繼堂在其《台灣新詩發展史》中說：「羅門寫的大量優秀的城市詩奠定了他的台灣城市詩人的基礎，為他贏來了城市詩人的桂冠，也使台灣有了專門描寫城市的『城市詩』這一品種的出現。」（註二）而差不多與此同時，台灣詩人兼詩評家張默在《中華現代文學大系·詩卷一》也提到：「以都市文明為詩的素材，羅門自六十年代初期即開始嘗試，他的《都市之死》，寫於一九六一年」並說「以後年輕一代陸續跟進」，「儼然為城市詩開闢另一片廣闊的天空」。（註三）特別值得一提的是台灣著名詩人兼學者余光中，在談及台灣進入八十年代，「面對工業文

明而且身處現代的大都市」，「我們的城市文學也應該產生自己的代言人」時，就很自然想到早在二十年前致力於城市詩開拓的羅門，並說「未來如有城市詩派，羅門該是一位先驅」。（註四）還有台灣詩評家張漢良曾於一九七九年《中外文學》第八十四期專門評論羅門的城市詩，（註五）認爲從他寫的「反映現代社會現象的城市詩」來看，完全可以說明他「是最具有代表性的詩人」。（註六）。

羅門的城市詩，和他其他許多詩作，先後進入一九七二年台灣巨人出版社出版的《中國現代文學大系》、一九八〇年台灣天視出版事業有限公司印行的《當代中國新文學大系》和一九八九年台灣九歌出版社出版的《中華現代文學大系》中。此外，台灣書評書目出版社一九六七年出版的《中國現代文學選集》和台灣源成文化圖書供應社一九七九年出版的《中國當代十大詩人選集》都收入他的代表作，台灣還有幾家出版社出版的年度詩選也每年選了他的傑作。

一、都市你造起來的快要高過上帝的天國了

羅門成爲台灣「城市詩國發言人」（註七）並不是偶然的。在西方，十九世紀工業社會的發展比十八世紀的農業社會快速得多，尤其進入二十世紀之後變化更是一日千里，反映在文學藝術上，現代主義、存在主義、結構主義剛方興未艾，解構主義以及各種多文化、多中心、無主流派別的文學思潮逐漸而來，「後現代主義」這一名目隨之而起。而在台灣由一九四六年到一九八六年四十年間，就經歷了由農業社會過渡到工業社會，接著又由工業社會過渡到後工業社會，加上這三個階段變化過於快速，反映到文學創作上，就形成各種不同的流派，各種不同的傾向。這種狀況，正如羅青所說的「有些人選擇了農業社會，偏重於回顧過去，對工業社會的發展，無法接受。有些人正面擁抱工業社會，對所謂的『進步』抱著樂觀的態度。有些人站在工業社會的

立場，以懷舊浪漫的心情，處理農業社會或環境保護之類的材料，以表達他對工業社會的憂慮與不安。有些人面對工業社會的問題，展望資訊社會的來到。有些人則對農業、工業、資訊社會做綜合的反映與處理。更有些人，一馬當先，闖入了資訊社會尙未開放的領域」（註八）而在這紛紜復雜的社會轉型階段之中，羅門以他詩人的敏感、預言家的眼光透過正在萌芽或即將出現的都市文明感到「現代人在工業文明中的西方式的孤絕與失落」，寫出了《城裡的人》（一九五七）、《都市之死》（一九六一）、《都市的落幕式》（一九七二）等具有開拓性、現實性、多元性、立體性的台灣城市詩。余光中在回顧這段文學史時就作了這樣的論斷：尤其是羅門，本質上原就是不由自主的城裡人，雖然一直在批評現代的大城市，卻一天也離不了台北。他那些『住在城裡反城裡』的批判兼玄想之作，二十年前未免早熟，今日寫來，對於新台北忽然切起題來了。」余光中還以羅門的《車禍》爲例，說明他是「以超現實手法來寫城市的浪漫詩人」（註九）

　　早期的羅門確是一位浪漫詩人，一九六七年他寫的《紐約（NEW YORK）旅美詩抄之二》本身就是一首充滿浪漫氣息和超現實色彩的城市詩。詩人置身於當時全世界最高的帝國大廈看台上，舉目四望，浮想聯翩，其比喻和誇張令人嘆爲觀止，其意象和語言使人擊節讚賞，其聯想和象徵更叫人眼花撩亂，試看「N.Y.，你就這樣在馬蒂斯的復目裡／塑成那座大自然的浮雕／被赫德遜河上的渡輪拖成一首進行曲／太陽在狂笑中／用左手將歲月擊碎在時間方場上／用右手放出一陣風／將格林威治村嬉皮們的亂髮／吹成原始的叢林」。（註一〇）

　　蕭蕭在其《現代詩學》的《現代詩裡的城鄉衝突》中對羅門的台灣城市詩作了比較全面的論述，他指出：「詩人群中，或許要以羅門與城市的感情最爲密切」、「在早期的城市詩中，羅門的觀念裡，都市是地獄與天堂、惡魔與天使、慾望與良心聚合的地方」，（註一一）

因之,他筆下的都市也是一分爲二、瑕瑜互見的。像「慾望是未納稅的私貨╱良心是嚴正的關員」(註一二)就是一例,綜觀羅門的台灣城市詩,可以看到現代城市的本質特徵及其內部不可調和的矛盾:一方面,是工業文明社會的高科技、新資訊、大生產,一方面,是人們受到的壓力大,精神受到的摧殘大,自然受到的破壞大;一方面,是人類社會走向進步和繁榮,是歷史發展的必然規律,一方面則給人們帶來了許多負面的東西,有的甚至無法避免。也就是說現代城市既有光明、美好、可愛的一面,又有其陰暗、醜惡、可憎的一面。由於高科技,「都市你造起來的╱快要高過上帝的天國了」,那「建築物的層次╱托住人們的仰視」(註一三),而且「高樓大廈圍攏來╱迫天空躲成天花板」(註一四)。以紐約爲例:「摩天樓已經圍成深淵╱電梯已磨成峭壁╱地下車已奔成急流╱銀河已流成鑽石街」(註一五)。由於新資訊層出不窮,使工業社會進一步往後工業社會過渡,同時也使人們應接不暇疲於奔命:「在來不及看的變動裡看,在來不及想的回旋裡想,在來不及死的時刻裡死」!由於大生產的緣故,使社會物質巨大豐富,人們生活得到滿足,溫飽全無問題:「食物店的陳列,紋刻人們的胃壁╱櫥窗閃著季節伶俐的眼色╱人們用紙巾選購歲月的容貌」(註一六)尤其是銀行,更是「人見人愛迷色人的妖婦╱生出一個油頭粉面╱吃喝玩樂的都市╱就夠瞧了。」(註一七)儘管如此,人們所承受的生活壓力和精神壓力還是相當大的,詩人把都市比作「一張吸墨最快的棉紙」,「人們寫來寫去╱一直是生存兩個字」,那些趕上班的行人、公車、摩托車「只爲寫生存這兩個字╱在時鐘的硯盤裡╱幾乎心血滴盡」。(註一八)詩人又把城市看成「方形的存在」,「天空溺死在方形的市井裡╱山水枯死在方形的鋁窗外」,而人眼則困死在城市內一個個、一排排的方形物體之中。(註一九)不僅如此,人們生活在城市中,「頭被髮型與銅像╱抓住不放╱身體被時裝與制服╱抱

住不放／手被抓去　舉起設計好的表決／嘴被抓去　高呼調製好的口號／臉被抓去　複印規劃好的封面／心被抓去　在指定好的節奏裡跳動」到了最後，「人便活生生依計算機量好的尺寸／入框／活成框裡的那張照片」。（註二〇）而更使人難以忍受的是精神上的空虛：「開過市中心／看不見文化中心／繞過圓環／看不見博物館的圓頂／穿過博愛路／看不見愛神」結果只有想入非非，尋求官能刺激了。（註二一）

　　現代科技文明和經濟高度使田園景觀和自然生態幾乎蕩然無存，人類生存的環境受到嚴重的破壞，羅門所說的「第一自然」完全被「第二自然」所取代，這種情形在《曠野》一詩中表現得尤爲充分：「當第一根樁打下來／世界便順著你的裂痕／在紊亂的方向裡逃」，於是風、雨、河、湖、山峰、樹林、峭壁、煙雲、花鳥乃至四季的風景沒有一樣不受波及，不受破壞。等到城市把原野擠走，「洋灰道上不見羊／馬路上　不見馬／摩托車急成一根快鞭／鞭著衆獸在嘶鳴中奔動／綠燈是無際的草原／紅燈是停在水平線上的／落日／想奔　河流都在蓄水池裡／想飛　有翅的都在菜市場」……「在廣告牌圍觀的場景裡／千山萬水全切入建築物的層次／櫥窗的秩序／都標上了價」；「在封閉式的天空與限定的高度裡／鳥只有一種飛法／只有一種叫聲」，於是乎，山變高樓，河變街道，雲變煙塵，海變鬧市，波浪變眼睛，風景變櫥窗，田園變餐廳，荒野變旅館，太陽變男人，月亮變女人，四季變床被，花瓣變唇瓣，露水變酒液，黎明變孕產婦，黑夜變焚屍爐，天空變廣場，地球變鐘錶……（註二二）

　　按照羅門的觀點，所謂「第一自然」，乃是人類本源的大自然客體，「第二自然」指人類的文明空間，而「第三自然」則由「第一自然」和「第二自然」的引觸，化作詩人心目中無限的層疊空間。「面臨八十年代西方社會『後現代狀況』以及東漸，羅門尤其認爲『第三自然』的思考模式可以破除無深度、無歷史感的『後現代』式迷惘與

吊詭。對於作者、作品、世界與讀者四者而言，『第三自然』的憧憬，並非無法捉摸的空浮，而是落實在創作中的思想母體。」（註二三）從田園型的「第一自然」與人爲都市性的「第二自然」兩大生存空間，羅門透過詩與藝術轉化開拓了他的「內心第三自然」，他指出「當火箭、太空船與電腦等光電科技資訊不斷出現，將人類推入高速的生活環境，人便被越來越快的『速度』、越來越發達的『物質性』與越來越偏重的『行動化』，一層層的捆縛，甚至一層層的復蓋與掩埋，直到內在完全失去省思、靜觀與轉化能力，『空靈』變爲『靈空』爲止，人的內在便完全失去『現代』情況期間，對『速度化』、『物質化』與『行動化』等重壓所表現的質疑與反抗；而呈現無力感，甚至被動的全面接受。」（註二四）他所寫的許許多多城市詩，便是他這種「內心第三自然」的體現，試看他筆下的《窗》，詩人對「速度化」「物質化」「行動化」等重壓爲何產生質疑和反抗，「猛力一推」即是一例。然而最後還是徒勞無功，「竟被反鎖在走不出去／的透明裡」，（註二五）一種無力感，被動感，無奈感，悲哀感，全在此流露無遺。

總之，都市給人們極大的物質享受，卻又給人們極大的精神空虛，給人們帶來現代科技文明，卻又使人們失去自然景觀；給人們快速的生活節奏，卻又使人們感到失落和無奈。然而從羅門所寫的都市詩來看，正如蕭蕭所闡述的「以這樣一首《城裡的人》發展下來的結果，便是『慾望』與『惡魔』之道長，而『良心』與『天使』之道消。（註二六）特別是越往後，這種情況越突出。這點，可以從《城裡的人》（一九五七）作爲起點，經過《都市之死》（一九六一）、《都市的落幕式》（一九七二）、《都市的旋律》（一九七六）、《曠野》（一九七九）、《摩托車》（一九八〇）、《生存！這兩個字》（一九八一）、《都市、摩登女郎》（一九八二）、《都市·方形的存在》（一九八三）等一直數下來。在《都市之死》中都市被比作是「不生容

貌的粗陋的腸胃／一頭吞食生命不露傷口的無面獸。」（註二七）在《都市的落幕式》中都市「一身都是病／氣喘在克勞酸裡／癱瘓在電梯上／痙攣在電療院裡／於癲狂症發作的周末／只有床忍受得了你」。（註二八）在《都市的旋律》中都市更是歇斯底里瘋狂到了極點，（註二九）這種強烈的動感，使人聯想到卓別林三十年代自導自演反映工業社會生活壓力的默劇。在《曠野》中，都市這頭怪獸，更把自然環境和自然生態一口吞盡了，結果只留下了一個《大同篇》。（註三〇）而《摩托車》則更甚，詩人把它比作「從二十世紀手中／揮過來的一根皮鞭／狠狠的鞭在都市／撒野的腿上／一條條鞭痕／是田園死去的樹根／乾掉的河流」（註三一）而在《生存！這兩個字》、《都市、摩登女郎》、《都市、方形的存在》等詩中，都市在生存、慾望和頹喪中浮沈、掙扎，（註三二）至此，詩人唯有以《二十世紀生存空間的調整》的烏托邦幻想來自慰了。通過高速公路，「有人帶著田園進城／有人駕著都市入鄉／泥土與地毯既已走進＼同一雙鞋／風景與街景既已美入／同一雙眼睛／大家又天天擠在電視機上／彼此不認識／也會越來越面熟」。（註三三）

二、他死拉住都市不放　都市也死拉住他不放

都市的「速度化」、「物質化」和「行動化」給人以緊張、雜亂和動蕩的感覺。人們的官能、情緒、心態無不被這三化打下深深的烙印。正如羅門在和林耀德就當代詩對話中明確指出的：「的確，人類逐漸被『速度』、『物質化』與『行動化』的生存處境打敗了，尤其被『速度』打垮正是事實。」「在農業社會，牛車走的速度很慢，它在寧靜廣闊的大自然裡走，走一步，人可停下來，有時間靜觀生命與大自然是如何進入『山色有無中』的形而上精神境界。」「……工業革命後，蒸汽機、汽車、飛機、太空梭接連湧現，加入人類的生活，

速度加快了，人從田園走進都市，建築物圍攏來，就在街口把天空與
原野吃掉。一種存在的焦慮感、緊張、動亂與空間的壓迫感，使人內
在產生潛意識的壓抑作用。」（註三四）在羅門的都市詩中，生活在都
市裡的各色人等幾乎無一不充滿著這些焦慮感、緊張、動亂與空間的
壓迫感，除《都市之死》和《都市的旋律》外，《車禍》可說相當典
型：「他走著　雙手翻找著那天空／他走著　嘴邊仍吱唔著炮彈的餘
音／他走著　斜在身子的外邊／他走著　走進一聲急剎車裡去／他不
走了　路反過來走他／他不走了　城裡那尾好看的周末仍在走／他不
走了　高架廣告牌／將整座天空停在那裡」。前面說過，這首詩曾被
余光中所引用來說明羅門以超現實手法來寫都市和都市人，認為其似
真似幻虛實生相的特技只要駕馭有力就有助於詩的藝術，並把羅門和
洛夫同提並論。蕭蕭在解說這首小詩時特別提到「一個在炮彈聲中不
死的人卻在都市的車群中喪生」，從反諷觀點來看，『具有極大的衝
突效果』，由此不難看出都市對人所施予的極大壓力，這種壓力之大
竟能制人於死命。這個現代都市的犧牲品若有所失，若有所思，以致
六神無主，血肉模糊，而更令人可悲的是整個都市的冷漠無情草菅人
命，使本詩具有強烈的社會批判意識」。（註三六）現代都市生活模式
並不是人人都可以適應的，從三代人的身上可以充分說明。這就是羅
門另一首詩《「麥當勞」午餐時間》所表現的，詩人在「後記」中寫
到這同一時空出現「三處斷層生命現象的中國人」和「貫穿整個時空
與歷史文化的大動脈而存在的一個分不開的中國人」，前者是從現代
文明視角看的，後者則從歷史文化視角看的。以全速衝進來的年輕人
所表現的無憂無慮與血氣方剛，以「中速」走進來的中年人所引起的
鄉思鄉愁與語無倫次，以「慢速」步進來的老年人所流露的惆悵無奈
日暮途窮都直接受到都市現代文明的影響和制約，如果人們不「自覺
地從文明層面轉化到文化層面上來」那麼「人將被冷酷的機械文明不

斷地進行切片」。（註三七）

　　羅門筆下的都市人，包括送早報者、擦鞋匠、餐館侍者、歌女、拾荒者、老牌式主婦、標準型風塵女郎、BB型單身女秘書、老處女型企業家、大眾牌情婦、建築工人、馬路工人、玻璃工人、靜坐在書桌前的詩人、推垃圾車的街道夫、擺地攤的小販、賣花盆的老人、落魄的外鄉人乃至劫財劫色的暴徒（註三八），都是現代都市文明的產物，詩人寫這些人物時，大多哀其不幸，其中也有怒其不爭或責其不良的。以哀其不幸來說，就有點像另一位台灣著名詩人瘂弦。瘂弦雖公開表白：「現代詩的工作就是『搜集不幸』」所謂「搜集不幸」，「可以是自己的，可以是他人的；可以是今人的，可以是古人的，也可以是未來的，在廣度上屬空間，在深度上屬時間，都是不幸的領域。詩人能從幸福中體會不幸，將不幸廣義化，所有時空的局限都是一種不幸，詩是一種抗議，一種意見的表達；沒有不幸就沒有詩。」（註三九）同樣，羅門認為詩人「除了關心人的苦難；更廣泛的工作，是在解決人類精神與內心的貧窮，賦給生命與一切事物，以豐富與完美的內容。」（註四〇）因之，他所寫的每一個下層人物，在背地裡總是充滿著辛酸悲哀和無奈，餐館侍者如此，歌女如此。建築工人何嘗又不是如此？當曲終人散，曾「在白蘭地與笑聲湧起的風浪裡／遊艇與浪花留一些美麗的泡沫給他」的侍者剩下孤寂和空虛，」「整張臉被請到燈的背面」；當賣笑了一整夜之後，歌女聲喉伸成的那條路，盡頭是「那死在霧裡的廢墟／荒涼有如次晨她那張／被脂粉遺棄的臉」（註四一）；而那些「把樓頂與天頂／不斷拉近／讓發亮的皮鞋們／將電梯當天梯／踩上去」的建築工人「低頭進土屋」時卻為個人的「昨天／今天／明天」發愁……（註四二）除了寫人的不幸外，詩人還表達了他的同情，諸如BB型單身女秘書上班時為公司竭盡全力，下班後仍要為總經理繼續效勞就感到不是滋味：「她對鏡／塗一下玫瑰色口紅／忽然發覺自

己／也是一種貨色／玫瑰色的／準時交貨」又如對老處女型企業家白天在商場上叱吒風雲不可一世到了夜晚卻獨守空房寂寞冷落也給以深深的同情：「脫下名貴的浪琴錶／時間忽然靜下來。浪無聲／琴也無聲／燈熄後／只有那襲綢質透明睡衣／抱住一個越來越冷感的夜」。（註四三）

　　在解決人類精神與內心的貧窮上，羅門作了許多工作。都市人精神委實太空虛了，內心委實太迷惘了，必須有個寄托，有個歸宿。在羅門看來，唯有禮拜堂能拯救他們的靈魂，充實他們的內心。《教堂》一詩，開頭寫道：「那是一部不銹鋼洗衣機／經過六天弄髒的靈魂／禮拜日都送到這裡來受洗」，而後「那個潔淨的挺挺的靈魂／又向六天走去／向灰塵滾滾的大街走去」（註四四）……爲此循環反復，無休無止。而《都市　此刻　坐在教堂作禮拜》則寫得更廣泛、更深入。一連串的排比，將形形色色的都市人的際遇和心態披露無遺：他們在都市中受到種種壓力，從交通、商業、金融、飲食、娛樂、工作、休閑一直到治安、醫務、衛生、等各方面幾乎沒有一處是「安全地帶」，要減輕或消除這些壓力，只有到教堂作禮拜，將心上或身上的焦慮、疲累、空虛、寂寞、傾訴出來，對上帝懺悔，在讚頌聲中祈求寧靜、平安……最後「步上懸空的天橋」，而「天堂在橋下」，（註四五）另一首《上帝開的心臟病醫院》也寫了都市人所患的各種心病，當所有的「生命喘息在臨界線上／全部垂下頭來／聽從牧師配方」在讚美詩、佈道詞、禱告詞中，吞下一顆顆定心丸，反復向耶穌和主呼告，於是「世界在一片寧靜中／全部定下來」，（註四六）然而，即使如此，都市的誘惑、性慾的泛濫仍使人浮蕩，《都市之死》詩說得直截了當：「禮拜日　人們經過六天逃亡回來／心靈之屋　經牧師打掃過後／次日　又去聞女人肌膚上的玫瑰香／去看銀行窗口蹲著七個太陽」，「在這裡　腳步是不載運靈魂的／在這裡　神父以聖經遮目睡去／凡是

禁地都成爲市集／凡是眼睛都成爲藍空裡的鷹目」。在都市，無處不是罪惡：「伊甸園是從不設門的」，「文明是那條脫下的花腰帶」。「教堂的尖頂　吸進滿天寧靜的藍／卻注射不入你玫瑰色的血管」，「十字架便只好用來閃爍那半露的胸脯」，而都市最終「死在酒瓶裡死在煙灰缸裡／死在床上」，「死在文明過量的興奮劑中」。（註四七）這種都市的墮落，道德的淪喪在《都市　你要到哪裡去》一詩中表現得更淋漓盡致，先看其引言：「神看得見，都市！你一直往『她』那裡去。如果說戰場抱住炸彈；都市！你便抱住『她』──肉彈。（羅門）」，『她』是什麼，這是不言而喻的，世風日下，於今尤甚。再看詩後的附記：「美國詩人桑德堡說：『都市！你是淫邪的！』……的確，當都市不斷將人放逐在腰下的物慾世界，不太容許人到腰上的空靈世界裡來，形成人的生命與內心趨向『靈空』的狀態，導致物慾與性慾的泛濫，確是可慮的。」（註四八）詩人在他一系列城市詩中，將現代文明和固有文化、物慾世界和精神世界、「形而上」和「形而下」、空靈境界和靈空狀態、純潔健康和下流淫穢的矛盾對立一一加以揭示，以期引起社會的重視，人們的注意，扭轉不良風氣，改變都市形象。再看他寫於一九九一年十月的《「世紀末」病在都市裡》：

　　「先是銅從銅像裡走回五金行／夢娜麗莎嘴上畫了鬍子／然後是上帝問自己從哪裡來／最後是鞋問路／路問方向／方向問進了一盞快熄滅的燈／關上門來睡／等天亮／過去的過去的過去　呼呼大睡／未來的未來的未來　呼呼大睡／現在　夾在中間　睡不著／便溜跑出去／直跟著失眠的都市／一起抽煙喝酒／一起看裸體畫／一起卡拉OK／一起張大眼睛倒在興奮劑與安眠藥裡／翻來覆去／一條不帶岸的船／飄航在起伏的海上」。（註四九）

　　詩中所描繪的時代和都市都是嚴重的病患者，要靠興奮劑和安眠藥才能苟延殘喘，以致使人憂心如焚而又束手無策，詩中所出現的變

形異化的意象，就是羅門著力表現的「第三自然」，旨在扶正人心，挽救世道。但給人的感覺仍是力不從心，百般無奈。

很難設想，在現代都市生活的人們飽受一天重重壓力之後可以夜以繼日、日復一日地工作下去，他們需要興奮劑，而咖啡和煙酒就是他們的消愁解悶的興奮劑，羅門在其《咖啡情》一詩的小引就寫了「『都市！它抓到你的悶處』」。（註五〇）而在《摩卡的世界》中，也有「摩卡咖啡店是城市伸腰鬆腿的地方」這樣的小引，（註五一）可見咖啡和都市人的密切關係。《咖啡廳》更以跳躍的節奏、排比的句式來表達人們在咖啡廳裡那種尋求刺激舒緩神經的意念，詩中以換喻和暗喻兩種手法從物寫到人，從人寫到景，直到詩末的最強音「夜／便動起來」嘎然而止，從而將整首詩的主題全盤托出。（註五二）台灣詩評家張漢良雖圖解此詩，頗能道出其中的奧秘。（註五三）至於《摩卡的世界》則是都市中的「世外桃源」，人們可以躲在窗內看窗外的世界，尤其是看到「妙齡女郎把路／走得較她的腰還美／視線望成琴弦時／嘴無意碰一下杯沿／也響出瓷的清脆」更是有聲有色，意趣橫生。而全詩的旨意則在最後一節：「任千萬種煞車／在窗外／罵著街／千萬條腿／在街上／搶著路／再吵再亂／只要咖啡匙／輕輕一調／便都解了」（註五四）一個「解」字和上一首詩的一個「動」字，此外「用咖啡匙調出生命的深度」的「調」「咖啡把你沖入最寂寞的下午」的「沖」（註五五）可說都是十分生動的詩眼，將咖啡和城市的關係一語道破了，除了咖啡，煙酒也是都市人須臾離開不得的東西：「要知道下午去問咖啡／要認識夜去問酒」，（註五六）「煙草撐住日子／酒液浮起歲月」（註五七）「用酒染紅地毯／染紅明天的太陽」（註五八）「那種酒　總是往那種臉色裡死」（註五九）幾乎在每一個現代都市中，現代文明之道長固有文化之道消。尤其是文化中的文學，文學中的詩，差不多走上了絕境。只有影視藝術和大眾文化這類還有一些市場，其

中電視就比較受歡迎的，它所起的作用並不亞於教堂的禮拜，《電視機》一詩就把它比作「家」，比作「較星空明麗／較天堂迷你」的「一座水晶大廈」，在其中人們可以笑，可以哭，可以來，可以愛，可以跳，甚至可以飛，可以讓靈魂昇華。（註六〇）而在《眼睛的收容所》中，羅門更是強調電視機這「眼睛收容所」的作用：緊張者可以得到寬鬆，焦急者可以得到紓緩，氣急敗壞者可以心平氣和，疲勞不堪者可以全身通泰，因為這個收容所的容量特大，幾乎無所不包，都市的三教九流芸芸眾生全都可以囊括其中。（註六一）只可惜電視節目的製作者未能完全發揮其教化和審美的功能，而使其節目流於一般娛樂的層次之中。這樣一來，詩人唯有將希望寄托在貝多芬的音樂藝術了，他在《有一條永遠的路》中唱道：「要不是貝多芬的樂音／從滿天的風聲雨聲市聲與人聲／穿越過來／將聲音重新調好／使時間恢復原來的秩序／歲月能走出什麼好看的樣子／說出什麼更好聽的話／在貝多芬的樂音裡／有一條永遠的路／讓鳥能飛回剛展翅的地方／花能開回剛開放的地方／河能流回剛流動的地方／人能真的回到人那裡去」。詩人在這首詩開頭就寫了都市的千奇百怪風雲莫測，尤其暴露了整個社會的千瘡百孔，爭吵不休。附註則引美國故總統肯尼迪的話說：「藝術使人類的靈魂淨化，權力使人的靈魂腐化」，指出貝多芬這一偉大藝術家也就是全人類「心靈世界的老管家」其「樂音走出一條永遠的路同教堂的鐘聲有時平行，有時走在一起。」（註六二）其實，只要讀者稍為留意，就可看到這類題材的主題的作品，在羅門詩集中還有《第九日的底流》、《螺旋形之戀》等（註六三）在《太陽與月亮》的第一個序中，羅門談到他的詩觀：「詩與藝術是傳達我乃至全人類內在生命活動最佳的線索。」「詩與藝術能幫助人類將『科學』與『現實世界』所證實的非全面性的真理，於超越的精神作業中，臻至生命存在的全面性的「真理」。羅門還作了這兩個假設：如果世界上確有

上帝存在,那人們除了皈依宗教外,最好是從詩與藝術之道走到他那兒去;如果他眞的有一天請長假或退休,那只有詩人和藝術家能暫時代他看管這個美麗可愛的天堂。因此,詩和藝術不僅是人間而且是天堂用來打開內在世界金庫的金鑰匙。特別要指出的是,羅門在談到藝術時特別強調樂聖貝多芬及其藝術魅力。(註六四)

綜上所述,早在六十年代,羅門的詩就已「觸及都市人的心靈和都市裡一些容易令人忽視的角落」。到了一九八六年中,草根詩社的《都市詩專輯》仍刊出羅門對都市詩的看法,即詩人面對都市這一生存空間是「以心輪配合時代的齒輪」。(註六五)簡政珍在《「現代詩」和詩的都市化傾向》一文中談到台灣「八十年代的都市化傾向越來越明顯,以都市爲詩名的作品相繼問世,透過詩人的觀察,鄉村已漸漸沾滿城市的息氣,而城市則在表象的歡笑中在詩裡吟唱悲歌。」並預測將來如有一個所謂的「都市詩」時代來臨,則「對都市有自省自覺兼有和語言對話能力的詩人將是詩壇的主流」。(註六六)而作爲其「先驅」的羅門更是功不可沒。(註六七)

三、有如大都市建築呈現造型美與多層面景觀

談羅門的城市詩不能不談他的詩觀和詩法。從羅門的許多自白中,人們不難看到他在從事現代詩的創作中,始終以自己的理論來指導自己的實踐,並以自己的實踐不斷豐富自己的理論。台灣詩人中有的同時又是詩評家或文學藝術理論家,羅門本身就是其中的一位。他的許多詩集,都是全面而系統地談個人詩觀的理論文章,而且不斷修訂不斷補充,使之臻於完美。一九八四年七月出版的《羅門詩選》和一九九二年三月出版的《太陽與月亮》卷首均有《我的詩觀》,但兩篇就不完全一樣,後者比起前者來,就更加具體、更加充實了。而從他接受別人訪問或總結個人創作經驗所整理出來的文章來看,也是一篇比

一篇完美，例如他接受《中市青年》主編秦岳之約所寫的《談詩創作的一些基本問題》（其中第一部分爲「詩創作世界的五大主要支柱」即聯想力、意象、詩語言的特殊功能、結構、意境；第二部分爲「創作之輪」即深入的「觀察力」、深入的「體認力」、強大的「感受力」、卓越的「轉化力」、卓越的「昇華力」）（註六八）就比他收在蕭蕭編著的《現代詩入門》的《架構詩世界的一些石柱——談詩創作的一些看法與經驗》（其中第一部分爲詩的眞善美；第二部分爲詩人的三要素即才華、執著與專一的精神、內在充分的生命力；第三部分爲創作的十點經驗即觀察力、體認力、想像力、意象世界、「比」「象徵」「超現實」等技法、音樂節奏感、動詞、結構、意境、風格）（註六九）更加深入，更爲系統。至於與林耀德進行對話的《無深度無崇高的「後現代」》（其中談到詩與多媒體、「知性」與「感性」的雙向性、「現代」與「後現代」的分野、「速度」「物質化」和「行動化」、「三個自然」觀『時間造型觀念和空間造型觀念的統化力』等等）則無論氣度和深度都首屈一指。其對於「第三自然」的思考，本身的發展也是遵循著『螺旋型』的軌跡的。（註七〇）

　　羅門認爲：「當現代詩人從古詩人偏向一元性自然觀的直悟境界，進入現代偏向二元性的生存世界；從寧靜、和諧、單純的田園性生活形態，進入動亂緊張、複雜、焦急的都市型生存狀況，接受西方現代科技文明的衝激，以及物質繁榮的生活景觀之襲擊，所引發人類官能、情緒、心態與精神意識的活動，都是以大幅度、大容量與多向性在進行」，因之他覺得「可考慮採取其他藝術的性能來擴展與架構現代詩語言活動的新空間環境」並「企圖使用立體派多層面的組合觀點以及採取半抽象、抽象與超現實的技巧，與電影中有電影（就在詩中溶入一首可獨立又可息息相關的詩）的手法，而使詩境內部在藝術性的設造過程中，獲得較具大規模與立體感的結構形態，有如大都市建築，

所呈現層疊聳立的造型美與展示多層面的景觀。」（註七一）羅門這一
詩觀實際上就是他的城市詩觀。從田園性生活形態進入都市型生存狀
況，也就是他所說的從「第一自然」進入「第二自然」；而現代科技
文明、物質繁榮景觀等正是他說的「速度」「物質化」和「行動化」，
也即是現代都市的基本特徵；詩人透過都市生活，追蹤人的生命，將
都市從各方面來的種種巨大壓力所引發人類官能、情緒、心態與精神
意識的反應通過現代或後現代乃到其他藝術包括電影以至建築的技巧
和手法來寫出他的城市詩，完成他的「第三自然」。其中，特別值得
注意的是，羅門這一詩觀無處不和現代都市的背景息息相關，從他所
遵循的「觀察」→「體認」→「感受」→「轉化」→「昇華」的整個
創作過程來看，幾乎每一個環節、每一個階段都有都市的影子，從客
觀的觀察到主題的體認、感受，再到潛在意識形態的轉化、昇華，都
和現代都市緊緊相連。尤其是轉化與昇華的潛在形態，既含有迴旋變
化的「圓形」，也含有向頂端上升的「直展型」，兩者在互動中溶合
成一螺旋塔的空間造形。（註七二）詩人通過這種藝術創造所呈現的大
規模與立體感的結構形態，更是大都市建築高大巍峨層疊聳立造型美
的縮影。

　　透過都市來追蹤人的生命，是羅門都市詩的主要內容，台灣詩人
辛鬱在評《窗》一詩時說：「在台灣現代詩壇，羅門是重要詩人之一，
並且是特別致力於現代人『心靈開發』的一個前衛詩人」。他的詩「
特具一種現代人的浪漫氣息，特別是都市文明所顯現的那種多變的人
爲的浪漫」，而「窗」，「實際上乃是詩人的第二雙眼睛──心靈」。
詩人所見的「已不僅是第一自然中的物象，而是被心靈美化的事物本
體，進而展現心靈時空的無限性與永恆的意義。」（註七三）另一詩人
管管也指出：「羅門專著於心靈的探索，強調人的精神與生命」。在
他的城市詩中，「批判機械文明而重視人性的眞誠與尊嚴」。（註七四）

詩人向明在羅門一首詩的按語說：「羅門這些年創作了不少『都市』詩，對造成心靈與精神貧血的萎靡都市文明，作了不少無奈的觀察和批判。」（註七五）從本文所舉的大量例子完全可以說明「羅門是都市叢林中的狙擊手」這個叢林中的毒蛇和猛獸，無一不成爲他狙擊的目標。（註七六）

　　以各種藝術手法來表現都市與人的豐富內涵，則是羅門都市詩的形式特徵。由於強調藝術表現的多向性，使其作品豐富多姿，五彩繽紛。時而以景顯境，時而情景交融，時而透過抽象再現具象，時而用「比」、「象徵」、「超現實」等表現手法乃至電影、繪畫、雕刻、建築等藝術技巧來加以表現。這樣一來，在詩人筆下就有人和事物在時空活動的種種美感。詩人透過都市對「人」的追蹤，除了在現實之中，也可以上天入地，既有現實的場景，也有超越現實的內心場景。正如詩人所指出的：「凡是能引起我們內心感知的生命都去追，不必只限定在某一個方位上去追；可把內心擴大到目視與靈視，看見有人與生命的地方都去追；甚至那躲在克利線條與貝多芬音樂中的看不見的『生命』，也不放過去追。這樣才能徹底與全面性地達到詩與藝術永遠的企意」。（註七七）從以上所分析的都市詩中即可看出羅門這種藝術表現的多向性。而羅門在介紹他得意之作《傘》時就將這種多向性作了具體的剖析：「他靠著公寓的窗口／看雨中的傘／走成一個個／孤獨的世界」（現實中的實視空間）「想起一大群人／每天從人潮滾滾的／公車與地下道／裏住自己躲回家／把門關上」（記憶中的實視空間）、「忽然間／公寓裡所有的住屋／全都往雨裡跑／直喊自己／也是傘」（超現實中的實視空間）「他愕然站住／把自己緊緊握成傘把／而只有天空是傘／雨在傘裡落／傘外無雨」（禪悟中的實視空間）。這四種空間由近及遠，由實入虛，由詩入禪，環環相扣，層層深入，充分表現了「現代人生活在現代都市與內心深處至爲嚴重的孤

寂感」（註七八）可說是一個相當典型而又非常突出的例子。

在詩法上，羅門除了重視現代詩的語言和意象外，還特別強調現代詩的架構和句法。他提出「現代詩人應不斷探索詩語言新的性能，即『現代感』、『貼近感』、『立體感』；『現代感』又含有創作的三大卓越性，即『創新性』、『前衛性』與『震撼性』。」（註七九）還認為詩人應「面對世界與人類」「發出一己具『獨特性』與『驚異性』的聲音，創造「更具行動化且快速地擊中現代人心感世界的著火點」之意象。（註八〇）他的詩「始終維持著一定的架構和句法，變的是他飛天入地的繽紛意象」。（註八一）「他自稱他的創作風貌是一盞光度集中穩定的燈，光的放射面繁美，所有閃爍的光無論從上下都會直射過那無形奇異的焦點，放射出更為明晰輝耀的面貌，以透露出詩人內在深厚的意慾」。（註八二）由此可見他的詩儘管有繽紛的意象，豐富的比喻，但這些意象和比喻都由一個中心統攝住，通過外表參差不齊實則有條不紊的句法來集中表達詩的主題內涵。台灣評論家張健在談到羅門詩作時說，其「意象方面頗顯紛繁之態，唯主題凝聚」。（註八三）羅青也說：「羅門是最近二十年來新詩人中，最善於製造比喻運用比喻的高手之一」，並認為羅門「恰當新奇生動」的比喻「能夠把主題深刻挖掘出來」，對詩想的建造與詩情的引發，都有決定性的貢獻和作用」。（註八四）陳慧樺還說：「讀羅門的詩，常常會被他繽紛的意象，以及那種深沈的披蓋力量所懾罩住……不管在文字上、意象的構成上等等，羅門的詩，都是最具有個性的。」（註八五）正是因為這樣，他的詩才能為光度集中穩定，光彩明艷照人的藝術品。

意象繽紛和喻詞連鎖處理不當很容易導致詩秩序混亂不知所云。羅門的詩就極少有這種弊病。他的詩「有諧和統一之情、復有起伏跌宕之景，而後完成一渾然之境」。（註八六）試看《送早報者》「『昨日』沒有被斃掉／『昨日』坐印刷機偷渡回來了／那是在牛乳瓶的聲

響之前／安娜還未游出臂彎之前／他的兩輪車衝出太陽的獨輪車之前／『昨日』像花園般地搬了回來／人們的眼睛擦亮成瓶子／等著插各樣的花／文明開的花　炸彈開的花／上帝愛看或不愛看的花》。（註八七）早報主要刊登昨日的新聞，故詩人先抓「昨日」作文章，賦以其生動的形象。本來它是已逝時間，但隨著早報的出現並「沒有被斃掉」而是「坐印刷機偷渡回來了」。時間之早在於別人送牛乳之前，在於人們仍酣睡未醒之前，在於太陽還未昇出之前。而當人們醒後讀報看看各種各樣新聞，「眼睛擦亮成瓶子，等著插各色各樣的花」：有現代科技文明的，也有戰場互相殘殺的；有上帝喜聞樂見的，也有人們不感興趣的……其意象的繽紛、喻詞的連鎖，可說登峰造極，但其句法之井然，結構之嚴謹卻出人意外。無怪乎一致被人公認爲佳作。

　　蕭蕭在論羅門的意象世界時作了這樣的一個比較：「中國現代詩人中，只有葉珊和鄭愁予能在聲采上與羅門爭一短長」，「三者的不同在於取材的迥異，葉珊選擇《水之湄》、《花季》、《燈船》（《傳說》略異），愁予擅寫《夢土上》、《窗外的女奴》，羅門則於都市文明（物質文明）跟人類心靈在眞實時空中搏鬥的悲劇性，做著一種求取穩定的努力。所以，前兩者的聲采素有『婉約』之風，乃題材使然（作者之所以選用某種題材，歸根究底還是跟個性與才具有關），羅門則爲了追求心靈的力感與完美性，追求悲劇的意識，而推尋意象聲采，依據羅門自己的術語。這或許就是所謂的『思考性的美感』，『將美建立在精神的深度中』，換言之前兩者從事物中提取美的質素，羅門則賦事物以美。」（註八八）從選材到立意，從構思到表現，羅門確有他個人的獨特之處，故能和葉珊、鄭愁予並駕齊驅，並以深沈悲壯的聲采風格贏得現代都市的讀者。

　　最後還特別值得一提的是羅門的城市詩非常強調節奏感和律動性，因此大多能誦能唱。他說：「凡是生命，都必須有呼吸；呼吸產生的

節奏與律動,便自然構成音樂性」,「詩人除在詩中表現視覺上的美的畫面外;同時也應重視到聽覺上的音樂性」,「讓詩生命在活動中獲得自由舒暢的『呼吸』。」《都市的旋律》最明顯不過了,那是爲配合作曲家的現代敲打樂而作的,通篇充滿「都市生活的節奏與律動感」。《咖啡廳》、《都市 此刻 坐在教堂作禮拜》、《眼睛的收容所》等詩的一連串排比句就大大增強了詩的節奏和氣勢,使整首詩像都市之夜那樣「動起來」,像都市生活那樣沸騰起來,像城市氣氛那樣從熱烈到冰冷……《車禍》也是如此,短短八句就有深刻的內涵和鮮明的節奏,車禍一前一後,節奏迥然而異,緊緊抓住讀者和聽衆,並引起強烈的共鳴和反響。由於羅門對音樂藝術有一對「音樂的耳朵」。因此筆下的詩行自然音調鏗鏘,節奏鮮明,飛出滿天金光燦爛的音符……。

一九九三年七月詩人節,香港九龍得實齋

【附註】

註 一 羅門:《我的詩觀》,《羅門詩選》,台灣洪範書店一九八四年七月版第十六頁。

註 二 古繼堂:《台灣新詩發展史》,北京人民文學出版一九八九年五月版的一九三頁。

註 三 張默:《詩卷序》,《中華現代文學大系・詩卷一》,台灣九歌出版社一九八九年五月版,第四十五頁。

註 四 余光中:《現代詩的一種讀法》,《七十六年文學批評選》,台灣爾雅出版版社一九八八年三月版,第一九一頁。

註 五 張漢良:《分析羅門一首城市詩》,台灣《中外文學》,一九七九年第八十四期。

註 六 轉引自羅門:《我的詩觀》,《羅門詩選》,台灣洪範書店一九八四

年七月版第十四頁。

註　七　古繼堂：《台灣新詩發展史》，北京人民文學出版一九八九年五月版的一九二頁。

註　八　羅青：《詩人之燈》，台灣東大圖書公司一九九二年七月版，第二四四頁。

註　九　余光中：《現代詩的一種讀法》，《七十六年文學批評選》，台灣爾雅出版社一九八八年三月版，第一九一～一九二頁。

註一〇　羅門：《紐約（NEW　YORK）》，《羅門詩選》，台灣洪範書店一九八四年七月版，第一〇一頁。

註一一　蕭蕭：《現代詩裡的城鄉衝突》，《現代詩學》，台灣東大圖書公司一九八七年版，第一三九～一四〇頁。

註一二　羅門：《城裡的人》，《羅門詩選》，台灣洪範書店一九八四年七月版，第二十頁。

註一三　羅門：《都市之死》，《羅門詩選》，台灣洪範書店一九八四年七月版，第五十一頁。

註一四　羅門：《曠野》，《羅門詩選》，台灣洪範書店一九八四年七月版，第二六五頁。

註一五　羅門：《紐約（NEW　YORK）》，《羅門詩選》，台灣洪範書店一九八四年七月版，第一〇〇頁。

註一六　羅門：《都市之死》，《羅門詩選》，台灣洪範書店一九八四年七月版，第五一～五二頁。

註一七　羅門：《銀行》，《太陽與月亮》，廣州花城出版社，一九九二年三月版，第一二四頁。

註一八　羅門：《生存！這兩個字》，《羅門詩選》，台灣洪範書店一九八四年七月版，第三〇～三三頁。

註一九　羅門：《都市，方形的存在》，《羅門詩選》，台灣洪範書店一九八

四年七月版,第三三四頁。

註二〇　羅門:《活在框裡的照片》,《太陽與月亮》,廣州花城出版社一九九二年三月版,第八十二頁。

註二一　羅門:《都市　你要那哪裡去》,《太陽與月亮》,廣州花城出版社,一九九二年三月版,第一二一頁。

註二二　羅門:《曠野》,《羅門詩選》,台灣洪範書店一九八四年七月版,第二六三～二六九頁。

註二三　林耀德:《無深度無崇高點的『後現代』》,《觀念對話》,台灣漢光文化事業股份有限公司一九八九年八月版,第一九八頁。

註二四　引自林耀德:《觀念對話》,台灣漢光文化事業股份有限公司一九八九年八月版,第二一二頁。

註二五　羅門:《窗》,《羅門詩選》,台灣洪範書店一九八四年七月版,第一三九頁。

註二六　蕭蕭:《現代詩裡的城鄉衝突》,《現代詩學》,台灣東大圖書公司一九八七年版,第一四〇頁。

註二七　羅門:《都市之死》,《羅門詩選》,台灣洪範書店一九八四年七月版,第五十六頁。

註二八　羅門:《都市的落幕式》,《羅門詩選》,台灣洪範書店一九八四年七月版,第一二九～一三〇頁。

註二九　羅門:《都市的旋律》,《羅門詩選》,台灣洪範書店一九八四年七月版,第二一五～二一八頁。

註三〇　羅門:《曠野》,《羅門詩選》,台灣洪範書店一九八四年七月版,第二六八頁。

註三一　羅門:《摩托車》,《羅門詩選》,台灣洪範書店一九八四年七月版,第二九〇頁。

註三二　參見《羅門詩選》,台灣洪範書店一九八四年七月版,第三一〇頁、

三一四頁、三三四頁。

註三三　羅門：《二十世紀生存空間的調整》，《羅門詩選》，台灣洪範書店一九八四年七月版，第三三七頁。

註三四　引自林耀德：《觀念對話》，台灣漢光文化事業股份有限公司一九八九年八月版，第二一一頁。

註三五　余光中：《現代詩的一種讀法》，《七十六年文學批評選》，台灣爾雅出版社一九八八年三月版，第一九二頁。

註三六　蕭蕭、楊子澗：《中學白話詩選》，台灣故鄉出版社一九八〇年版，第一五五～一五七頁。

註三七　羅門：《「麥當勞」午餐時間》，《太陽與月亮》，廣州花城出版社一九九二年三月版，第一〇七～一一〇頁。

註三八　參見《太陽與月亮》，廣州花城出版社，一九九二年三月版，第三十一頁、七十二～七十四頁、八十八～九十一頁、九十二頁～九十五頁、一二五頁，《羅門詩選》，台灣洪範書店一九八四年七月版，第二二一頁、二二三頁、二七三頁、三〇〇頁、三一四頁。

註三九　瘂弦：《瘂弦談詩》，《文藝天地任遨遊》，台灣光復書局股份有限公司一九八八年四月版，第二五〇頁。

註四〇　羅門：《我的詩觀》，《羅門詩選》，台灣洪範書店一九八四年七月版，第二頁。

註四一　羅門：《都市的五角亭》，《羅門詩選》，台灣洪範書店一九八四年七月版，第一一四～一一七頁。

註四二　羅門：《都市三腳架》，《太陽與月亮》，廣州花城出版社一九九二年三月版，第九一～九三頁。

註四三　羅門：《女性快鏡拍攝系列》，《太陽與月亮》，廣州花城出版社一九九二年三月版，第八十～九十一頁。

註四四　羅門：《教堂》，《羅門詩選》，台灣洪範書店一九八四年七月版，

第二一九～二二〇頁。

註四五　羅門：《都市　此刻←坐在教堂作禮拜》，《太陽與月亮》，廣州花城出版社一九九二年三月版，第七十六～七十七頁。

註四六　羅門：《上帝開的←心臟病醫院》，《太陽與月亮》，廣州花城出版社一九九二年三月版，第七十八～七十九頁。

註四七　羅門：《都市之死》，《羅門詩選》，台灣洪範書店一九八四年七月版，第五十一～五十八頁。

註四八　羅門：《都市　你要到哪裡去》，《太陽與月亮》，廣州花城出版社一九九二年三月版，第一一五～一二二頁。

註四九　羅門：《「世紀末」病在都市裡》，《八十年詩選》，李瑞騰編選，台灣爾雅出版社一九九二年四月版，第二〇三頁。

註五〇　羅門：《咖啡情》，《羅門詩選》，台灣洪範書店一九八四年七月版，第二一三～二一四頁。

註五一　羅門：《摩卡的世界》，《羅門詩選》，台灣洪範書店一九八四年七月版，第三三八頁。

註五二　羅門：《咖啡廳》，《羅門詩選》，台灣洪範書店一九八四年七月版，第二一一～二一二頁。

註五三　轉　引自陶梁選　編《台灣現代詩拔萃》，廣西漓江出版社一九八九年一月版，第二二九頁。

註五四　羅門：《摩卡的世界》，《羅門詩選》，台灣洪範書店一九八四年七月版，第三三八～三四〇頁。

註五五　羅門：《我的詩觀》，《羅門詩選》，台灣洪範書店一九八四年七月版，第五～六頁。

註五六　羅門：《都市的旋律》，《羅門詩選》，台灣洪範書店一九八四年七月版，第二一七頁。

註五七　羅門：《都市之死》，《羅門詩選》，台灣洪範書店一九八四年七月

版，第五十三頁。

註五八　羅門：《外鄉人》，《羅門詩選》，台灣洪範書店一九八四年七月版，
　　　　第二七三頁。

註五九　羅門：《都市的落幕式》，《羅門詩選》，台灣洪範書店一九八四年
　　　　七月版，第一三〇頁。

註六〇　羅門：《電視機》，《羅門詩選》，台灣洪範書店一九八四年七月版，
　　　　第二八八～二八九頁。

註六一　羅門：《眼睛的收容所》，《太陽與月亮》，廣州花城出版社一九九
　　　　二年三月版，第八十頁。

註六二　羅門：《有一條永遠的路》，《太陽與月亮》，廣州花城出版社一九
　　　　九二年三月版，第一三四～一三五頁。

註六三　參見《羅門詩選》，台灣洪範書店一九八四年七月版，第三十六頁、
　　　　八十六頁。

註六四　羅門：《序——我的詩觀》，《太陽與月亮》，廣州花城出版社一九
　　　　九二年三月版，第三～四頁。

註六五　簡政珍：《由這一代的詩論詩的本體》，《詩的瞬間狂喜》，時報文
　　　　化出版企業有限公司一九九一年九月版，第八十二頁。

註六六　簡政珍：《「現代詩」和詩的都市化傾向》，《詩的瞬間狂喜》，時
　　　　報文化出版企業有限公司一九九一年九月版，第八十二頁。

註六七　余光中：《現代詩的一種讀法》，《七十六年文學批評選》，台灣爾
　　　　雅出版版社一九八八年三月版，第一九一頁。

註六八　羅門：《談詩創作的一些基本問題》，《名家創作經驗》台灣業強出
　　　　版社一九九三年三月版，第一八〇～一九三頁。

註六九　羅門：《架構詩世界的一些石柱》，《現代詩入門》，台灣故鄉出版
　　　　社一九八二年二月版，第一九五～二〇〇頁。

註七〇　羅門：《無深度無崇高點的『後現代』》，《觀念對話》，台灣漢光

　　　　文化事業股份有限公司一九八九年八月版，第一九三～二一五頁。

註七一　羅門：《我的詩觀》，《羅門詩選》，台灣洪範書店一九八四年七月版，第六～七頁。

註七二　羅門：《無深度無崇高點的『後現代』》，《觀念對話》，台灣漢光文化事業股份有限公司一九八九年八月版，第二一四頁。

註七三　轉引自《台灣新詩鑑賞辭典》，山西北岳文藝出版社一九九一年十二版，第三二三～三十四頁。

註七四　轉引自《台灣文學家辭典》，廣西教育出版社一九九一年七月版，第三八四頁。

　　　　參見楊昌年《新詩品賞》，台灣牧童出版社一九七八年九月版，第三七一頁。

註七五　參見《七十五年詩選》，台灣爾雅出版社一九八七年三月版，第一一六頁。

註七六　李瑞騰：《八十年代詩選》，台灣爾雅出版社一九九二年四月版，第二○三～二○四頁。

註七七　羅門：《我的詩觀》，《羅門詩選》，台灣洪範書店一九八四年七月版，第二～三頁。

註七八　羅門：《我的詩觀》，《羅門詩選》，台灣洪範書店一九八四年七月版，第十九～二十頁。

註七九　羅門：《我的詩觀》，《羅門詩選》，台灣洪範書店一九八四年七月版，第五頁、二十頁。

註八○　羅門：《我的詩觀》，《羅門詩選》，台灣洪範書店一九八四年七月版，第八頁。

註八一　向明：「編者按語」，《七十五年詩選》，台灣爾雅出版社一九八七年三月版，第一一六頁。

註八二　轉引自楊昌年《新詩品賞》，台灣牧童出版社一九七八年九月版，第

　　　　　三七一頁。

註八三　張健：《證羅門的〈第九日的底流〉》，《中國現代詩論評》，台灣
　　　　純文學月刊社一九六八年七月版，第一六三頁。

註八四　羅青：《羅門的〈流浪人〉》，《從徐志摩到余光中》，台灣爾雅出
　　　　版社，第一七五頁。

註八五　轉引自《羅門詩選》，台灣洪範書店一九八四年七月版，第十四頁。

註八六　蕭蕭：《論羅門的意象世界》、《現代詩學》，台灣東大圖書公司一
　　　　九八七年版，第四一六頁。

註八七　羅門：《都市的五角亭　送早報者》，《羅門詩選》，台灣洪範書店
　　　　一九八四年七月版，第一一三～一一四頁。

註八八　蕭蕭：《論羅門的意象世界》，《現代詩學》，台灣東大圖書公司一
　　　　九八七年版，第四一八頁。

飄泊者的歌哭

——試論蓉子詩的鄉愁意識

王振科、姜龍飛

一

如果家園一片青蔥
而颱風季節已過
我將從此終止我流浪的腳蹤
　　　　　——蓉子《倦旅》

　　鄉愁，事實上是我們每一個與鄉土田園有著天然血緣關係的現代都市人的生存困惑和文化氛圍；而鄉愁意識則是一種因現實的種種失落而夢縈魂牽尋求解脫卻終不可得的心理情結。一個根繫故土時時處處為親情的溫暖所呵護，為幸福的人倫所融洽的人或許不會有回歸的渴求，因此也就無所謂鄉愁。只有在失去故土或遠離故土的時候，孑然孤立的心靈感應彌漫為一種生存壓力，鄉愁才變得凸突強烈；只有當這種凸突而又強烈的情感久難平復，揮之不去的時候，才會糾結成扣，累積為相對穩定的鄉愁意識。

　　因了空間的關係，鄉愁表現為對於距離的無奈；而時間的更迭演替，非但不能使之澆薄淡漠，相反愈益執著強化，這是由鄉愁積澱而成的鄉愁意識與一般隨遇而安的人類愁緒最顯著的差異所在。中國文學史上有那麼多鄉愁意識濃鬱得化不開的作品，無疑都是時空交織的二維產物，同時也有對每個時代龐雜繁複的社會現實的觀照與折射。

在「悲歌當注，遠望當歸」、「羈鳥思歸，池魚思故」和「歸去來兮」的反復嗟嘆中，我們感受到了或充滿希望、或遍布危機的生存遷徙和個體生命中尋求寄托與歸宿的精神焦慮。

中國歷史上，儘管「士志於道」的傳統說教可以令游子輕去他鄉，「任重而道遠」的知行觀和「以天下為己任」的聖賢抱負甚至淡化了歷代知識階層的宗國觀念。然而，對於故土的牽念仍然是他們抒緬情懷時最深沉綿韌、也最具感染力的一章。屈子遠游，尚且「思故舊以想像兮，長太息而掩涕」，遑論自其以降的歷代布衣。理智於傳道而宿命於故土，是中國文人心態中最不好將消息的兩難選擇，因此會有「父母在，不遠遊」的觀念對壘與之相悖。於是，鄉愁便成為永恆的母題，纏繞在他們籔籔震顫的筆端。

「士志於道」的人生追求固然鋪墊了鄉愁和鄉愁意識的濫觴，然而它畢竟不是促發這一情懷的唯一的感性誘因。反觀一部文學史，那些由於戰亂頻仍、身世飄零而造成的人為阻隔，似乎更易於激盪起宗國、宗族、宗土的思鄉愁緒，更易於營造出淒惻與纏綿互織、鬱憤與悲享交融的氛圍，亦即更適合於作為詩的抒指對象，更相宜於詩的連構詩的意境。當歷史終於步出秦漢以降的超穩定社會結構，進入現代；當急驟變化，動盪不安的社會現實把中國迅速地推向一九四九那道歲月的關卡，一種特異而扎眼的文學現象伴隨著分而治之的社會格局出現在我們眼前。尤其在海峽彼端，那座漂離母體的海島上，整飭的靈魂隨著故園的撕裂而被撕裂，鄉愁和鄉愁意識積澱成一枚不好化解的堅硬的內核，任憑綺麗的辭藻，豐腴的情思將其層層纏裹，其內涵的複雜多義，實非以往的任何一個文學時期可與比照。

正是在這樣一種背景下，蓉子開始了她的詩壇之旅。

二

啊，鄉愁就是童年是記憶也是歷史

——蓉子《鄉愁》

一九四九年二月，一個來自江南水鄉的二十一歲的姑娘，在未可知的命運的支配下，孤身一人來到千里之外的台灣。汪洋覆被的地理環境孤獨著海島，也孤獨著她那顆舉目無親，人地兩生的心：「歡笑是我的容貌／寂寞是我的影子。」一個年華芳菲的姑娘，一個剛剛走向自立的現代女性，生活的長卷正在她的腳下展開，為什麼竟有如此淒清的哀怨？詩人並沒有正面作答，筆下只有詩的隱喻：「白雲是我的蹤跡」〈《為什麼向我索取形象》）。這當然不止是唯美的自我雕縷。從「白雲」的意象特徵中，我們不難捕捉到詩人有感於身世飄零的象徵性模擬——飄泊無定，隨風遊移——同樣也是詩人自我生態的真實寫照。這便使蓉子的早期詩作帶有較多感傷的成份，對生活常常表現出某種迷惘和嘆息。「我曾嘆息於／那門一啓一閉之際　偶然哭泣／那門一開一闔之間　往往驚心於／那門一勻一匐之時」（《未言之門》）；「季末有冷雨／冷雨在山裡　在清明／花季花殘」（《冷雨冷雨》）。門的象徵無疑是一個暗示，門裡門外儼然兩種不同的人生境界，要不要由此入彼，詩人的反映是「嘆息」、「哭泣」和「驚心」，自信心的匱乏由此可見一斑；而「花季花殘」的內心體驗，讀來簡直令人心驚肉跳。

我們無法逆料倘若詩人沒有這樣一程隔海而居的羈旅生涯會有怎樣的人生取向和情感取向，現實沒有提供這種可能。我們只知道一個孤身遠行的靈魂不能不在生命如朝霞般噴薄的同時，也會有青春期難以排遣的落寞與惆悵。然而由正常的生理騷動所導致的心理嬗變原本是可以修復的，只不過需要一點點時間、一點點寬容、一點點親情的滋潤而已，可惜，現實同樣沒有為詩人提供這種可能。她所面臨的始終是離鄉的寂寥、背井的苦悶，始終無法從環境中獲得生長性的情感

補償，這便使她失去了修復自我的物質供給，終於沒能走出鄉愁的時間隧道，甚至有可能終生蹀躞於其中。這不能不誘發出詩人有別於少年情懷的更爲執著的鄉愁意識，且層層遞進，步步深入。

鄉愁的情感表達並不僅限於憂戚這一種方式，面對殘損的審美，甚至也可以是溫馨乃至歡快的；生命流程的起跑線上早已天然地伏設下供人鉤沉留連的遐想時空。蓉子的抒情長詩《歡樂年年——「十二月令圖」觀後》，就是以熱誠純樸的筆調來傾訴她的思鄉之情的：「雪覆山崗　卻又／霜一樣地鋪陳在庭院樓廊與屋瓦／冬日的爐火別樣溫馨　就像謎樣的叮嚀／緩緩的節奏　孕育著童年」。全詩按時序的先後，分別寫出故鄉的春、夏、秋、冬各個季節的不同景致，以及相關的民俗風情，富有鮮明的江南地方色彩和生活氣息；同時熔回憶和想像於一爐，以一片誠摯的愛心對以往的故鄉生活進行高濃度的藝術提純，讀來令人如沐春風、如臨煦陽，陣陣溫馨的回流貼近肌膚，直抵肺腑。

然而，難以釋懷的溫馨終究是建築在無以復歸的缺憾之上。失落是活生生的現實，曾經擁有的歡樂屬於歷史，坐擁愁城時的回顧更能反襯出命運的無常。這種追憶性的撫慰宛若綻放在遙遠的地平線上的生命的禮花，光焰灼灼，稍縱即逝，被它照亮的依然是無家可歸的一臉悵容。

蓉子的無家可歸主要是精神上的感覺，在生活中，蓉子不僅有家，而且溫馨可人，不然婚後的「青島」一別詩壇就是千餘個日暮晨昏便缺乏理由。忘情的投入是生命的華采，它可以使人暫時忘卻除個體生態以外的現實種種，凝聚成對小天地中一脈溫情的補償性自享。然而它畢竟不是人生的全部。

三

　　傍湖水的明鏡

　　幾棟紅磚屋半掩在樹叢

　　蘆葦搖曳著它風裡的白頭

　　紅花默默傳香

　　就讓我把住處安頓在此吧！

　　　　　　──蓉子《回歸田園》

　　婚後復出的蓉子，經過長達三年之久的封筆，似乎終於明白小鳥依人的自享遠不足以哺乳人生命的情感需求，完整的生命需要社會這樽巨大的盛器方能容納。撇開其他不談，從她復出後的第一本詩集《七月的南方》中，已經非常清晰地顯露出對於現代都市生活的批判鋒芒，亮出了她充分獨立的人格棱角。「城市是擁擠而孤寂／我的陽光是七月的／有很多噬人的牙齒／聽巨大震驚的音爆／一堆破碎的幻在烈日下焚化／而摩托車擦腿而過／使人心驚……」（《城市生活》）。有噬齒有音爆的城市陽光，在七月的上空擁擠，「一堆破碎的幻」因此而被焚化。我們不清楚詩人所說的「幻」的具體所指，但是我們完全有理由以詩人的其他篇什對此作出填空：「每一個日子都是晴朗／每一個日子都是假期／……日光下都是花朵／日光下盡是奇蹟／──當一連串歡美的音符洋溢／這世界就是天國，就是天國」（《今昔》）。如此純淨的烏托邦世界當然沒有理由不淪為「一堆破碎」而遭致毀滅性的「焚化」。站在現代都市傾斜的危樓上，詩人感受著「齒輪與齒輪的齟齬／機器與機器的傾軋／時間片片裂碎　生命／刻刻消褪……」（《我們的城不再飛花》），眼底滿是物欲的上升和人性的扭曲，詩人因此而黯然神傷：「現實所給予我的，是人海無休止的浪濤的衝擊，善美人性的淪喪，物欲的囂張，我為此而感到窒息的痛苦與孤寂」（《青鳥集‧後記》）。對美的追逐因為美的幻滅而失卻支撐，希望與失望在詩人的筆下對舉成文。環睹周遭的現實，「綠色甜美的流水不

再／澄潔的藍色變得凋穢／紫色的時刻是如此深暗」（《城市生活》），環境的惡變不能不歸咎於人性的貪婪。於是，詩人的視野情不能己地落向身後，向世風尚純的故土尋求寄託：「牛車緩緩地向村外駛去／小舟載天光水色歸來／炊煙　雲一樣升起／家的意義就確定了」（《回歸田園》）。儘管現代詩壇上迄未見「回歸田園」的真正實踐者，然而僅僅精神上的「歸隱」渴念，也不能不說是十分悲涼的輪迴。這種面向農墾社會的視點後移和鄉愁的復熾，顯然不再以重現一片山的青葱水的明淨為滿足，不止於個人思鄉之情的抒發，而是希望從人與自然的原始關係中，抽象出和諧融洽的生態規範，為缺乏安全感的現代人建構靈魂的庇護之所，完成有關「家」的意義索解。它是兩種文化人格對峙的結果，詩人必須在現代文明與傳統美德的兩難選擇中確立自己的精神支點。「三月無詩／九繆司都沉寂　我欲渡河／去叢林打獵去／因我的家庭餓著／我的老年有飢饉之虞」（《三月無詩》）。這似乎已不僅僅是蓉子一個人所感受到的精神飢饉，凡處於物質文明飛速躍進的歷史衍變期的文人墨客，幾乎無人能夠擺脫生存困惑的騷擾。處於困惑中的他（她）們所代為思索、代為尋覓、代為獵取的，其實是人類共有的精神取向和價值取向。作為社會的精英階層，他（她）們除了餵養自我擺渡自我外，還必須在歧路紛紜的道口樹立起重返伊甸園的精神覘標，為後繼的袞袞之眾指點迷津：「每條路都引向東方／掩映在密林中／神秘的東方／一片艷美的霞光」（《牡丹花園》）。且不論如此重任究竟是否為蓉子們所能荷載，貧困的東方究竟蘊有幾多神秘的人類真諦，思想的壯大終究還是拓展了蓉子的生命流程，「待轉身　水已汨汨／在鐘聲與蘆荻中　成為／曲折壯美的江河」（《一種季節的推移》）。伴隨著人生的季節性推移，詩人已趟過「時間清淺的池沼」（同前），進入另一種開闊淵博的生命境界，「在過往與未來間緩緩地形成自己」（《肖像》）。

四

> ──每一張布滿風霜的臉　都是
> 一部感人的故事書
> 鐫刻下他們歲月中的悲歡
> 　　　　──蓉子《黃昏》

一九八四年歲末，蓉子偕余光中，范我存伉儷，來到香港與大陸僅僅一水之隔的勒馬州山崗，登高遠眺，面北而望，不禁心潮滾滾，驚濤撫胸，一首《勒馬州山崗》，記錄了她即時情感：

> 車行到此　車已無軌
> 馬馳到此　騎士
> 你當急速勒馬了　雖然
> 前面是故鄉　不是天涯
>
> 你豈能故作瀟灑？
> 任風無端地掀起你的大氅
> 你豈能任意飲馬？
> 在此血淚的深圳河水……

恕筆者不能再往下引。應當說，在蓉子諸多的思鄉之作中，像這樣亢奮激昂，且與政治如此迫近的詩並不多見。她的詩，大多以婉約、清麗，含蓄見長，而這一首，則一反常態地變得雄渾衝動，胸臆直抒。可見歲月的煎迫，足以改變每一個人，對於距離的無奈，也會演變為憤怒，而憤怒則是造就詩與詩人的溫床。然而，不知詩人有否想過，不也正是這種憤怒、偏激和意識形態上的互不相容，才形成了她在勒馬州山崗上銘心刻骨的感受：「風裡正盤旋著那噩夢的兇禽／眾多的觀光客眾中，它專撿脆弱的／遊子下手：啄心，啄肝，啄肺和腑。」

令人費解的是，一向冰潔獨立的詩人，竟為何也陷入了自相矛盾的邏輯怪圈？

挑剔台灣詩壇這位「祖母輩的明星詩人」（《蓉子自選集》二八六），細心察看「一顆種子從泥土出生的路徑與變化」（《詩》）——蓉子，原不是這樣的一副筆墨，這樣的一種人格品味。

當江河般曲折壯美的生命底蘊，汩汩流出蓉子的筆端，僅僅對鄉土的懷戀，已不足以概括她的全部；自憐自哀的個人抒懷，漸漸讓位於蒼勁而沈鬱的生命發射：「也擬看燈去；但不著石榴裙／也去逛燈市；也不曾慵梳頭／——這是現代，這是異鄉」（《燈節》）。艾略特曾道：「一個詩人，假如二十五歲以後仍然打算寫詩，他就不能忽略歷史的眼光。所謂歷史的眼光者，乃指透視時間的能力，那就是說：對於過去的影響至今猶存。」一首《燈節》，分明能讓我們領略到這種「至今猶存」的「影響」。生活中哪怕細微到一次遊戲性的休閒，也能牽引著她的目光，穿透歷史與現代的重重屏障，看到歲月的錯位與擦痕。這是民族文化意識長期浸潤的必然，也是一個愛國詩人的宿命。蓉子的人生，就這樣全被漬透；「突然有一種奇異的感覺　就好像頭一次才發現／那許多地理教科書上的名字／從機械上升起　一字排開肩並肩地站著在比／使天涯變為咫尺：／漢城／漢堡／就疑似漢家城闕」（《城的聯想》）。這樣的聯想當然不具有絲毫「侵略性」。幻也似的痴迷，只會顯象於忘我的執著之後。誰道囈語般滾燙的字眼裡，不是漢家女兒心淚的盈沸！站在隔海而觀的彼岸，蓉子的哀容是對於破碎的歷史的憑弔：

> 啊！誰說秋天月圓
> 佳節中儘是殘缺
> ——每回西風走過
> 總踩痛我思鄉的弦！

——《晚秋的鄉愁》

這幾句詩堪稱中國現代詩壇中難得的絕唱，筆者多年前初次讀它時那種驀然顫栗的感覺，至今記憶猶新。

生命終將老去，縱使「青鳥」，也會在黃葉飄零的秋天裡，衰落幾箭斑斕的翎羽。疲憊的人生體驗，終於滲透於蓉子近期的部分詩作。在遙遙無期的等待中，詩人太累啦。「欲渡無渡四十載／——是怎樣苦澀的等待／一些親情的青翠　就這樣／在等待的枝頭憔悴」（《親情》）。

詩情也許是最容不得粉飾與造作的人類敏感，有時簡直就是一幀全息攝影，只要輕輕一按快門，就能留住一個酷肖的瞬間，感光一片生命的真實。詩情的真實，來源於存在的真實。以己生之短衡歲月之長的努力，因為星星白髮縷縷皺紋，因為遲暮的不可抗拒，而被籠上了一層陰影。從蓉子蹣跚而行的足音裡，我們聽到了已經十分孱弱的叩擊聲：「當時間隔久　縱使／再回到土親水親的家園　又有誰／能伴我追尋　啊！因風因雨而／全然流失的年光裡／那逝水的身影！怎生回憶／如何捕捉　那雁行晴空的美好圖像」（《當時間隔久》）。

對於時間的不可逆轉不可回流的一維性感知，使詩人對以往熱切嚮往的回歸也產生了疏離之感，歸根的假設甚至比無根的痛楚還要令詩人絕望，回歸母體的衝動在歲月的減損下日趨式微。這種絕望與式微是個體為免遭傷害而採取的保護性的情感逃避，是對現實生態的否定之否定。它的負面效應將可能導致對人生的意義懷疑，誘發「遊子」對自身行為價值的悲涼反思。並非危言聳聽，這可能是一個不祥的信號，但願接收這個信號的不僅僅是海峽兩岸的布衣文人，普通受眾。

蓉子的詩創作和故國的分裂同步共時，她的心路歷程凝聚了海峽彼岸整整一代知識分子的喜怒悲歡，自有其獨特的審美價值和認識價值。尤其難能可貴的是，她曾經這樣剖白自己：「倘若我無真實的創

作意欲，我就不勉強自己來發出聲響……我願意更多地把握自己一些，而並不急於做一時的跳水英雄，去贏得片時的喝彩；我願意更多地顯露自己的面貌，但必須是有靈魂和實質為後質」（《七月的南方·後記》）。這段話既道出了她從事藝術活動的目標和追求，也是她對社會做出的承諾，為我們窺視蓉子及其蓉子們的內心世界開啓了一扇窗戶。不趨附，不媚俗，不矯造，不虛浮的人格建構是他們不移的風骨；魂繫故土，骨殖青山的追求是他們永遠的情操。只有這種生命姿態的健在、健全與健頎，兩岸的統一才能建立在充分的論證之上，最終從夢境走向現實。

畢於一九九三·七·一一

羅門詩中的鄉情

王業隆

海從海口出去
　　在炮聲大過浪聲
　　　　飛機嚇跑海鳥的
　　　　　　年代
海便隨著遠天的雲
　　　　　飄泊

海從海口回來
上岸的是最初的記憶
其他的許許多多
都海闊天空去
海的性情
本來如此
既不像湖
也不像河
便望著天地線開放的
　　　　另一個海口
　　　　看自己進出

　　這是台灣詩人羅門的長詩《海》的序曲。詩人以「海」自況，她
深沉、壯闊，「既不像湖」的淺薄，「也不像河」的狹窄。海的心能
包容人生的各種境界；她用天地線牽著日月與萬物進出，永不言停。

序曲中的「海口」，既是大自然的海之口，又是詩人故鄉——海南島的首府海口市。當年，詩人在隆隆的炮聲中從這個海口出去，「隨著遠天的雲飄泊」，四十年後，詩人又從這個海口回來，「上岸的是最初的記憶」，兒時的一切一下子浮在眼前。

羅門的詩，鄉情濃烈，其對親人的思念，對故土的懷戀，對故國的嚮往，充溢在各個時期的詩作的字裡行間，成爲羅門詩歌的一大特色。本文打算以「鄉情」爲題，對羅門詩歌作一探討，以塡羅詩研究中的一頁空白。

一

羅門，原名韓仁存，海南省文昌縣鋪前鎭人，一九二八年十一月二十日出生於家鄉。

文昌的韓姓是個望族，非但人口多，分布廣，而且名人輩出。左右中國現代政壇幾達一個世紀之久的「中國第一家族」——「宋氏家族」，實際就是「韓氏家族」。

羅門的祖父韓庭獻，是前清擧人。父親韓澤豐接祖父基業，經營海運生意。每年開春，從海南運石磨往泰國，又從泰國運木材往新加坡，再從新加坡運日用雜貨往泰國，再從泰國運木材返海南，並在家鄉過春節。羅門在他的詩中對父親的航運生活，曾經作過生動的描寫：「南國的藍天如一藍玉的樂廳／父親的三桅船是一座長年奏著海曲的鋼琴」，「海上的風浪是美人的腳步／暹邏、曼谷、新加坡是巨商們的蒙地卡羅」。

羅門共有十位兄弟及四位姐妹，他排行第三。由於羅門的台灣關係，故鄉的兄弟姊妹們飽受歧視與凌辱，幸而除了母親及老大之外，餘皆幸存下來。這使得四十年後終於得以同家人團聚的羅門，心靈不致遭受更重的傷痛。

　　羅門早慧，從小就愛詩。他九歲離家到湛江，考入爲避戰禍而遷校粵西信宜縣的廣州名校廣雅中學讀書，後因敵機轟炸，該校再遷粵北山區。一九四二年，設在四川灌縣的國民黨空軍幼年學校到粵北招生。羅門考入該校就讀。一九四七年，羅門空幼畢業，再考入笕橋空軍飛行官校。越一年，隨軍赴台。一去四十年，羅門與家庭完全失去聯繫。

　　在揆違四十年之後，羅門終於可以踏足魂牽夢縈的故土。甫下飛機，看到齊集機場迎接自己的親人，竟一個也不認識。羅門百感交集，覺得自己就像唐代詩人賀知章在《回鄉偶書》中寫的：「少小離家老大回，鄉音不改鬢髮衰，兒童相見不相識，笑問客從何處來？」

　　故鄉的親人熱烈歡迎這位遠方歸來的遊子，更爲他在中國詩壇的傑出成爲感到無比自豪。

　　羅門在故鄉逗留九天，除同文化界見面外，還抽空到母親墓前拜祭，爲他童年曾就讀的地泰小學題寫校名，還捐款爲家鄉修一條橋。他對自己未能在經濟上支持兄弟姐妹感到內疚。他對兄弟們說：「經濟上我的確窮，但精神上我並不窮，我的財富就是詩。我熱愛詩，熱愛藝術事業。人生雖短，我要將整個精力都投進詩的世界中去。」

二

　　一九四九年，中國政局急轉直下，國府遷台，人民共和國成立。九百六十萬平方公里的國土，分裂成兩個勢不兩立的政權。戰爭導致多少個家庭解體，多少人無家可歸。尤其是一百多萬隨蔣家父子遷台的國軍老兵境況更加可憐。他們有家歸不得，連打一個電話，寫一封家信也不可能。作爲舉目無親又是對現實生活感悟性最強的詩人，這種現實的悲劇自然而然地成爲靈感的泉源和詩歌的題材。

　　縱觀羅門詩歌創作的整個過程，其鄉情詩中的鄉情，大致分爲四

個階段。

第一階段為鄉戀時期。

五十年代，詩人赴台不久，對故鄉及親人記憶猶新，懷有深切的眷戀之情。

因此，反映在他的詩中，雖然也有少許像「在天藍的日子裡／我向空仰望淚水滴下／是因八年見不到故鄉的藍天而心碎呵！」這樣帶強烈鄉愁的詩句，但主要的傾向還是憶鄉及戀鄉。《海鎮之戀》、《三桅船之戀》及《納克，我的知己》等，是這方面的代表作品。

「海鎮」，極可能就是詩人的故鄉鋪前港，詩人把海鎮比喻爲「南方巨人藍色闊邊帽上一粒明亮的寶石」，顯見其對故鄉的喜愛。在詩中，詩人深情地回憶其童年在故鄉海鎮的幸福情景：

> 長年坐在藍色的陰影裡寧靜似夢
> 日間看風帆的羽筆寫閃爍的詩行於海無邊的稿紙上
> 夜間聽月光譜曲在和諧的潮水聲裡
> 漁夫破曉踏著潮濕的碼頭出海
> 傍晚收網又走過它淋著夕陽的街上
> 那海鎮有大魚大蝦，和平與恩愛
> 有許多歡笑湧過來似浪
> 有我童時被戰爭割斷了平靜的幸福之泉

美麗和平的故鄉，幸福和樂的家庭，和天眞浪漫的小伙伴，構成了詩人夢一樣的童年生活。

第二階段為鄉愁時期。

六十年代、七十年代，隨著歲月的流逝，遊子漸老，思鄉情懷表現出濃濃的鄉愁。羅門的思鄉詩也向深度發展，而表現的形式也變得多彩多姿：有直抒胸臆的，如《遙望故鄉》；有借景抒發的，如《茶意》、《月思》、《觀燈記》、《遙指大陸》及《火車牌手錶的幻影》

等；有通過形象塑造來寄托的，如《流浪人》及《賣花盆的老人》等。

一九七五年，詩人隨台港作家團訪問金門時，站在海岸邊，遙望闊別了三十多年的故土，深有感觸地寫道：

　　一個浪對一個浪說過來

　　一個浪對一個浪說過去

　　說了三十年只說一個字

　　　　　　　家

一次，詩人在一幅照片中看到一位祖父帶著孫子在海邊用手遙指大陸的情景，深受感動，浮想連翩，揮筆成詩：

　　淚滿了雙目

　　海哭成三個

　　家遠在望外

　　而孫子卻說

　　那地方好近

　　把岸拉過來

　　一腳踩上去

　　不就是老家嗎

孩子天真的說話，與三十多年踩不上故土的現實對比，讀來令人鼻酸。

由於詩人鄉情濃重，且具常人所無的靈視本能，即使平平常常的一杯茶、一盞燈、一幀照片、一隻手錶、一縷月光，都會撩動鄉情縷縷，詩情滾滾。

第三階段為鄉怨時期。

八十年代，國民黨遷台進入第四個十年，歸家無期，許多人已老死異鄉。詩人的思鄉情結揮之不去。這個時期的思鄉詩在繼續抒寫鄉愁的同時，已流露出少許悲憤和怨恨的情緒。其代表作品有《周末旅

途事件》、《歲月的琴聲》及《時空奏鳴曲》等。

　　一九八四年，羅門同詩人余光中登上香港中文大學的宿舍高處，遙望廣九鐵路，鄉情滾滾，感慨萬千，回台後寫下《時空奏鳴曲》這首著名的思鄉詩，也被稱爲經典之作。

　　一開頭，詩人寫道：

　　　車還沒有來

　　　眼睛已先跑

　　　跳過第一、第二座山

　　　到了第三座

　　　懸空下不來

　　爲什麼「懸空下不來」？詩人在註解中告訴讀者：第三座山罩著大陸的「鐵絲網」。這裡，詩人用鐵絲網來比喻兩個不同的制度，既準確，又形象，耐人尋味。詩人聯想，從「板門店／到東西德走廊／來到這裡」，成爲分隔南北韓、東西德及中國海峽兩岸的「一條線」，也就是釀成「鄉愁」的因素。所以詩人說他是「穿過上帝瞳孔的一條線」。

　　　只要眼睛

　　　碰它一下

　　　天空都要回家

　　　這條線望入水平線時

　　　連上帝也想家

　　這種極盡誇張的寫法，表現了詩人無限的惆悵，無比的怨憤，所以，他憤怒地詰問：

　　　是誰丟這條線

　　　在地上

　　　沿著它

母親　您握縫衣針的手呢

還有我斷落在風箏裡的童年

在此之前，羅門的思鄉詩，僅把鄉愁歸咎於戰爭，從未觸及戰爭的根源。這首《時空奏鳴曲》卻第一次發出「是誰丟這條線在地上」這樣一個敏感的問題，這不能不是羅門詩歌在探索人生問題的一大突破。

第四階段可以稱為鄉夢時期。

一九八七年，國民黨政府開放台灣民眾前往大陸探親，台灣海峽開始解凍。這對患了幾十年思鄉病的離家詩人，無異是旱天之甘霖。羅門盼了四十年，終於盼來這一天，他迫不及待地跨上了探親的路途。

在這個日子的前前後後，羅門的思鄉詩，除了鄉愁和鄉怨之外，更增加了「鄉夢」，也就是對故國山河的嚮往和對古老文化的欽羨。

在此前幾年發表的《時空奏鳴曲》中，這種鄉夢已初露端倪。詩人憧憬：

如果這條線

是一筆描

動便長江萬里

靜便萬里長城

那些凍結在記憶與冰箱裡的

　　　　　　　冰山冰水

都流回大山大水

把鐵絲網與彈片全沖掉

祖國　你便泳著江南的陽光來

　　　　滑著北地的雪原去

讓從巴黎、倫敦與紐約

進來的照相機

都裝滿第一流的山水與文化回去
讓唐朝再回來說
那是開得最久最美的
　　　　一朵東方

祖國　當六天勞累的都市
　　　已想到週日郊外的風景
鳥便在天空裡對飛機說
巍然的帝國大廈
　　　永遠高不過你
　　　悠然的「南山」
任使一張張太空椅
　　　往太空裡放
祖國　你仍是放在地球上
　　　最大的那張安樂椅

　　幻想是美麗的，但它畢竟是一個美麗的「鄉夢」，現實卻是慘酷的。「到不了／只好往心裡望」，卻又「望回這條線上來／原來是開入邊境的火車／又把一車箱一車箱的鄉愁運回來」。

　　如果說，羅門對故國的嚮往，在台灣開放民眾赴大陸探親之前只是一個「鄉夢」，那麼，當他一九八八年回到海南探親及應邀在大陸多所著名大學與學術機構講學之後，他對祖國的前途，則有了較清楚的認識並且產生了信心。他在返回台灣後寫給家鄉弟妹們的家信中，一再強調中國很有前途。

　　當然，羅門的故國之行，也看到許多不盡如人意的地方。他在《長城上的移動鏡》中，一方面對長城的雄偉壯麗感到驕傲，他寫道：

你是握在風景之中最長的

　　　　　一條鞭
　　鞭著整個自然遠走高飛
　　讓看夠賽車賽馬的眼睛
　　　都千里迢迢湧來此
　　　看千山競秀
　　　　萬壑爭流

但同時，他也批評長城令中國「呼呼大睡千年」，他痛心地寫道：

　　最好不在這裡說現代
　　除了北京、上海、廣州會哼一聲
　　整塊土地是重重的隔音板
　　整個漠野聾得只能聽見無邊的
　　　　沉寂與空茫

　　羅門的思鄉詩的主題，由「鄉戀」變為鄉愁，又由「鄉愁」變為「鄉怨」，再由「鄉怨」變為「鄉夢」，這種變化是緩慢的，而且是相對的，互相兼容的，就是說，「愁」中有「怨」，「怨」時也懷有對未來的「憧憬」。

　　必須指出，不管是「鄉戀」還是「鄉愁」，也不管是「鄉怨」還是「鄉夢」都源自詩人對家國的深厚的愛。羅門在《時空奏鳴曲》這首詩的後記中有這樣一段說明：在鐵絲網的兩邊，有著死不兩立的恨，也有純粹的「乳房」與「嘴」緊緊相連的母子之愛……這種一直被「卡」在難境中的苦情，使我們看到上一代踩著彈片從炮火與苦憶中擁出來的臉，與年青一代踩著幸福與笑聲從燦爛的都市文明中升起來的臉，能不有所感懷？尤其是國家壯麗的大自然與深厚的文化潛力，都的確是創造國人幸福美好生活的理想溫床。然而，由於鐵絲網、槍彈，使一切都與理想有了一段痛苦的距離……任誰都會在內心的深處，感知到這種潛在的隱痛與憂慮。

這就是詩人寫鄉情詩的心態。

三

羅門曾說過,他之所以取羅門這個筆名,主要是爲了紀念母親,因爲他的母親姓羅。事實上,羅門的思鄉詩中提得最多的也是母親。

由於父親長期行船在外,同孩子們見面的機會很少。羅門九歲離家之前,接受最多的是母愛,因此,羅門詩中充溢著對母親的記憶和思念。「您將一支支/削好的甘蔗/甜入我的童年」。「我仍忘不了您一針針縫著我入冬的寒衣」,「我仍記得您從雞房裡/取出一個個白白的雞蛋/打在我早餐的碗裡」。由於對母親的深切思念,羅門看到什麼東西都會想到母親。在《月曲》中,詩人看到映照在地毯上的月光,馬上聯想到老家的燈下,母親仍在爲他趕縫過年新衣的最後一個口袋。詩人寫道:

> 我走近窗前
>
> 身上的那個口袋
>
> 竟就是那塊月光
>
> 手摸袋裡的壓歲錢
>
> 才發覺那枚發亮的銀圓
>
> 是千里外的月

歲月沖不淡母子之深情,離家的日子愈久,詩人對母親的懷念愈篤。在《時空奏鳴曲》及《回到原來叫一聲您》中,詩人寫道:

> 母親,如果這條線
>
> 已縫好土地的傷口
>
> 我早坐上剛開出的那班車
>
> 沿著你額上痛苦的紋路
>
> 回到沒有槍聲的日子

　　　　　　去看你

在另一首詩中，詩人向母親遙誓：
　　即使整個世界在戰火中
　　一直走不出去
　　歲月失去記憶
　　我也會回到原來
　　　叫一聲您　母親
這裡詩人淋漓盡致地寫出對母親的思念，以及見到母親的急切和決心。

　　據羅門的弟妹們回憶，羅門最後一次見到母親是一九四七年他空軍幼校畢業之後，專程返回老家海南島探望母親，但時間很短，行色匆匆，想不到這一次母子相見，竟成永訣。

　　一九八八年羅門返回故鄉，第一個要見的人便是母親，想不到他一跨下飛機的弦梯，就聽到母親已於二十多年前離開人世的噩耗，這真是當頭一棒。當時，詩人無法控制內心的悲痛。

　　在大陸之行的日子裡，羅門心理一直甩不脫母親已死的陰影，他與詩人林耀德同遊萬里長城遙望深埋住無數時空的墳般的遠山，仍忘不了前些日子跪在母親墳前，苦思在戰亂中已長眠了二十多年的母親。他在「長城上的移動鏡」一詩的結尾悲傷地寫道：
　　凡是留在眼裡的都是畫
　　雙目就不該向空濛的層峰
　　去查問槍彈走過的血路
　　去追問最後那座山的走向
　　這一問　風景全躲開
　　將我問到四十年不見的

　　　母親的墳前
　心怎能又不同天地一起
　　　膝跪下來

一九九三年七月二十三日初稿
七月二十五日改稿

詩國日月潭

公　劉

　　我要說的第一句話，就是向本次會議表示衷心的感謝。這次會議，給我提供了一個機會，一種緣份，使我得以和神交已久的羅門先生、蓉子女士相見。

　　若從學寫並且把分行排列的東西變成鉛字算起，我與新詩結緣，有半個世紀了。我一直生活在大陸，我的思維方式和表達方式，不能不適應並習慣於大陸的情況，打下大陸的烙印。在這種條件下，來談羅門先生、蓉子女士的詩，在某些專門術語上，也許雙方會有不同的理解，我希望不致因此而造成任何誤會；我是善意的，我是你們可以信賴的同行。這是首先應該說明的。

　　我只打算談兩首詩：羅門先生的結構宏偉的名篇《麥堅利堡》，和蓉子女士的過目難忘的佳作《一朵青蓮》。我認爲，這兩首詩，既能象徵他們二位的人格，又能體現他們二位的詩觀，是典型意義上的代表作。當然，羅門先生、蓉子女士所涉獵的領域和所攻佔的高地，所在多有，但二位的實力，卻是被這兩首代表作所充分顯示了的。

　　我讀《麥堅利堡》，只覺得仿佛自己走進了宇宙的深處，只感到前無古人，後無來者，無邊無涯的寥寂和蒼涼，只感到周身每一個毛孔都充溢著凜然的肅穆，但那並非壓迫，更不是窒息，相反，倒有一種徹底解脫的大痛快！像這樣一種感覺，是我幾十年讀新詩時絕少體驗到的。感謝羅門先生，是他，截至目前爲止，也只有他，如此逼近、如此眞實、如此充沛、如此本色、如此完美地正面詮釋了直到今天仍舊在人類生活中肆虐的大怪物——戰爭。還從來不曾有過哪位詩人，

像羅門先生這樣，鑽進戰爭的肚子裡，諦聽戰爭的咒語，方得以盡揭戰爭的秘密，而不耽於一味的禮讚或唾罵。這說明了詩人的超然脫俗。它使我聯想起羅門先生提倡的「第三自然」說。「第三自然」，是羅門先生在詩歌裡論方面的一個具有穿透力的著名論點，我完全同意這個論點。我相信，《麥堅利堡》，正是「第三自然」理論的一次成功實踐。

　　有人說，《麥堅利堡》，在詩人筆下帶有批判的鋒芒，對此我不能苟同。我覺得，不是批判，而是清醒的自省，全人類的自省，像教徒跪在懺悔室外向神父作的喃喃自語，像夜半醒來時的捫心自問，也是全人類對人性的再一次確認，對人道主義精神的再一次宏揚；一個詩人，代表全人類發言，談何容易！倘若沒有特別強大豐沛的人類意識，任誰也只好望而卻步的。

　　不妨拿我自己現身說法，同羅門先生作個比較。我自信，如果不是爲客觀所局限，我本來是可以進行更爲理想的比較的。然而，我很慚愧，儘管我有過行伍生活，也寫過一些反映戰爭題材的詩，但我沒有《麥堅利堡》，我不可能有《麥堅利堡》。以一九七九年的那場中國——越南邊境戰爭爲例。當時，我已離開軍隊二十多年了，竟又被派往前線，去歌頌這場戰爭的正義性。

　　我想講一個屬於我自己的《麥堅利堡》式的故事。中國軍隊從越南境內撤兵之際，我去到距越南邊界不到十五公里的金平縣城，城與山相連，而山已成了一個大墓園，是中國軍隊的烈士公墓之一。它不像「麥堅利堡」，只是密集地插著一些木板，木板上草草寫明死者的姓名、籍貫、年齡、兵種和軍銜（有的連這些都不全）。我站立之處，木板上的姓名恰恰是我熟悉的，他的事跡我也了解，而且我認識他的父親——一個一九五七年無辜受難的「右派」。離他的墳墓不遠，還長眠著一個地主的後代，此人是安徽六安地區的新兵，入伍不到半年。

我本來也掌握了他的有關線索，但我不忍去作探訪。這是怎麼一回事？有這麼多「反革命」的後裔混入了革命軍隊？這裡有一個大背景必須交代清楚，即：「文化大革命」期間，千百萬知識青年被動員「上山下鄉」，「接受再教育」；而軍隊是天然的「左派」，很吃香，又可以逃避「插隊」，所以，凡有「關係」者，都「光榮參軍」了；到了七十年代末期，中越邊境開始出現緊張局面，事情便顛倒過來，能「走後門」逃避兵役的，一般都上別的地方「為人民服務」去了，於是，便出現了上述的罕見情況。

　　事有湊巧，臨上飛機來海口的頭一天，我收到了北京大學教授段寶林先生贈的一本新書——《當代諷刺歌謠》，匆匆瀏覽一遍，正好發現了一首題名《路路通》的民謠，對上邊我談到的情形，普通老百姓是怎麼看的？它可以提供一個旁證。且引用如下：

　　　　上山下鄉他穿軍裝

　　　　打倒「四人幫」他進學堂

　　　　對外開放他去留洋

　　　　經濟改革他去經商

　　　　不讓經商他把官當

　　這就是大陸「麥堅利堡」裡的反常現象之所由來。

　　由於對第二次世界大戰的性質，世人已有共識，麥堅利堡便成了自由與奴役、民主與法西斯極權生死搏鬥的象徵。犧牲在太平洋戰場上的七萬個史密斯、威廉斯，儘管他們的人生十分短暫，但各人的故事最後畢竟都能歸結、消解於花環之中。金平山上的烈士公墓就不同了，它所包涵的內容，恐怕要複雜得多；比方說，我剛才提到的那個「右派」之子，和那個地主之孫，難道他們不是背負著某種「原」罪感戰死沙場的嗎？何況，這場持續十年左右的「邊境衝突」，兵戎相見的雙方本來是意識形態相同的「同志加兄弟」！面對這樣的墓園，

我的悲憫莫名，就甚至不是用「思維萬千」四個字所能形容的了。這場戰爭的真相，已經隨著時局的演變而愈來愈清晰，我相信，總有一天，它會完全大白於天下。我不具備羅門先生享有的一切，我也害怕「資產階級和平主義」一類的大帽子，只好為那位「右派」的兒子寫一篇散文《酒的懷念》，借著中秋節月圓人不圓發些感慨；其他一些詩，更停留在市民式的淺俗層次，一味斥責越南統治者「恩將仇報」。應該說，我實在看見了一個比麥堅利堡還麥堅利堡的麥堅利堡，但我寫不出《麥堅利堡》。才能和功力且不去說它，我的歷史感和人類意識，縱使不下於羅門先生，又如之何！

回過頭來，集中談羅門先生的長詩《麥堅利堡》，歸結到一點，即：《麥堅利堡》是真正純淨的歷史感的化身，它未受任何磁場的干擾，它體現了一個詩人，一個有現代感的詩人，站在人性和人道主義的立場上，所觀察、所體認、所感受、所轉化、所昇華的歷史張力。這種歷史張力，其實也是生命張力。因為，所謂的現代，正是明天的「歷史」，而所謂的歷史，又正是過去了的「現代」。它既與詩人的博大胸懷同在，便不能不擁有真理的品質，不能不帶有「剪不斷，理還亂」，莫可奈何的宿命色彩，不能不發散形而上的氣息，不能不頻頻搖撼讀者的靈魂與良知。古往今來，描寫戰爭主題的詩歌不可謂少，但能超過《麥堅利堡》一詩，必將與麥堅利堡本身一樣不朽。

接下來，我懷著欣悅的心情，把視線投向蓉子女士的《一朵青蓮》。不像《麥堅利堡》，這首抒情短詩，不是鴻篇巨製，它的特點是精粹與精緻，有如一粒水晶，一顆金剛鑽，於沈靜的光輝之下，明淨得使空氣感到羞愧，鋒銳得又教空氣也想逃避。

它總共十六行，何不通篇朗誦一下——

　　有一種低低的回響已成過往　仰瞻
　　只有沈寒的星光　照亮天邊

有一朵青蓮　在水之田
在星月之下獨自思吟

可觀賞的是本體
可傳誦的是芬美　一朵青蓮
有一種月色的朦朧　有一種星沉荷池的古典
越過這兒那兒的潮濕和泥濘而如此馨美

幽思遼闊　面紗面紗
陌生而不能相望
影中有形　水中有影
一朵靜觀天宇而不事喧嚷的蓮

紫色向晚　向夕陽的長窗
儘管荷蓋上承滿了水珠　但你從不哭泣
仍舊有蓊鬱的青翠　仍舊有妍婉的紅焰
從澹澹的寒波　擎起

　　明麗典雅，端莊嫻淑，音韻婉轉。嚴肅的詩人誠然不會有意識地
去通過某首詩來「宣揚自我」，然而，身不由己，筆不由己，一旦她
如實地寫出了一己的情愫之所寄托——中國人數千年的審美對象：蓮
荷，那就會自然而然地形成一幅客觀上的自畫像，一段客觀上的內心
獨白，這的確是不由人的。古今中外，許許多多詩人的愛憎之情（那
怕是用了極含蓄、極隱蔽的形式），都正是他（她）們人生的取捨選
擇、他（她）們認定的價值標準的自然流露，從而又成為別人研究他
（她）們的重要憑證。

《一朵青蓮》，對了解蓉子女士其人其詩，無疑是一宗極端珍貴的資料。

你看，她首先替我們勾勒的意象是「在水之田／在星月之下獨自思吟」的青蓮。蓮且青，表明她尚處在生命的旺季，含苞待放；但請勿誤解，她的稚嫩不等於她的懵懂，她有獨立風前的頭腦，事實上她已經在漫聲淺唱了，不過，她唱的不是童謠，而是經由大腦過濾的大千世界。緊接著，蓉子女士又使用自己的語言：「越過這兒那兒的潮濕和泥濘而如此馨美」，複製了眾所周知的那種崇高境界：「出污泥而不染」；愛蓮之說，古已有之，它已成為滲透中國人尤其是中國知識分子的骨髓的遺傳基因了，所以，這裡傳達的，就不僅僅是美學主張，抑且是道德信條了。再往下讀，好「一朵靜觀天宇而不事喧嚷的蓮」！一個「靜觀天宇」，一個「不事喧嚷」，前者說明她並非一味以高潔自詡，美人芳草，遺世而獨立，與外界老死不相往來，也就是說，她還是積極的，入世的，關心現實的；後者，卻又充實了前者，平衡了前者，二者並列，這朵青蓮又是何其謙遜！何其克己！何其自重！作者於無意中洩露了百分之百的中國士人的傳統心態。唯其矜持，有所為有所不為，才顯得仿佛頗為孤寂。然而，縱然如此，「儘管荷蓋上承滿了水珠，但你從不哭泣」，那是上天的甘露，是神靈對青蓮的憐愛，而並非眼淚！「青蓮」們仍然蓬蓬勃勃通體透徹青翠的生機，燃燒紅焰的輝煌，一柄一柄地，從澹澹的寒波中「擎起」。請注意，這裡蓉子女士使用了一個「澹」字，切不可與大陸的簡體字「淡」混為一談，這個「澹」，分明指的是一種澹泊的境界，一種心態，一種操守，一種為人的氣節。

蓉子女士是登上台灣詩壇的第一位女詩人，享有「永遠的青鳥」之美譽。從她的詩作中，可以看出她的學養是相當深湛的，再加上她自幼出身於宗教家庭，那始終瀰漫於歌吟中的對人類的博愛，對自然

的泛愛，對世態的悲憫，對生態的關切，其何以如此之深厚濃烈，也就不難理解了。

中國自古多有對自然風光的題詠，山水詩的領域，才因此而先後出現過各領風騷的若干大手筆。蓉子女士的《一朵青蓮》，既繼承了山水詩的靈秀瀟洒，超脫忘我，又借鑒了和吸收了西方印象派繪畫的技法，它之所以受到各方面的推崇，絕非偶然。我覺得，這在當年的台灣，一方面囿於「橫向移植」，一方面又熱衷於種種時髦的「主義」，《一朵青蓮》能在那樣的群體迷失中，堅持聖潔，難道不是特別值得稱道的嗎！

如同羅門先生一樣，蓉子女士也寫下了不少十分精到中肯的理論文字。比如，她在《〈維納麗沙組曲〉後記》一文中所說，「詩人往往是被平凡的幸福遺忘了的人，他無法過一般人那種輕省的生活；同時他雖眞正地生活在人群中，他的靈魂卻像是一個異鄉人，眞像注定是卜居在人類歡鬧的外緣的，有一種永恆的孤寂感。」我完全贊成她的這一段告白。假如我的理解不錯的話，蓉子女士所說的這番意思，正是我經常耽耽於心，不敢或忘的詩人的超前性。詩人必須具備超前性，較之同時代人，他（她）們應該早醒，應該先行一步，否則，就不成其爲詩人，也不必要有詩人了。依我看，所謂的「永恆的孤寂感」，這固然是詩人的悲苦所在，但又何嘗不是詩人的幸福之源！我覺得，做眞正的詩人，寫眞正的詩，總是得付出代價的，同時，也不是沒有報償的。

對這樣一對可敬的詩人夫婦，對這樣一對詩路跋涉的旅伴，有沒有必要將其各有千秋的創作世界加以比較呢？我想，沒有什麼必要罷。周偉民先生、唐玲玲女士（這同樣是一對賢伉儷）合著的《日月的雙軌》，一個標題就似乎把話說盡了，人們從中可以演繹出無數對比來。說到這裡，我忽生聯想，台灣有一處勝景日月潭，風光無限，羅門先

生和蓉子女士，就該當是詩國的日月潭了。別人怎麼看，我不知道，反正我的答案是肯定的。

一九九三年八月四日急就章　合肥客寓

具有前衛性與創新性的現代精神意識

——評羅門的詩論

古遠清

　　羅門不僅是一位詩人，而且是位有建樹的詩論家。他的詩歌理論是他的詩歌創作，同是從台灣現代詩運動中孕育出來的。他在這兩個領域取得了斐然的成績，對台灣現代詩的發展產生了重大的影響。羅門先後出版的詩論著作有：《現代人的悲劇精神與現代詩人》（藍星詩社一九六四年版）、《心靈訪問記》（純文學出版社一九六九年十一月版）、《長期受著審判的人》（環宇出版社一九七四年二月版）、《時空的回聲》（德華出版社一九八二年一月版）、《詩眼看世界》（師大書苑有限公司一九八九年六月版）。

　　羅門的詩學觀，最基本的有兩點：一是「第三自然」，二是「現代感」。羅門論詩，首先確定詩人工作的重心，永遠是偏向「如何使人類由外在有限的目視世界，進入內在無限的靈視世界」。也就是他過去多次強調過的：「詩人與藝術家創造人類存在的第三自然」，「也就是超越作為第一自然的田園與人為的第二自然的都市等外在有限的自然，而臻至靈視所探索到的內心的無限的自然，也就是自陶淵明目視的有限的『東籬下』，超越與昇華到陶淵明靈視中的無限的『南山』的境界」。（註一）這裡講的第一、第二自然，雖是意識的來源，但它們本身並無意識，在通常情況下受人類意識的作用也不明顯。所謂「第三自然界」，是詩人所締造的藝術天地，是由藝術所建立的形象王國。它雖然是第一、第二自然界的反映，但這個靈視所探索到的

內心的無限的自然，比起田園與都市本身有著更生動活潑、豐富多彩的內涵。它奔湧著詩人感情的潮水，照耀著詩人思想的光茫，生長著詩人生命的長青之樹。羅門的「第三自然」的理論主張（不管他本人有無自覺意識到），它生動地說明了作為觀念形態的詩，是主體對客體的反映，是在田園、城市生活的基礎上產生出來；但這並不是機械的反映，而是由詩人的觀察、體認、感受、轉化與昇華等心靈活動所形成的結晶，亦即由感受田園、都市的客體而形成的主體的思想感情之流露與體現。總之，它是現實社會群體和詩人審美理想的形象再現，既是反映，同時又是心靈的創造，既是基於田園、都市的現實生活，又必須通過「白描」、「超現實」、「象徵」與「投射」等各種藝術手段。這兩點，就其在現代詩創作中的體現來說，不同創作路線的作家，在寫單純明朗的好詩與寫帶有某些晦澀感的詩人之間，允許側重點不同，但卻兩者必須同時具備。任何超現實主義者也無法脫離田園、都市的現實，任何偏向寫實的作家也不應模似、復製第一、第二自然。否則社會使詩質趨向單位薄、缺乏意境，語言蕪雜鬆懈，走向散文化。羅門這些觀點，雖然在蘇聯高爾基的文化觀中及大陸詩人公木的《詩論》中也能見到，但將其和台灣的現代詩聯繫起來，把它和都市詩創作聯繫起來，把它和新詩創作的現代化聯繫起來，則是羅門的創造。

除強調「第三自然」論外，羅門論詩還特別強調令他關心與著迷的「現代感」。這裡講的「現代感」，不只是要我們去欣賞立體交叉橋，去運用電腦寫作，而是要詩人們適應現代都市文明的生活景象的需要，去採取相應的語言技巧「有效地傳達那確實能與現代人生存有關的美感經驗世界。」（註二）具體說來，羅門講的「現代感」由前衛性、創新性、驚異性（或曰震撼性）組成：

「『前衛性』」，正是使詩人在創作中機敏地站在靠近『未來』的最前端，去確實地預感新的一切『來向』，而成為所謂的『先知者』，

去迎接與創造一切進入新境與其活動的新的美感形態與秩序。」這裡
講的「前衛性」，顯然不是像黑格爾說的密納瓦的貓頭鷹，白天結束
以後才起飛，等到別人去探索出一條新路後才開始踩著腳印走，而是
在別人還未上路時先行探索，讓自己的作品在未來時空中不斷呈現出
新貌。需要指出的是，提倡前衛精神並不等於贊成趨時髦。那種湊熱
鬧的詩作是不能稱之為具有「前衛性」的。而執著生活與藝術追求的
詩人，只要能機敏地站在靠近「未來」的最前端，只要寫得有深度有
創造性，依然具有「前衛性」。關鍵是要具有超越歷史和現實的勇氣，
而不是平行移動。強化詩人的前衛意識，無疑有助於現代詩向縱深和
廣闊的領地進軍。

　　「『創新性』，便是一直在查驗與檢定詩人的『創作生命』是否
有效與存在。如果詩人在『心象』以及『語言』與『技巧』的活動，
缺乏『創新性』，便勢必於不知不覺中陷入殘舊與僵化的創作狀態，
而失去創作者在創作上的實質身分。」這裡講的「創新性」與「前衛
性」是緊密聯繫的。提倡「前衛性」是為了發揮詩人的主觀能動性與
自由性，以便不斷地更新藝術手段，不斷地尋找新的審美視角，不斷
地尋找新的生活內涵，不斷地發現自己、超越自己，重新塑造自我，
這樣必然帶來創新性。在當今台灣詩壇，一些詩人之所以能保證旺盛
的創作生命力；之所以能不斷以自己的新作贏得讀者的信任，就在於
他們不斷刷新自己的藝術手法，不斷抓住創作上蛻變的新的機能。只
有不斷進行革新創造，現代詩創作才能避免停滯和僵化，從而永保其
青春活力。

　　「『震驚性』，是一直刺動詩人的創作生命，呈現其超越已往的
獨特與新異的面貌。這也給讀者感受的心靈，不斷帶來新的喜動與滿
足感，它包括了作品形態與內涵力雙方面，對現代人內心所引起新異、
迅速且強大的感應力」。這裡講的「震驚性」，是指現代詩所產生的

震聾發聵的巨大啓迪力量，凡是具有「前衛性」與「創新性」的詩作，必將使讀者的思想受到啓示，心靈受到震撼。這種「震驚性」是現代詩魅力的一種表現形式。像羅門的《都市之死》，表現現代器物文明對於人類內在空間的創傷而形成的夢魘，無疑在讀者心靈中間產生了強大的震撼力量。羅門的另一詩集《整個世界停止呼吸在起跑線上》（光復書局股份有限公司一九八八年版），對於文明、戰爭、都市及自然四大主題的出色表現及其鏗鏘的音韻、壯闊的形式，堪稱具有震驚效應的石破天驚之作。林耀德的《銀碗盛雪》、《都市終端機》，充滿意識流動的變異軌跡，奠定了前衛性的思考傾向，給詩壇帶來一股震撼靈魂的旋風，由此也可見「震驚性」是一種高強度的藝術魅力。

在羅門的詩論文章中，較值得重視的還有《都市詩的創作世界及其意涵之探索》（註三）。

在台灣詩壇上，都市詩是一種新崛起的詩歌樣式。和其他詩歌品種一樣，都市詩的發展和繁榮，也離不開都市詩觀念和自身規律的探討。還在六、七十年代，台灣詩壇就在開始探討都市詩的定義及其相關的問題。羅門作爲一位從一九五七年起就開始創作都市詩的詩人，對這個問題自然有自己的獨特見解。

爲了給都市詩以準確的界說，羅門首先談了自己對「都市」一詞的看法：都市的範疇不應依據行政區域的法定界線，也不應依它所統治的人口分配來決定，「都市顯然是借助科技力量，不斷發展物質文明，且不同於田園型生活空間的另一個屬於都市型的特殊生活空間。」（註四）這種看法，與那些純粹用歷史學、社會學、公共行政學眼光看都市的人不盡相同，也與那些將都市視爲渾渾無涯的虛無之鄉的論者劃清了界限。羅門這種界定，無論是從「速度」的相對觀點、從人力財力與智慧投入、從田園與都市實際生活景觀，還是從田園與都市生活負面盲點來看，都有充足的理由與根據。

　　羅門的都市詩觀念，係從「第三自然觀」衍生而來：「都市詩是人為第二自然──都市型生存空間的產物（異於第一自然──田園型的生存空間）。」對都市詩的藝術特點，羅門則將其概括為四個方面：

　　㈠都市詩不能不偏向「多元性」的表現，開放各種藝術流派與主義來為都市詩服務，因為都市的存在是多元性的，價值觀也是多元性的。

　　㈡都市詩不能不偏向「現場感」的表現，而對現代人生活在都市中，生命與精神活動的實態，實覺實感與實境，予以切實有效的傳眞與揭發。否則，對讀者會產生疏離感與失去強有力的實感。

　　㈢都市詩尤其是它的語言，不能不偏向生活化與「行動性」，因為都市詩不斷展現的機械，高科技的物質文明，帶來至為尖銳與急劇的「變化」與「存在」，導致一切進入快速的行動化動作情況，這便一方面使詩語言活動的呼吸系統與脈動，進行新的調整產生新的節奏感；詩語言的造型與活動空間，也必有新的展現和出現新的狀況。

　　㈣從以上三點可看出，都市詩比別的詩體更有利於強調「前衛性」與「創新性」。因為作為都市詩的主要表現對象都市，一直處在科技與物質文明進步力量衝擊的第一線，是其最先的受益者。而都市詩人面對日新月異的景象與易於接受新資訊新思潮的都市生活環境，怎能不以具突破性的「前衛」與「創新」性的藝術表現技巧與語言，來做互動性與切實性的表現。這種要求，不但是都市詩創作的內在景觀是這樣，就是都市本身發展的外在景觀也是如此。（註五）

　　羅門這些看法，正是他長期的都市詩創作經驗的總結和概括，並非常切合用現代主義創作手法和存在主義意識形態下的都市詩創作實際。對於羅門的都市詩理論，我們不能簡單地不加分析地直接把它作為評價一切都市詩（尤其是台灣「後都市詩」與大陸「城市詩」）的藝術標準，但它對學術界探討都市詩創作如何兼顧各種藝術流派與主

義，如何使都市詩達到思想性與藝術性的統一，卻有重要的參考價值和借鑒意義。

羅門的都市詩理論之所以有說服力，是因為它是建立在自己扎實的創作實踐基礎上。為了使都市詩更好地抓住都市文明的發展動向，更具有現代感，他曾結合自己的創作舉了許多生動的例子。比如李白寫「黃河之水天上來」，都市詩寫「咖啡將你沖入最寂寞的下午」；古人寫「相思黃葉落，」羅門在現代詩中寫：「一呼吸／花紅葉綠／天藍山青」；古人寫「行到水窮處／坐看雲起時」，羅門在現代詩中寫：「海握著浪力／一路雕過去，把水平線越雕越細」柳宗元寫：「孤舟蓑笠翁／獨釣寒江雪」，羅門在《流浪人》中寫：「他帶著自己的影子／朝自己的鞋聲走去／一顆星也在很遠裡帶著天空在走」；古人寫「悠然見南山」、「山色有無中」，羅門在《窗》裡寫：「猛力一推／竟被反鎖在走不出去的透明裡」……由這些例子的對照也可見，羅門在論詩時特別強調現代感，這看起來偏於西化，其實並非如此。羅門一直強調人文，尤其是強調人本精神與心靈世界，仍與中國傳統文化及中國傳統詩詞的靈運空間有密切的關係。只不過羅門認為，古代田園詩人接觸的多是田父野老之輩，議論的多是桑麻種植之事，看到的多是一望無垠的曠野，所以他們描寫的多為綠樹掩映的方宅草屋，所創造的多為「悠然見南山」那樣閑適寧靜的世界。而在二十世紀八十年代，鋼鐵的都市以它圍繞過來的高樓大廈，把遼闊的天空與原野吃掉，人類的視覺聽覺跟著都市文明的外在世界在急劇地變動與反應，現實的利害又死死抓住人們的慾望與思考不放，在這種情況下，勢必加強對都市負面作用的批判。在批判時，可運用藝術大師畢加索的觀念，將「對象」與「媒介」溶解，然後加以整合再現。這樣做難免於有較多西化的痕跡（都市物質文明的外觀本身就較西化），但只要不搞純粹的橫的移植，而注意縱向的繼承，便可在精神的層面運作上，

使現代詩與中國古典詩遙相呼應，使都市詩仍然打上鮮明的民族烙印。羅門自己寫詩，正是這樣做的。有人不理解羅門所提倡的具有前衛性與創新性的現代精神意識，以至將羅門本人稱爲「現代主義的急先鋒」（註六），未免過分誇張。事實上，羅門既一貫反對詩人食古不化，淪爲中國古詩人的「書僮」，或淪爲古畫家的「隨從跟班」；同時反對食洋不化，「淪爲西方人創作世界的『代理商』。」（註七）

　　羅門對都市詩的理論探討前後貫穿了三十年。對這三十年，余光中的判定和觀察與羅門不盡相同，但他們都把都市詩視爲台灣現代詩發展的一個重要階段，並確認都市詩是台灣現代的新品種。這種共識的獲得，無疑和羅門對都市詩的提倡與探詩分不開。在台灣現代詩理論批評史上，人們將不會忘記羅門對都市詩學建立所作出的貢獻。

　　【附註】

註　一　羅門：《詩眼看世界·我兩項最基本的創作觀》，師大書苑有限公司
　　　　　一九八九年版。

註　二　陳慧樺：《羅門訪問專輯》，《心臟》詩刊第十二期。

註　三　《新詩學報》一九九〇年第二期。

註　四　《新詩學報》一九九〇年第二期。

註　五　《新詩學報》一九九〇年第二期。

註　六　見時報公司一九八〇年出版羅門詩集《曠野》的介紹。

註　七　陳慧樺：《羅門訪問專輯》，《心臟》詩刊第十二期。

自然和靈魂的堅強衛士

——論羅門、蓉子的詩

古繼堂

　　關於詩的功能和本質，一直是詩壇議論的熱門話題。但是，凡眞正偉大的詩人，無不反對爲藝術而藝術的，凡眞正偉大光輝的詩篇，無不閃耀著熠熠思想光茫的。世界和中國還沒有過無思想的詩歌大師和無主題的史詩巨著。原因在於，無論任何時候，任何情況下，思想永遠是詩人的靈魂；主題永遠是詩的靈魂。羅門和蓉子在他們近四十年的創作生涯中，在充滿坎坷和荊棘的詩歌道路上，無論穿越台灣五十年代反共八股泛濫的詩的莽地帶；還是顛波在六十年代台灣新詩西化的茫茫泥沼，不管是行走在七十年代台灣新詩回歸的坦途；還是跋涉於八十年代台灣新詩多元、多向化發展的道路上，他們始終堅定不移地堅持自己詩歌創作的理想和道路，堅決拒絕爲藝術而藝術，或爲某種狹隘的集團利益而創作的誘惑，保持著詩人的聖潔靈魂和繆斯的高貴品格，這在台灣詩壇是難能可貴的。

　　羅門與蓉子在人生道上是伴侶，在婚姻家庭中是佳儷，在詩歌創作中是詩友。他們人生的目標一致，生活的情感一致，藝術和趣味一致。是台灣詩壇，乃至全中國詩壇不多見的以詩爲情感和事業紐帶的美滿、和諧、瀟洒、幸福的詩人伉儷。是本人在《台灣新詩發展史》中均設專節論述的兩對台灣詩人夫妻伉儷中的一對，一對是商禽、羅英夫婦，另一對就是羅門和蓉子。在本人的詩的天平上，他們都是夠份量的，應該進入重要詩人之林的人物。羅門和蓉子是台灣詩壇和中

國詩壇的一段佳話，他們因詩而萌發愛情，因詩而結爲夫婦，因詩而天長地久。本人在《台灣新詩發展史》中寫道：「羅門由國民黨空軍走進詩國的殿堂，有著必然和偶然的兩種因素，必然因素是他詩的才華，詩的感覺，詩的素質。也就有作爲一個詩人的內因。偶然因素是一位人間的詩的女神，舉起繆斯之火，點燃了他詩的火花，激發了他詩的靈感。」這位「詩的女神」就是蓉子。羅門在回憶那段溫馨的日子時寫道：「那是一九五四年，我在民航局工作，蓉子已經在詩壇上很有名氣了。由於她的激勵，加上愛情，輝亮出我潛在的靈感，使我寫了一首《加力布露斯》。那是一首以整個年青的心靈去喚醒生命與愛情的詩。這首詩發表後，曾引起當時詩壇覃子豪與紀弦的重視，更激勵了我創作的力量。於是，當我與蓉子在詩神的祝福下，成爲夫妻後，我便被一種不可阻擋的狂熱帶進詩的創作世界中來了——如果那些往日在我年輕的心靈中，沖激著詩與音樂和美感生命，是一條未曾航行過的冰河。那麼，蓉子的出現，便是那製造奇蹟的陽光，使冰河流動了。」（註一）羅門這段話眞實地道出了他們詩的愛情，愛情的詩，詩因愛情而萌發，愛情因詩而成熟的情景和蓉子是羅門詩的陽光，一九九〇年四月羅門出版的第十一部詩集《有一條永遠的路》，在扉頁上寫道著：謹以第十一本詩集獻給我永恆摯愛不渝的妻子——女詩人蓉子。羅門在這部詩集的自序中有這樣一段感人至深的話：「我之所以要將這本詩集贈給蓉子，是當我在撰編這本詩集時，忽然接到她妹妹自大陸打來的長途電話，說蓉子回大陸探親，卻沒有她的消息，連絡不上。但她已回去一個星期了，當時我整個人一直往下跌到無邊的茫茫中。整個心不斷在失去方向地叫喊著她，有生以來，從未有過這樣的焦慮與擔憂。好幾天，我幾乎都不能好好入睡，直到有了她的消息，我才安下心來，深深覺得她的存在與我詩的創作生命是一樣的重要了。」（註二）由一九五五年他們因詩結爲夫妻，到了一九九〇年他

們因詩而形影相弔，仿如一個人，從中可以看到詩的神威，詩的魔力。一個繆斯把他們兩個融化爲一體；他們兩個守護著，創造著，美化著一個繆斯。

　　羅門被蓉子引進詩壇之後，如火乘風，如魚得水，迅速地在台灣詩壇上異軍突起，舉足輕重，進入現代派有大詩人的行列。而蓉子也一躍而高居於台灣女詩人排頭兵的地位。這一對詩的伉儷，一對閃閃的明星，爲什麼能夠長期地雙居和保持台灣詩壇的顯位，他們不僅環境變遷位不變，年齡增長藝常青，而且隨著環境的變遷與年齡的增長，他們的成就越來越大，他們的詩藝更加光彩照人。究其原因，主要有這樣幾點：①他們兩人都有堅定的詩的主張和明確的理論指導，是一對自覺的，而不是一對盲詩人；②他們兩人均對繆斯狂熱而執著，像對他們的愛情一樣海枯石爛不變心；③他們都有卓越而超人的才華，使他們的詩作和理論不斷精進。

　　詩的萌動首先起源於詩感，也就是詩人的主觀和客觀外在接觸碰撞時，能撞出詩的最原始的火花。有良好詩感的人，當他與外界接觸時，尤其是與那些富於詩意的事物接觸，頓時心中就光芒四射，火花迸濺，這就是所謂詩的靈感。而缺乏詩感的人，即使把他埋在極富詩意的事物中，也激不起這種感覺，這就是詩人與非詩人的差別。這種詩感在每個詩人的身上由於生活環境，個人經歷、個人愛好和對不同事物的敏感度不同，是千差萬別的。有的可能從聽覺起，有的可能是從視覺起，有的可能從味覺起，但羅門與蓉子卻十分奇特的均從聽覺起。他們均對聲音和音樂具有高度敏感。羅門把音樂大師貝多芬稱爲心靈的老管家。爲了尋找一首詩的詩胎和旋律，他把燈屋中所有的燈都關掉，靜靜地，靜靜於無聲處聽驚雷，在萬籟寂靜中傾聽詩的抽芽聲，傾聽繆斯從無到有，由遠而近地走來的腳步聲。而蓉子對音樂更加敏感，她從小當教會唱詩班的風琴手，常常把音樂當作詩飛行的翅

膀，並煉就了於靜默中傾聽詩的胎音的本領。她在一次接受媒體的訪問時說：「有時爲了表達一心緒的動蕩，我心中首先響起一種應和的旋律，由這種旋律發展下去就成了詩」。羅門、蓉子這種詩的靈感激發的一致性、詩胎形成的一致性，表明他們詩的路向和詩想基礎的一致性和相諧性。又爲他們詩的主張和詩的思想趨同奠定了較爲牢靠的基礎。

　　在詩歌理論和主張上，蓉子不及羅門，蓉子是單純的創作型的詩人，而羅門是思想型和理論型的詩人，在詩歌理論上，羅門有十分突出的、豐富的建樹。這裡我們只探討對他們二人創作均有指導意義的理論，而且在這種理論指導下，使他們這方面的作品幾乎成爲他們創作的主導旋律。那就是羅門一再論證，深入開掘反復強調，無數次實踐的第三自然的理論。羅門把宇宙劃分爲三個部分。即第一自然，第二自然和第三自然。他所批發的第一自然是造物主的原始呈現，沒有經過人工雕琢、粉飾、加工的山川、河流、日、月、星、辰、泥土、雨雪、彩虹、霞霧等。他所指的第二自然是指經過人工製造和加工的機器、工廠、商店、礦山、鐵道、公路等，一句話指的是現代資本主義工業化和商業化的都市物質文明。他所說的第三自然是，超離了庸俗和低級趣味所凸現的人類最純潔，最崇高的心靈活動——藝術創造。在羅門看來，這三個自然的中間環節，即資本主義的都市物質文明，含有人類的罪惡，它像一股毒氣，不斷地向第一自然和第二自然放射；它像一根腐爛的蘿蔔的中段，不斷地向兩頭腐爛；它像居中的傳染病，不斷地向鄰居傳染。它的廢水、廢渣、廢氣，日益嚴重的污染著第一自然。它的拜金主義，色情下流文化，又不斷地侵襲著人們的靈魂。他在《時空的回響》中這樣寫道：「鋼鐵的都市，它以圍繞過來的高樓大廈，把遼闊的天空與原野吃掉，人類的視覺聽覺跟著都市文明的外在世界在急速地變動與反應，現實的利害又死死抓住人們的慾望與

思考不放，人便似鳥掉進那形如鳥籠的狹窄的市井裡，詩的聯想之翼
也自然地收下，日漸退化，飛不起來，且逐漸忘去內心中那片壯闊的
天空，於是詩與心靈便一同在人生存於日漸物化的都市環境中被放逐，
人的內在生命逐趨於萎縮與荒蕪了。所以我堅持詩的偉大聯想力，是
打開這只鐵籠使一切存在重獲最大自由的力量。」ㄥ（註三）這段話充
分表明羅門對第一自然和第三自然的被侵吞，腐蝕、掠奪危機命運的
憂慮，及他決心要以詩爲武器保護和挽救第一自然和第三自然的偉大
胸襟。羅門創作的動力和詩的主題是屬於人類性的，宇宙性的大我，
而不是階級意識和小集團意識和個人意識的中我和小我。他攻伐的敵
人，不是用槍炮可以消滅的有形的敵人，而是必須用意志和智慧才能
擊中的無形的敵人。他要保護和發展不是動植的生命，而是大自然和
藝術的生命和靈魂。這種使命是偉大的和至高無上的；這種使命不是
立竿見影能夠湊效的，而是終生的和世世代代的戰鬥任務。更爲可貴
的是羅門要保護的東西，並不是停留在原貌上，而是要使之創造、發
展和更新。他寫道：「去找回我們在現代物質文明的虛空世界裡，被
放逐得逐漸困累的精神，所焦望的那張安靜的靠椅──它就是寧靜的
東方，但不是以往的的原封不動的古老的東方……它是通過那被現代
苦悶抑制下所引起的衝突、憤怒、反抗與爆裂式的精神世界之后（這
世界顯然是受西方現代精神影響的）而轉進那新的穩定潛凝、完整與
富足的精神境界，它不僅是東方人往前生存的希望，同時更可能協助
耶穌去支持住那個在物質文明幻滅感中連續崩潰下來的西方精神。」
（註四）羅門的這一光輝理論和理想，雖然是羅門的，但無疑也代表了
他理想、家庭和詩的另一半蓉子。

二

在台灣眾多的老、中、青各代詩人中，羅門是寫都市詩最早、最

多、最好的，也是堅持不斷和逐步昇華的詩人。他在都市詩創作中目光敏銳，洞察深刻，開掘力強，角度新穎而獨特。早在一九五七年，當台灣遠在小農經濟的羊腸小道喘氣跋涉，剛剛預感到資本主義的浪潮湧來之時，他就寫下了能夠透視資本主義都市人的五臟六腑的詩篇《城裡的人》：

> 他們的腦部是近代最繁華的車站，
> 有許多行車路線通入地獄與天堂，
> 那閃動的眼睛是車燈，
> 隨時照見惡魔與天使的臉

> 他們擠在城裡，
> 如擠在一只開往珍珠港去的船上，
> 慾望是未納稅的私貨，良心是嚴正的關員。

資本主義社會剛剛露頭和誕生初期，具有積極和消極的兩面性，而且以積極的一面為主導。羅門對它的評價也是客觀而公正的。肯定它的繁華的一面，但是從行車路線觀察它，它通往的不是一個方向，而是兩個方向，一個是地獄，一個是天堂。作為都市人，他們將看到的也是兩個東西，即惡魔的臉和天使的臉，這裡羅門採用了將物人格化和將人物化的兩種表現手法。值得注意的是羅門在此時已深刻地看到了資本主義的都市物質文明將對人們的心靈起到污染和異化後果。擠在「開往珍珠港去的船上」指的並不是太平洋戰爭的爆發地珍珠港，而是珠寶之地。借用珍珠港之名，深深寓入，將要發生不幸的危險性。人類發生意識形態的第二次世界大戰。詩的尾句：「慾望是未納稅的私貨，良心是嚴正的關員」堪稱驚句，慾望是私貨，是指人類自私的一切罪惡，將從這裡被當作私貨輸入，良心是關員，表明，人們的天良還未喪失。這是罪與非罪之間的矛盾鬥爭，羅門這首詩寫得相當深

邃，生動而凝煉。詩的最大凝煉不表現在個別間的選擇上，而表現在構思的密度上。羅門這首詩構思密度是相當大的。

　　從這一首詩開始，羅門展開了其都市詩的旅程，拉開了與第二自然抗衡的序幕。寫了大量揭露、抨擊、批判第二自然的詩。他的筆像一把血刀插入腐爛的都市物質文明的體內，行使著外科大夫和內科大夫相結合的職責，以詩為刀，以詩為藥，進行切割和治療。他寫的具有震撼性的都市詩有：《都市之死》、《都市的五角亭》、《都市的落幕式》、《車禍》、《咖啡廳》、《都市的旋律》、《都市，方形的存在》、《都市你是一部不停地作愛機器》等。他的《都市之死》寫於一九六一年，是一首較長的具有知性批判抒情詩。這首詩分五節的都市檄文，寫得深邃感人。佳句如潮。如：

　　　「建築物的層次　　托住人們的仰視

　　　食物店的陳列　　紋刻人們的胃壁

　　　櫥窗閃著季節伶俐的眼色

　　　人們用紙幣選購歲月的容貌

　　　在這裡　　腳步是不載運靈魂的

　　　在這裡　　神父以聖經遮目睡去

　　　　　　凡是禁地都成為集市

　　　　　　凡是眼睛都成為藍空裡的鷹目

　　　如行車抓住馬路急馳

　　　人們抓住自己的影子急行

　　　　　　在來不及看的變動裡看

　　　　　　在來不及想的回旋裡想

　　　　　　在來不及死的時刻裡死」

　　　「都市　　在終站的鐘鳴之前

你所有急轉的輪軸折斷　脫出車軌
死亡也不會發出驚呼　出示燈號
你是等於死的張目的死
　　　死在酒瓶裡　死在煙灰缸裡
　　　死在床上　死在挨爾佛的鐵塔下
　　　死在文明過量的興奮劑中
當肺葉不再將聲息傳入聽診器
當所有的血管成了斷電的線路
天堂便暗成一個投影
神在仰視中垮下來
都市　在復活節一切死得更快
而你卻是剛從花轎裡步出的新娘
　　　是掛燈籠的初夜　果露釀造的蜜月
　　　一只裸獸　在最空無的原始
　　　一扇屏風　遮住墳的陰影
　　　一只雕花的棺　裝滿了走動的死亡」

　　這首詩中，詩人從腐化、從性、從互相爭奪陷害，從信仰危機等各個角度，去描寫和論證物質文明與物慾泛濫的幻滅現象。而且這種幻滅的結果是難以改變和逆轉的。一個「唯有幻滅能兌換希望」，一個「所有的手都垂成風中的斷枝」，一個「吞食生命不露傷口」，一個「喊著門，喊著打不開的死鎖」，一個「一具雕花的棺，裝滿了走動的死亡」的社會，還有什麼復蘇的希望，還有什麼靈丹妙藥可以拯救？《都市之死》這首詩，標誌著羅門對敗壞的都市物慾文化的徹底洞穿，標誌著羅門對都市文明的徹底質疑，更顯示了羅門都市詩達到思想的新的深度和藝術的新的高度。羅門在詩中對有些意象的捕捉和選擇，新穎、獨到，具有明顯個性化的特色。像「用紙幣選購歲月的

容貌」，「腳步是不載運靈魂的」，「文明是那條脫下的花腰帶」等詩句，從詩中摘出來，不署名，熟悉台灣詩的人，也能看出是羅門的，打著深深的羅記標記。這種具有鮮明個性化的意象和詩句，是詩作成熟和風格獨具的重要標誌之一。《都市之死》不僅是羅門給都市文明下的一個十分細緻、清晰的診斷書，而且是羅門給都市物慾生活所作的一份十分嚴厲的判決書。羅門自一九五七年開始到八〇年代末創作的《都市你是一部不停地作愛的機器》的一系列都市詩，從來都是對都市物質文明投以嚴厲的審判的目光，這些詩無意間穿連成都市物質文明的絞繩和鎖鏈，將它的頭顱牢牢的套住。羅門這些都市詩是出於對大自然的無比熱愛，是出於人類的自我保護意識，因而它與那種要推翻資本主義制度，目的在於根除資本主義剝削的革命詩歌，還是有差別的。羅門這些都市詩作的理念在某種程度上可能有更大的包容性和更強的透視力，是具世界觀的，因而可能產生更多的共鳴。不過羅門自己也可能十分清楚，惡貫滿盈，一身膿瘡的都市文明不是靠幾首詩就能攻倒的，羅門所夢想的天國絕不光靠藝術的淨化就能實現的。羅門不過是在向人類盡一個詩人的天職罷了。

與羅門站在人本與人文精神，向負面的都市文明批判的，還有他的妻子蓉子。批判都市文明的詩雖然不構成蓉子詩的主流和主導方面，但她卻將自己的相當精力和才華傾注在這些作品中，以自己的智慧和心血澆灌了自己的理想之花，以自己精力和愛作了羅門向都市文明挑戰的得力同伴。蓉子這方面的詩作也不少，如《夏》、《夏天的感覺》、《林芙之願》、《碎鏡》、《紅塵》、《海與企鵝》、《飲的聯想》、《旱夏》等。請看：《旱夏——記一九八〇年夏天》：

　　性格火爆
　　腳步重濁
　　撐起了艷紅的傘

引起了一季的蜩螗鼎沸……

鑠石銷金的日子　在
流火七月　加上
旱魃過訪
猛火烈焰　燒我灼我
人間已無一滴清涼！

農田口渴得厲害
稻禾盡憔悴　沒有
一片草葉　能逃避
今夏炙灼的煎熬
一滴水一粒珍珠　昂貴。

今夏　除了陽光壯烈的旅程
未見一片雲
一絲雨音
城市城市是這樣焦躁
這般絕望。

　　蓉子常常以炎夏來象徵都市生活空間的煩悶、焦躁、緊張、虛脫、不安和絕望。比如《夏》、《夏天的感覺》等。在《夏》一詩中她寫道:「疲憊於血的顏色,火的烤灼／爵士的喧鬧,搖與滾的瘋狂」。蓉子把夏天大自然火燒火烤的的躁熱,與社會的爵士樂,迪斯哥,以及搖滾的歇斯底里的瘋狂聯繫在一起,互相烘托,造成整個都市的煩躁不安,頻臨絕地的景象。由此例我們有理由將《旱夏》一詩中描寫的情景。視爲對資本主義都市的披露。在那裡,紅太陽是艷紅的火傘;

在那裡鑠石銷金沒有一滴清涼：在那裡農田乾渴滴水如金。詩人最後點出主題「城市城市是這樣焦躁／這般絕望」。蓉子作爲女性，她的都市詩沒有羅門的都市詩那樣強烈、淋漓。性、死亡，墮落、腐朽一起端到被告席上；刀子鞭子可用的武器一起向對手撤去。蓉子使用的較爲徐緩和隱蔽的批駁方法。讓人們去感知它的腐朽和死亡。兩人目標一致，殊途同歸。

羅門、蓉子同是台灣詩壇現代派的大將，他們的創作從五〇年代初到九〇年代近半個世紀的台灣詩壇和中國詩壇，成就卓著，名聲顯赫，爲中國新詩的發展和繁榮立下了不朽的功勛，假如他們是兩堵豐碑，那麼他們各自出版的十餘部詩集和詩的理論建樹，就是刻在這兩堵豐碑上的金光閃閃的碑文；假如他們兩人是兩棵詩的大樹，他們創作的千百首詩就是這兩棵詩的大樹上壓彎枝頭的碩果；假如台灣詩壇和全中國詩壇是一個天宇，那麼羅門和蓉子是這個天宇上最引人注目的燦爛的明星。

一九九三年五月於北京西郊寒舍

【附註】

註　一　《羅門自選集》第二四一頁（《羅門訪問論》）。

註　二　《有一條永遠的路》自序第九頁。

註　三　《時空的回聲》第一九九頁。

註　四　《時空的回聲》第一六九頁。

羅門詩歌藝術簡論

朱　徽

　　羅門是一位銳意開拓創新、詩風多姿多彩的現代詩人，他將詩和藝術作爲自己畢生的追求。他迄今已經出版詩集十多種，還在多種報刊上發表了大量詩作。他的詩作十分豐富多采，從贊美大自然的優美寧靜到謳歌自由、生命和愛情，從批判現代工業文明產生的種種弊端，到探索人生和宇宙的奧秘等。在這些作品中，他對現實生活的描述，及對事物中蘊含的深邃哲理所作的挖掘和闡釋，旣具有深度廣度，又常帶有不確定的多義性，所以往往使讀者感到眼花撩亂、難以索解，難怪有論者說「羅門是一個變幻莫測的謎」（謝冕語）。其實，縱觀羅門的詩作，可以看出，他的詩歌創作大體上經歷了從浪漫主義到象徵主義；以及帶有顯著的超現實精神從現代主義到後現代主義這樣的過程。當然，這只是宏觀意義上的一條軌迹，在具體的階段，各種成份也常有交叉重疊的情況。羅門不僅是一位作品豐碩的詩人，他還是一位詩論家，在他已出版的幾種詩論專著中，他對自己的詩歌創作、藝術見解和人生追求，進行了理論上的歸納和闡釋。他獨樹一幟的詩論與他的詩作互相印對、相得益彰，對我們欣賞、研究他的詩作、了解他鮮明新穎的創作特色和不斷創新的藝術追求，具有重要的意義。

＊《羅門詩一百首賞析》由大陸四川文藝出版社和臺灣文史哲出版社在海峽兩
　岸同時出版。

一、「第三自然」論

多年來，羅門大力鼓吹他的「第三自然」理論，並在創作中加以實踐。他將日月星辰山川原野這些原始大自然景觀歸為「第一自然」，將現代工業文明造成的人類生存空間，如都市高樓、電視之類歸為「第二自然」，而由詩人和藝術家以自己的心靈和想像力創造出一種超越前兩者的完美境界，就是羅門反復強調、孜孜以求的「第三自然」。

現代化的大都市，是「第二自然」的主要組成部份，也是羅門詩中經常描寫的題材，他寫的大量的都市詩為他贏得了「都市詩人」的桂冠。他的都市詩一方面肯定了工業文明帶來的社會進步和人們生活水平的提高（如「都市的旋律」、「咖啡廳」、「電視機」等），但另一方面，更多的作品卻是對現代化大都市的種種弊端，如拜金主義、信仰失落、思想空虛、道德淪喪等，作了嚴厲的批判（如：「都市、方形的存在」、「生存，這兩個字」、「車禍」、「都市之死」、「『世紀末』病在都市裏」等）。在「第二自然」與「第一自然」的對立和衝突中，羅門寧願回到純淨質樸的「第一自然」中去，我們可以從「出走」、「窗的世界」、「車入自然」、「溪頭遊」、「晨起」等大量詩作鮮明地感受到他的這種感情。但是，羅門畢竟是一位有明確藝術追求的詩人，他不會僅以此為滿足，「第三自然」就是他多年來苦心建構，不懈求索的完美境界，他的名篇「光住的地方」、「詩的歲月」、「與天同遊的詩人」、「完美　是一種豪華的寂寞」等就是表現這種追求的極佳例子。他的詩作內容，涉及包括繪畫、雕塑、書法、攝影、電影、音樂、舞蹈、激光藝術等在內的多種藝術門類。從更廣泛的範圍來講，羅門畢生以一種宗教徒似的熱情和虔誠獻身於詩與藝術，這正是他反復鼓吹和強調的「第三自然」理論的最佳實證。

二、傳統與現代

　　縱觀羅門豐富多采的詩作，沿著不同時期的演進過程，我們大體上可以理出從浪漫主義到象徵主義與帶有超現實精神的表現，再從現代主義到後現代主義這一條總的脈絡（其間常有交叉重疊的情況）。他早期的詩作（詩集《曙光》（1958）爲代表）以浪漫主義爲主調，想像豐富、色彩瑰麗、情感熾烈，如「加力布露斯」、「海鎮之戀」、「三桅船之戀」、「寂寞之光」等，詩人在青年時代寫下的這些屬傳統樣式的作品中，帶有明顯的唯美主義傾向，有的還顯露出感情直白等現象。詩集《第九日的底流》（1963）是羅門詩歌創作歷程中的一個轉型期，從這以後，詩人對生活的審視與思考、在藝術上的探索與建構，都有所超越與突破，顯示出他創作的強勢時代的到來。其中的「麥堅利堡」一詩成了廣爲傳誦的名篇，也爲詩人贏得了巨大的聲譽。從六十年代開始，羅門的詩歌中具有鮮明的象徵主義色彩與帶有超現實精神的表現，收在詩集《死亡之塔》（1969）和《隱形的椅子》（1976）等中的許多詩篇表明了這一點，如「提琴家的琴」、「死亡之塔」、「窗」、「鞋」、「超脫」、「流浪人」等，進入中年的羅門，思想和詩藝都趨於成熟，對人生、對社會的觀察和思考都更深刻，傳統的技法已經不能夠表達他這些深刻的思想了，他善於用眞實具體的物象（如上述詩中的琴弦、塔、窗戶、鞋、海岸、梯子等等）來暗示、象徵他的理想、情緒和哲思，具有深刻廣博的涵義。這一階段以後，他運用象徵主義的技巧更趨嫻熟。羅門是一位銳意開拓創新的詩人，從不願意故步自封。自六十年代以後，對現代主義的探索和運用就成了他詩歌創作的一大特色，據他自述，由於現代主義具有「創新性」、「前衛性」和「驚異性」（或稱「震憾性」），所以它對於一個詩人的創作生命，是已重要如呼吸中的新鮮空氣（見羅門「打開我創作世界的五扇門」）。在詩集《曠野》（1981）、《日月的行踪》（1984）和《整個世界停止呼吸在起跑線上》（1988）等詩集中收入的多首詩作

表明了他在這方面的追求。如「車禍」、「餐廳」、「曠野」、「光住的地方」、「寂」、「都市與棕子」、「傘」、「生之旅」、「完美是一種豪華的寂寞」等，在這些詩作中，除通感、象徵外，還運用了如時空倒錯、內心獨白、悖論、復義、陌生化、語言變異等多種現代主義常用的手法，所寫題材也更加廣泛。他廣濶的視野、新穎的視角和深沉的思索，在富有鮮明現代主義特色的詩歌中表現出來，使他在現代詩壇上卓然而立，獲得了「現代詩的守護神」這一美譽。臺灣五十年代廣泛接受西方現代主義影響的一批詩人，到了八十年代，普遍出現「回歸東方」的趨向。羅門在繼續吸收、融匯中華民族的傳統文化的同時，又以富有開拓精神的先鋒意識，在近年來的臺灣詩壇上審視且介入後現代主義詩潮的發展，這是使他迥異於多數同輩詩人的一個特徵。如詩作「古典的悲情故事」（1990）、「後現代A管道」（1990）、「長在『後現代』背後的一顆黑痣」（1991）、「『世紀末』病在都市裏」（1991）等就對後現代有所回應與揭示，其中有許多荒誕或朦朧的描述，往往顯得晦澀，難於索解。但如果聯繫到當代資本主義社會否認傳統模式和道德觀念，一方面，新事物新觀念層出不窮，令人眼花繚亂，另一方面，人們卻感到孤寂、茫然，不知何去何從，社會上由此產生出許多不符合客觀規律、不符合邏輯的東西，用荒誕或朦朧的描述，來表現這樣的時代，這樣的社會和現代人的思想是符合文藝創作規律的「眞實」的。或許，這就是羅門要在當代詩壇上揭示後現代主義詩潮的意圖吧。

應當指出，在羅門的詩歌創作中，他並不是爲了要追求現代感而割斷與傳統的聯繫。就是在他用現代主義或後現代主義手法寫成的詩作中，我們處處可以感受到傳統文化精神和道德觀念的巨大影響。而在他八十年代以來的大量詩作中，我們也不難讀到如「香江詩抄」、「給『青鳥』——蓉子」、「遙指大陸」、「詩的歲月」這類感情眞

摯、語言清新明晰的作品，無論是題材內容還是形式技巧，都仍存留有傳統樣式的成份。這也從一個方面反映出羅門詩作的豐富多彩。

三、中國與世界

　　羅門深受西方現代派詩風的影響，但從本質上看，他從來沒有忘懷燦爛悠久、博大精深的中國傳統文化有機的精神。長江黃河、萬里長城、唐詩宋詞、北國江南……，這些哺育他、鼓舞他的精神源泉始終是他景仰和謳歌的對象。他在「時空奏鳴曲」、「『想園』夜話」、「長城上的移動鏡」等各篇中都以深切的感情讚美祖國文化的偉大。羅門在少年時爲避戰亂而離開家鄉（海南島文昌縣），一去竟達五十年。其間，他對故鄉的緬懷，對母親的思念，對祖國河山的憧憬，一直令他魂牽夢縈。正是出自他這種執著深沉的感情，才產生出如「遙望故鄉」、「月思」、「海鎮之戀」、「回到原來叫一聲你」這類膾炙人口、催人淚下的懷戀故園之作。從他的這些作品中，我們還能感受到他強烈地希望早日結束兩岸對峙、骨肉分離的不正常狀態，早日實現祖國和民族的統一，使我有五千年文明史的中華民族能夠自強自立於當今之世！

　　具有鮮明愛國主義思想的羅門同時又是一位具有世界意義的著名詩人。他的腳迹遍布世界上許多地方，寫於六十年代的一組詩「夏威夷」、「紐約」和「藍色的奧克立荷馬」展現出新奇旖旎的異域風光，而「板門店、三十八度線」和「彈片‧TRON的斷腿」這類詩作則是詩人因朝鮮戰爭和越南戰爭而引發對人生、對世界、對戰爭的思索和感慨。詩人在參觀位於菲律賓馬尼拉市郊的美軍陣亡將士公墓後寫下的「麥堅利堡」（1961）爲他贏得了巨大的聲響，獲國際桂冠詩人協會榮譽獎和菲律賓總統金牌獎（1966）。羅門的詩歌，被譯爲英文、日文、法文和朝文，收入多種詩選詩集。羅門除在臺灣、香港、泰國、

菲律賓，以及近年來在大陸多所著名大學進行演講等文學活動之外，還曾分別赴美國、菲律賓、韓國等出席詩人大會、文學討論會、參加國際作家寫作計劃（IWP）等，在世界文壇詩壇上講解自己的詩作和詩論，為讓世界了解中國新詩、宏揚中華文明作出了不懈的努力。

羅門既不因為執著於中華文化而在外部世界面前故步自封，又不因外部世界的五光十色而摒棄中華文明的優良傳統。他說過：「東方與西方的文化，在現代，已非孤立和相排斥的存在；而是彼此不能不相互吸收彼此的精華，去面對全然開放的無限創造的境域。」（「我的詩觀」）他取得令人矚目的成就，或許應當說，正是因為他富於開拓精神，從外部世界引進來新觀念和新技法，才有助於他在當代中國的詩壇上獨樹一幟；也由於他的詩作富有鮮明的個人特色和傳統精神，才使得他在世界文壇上受到注意和贊揚，贏得世界性的聲譽。

四、一元與多向

羅門詩作之豐富多彩、變幻莫測，常使讀者難索其解，或使論者把握不準。用他自己的話講，因為詩人和藝術家是在「自由遼闊的天空」而不是在「鳥籠」內工作，所以，他大力提倡詩歌創作的「多向性」（包括題材、時空觀念、表現技巧等諸方面）（見羅門「我的詩觀」）。將他的這一理論用他自己創作的大量詩作來檢驗，我們可以看到，他在長達數十年的詩歌創作中，對「多向性」進行了辛勤的實踐和認真的探索。如上所述，他的詩歌創作經歷過從浪漫主義到象徵主義、再從現代主義到後現代主義這一個總的歷程，其間又有交叉重疊的情況。從詩作的思想內容來看，大致可以分為表現都市、戰爭、鄉愁、愛情、藝術、世相百態、閒情逸緻、哲思、異域風情等若干類（本書就是按這樣的分類編排的）。以「都市」詩為例，其中有對現代物質文明的贊嘆，更多的是對由此帶來的弊病所作的嚴厲批判；以

「藝術」詩爲例，就涉及音樂、繪畫、舞蹈、雕塑、激光藝術等多種門類及若干著名藝術家。僅就他作品中出現的詩人而言，既有中國的李白、王維、陶淵明，也有美國的佛羅斯特、法國的馬拉美和英國的勃朗寧等。從詩的表現技巧看，既有傳統的比、興、用典等手法，更多的卻是象徵、超現實、通感、陌生化、復義、悖論這些現代派常用的手法。在語言上，既有比較規範、明晰易懂的句子（如「蜜月旅行」、「香江詩抄」、「月思」等中的詩行），也有許多充滿著語言變異（deviation），需要反復咀嚼，甚至晦澀難懂的句子（如「生之前窗通向死之後窗」、「『世紀末』病在都市裏」等中的詩句）。若從時間空間上看，羅門詩作更是無羈無絆、縱橫自由。從一杯茶（「茶意」）到浩瀚宇宙（「哥倫比亞太空船登月記」），從礦山隧洞（「礦工——光的牧者」）到茫茫雲海（「飛在雲上三萬呎的高空」），從古羅馬的王冠到摩天大樓的尖頂，從嫦娥奔月到宇宙飛船（「古典的悲情故事」）等。上面這個非常簡略的綜述已足以使我們看到羅門在實踐他所鼓吹的詩歌創作「多向性」中，付出了多麼巨大的努力，取得了多麼突出的成就。

　　當然，「多向」不等於紛繁龐雜、無章可循。我們只要沿著羅門的思想和創作發展的軌跡，對他的詩作進行全面而深入的分析和審視，就不難看出，他常令讀者有目迷五色、應接不暇之嘆的這種「多向性」猶如變幻莫測的衍射光線，儘管色彩紛呈而又不斷變化，但終究是產生於一個固定的光源。這個「光源」，在羅門的創作生涯中，就是他反復強調的「心靈世界」。在他的心靈世界中，是對人類文明所蘊含的精神價值的刻意追求，以及對不斷淨化人類的精神空間而抱有的強烈歷史責任感。無論遭遇到什麼樣的困難與挫折，他都不曾退卻或動搖，一如既往，不改初衷，堅守著這個具有演化力與涵蓋力的「一元」信念去進行創新與開拓，去實踐他的「多向性」主張。羅門在他的論

文集《心靈訪問記》（1969）中詳細闡釋了詩人和藝術家的心靈世界與人類文明之間的關係。他認爲：只有美的心靈才能夠賦於藝術和詩以生機和生命；開放的心靈是進行藝術創作的先決的、必要的條件；詩人是依靠心靈的運作，才能夠對社會生活和人的精神世界進行深入的探討與思索。按他的說法，外在的有限現象，通過「心靈世界」的觀察、體驗、感受、轉化與昇華等運作過程，就會變成內在的無限心象。羅門那堅守具有演化力的「一元」信念的心靈世界正是他產生出豐富多彩、極富「多向性」特徵的大量詩作的源泉，猶如發射出五光十色、不斷變幻的衍射光線的那個固定的光源。

羅門的詩的天空是浩瀚無垠的。這本《羅門詩一百首賞析》作爲介紹、探討羅門的詩藝的一次嘗試，只能是一次沒有終點的旅行。選論者努力將羅門詩作的精華部分收入這個選集，並在每一首詩的後面附上一篇簡析，內容包括選論者對這首詩的思想內容、藝術形式、技巧和語言等作的分析和評論，以及介紹寫作的背景等。選論者試圖在這篇「前言」中從宏觀上，在每首詩後面的「簡析」中從微觀上去探索羅門詩歌藝術的奧秘。如果選論者的這番努力能夠爲幫助讀者更好地理解和欣賞羅門的詩歌提供一些啓發和觀點，能夠爲增進海峽兩岸詩壇的相互了解而作出一些貢獻，那麼，選論者將會因此而感受到極大的欣慰。

羅門蓉子詩歌之比較

杜麗秋、陳賢茂

一

　　在台灣的詩壇上，有一對傑出的「詩人伉儷」那就是羅門和蓉子，一次別開生面的婚禮朗誦會，他們完成了人生的一件大喜事，「踏著燈屋裡的燈光，走進詩的漫長的歲月」。詩是他們的紅娘，詩是他們的愛情，詩是他們的世界，詩也是他們的生命。在四十年的詩歌創作歷程中，他們既共同構築詩的輝煌的「燈屋」，又各自營造屬於自己藝術風格的彩燈；他們都醉心於音樂。繪畫、雕塑，在藝術的陶冶中汲取靈感，但他們對音樂、繪畫、雕塑又各有不同的感悟，他們都以人類的良知、良能去擁抱人生，關心人的苦難，然而他們又以各自不同的視角，去觀察自然、都市、現實、生命以及永恆。

　　在對羅門和蓉子的詩歌進行比較的時候，我們首先注意到他們的詩歌風格的不同之處，當然也注意到他們早期詩歌風格的某些相似之處。要進行這種比較，必須先談蓉子。因爲引領羅門走進詩國的，正是蓉子。羅門說過：「如果，那些往日在我年輕心靈中，衝激著的詩與音樂的美感生命，是一條未曾航行過的冰河；那麼，蓉子的出現，便是那製造奇蹟的陽光，使冰河流動了」（高歌：《羅門訪問記》），把蓉子比喻爲使冰河流動的「製造奇蹟的陽光」，也許不無誇張之處，但我們在考察羅門的早期詩歌的時候，確實可以看到蓉子的影響的痕跡。

　　蓉子生長於一個基督教徒的家庭，長期受到教堂音樂的哺育，希伯來詩歌的薰陶，再加上泰戈爾、冰心、徐志摩的影響，這就形成了

她的詩歌的抒情、典雅、清新、靜美的風格。《青鳥集》中的詩，抒寫著對真、善、美的追求，對人類愛的歌頌，對青春的謳歌，對大自然的嚮往，充溢著浪漫溫馨的少女情懷，那柔美的詩風，宛如春風吹過湖面，漾起圈圈漣漪，又如小提琴的音波在空中迴旋，輕柔溫婉，淡雅曼妙。

羅門早期的詩由於受到蓉子的影響，基本上也是循五四時期的浪漫抒情的路子走的。《曙光》時期的詩，那直抒胸臆的抒情方式，那浪漫唯美的情調，那清新俊逸的詩風，都與蓉子的詩有相似的地方。然而，如果我們細加考察的話，仍然可以找到羅門與蓉子早期的詩的一些不同的地方。羅門的詩熱烈而奔放，蓉子的詩含蓄而婉約；羅門的詩鋪敘而外張，蓉子的詩簡約而內凝。由於兩人在詩歌創作上的一些不同潛質，因此，即使在他們早期詩歌風格比較近似的時候，也還是可以看出他們未來創作歷程的某些走向。

羅門之所以走上詩歌創作之路，正如他在回答高歌的提問時所說的，與他生命的「氣質」以及心靈的「土質」有關。早在空軍幼年學校讀書時，他就十分喜歡音樂和詩，無形中培養了他內心的美感世界，播下了詩歌的種子。認識蓉子之後，「由於她的激勵，加上愛情」，終於輝亮出他潛在的靈感，被一種不可阻擋的狂熱帶進了詩的創作世界。然而，《曙光》時期的羅門，仍處在摸索階段，還沒有形成他自己獨特的詩歌風格。五〇年代中期到六〇年代，現代派的狂飆猛襲台灣詩壇，羅門的詩也急劇地向現代派傾斜。從《第九日的底流》以後，羅門告別浪漫，超越具象，「開始走進抽象與象徵乃至含有某些超現實感覺等表現的路途上來了」（羅門：《我的詩觀》）。在這一時期，羅門身上的詩歌潛能完全迸發出來了，他終於找到了能夠表達他的思想觀念的詩歌形式，進入了一座意象繁富、情思熾熱而內斂的藝術殿堂。在《第九日的底流》中，詩人透過人類存在的層面，擊亮生命的

本質而進入超越時空的永恆。在《麥堅利堡》中，詩人對戰爭、死亡、偉大的主題作新的開掘，面對戰爭的慘酷與死亡的恐怖，以一種超越「偉大與不朽」的感悟去表現歷史的空茫與靈魂的顫慄，因而引起讀者心靈的震撼。在《死亡之塔》中，詩人對死亡時行多向的探索與深沉的思考，以數百行詩為死亡造起了一座塔，「去對視人類在冷漠的時空與死亡的壓力下所可能顯出的升力」。也只有站在死亡之塔上，才更看清了生命的本質。綜觀羅門這一時期的詩作，可以看出他的詩歌風格已有了極大的轉變，從早期的浪漫外向的情緒噴發，轉為向內的收斂與沉凝，加強了詩句的張力與強度，因而使他的詩顯得氣勢磅礴而又空漠浩茫，內裡熾熱卻又外表冷凝，進了心靈創造的化境。

　　如果把羅門的詩比喻為一片多變而不安的海域，蓉子的詩則應是一座沉實而平靜的湖。羅門的詩歌風格自《第九日的底流》以後，便有了大幅度的轉變，蓉子卻是從《青鳥》時間開始，便已形成了自己的風格，儘管在五〇年代後期，她也受到現代派的洗禮，並在詩中採用了抽象與象徵的手法，但她的詩的基本風格，卻並沒有太大的改變，試讀如下詩句：

　　儘管鳥聲喧噪　滴瀝如雨　滴落
　　也喚不醒那睡意
　　冷冷的時間埋葬了歡美
　　冷冷的靜睡不再記起陽光的顏彩
　　鳥聲滴滴如雨　濾過密葉
　　密葉灑落很多影子
　　很多影子　很多萎謝　很多喧嚷
　　我柔和的心難以承當！
　　　　——《白色的睡》

> 我們踏過一煙朦朧
>
> 但不是瑩月耀地的花間路
>
> 偶然翹首
>
> 那光浮在蛛網的層樓
>
> 繫所有重量於
>
> 一絲懸盪……
>
> ——《我們踏過一煙朦朧》

　　蓉子這一時期的詩,明顯已不再是《青鳥》時期那種直抒胸臆的抒情方式了。象徵、通感手法的運用,意象的經營,詞性的變換,使她這一時期的詩增添了朦朧和不可捉摸的感覺,增添了耐人咀嚼的韻味。但是,儘管手法變了,而她那種溫婉、柔美的詩歌風格卻基本上沒有變。她的詩歌風格的陰柔之美與羅門的陽剛之美,恰成鮮明的對照。

　　從七〇年代末期以後,隨著現代派在台灣詩壇的衰落,羅門和蓉子的詩歌也朝著繁複中見平易與明朗的方向發展。羅門在這一時期的詩歌的語言走向,正像他自己所說的,「除了強調語言的現代感與新意,便是往較明朗、直接與單純的方向發展,同時在最近寫的那首《傘》中,更是具實驗性地企求語言的『平易』、『自如』的『直敍』形態與勢態,進入詩中非常具有『現代感』與『行動化』的四個更富意涵的實現空間去工作。」(羅門:《我的詩觀》)與他中期的現代派色彩十分濃厚的詩歌相比,這一時期的詩歌更注意語言的平易和暢達,但他仍追求手法的現代化以及表現的深度與廣度,因此,其思想的深刻性並不稍遜於中期,卻又避免了中期的語言晦澀的毛病。

　　蓉子在六〇年代末和七〇年代初所寫的以《一朵青蓮》和《古典留我》為代表的詩,標誌著她向東方和古典的回歸。這一時期的詩,無論是詩的意境,詩的題旨,或是詩的色彩、韻律、氛圍,都帶著中

國古典詩歌的特色和韻味，但在表現手法上，卻又是非常現代的，可說是中國的古典美和西方的現代精神的結合。正是這種結合，使她這一時期的詩歌達到了她創作的頂峯。

　　上面說過，羅門和蓉子在七〇年代末期以後，都朝著語言平易、沖淡的方向發展。從詩歌的外部形式來說，頗有相似之處，但如果從詩歌的內涵和意蘊來說，卻是頗爲不同的。試比較羅門和蓉子的兩首同樣以《傘》爲題目的詩：

　　　　他靠著公寓的窗口
　　　　看雨中的傘
　　　　走成一個個
　　　　孤獨的世界
　　　　想起一大群人
　　　　每天從人潮滾滾的
　　　　公車與地下道
　　　　裹住自己躲回家
　　　　把門關上
　　　　忽然間
　　　　公寓裡所有的住屋
　　　　全都往雨裡跑
　　　　直喊自己
　　　　也是傘

　　　　他愕然站住
　　　　把自己緊緊握成傘把
　　　　而只有天空是傘
　　　　雨在傘裡落

傘外無雨
　　——羅門：《傘》

鳥翅初撲
幅幅相連　以蝙蝠弧形的雙翼
連成一個無懈可擊的圓

一把綠色的小傘是一頂荷蓋
紅色朝暾　黑色晚雲
各種顏色的傘是載花的樹
而且能夠行走……
一柄頂天
頂著豔陽　頂著雨
頂著單純兒歌的透明音符
自在自適的小小世界

一傘在握　開闔自如
闔則為竿為杖　開則為花為亭
亭中藏一個寧靜的我
　　——蓉子：《傘》

　　兩首詩的語言都很平實，口語化，運用的是白描直敍的方式，這是相似之處。從詩的風格來說，蓉子的《傘》表現的仍是一種靜美、溫婉的風格；羅門的《傘》，與中期詩歌相比，又是一變，雖沒有中期詩歌的大氣磅礴和震撼性，但仍然具有一種內壓力和內張力。就詩的內涵來說，蓉子的《傘》把傘下的世界，看作一個透明、寧靜、自在自適的小小世界，表現一種閒適、優遊自在的心境，沒有太深刻的

含意。羅門的《傘》的內涵則要深刻得多。正如他自己所說,他是進入詩中非常具有「現代感」與「行動化」的四個實視空間去工作的。具體來說,第一節的開頭四行,是「現實中的實視空間」;後面五行是「記憶中的實視空間」;第二節是「超現實中的實視空間」;第三節是「禪悟中的實視空間」。這首詩的主題,是表現「現代人生活在現代都市與內心深處至為嚴重的孤寂感」(《我的詩觀》)。詩人運用想像,把雨中的傘,看成是一個個孤獨的世界;繼而又把一個個的住房,也想像成一把把的傘,也是一個個孤獨的世界;再擴而大之,把整個天空也想像成一把傘,即使整個人類都共有一把傘,但一個個的人,仍然是處在一個個孤獨的世界中。這就把現代社會那種人性的疏離、人與人之間的隔膜,人們所常有的孤獨感,都透過這種藝術的誇張,十分深刻地表現出來了。

二

羅門和蓉子都是從小喜歡音樂,接受音樂的薰陶從而達到心靈的淨化。音樂對他們的詩歌創作,有著不可估量的影響。早在空軍幼年學校讀書時,羅門就已培養了對音樂的興趣,「尤其貝多芬的交響樂,蕭邦的鋼琴曲,的確較詩還要早的在我生命裡邊,植下了那隨著歲月擴張的神秘與美的推力」(高歌:《羅門訪問記》)。當他後來走上詩歌創作道路時,音樂又不斷地激發他的創作靈感,同時也使他具有細膩而敏銳的感受力,去接觸一切美的事物。他說:「自少年時代開始直至現在,貝多芬的音樂,可說是一直在我內在生命的深處,發出強大的回響,不斷磨亮我的靈聽、靈視,去深一層同一切接觸,去感應一切存在。」(羅門:《詩眼看世界》)

蓉子出生於一個三代基督徒家庭,從小就在宗教音樂的氣氛中長大,還曾當過教堂唱詩班的風琴手,音樂引領著她走上詩歌創作的道

路。據她在《青鳥集》後記中回憶,童年時代最先接觸的詩歌,就是在教堂裡接觸到的古希伯來民族的詩歌;「那些莊嚴的頌歌,那些迎接勇士歸來的凱歌,那些靜默的祈禱如大衛王的詩篇,那些歌頌神聖愛情的如雅歌,它們沒有嚴整的句法,卻有真摯的情感,活潑的旋律,我雖未有心去模仿,它們卻多少影響了我。因此我覺得一首詩除了必須有內容,有意境外,也該帶著音樂的氣息,這種音樂的氣息與其是刻板的人工律韻,毋寧是自然的生命躍動。」

羅門和蓉子不僅自小喜歡音樂,在音樂的薰陶中成長,而且在他們進入詩歌創作境界時,又常常是在音樂的旋律中完成的。羅門談到他如何在貝多芬的交響樂的樂聲中創作《第九日的底流》的情況:「當時,我不僅把燈屋裡所有的燈光都熄掉,使整個時空產生一種無盡地空茫的壓力;我更不止一次的,讓貝多芬的音樂衝擊著我,淹沒我,使我的精神接觸到超越與深邃的一切,以至到最終,它們已成為我自己,我的感悟與體認,使我透過深一層的看見,幾乎認出了永恆的臉貌……」(高歌:《羅門訪問記》)蓉子在高歌所寫的《千曲無聲》那篇訪問記中也談到了音樂旋律與她的詩歌創作的密切關係;「有時為了表達某一心緒的動盪,我心中首先會響起一種應和的旋律,由這旋律發展下去就成了詩。有時就因為一首詩的音樂性找不到了,我就停止了它的創作。我的詩必須有我的感覺和旋律」,音樂賦予他們心靈深處和生命底層聲音和形象,使音樂的旋律與詩的節奏、詩的內在律動渾然成為一個整體。事實上,詩人與音樂家的心靈是相通的,他們都是以他們的心靈的創造,共同構築一個美的世界。

羅門和蓉子都喜歡音樂,都喜歡在音樂的旋律中進行詩的構思,但他們所喜歡的音樂並不相同。羅門特別喜愛貝多芬的交響樂,把貝多芬稱為他「心靈的老管家」;蓉子喜愛宗教音樂,在教堂的鐘聲、琴聲、唱詩聲中,使她的心得到解脫和安寧。由於喜歡的音樂不同,

因而也影響到他們詩歌風格的不同。貝多芬的交響樂向以氣勢磅礡著
稱，音樂的旋律如激流奔騰，如風雨雷鳴，如長風怒號，常常深入到
人們的內心深處，引起心靈震顫。在影響羅門詩歌的陽剛風格形成的
諸因素中，貝多芬交響樂的影響顯然是一個重要的因素。教堂音樂的
莊嚴肅穆而又舒徐凝重的旋律，帶給人們的則是心境的聖潔與寧靜。
蓉子詩歌的溫婉、靜美的風格，與宗教音樂的薰陶也是分不開的。

　　音樂對羅門和蓉子詩歌創作的影響的方式也是不同的。對羅門的
影響主要在內在方面即詩歌的內涵；對蓉子的影響則既有內在，也有
外在，即包括詩歌的內容和形式。

　　羅門的詩歌重視對心靈深處的開掘，因此他曾被譽爲「心靈大學
的校長」。在這方面，被他稱爲「心靈的老管家」的貝多芬的音樂，
對他的影響無疑是巨大的，最好的例子就是《第九日的底流》。羅門
在創作這首詩的時候，把燈屋裡所有的燈都熄掉了，讓貝多芬的第九
交響樂流瀉在燈屋裡的每一個角落，佔據整個空間，讓音樂把他整個
淹沒了。於是，貝多芬音樂中那純粹的美感力量，不僅使他的心靈感
到震撼，而且使他沉入內在生命的底層世界，「傾聽其內在活動的聲
音，並且表現出生命與時空在美的升力中存在與活動的狀況，以及那
種帶有宗教色彩與音樂性的美感世界」（《羅門訪問記》）。《第九
日的底流》不是對第九交響樂的詮釋，而是詩人的心靈與音樂撞擊發
生的回聲。當鑽石針劃出螺旋塔，第九交響樂那雄渾、沉凝的旋律，
便配合著長詩的內在節奏，共同描畫心靈的律動，穿越時空，去探尋
生命的意義。

　　羅門喜歡的音樂是器樂曲，蓉子喜歡的卻是歌曲。歌曲有歌詞，
可以用耳朵聽，也可以用口唱，這就決定了音樂對蓉子詩歌的影響，
不僅是詩的意蘊、內涵，而且還有詩的藝術形式。蓉子談到，當她的
心緒的某一動盪，生活中的某一感觸，需要用詩來表達時，她心中會

首先響起一種應和的旋律，這旋律發展下去就成了詩。因此她寫詩十分注意詩歌藝術形式的音樂性。一般來說，詩歌形式的音樂性，主要是由詩的節奏和韻律來體現的。蓉子的詩，有一些是押韻的，更多的是不押韻的。但不管押韻或不押韻，她的詩非常講究節奏，也是由聲音的長短、強弱、頓歇，造成一種回環往復的音樂美。試看《舞鼓》一詩：

　　她／拍擊著　鼓聲／來自東方
　　以手之／雙玉
　　以柔衣／旋轉……

　　落下一串／溫和的／雨的節奏
　　落／她寬闊的／衣袖
　　彩帶纏繞的／鼓的兩端

　　圜庭／風起
　　荷花池中／有漣漪　那是／褥暑中的／清輝
　　散發著／幽涼的／香息

　　然後／她莊靜的臉／微垂
　　藏匿在／胸前的／鳳凰彩羽間
　　像一朵／盛放後的／玫瑰

　　這首詩的第一、二節押的是「江陽」韻，展現這種舞蹈的舒徐，典雅；第三節押的是「一七」韻，而且用的是仄聲，表現的是鼓聲和舞蹈中間較為急促的節奏；第四節押的是「灰堆」韻，表現舞蹈轉向尾聲時舒緩和最後的嘎然而止，餘韻無窮。全詩的音組和停頓的安排

也十分講究，朗誦起來抑揚頓挫，回環動聽，充分展現了東方舞蹈的古典風韻，也體現了詩的音樂美。

「羅門思想」與「後現代」

林燿德

「後現代主義和現代主義一樣，本身或許就是矛盾的範疇，它時而是符徵時而成為符旨，在顯示意義的過程中不斷改變自己的身分。即使如此，我們闡明它的努力也不是徒勞的。倘若這種企圖辨析差異的努力是為了預示我們的文化選擇、勾勒對歷史真實的各種理解、描述我們自己現在和未來的形象，那就仍值得我們給以足夠的重視。」

——伊哈布·哈山《後現代轉向·引言》

「如果將後現代主義改成後現代情況，我比較能接受，也比較有資格來參與這項問題的探討。因為後現代情況是一開放性的思想領域，只要你確實能省察到現代（主義）思想，在經過階段性發展，越來越有某些顯著不同的精神狀況發生時，緊接著現代思想之後顯著的呈現出後現代新的情況，並能確實從人類生命活動現場、發現與掌握到那些確實迥異於以往的種種實據，則便都有權利來面對後現代，提出一己的看法與感想。」

——羅門《詩眼看世界》

一

羅門，做為一個具備現代思想與前衛創新傾向的重要詩人與詩論家，在五〇年代以降台灣詩壇形成一家之言，他的發展軌跡隨著自己的思想與詩風、以及整個文化環境的變遷而顯現出來。在多次有關潮流、技巧以及詩人內在生命本質的論爭中，羅門始終能夠提出獨到的

見解，包括了創作的形式、與古典詩的關係、各種主義流派的反思，他的洞見維護了詩的純粹性，並且以不輟的創作親自證明了詩人毫不屈撓於現實的意志。

晚近自歐美匯爲洪流巨川的後現代主義，至遲在八〇年代中期已經充分震撼了日本與台灣的文化界，像日本的淺田彰、蓮實重彥、吉本隆明……，台灣的羅青、蔡源煌……等學者紛紛成爲後現代以及相關的後結構主義思想的仲介者，而詩人、小說家也相繼實踐他們各自心目中的後現代文本。

七〇年代末期的鄉土文學論戰造成了台灣文壇左右派的對決，其間夾縫的犧牲者恰好是現代主義者。照理在鄉土文學論戰取得勝籌的寫實派應該能夠統御八〇年代台灣文壇的大勢所趨，結果不然，現在沒有一個台灣作家不承認八〇年代是個「多元化的時代」了。這種奇妙的發展，主因有二，其一是寫實派陣營在八〇年代初期首先爆發左統與右獨的分裂，繼而右獨系統的台灣作家又出現激進派與前行代的擁擠運動，這一連串的意識形態之爭儘管熱鬧非凡，但是卻遠離了文學和創作。其二則在於新世代作家與後現代的衝激，使得寫實主義的烏托邦瞬間崩潰。

對於執著於現代思想、強調「無框限」的創作觀的羅門而言，後現代以及伴隨而來的影響是必須予以評估的。

羅門習慣以「征服」、「佔領」等喻詞來形容作品的力量，偉大的作品「是那麼不可抗拒地侵襲入我們內在生命的深處，使我們成爲被美所征服與佔領之對象。」換言之，羅門相信文學意義的確定性，以及作者本身經驗範疇的無遠弗屆，後現代那一套閱讀多元化以及後結構主義者宣稱的「作者之死」自然成爲羅門所無法接受的言談。

二

　　以羅門的敏感度和深思好辯的性格，他自然無畏於任何新思潮的
挑戰，不過這一次他也面對了不同於以往的特殊課題：

　　㈠後現代主義是一群聲音而不是一套體系完整的文學哲學，甚至
說它（們）是反哲學、反文化的。光是要弄懂李奧塔（Jean-Francois
Lyotard）的崇高（the sublime）、哈山（Ihab Hassan）的沈默、
德希達（Jacques Derrida）的元書寫（arche-writing）、德勒芝（
Gilles Deleuze）的游牧思想（nomadism）乃至包希亞（Jean
Baudrillard）的擬態機器（simulation machine）這些隨手拈來的
術語就夠瞧的了，何況是將他們之間的堅白異同。

　　㈡當羅門批判現代主義時，他本身是前衛運動的一分子；當羅門
破解寫實主義的迷思時，只需要常識即已足夠。但是當他面對蠭起的
後現代（諸）主義時，則面對了資訊匱乏的問題；透過那些蹩腳的中
譯以及一知半解的介紹，錯誤的資訊只會令人感到更為困惑，這是成
為世界資訊終點站的台灣的莫大悲哀。因此，羅門批判後現代的基礎
無疑會受到質疑；在多篇文字中羅門意圖反省「德希達的零度創作觀
念」，然而德希達的主要觀點並不在此。

　　㈢後現代言談的領域擴及政治、社會、文化各項領域，並未局限
在單純的藝文領域；在如此寬泛駁雜的視野中，如果將後現代主義挑
空在純粹的藝術文學世界，顯然並無法解釋這些觀念的時代特殊性。

　　㈣連德希達都屢次表明「我沒有立場」的「立場」，要抓住後現
代主義和解構主義的狐狸尾巴，其實是一連串複雜而精密的推理遊戲。

　　在諸多的不利因素下，羅門仍然對後現代主義／狀況提出了一個
詩人的深刻反省。

三

　　不論羅門是否承認，他本身在文學系譜上是一個現代主義者，而

且他所強調的無框架的現代思想、詩的創新與精純、強調作者內在生命世界的本質、喜愛使用各種形上學術語來論辯等等特徵，都恰好證實他是個「有容乃大」卻從不動搖立場的、卓絕的現代主義者。

　　後現代言談中對於文本中的普同性、作者主觀的權力意識（例如「詩人與藝術家是上帝的代言人」云云）、雅俗文學的階級劃分、完整而有秩序的世界模型……等等現代主義時期的信條，不是予以刻意的譏諷、就是予以無情的顛覆。或許這就是德希達和其追步者所致力的、促使「中心」向異己開放的步驟之一，但是對於羅門而言，這一切都可能是破壞文學進化的災難。

　　當然，羅門並不承認他自己是個狹義的「現代主義者」，而且他也自有一套體大思愼的創作生命哲學；如果以「羅門思想」來涵蓋他的意識形態，不僅有便利性也比較能夠突顯他個人不同於一般現代主義詩人的特質。

　　首先，詩創作應該是被優先考慮的項目，詩的文本即是詩人思想的「散種」（diss emination，藉用德希達的術語）。羅門關於後現代狀況的詩作，主要包括〈長在「後現代」背後的一顆黑痣〉、〈世紀末病在都市裡〉（《藍星》二十九號，一九九一年十月））、〈後現代A管道〉、〈後現代○管道〉（《藍星》二十三號，一九九○年四月）、〈古典的悲情故事〉（《中時晚報‧時代文學周刊》一九九○年五月六日）等。

　　在這些詩作中羅門的靈視發現了眞僞不明的都市空間已經喪失了歷史感：

　　　　戴李白的舊帽
　　　　酌飲他們杯中的殘酒
　　　　　不也醉成那忘我的樣子
　　　　　　沾上一點歷史與永恆

　　………（中略）
　　他忽然發覺自己
　　　只是仿造在都市公園裡的
　　　　一座陶然亭
　　　環繞著假山假水
　　　給都市的假日看
　　　　　　　——〈古典的悲情故事〉後半部

更爲關鍵之處則是價值感的淪喪與虛無主義的浮泛：
　　只要你高興
　　一切都由你
　　價值由你定
　　歲月由你選
　　世界任你抱
　　　　　　　——〈後現代A管道〉末段

　　反正上流下流一起流
　　　溝水海水都是水
　　清不出來的　都進入陰
　　走不出來的　都擠進黃燈
　　　將東南西北在方向盤裡
　　　　　炒成雜碎
　　　　　　——〈長在「後現代」背後的一顆黑痣〉末段
　　此外，則是「世紀末」（fin de siecle）頹廢色彩在後現代都市的
重現，喪失歷史的「現在」飄浮無依：
　　過去的過去的過去　呼呼大睡

> 未來的未來的未來　呼呼大睡
> 現在　　　夾在中間　　睡不著
> 　　　　　　　　便蹓跑出去
> 直跟著失眠的城市
> 　　一起抽煙喝酒
> 　　一起看裸體畫
> 　　一起卡拉OK
> 一起張大眼睛

　　　　　　　　　　　——〈世紀末病在都市裡〉第二段

　　這些作品很明顯的是站在高空鳥瞰的位置，控訴「沒有深度、崇高點」、遺忘了歷史的「後現代狀況」！

　　另一方面，羅門也提出了他自己的「後現代烏托邦」，相對於淪喪價值的、病弱而充滿盲點的現實文本，〈後現代○管道〉是羅門所歌誦的「美麗新世界」：

> 世界裸到○
> 而○非零
> ○是一個沒有圓周的圓
> 　　一個新的美麗的原始
>
> 天空重現它新的廣闊
> 大地重現它的遼闊
> 江河重現它新的流動
> 海洋重現它新的波動
> 雲鳥重現它新的飄動
> 四季重現它新的春夏秋冬
> 四方重現它新的東南西北

　　當古往今來已全面通行

　　　都市與田園也全部通話

　　世界便整個解開來

　　重又組合成一座

　　　新的自然

　秩序的重建，古往今來的匯通，在此我們觀測到羅門思想中「通
化街」的圓融狀態。

四

　　詩是一個面相，羅門的理論文字則直接陳述他的精神世界。上舉
〈後現代○管道〉其實便是「羅門思想」的主軸「第三自然螺旋型架
構／世界」的衍生文本。

　　一九九二年八月羅門赴美國愛奧華大學參加IWP，發表以〈從「
第三自然螺旋型架構」世界對後現代的省思〉爲題的演說，這篇演說
是自一九八八年三月完成的一篇論稿延伸而成，而筆者發表於《台北
評論》第五期（一九八八年五月）的對話錄〈第三自然中的螺旋型世
界──訪羅門〉則是另一個八○年代末期的版本。

　　略過羅門在資料方面的欠缺，他以後設文字批
判後現代狀況的主要理論基礎仍在「第三自然螺旋
型架構」的模型操演上。（附圖右）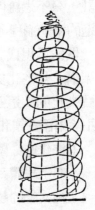

　　羅門指出，以「三六○度環視」的角度，可以
發現「從螺旋型的A點旋升至A1、A2、A3……An
的無限境域，我們清楚地看到人類的創作智慧，是
並非進行在缺乏歷史感與採取完全否定意識所從事
的「存在與變化」的創造觀念模式中；也非停頓在

重複循環與閉守的單圓模式中；也非定向在缺乏轉動與變化的直線發展模式中，而是不斷旋升在演進的「螺旋型」的「前進中的永恆」的創造觀念模式中。

後現代狀況的發生（喪失價值體系、歷史感……）是資本主義社會本身的差異化活動，而解構哲學所以風行，部分學者意圖以「解構」的轉換運動，將既存的階層秩序解體，如此組成分子的上下縱線關係才有機會轉換爲橫的結合與異種交配的新形式。

羅門的「第三自然螺旋型架構」其實並沒有否定「存在與變化」所產生的革命性力量，就如同真正的解構主義者絕非虛無主義者而李奧塔這種「後現代權威」竟然以「崇高」（當然其意義和現代主義時代的定義大不相同）做爲未來文學藝術的嶄新特徵。如果說「羅門思想」是「現代思想」對後現代情境／狀況的一次「絕地大反攻」，這並不表示他的觀念與後現代全無交集之處。

羅門本人也指出：「我不能不（但是有條件的）也贊同後現代傾向『解構』，使用多元與開放性的創造思想表現形式與技巧。」羅門所堅持的是「使世界再度通往新的一元性」；事實上，德希達的解構也是【一元→多元→新的一元→新的多元……】這種反覆移轉中心的設計，只不過羅門著重在一元性的恆定，而德希達則希望保持分裂與創造的繁殖過程。

做爲「現代思想」象徵的「羅門思想」，亦即其「第三自然螺旋型架構」是進化史觀的、追求「行進中的永恆」的形上學架構的、反消費文化的，這三項特徵是完全對立於後現代（諸）主義的訴求，因而扣除術語謬誤和意念可相容通的部分，可以萃取出三組對抗的課題：

1.進化的文學史觀VS.不連續史觀。

2.形上學體系VS.反形上學（反二元理言中心主義）

3.純文學的超越性VS.讀者論

　　我們很難扮演上帝的角色來仲裁這系列意識形態抗擷的最後定讞，就像晚年葉慈轉向神秘主義的範例一般，誰也無法說明早年的葉慈究竟比較好還是比較壞，這完全涉及閱讀品味的問題。但是筆者仍願指出，「羅門思想」中的「第三自然螺旋型架構」對於後現代的批判與修正仍然具備以下嚴肅的意義：

　　㈠羅門能夠一己營造的壯美思想體系面對時潮，提出具體的立場，這種胸襟和氣魄，在台灣詩壇陷入沉寂、被小說界奪去解釋權的八、九〇年代，無疑是令人振奮的。

　　㈡羅門講究立場，雖然也有模型理論的自我制約，但比起後現代主義玩家的閃爍其詞、飄忽不定，他篤定而誠懇的態度值得肯定，重建眞理的企圖則令人敬佩。

　　㈢後現代主義者譏笑現代主義是「刺蝟」，眼睛只能看到一個方向，他們又自比爲「狐狸」，可以同時注意不同的方位。不過眼觀八方的狐狸常常因爲咬不著刺蝟而餓死，就算咬著了也往往痛斃當場。後起的浪潮不見得必然高過前驅的浪鋒；能夠堅持自我理念的詩人羅門是永不過時。

生命的禮讚，進取的人生

——讀蓉子小詩精品有感

胡時珍

　　人們喜愛牡丹，大凡是是因為，她的花冠，富麗堂皇盛氣凌人；她的花色，嬌豔明快咄咄逼人；她的花香，濃郁芬芳陣陣襲人，我喜歡牡丹，是因為她花開乍暖還寒的早春，有一身傲霜雪的骨氣；是因為她雖是名花卻不屬草本類，而是堂堂正正的木本科，那怕蕭蕭秋風剝光她的綠衣，只要根還在，借助風雪，來年又是一叢叢新綠，一朵朵光彩；是因為她將花任人們觀賞評頭論足已不計名利，還要將根和皮入藥，奉獻給人類清熱解毒，活血調經。這些足已表明牡丹的品格可貴、可敬、可頌，怎能不叫人們喜愛？我讀蓉子的詩，尤其是她的小詩大有愛牡丹之感。台灣詩人稱她是「開得最久的菊花」，我要說她是花中之魁一棵生機盎然的紅牡丹；台灣詩人稱她是「祖母明星」，我要說她永遠是天上一顆不老的星。人們也許要問天下詩人之多如同雨點落地數不清為何對蓉子這般偏愛？一句話，是因為她的詩謳歌了生命，給人一種積極向上的人生價值觀。蓉子的小詩（十行之內）大都內含深、品味高，無閨怨之嘆，脂粉之氣。發人深省的佳作鼓舞著讀詩人，去直面人生，去奮發進取，捕捉那美麗的「青鳥」！本文僅對下列九首小詩有感而發。

一、《小舟》

> 劃破茫茫大海的，
>
> 不是白晝的太陽，
>
> 不是夜晚的星星，
>
> 也不是日夜吹著的風，
>
> 劃破茫茫大海的
>
> 是一隻生命的小舟……

該作發表於一九五二年六月《文壇》創刊號，那時的蓉子應是不知愁的年紀，應是花前月下，浪漫情懷的心境，而她「生命的小舟」卻已揚帆，駛向波濤滾滾的大海，去尋找她的「青鳥」了。可見詩神繆司已把詩的種子射入她的心田，邱比特的箭卻晚了兩年。她勇敢地航行，敢同太陽比，敢同星星比，敢同海風比，終於她勝利了，茫茫大海沒有被太陽劃破，沒有被星星劃破，沒有被日夜吹著的風劃破，而是被她生命的小舟劃破！太陽、星星和風是自然界力量無比的東西，卻敗在一個年青的生命手中！詩中明快的節奏，清悅的語言，既顯示出少女蓉子的才氣，又透露出她的智慧，幾個對比即「大海」和「小舟」、「太陽、星星、風」和「生命」之比充分展示了生命的偉大，龐然大物的渺小！這樣的情素難怪張默先生在《小詩選讀》中嘆道：「尤當我們讀到『劃破茫茫大海的，是一生命的小舟……』眞是逸興湍飛，每每不能自己。《小舟》，是詩人自己的寫照，也是我們這一代中國人共同的寫照……」是的，我們中華民族，炎黃子孫就是敢於同大風大浪搏鬥而屹立於東方，屹立於世界民族之林。

二、《當眾生走過》

> 大地褐觀音般躺着
>
> 只有遠天透露出朦朧的光

　　風是琴弦

　　沙痕是誰人走過的腳印無數？

　　聽，突然間琴音變奏

　　你熟稔的痕轍已換

　　於是風又轉調　同樣地

　　將前代的履痕都抹掉

　　——當眾生走過。

該作發表於一九八二年六月詩人節《自由日報》，後收入《這一站不到神話》詩集。詩人鍾玲在《現代中國繆司》評到此詩，她認爲「此詩主題是寫一代代人類的生生死死，後浪推前浪。」又說：「這首詩呈現了廣闊的視野，複雜的內涵，全仗蓉子能巧用比喻之功。」是的，這首詩作同樣在謳歌生命，只是不再停留在一隻生命」的描寫上，而是要把視野推向前代「拉回」「現代」和「當代」還暗含著「未來」，這是末尾一句「於是風又轉調　同樣地／將前代的履痕都抹掉——當眾生走過」。暗示給讀者的。而且採用了「眾生」二字，就不再是「一隻」了。我們可以體會到詩人已進入中年，生活的風風雨雨讓人們閱歷豐富，「一隻生命的小舟可以劃破大海」然而大地，沙痕和琴弦，是因「風又轉調　同樣地／將前代的履痕都抹掉」而是「當眾生走過」以後的情形了。因此該詩作主題更爲深重，內涵更爲龐大，可以說是歌頌「大我」。這個「大我」是世世代代人們，前仆後繼，將大地、沙痕、琴弦一一改變，把舊的抹掉換上新的琴音，這是歷史的潮流，這是任何神仙菩薩，觀音也好，佛祖也好都無力阻擋的事實。那麼我們就應是「眾生」中的一分子，堅定地同眾生走過，將前代的履痕都抹掉。這是多麼值得稱頌的人生觀。人生的目的，人生的意義沒有半個字的說教，卻讓讀者潛在的受到了感染，不知不覺地同大家一道走改變生活，撥動琴弦奏出新的生活的樂章。

這一思想在她的另一首《不願》中表現得淋漓盡致。「不願做綠蔭下的池水一泓／沒有風兒吹拂／鏡水獨自消瘦／／不願做綠蔭下的池水一泓／縱有風兒吹奏／素波止於池沼／／不願做綠蔭下的池水一泓／寧願化身爲一片雨雲／加入海洋洪濤！詩人不願安逸，不願小我的爭鬥，而是將小我化身爲一片雨雲，投入海洋洪濤！這種人生的意義和追求不是我們今天每個人應該具備的嗎？

三、《青鳥》

從久遠的年代裡──
　　人類就追尋青鳥，
青鳥，你在哪裡？

青年人説：
　　青鳥在邱比特的箭簇上。
中年人説：
　　青鳥伴隨著「瑪門」。
老年人説：
　　別忘了，青鳥是有著一對
　　會飛的翅膀啊……

該詩作是蓉子的成名作，最早發表於一九五一年紀弦在自立晚報上的《新詩周刊》第四期，後作爲她第一本詩集的書名，收入其中。據大陸詩評家古繼堂的《柔美的愛情》一書中記載「一九五三年蓉子是台灣詩壇上，獨一無二的以第一本詩集《青鳥集》，飛出了自己的天空，成爲震動台灣詩壇的事件。」這本詩集竟成了台灣知識青年愛情的信物和朋友交往的饋贈禮。在書的扉頁上，饋贈者常寫上這類的話：「願這些精美的詩句，啓迪你寂寞的人生」。可見「青鳥」的震

撼。青鳥是人生理想的象徵，詩中從人生不同的三個階段青年、中年、老年來呈現對理想的追求，青年人追求愛情、中年人追求事業，走過青年、中年的老年人深知理想的實現要付出艱辛，愛情雖甜蜜、事業雖壯麗，不奮發努力是不會自己飛來的，因而老年人告誡說，別忘了，青鳥是有著一對會飛的翅膀啊！要想得到愛情和事業，不僅努力進取，還要善於去把握，因青鳥是長著一對會飛的翅膀，不然到手了又會飛走的，諄諄教導溢於言表，可見當時還是青年的蓉子對人生價值的實現就有如此深層的思考，表現出她出眾的才華和一副熱心腸。她既希望人們勇敢地去追求理想的青鳥，又嚴以律己。打這以後，她像青鳥展翅，在詩國的天空遨遊，飛出了寶島，飛向大陸，飛向五湖四海，成為全世界著名的女詩人。

　　詩人對人生價值的觀點是同我們不謀而合的，她認為人生價值的大小不在於向社會索取了多少財富和地位，而在於對社會的貢獻，這種人生價值在於奉獻是文明社會應提倡的人生觀，請看《生命》——

　　　　生命如手搖紡車的輪子，

　　　　不停地旋轉於日子的輪軸，

　　　　有朝這輪子不再旋轉，

　　　　人們將丈量你織就的布幅。

這首詩旗幟鮮明地亮出了詩人的人生價值觀，人生價值是看「你織就的布幅」，人們將會丈量出布幅的長短，你的價值大小就全看你對社會的貢獻多少了。因此詩人有個「平凡的願望」：既不做女神、也不做奴隸。女神至高無上，但脫離人群而寂寞，奴隸雖在下層人群中但因附庸而無尊嚴，詩人發出呼喚「啊！我們的願望／不過是做你們弟兄似的姊妹。」由此可知詩人從她的人生價值觀出發，反對人間的不平等，既反對有壓迫人的高高在上的統治者，又反對有任何人擺布的失去自由的奴隸，她主張人間應自由平等，大家都是兄弟姐妹。這首

詩我們不僅看作是詩人個人的願望，和大家一樣是社會的普通一員，而且也應看作是詩人對社會的呼籲。蓉子善良美好的願望在《小滿》一詩也表達得淋漓盡致。「雨下著……／梅子已經成熟了／池塘和田疇的水也都貫滿了／喜麥穗之飽滿厚實／祈上蒼封閉一切害蟲的口器／當蜂蝶從蕊心升起／生命也當如此美滿豐盈」。

　　詩人的大半生都在思索和追求完美的人生意義，她崇尚眞、善、美，抒發對眞、善、美的渴望和希求，下面我們再一道欣賞她幾首膾炙人口的小詩精品。

四、《笑》

　　　　最美的是

　　　　最眞

　　　　啊！

　　　　你聰明的

　　　　爲什麼編織你的笑？

　　　　笑是自然開放的小紅花

　　　　一經編織

　　　　便揉皺了！

　　這首詩何等幽默，輕快而又含蓄。詩人抓住一個最容易表達人們感情的形象，批評虛假批評矯揉做作的劣習，既熱情地表達出「只有眞的才是美」的觀點又鞭笞了虛僞，讀後令讀者自然地會心一笑。蓉子另一首《維納麗沙》小詩有異曲同工之妙。維納麗沙的美是舉世聞名的，但她的美不是靠「彩帶裝飾」，也不是靠「喧嘩」、「炫耀」和「烘托」而是「完成於無邊的寂靜之中」。詩是這樣寫的：

　　　　維納麗沙

　　　　你不是一株喧嘩的樹

不需用彩帶裝飾自己

你靜靜地走著
讓浮動的眼神將你遺落
因你不需在炫耀和烘托裡完成
——你完成自己於無邊的寂靜之中。

　　蓉子在《霜降》一首中也表達出她對「眞」的認識，人生要眞，
只有眞才能反映出靈魂的深。她寫道：「霜寒露重／秋更蕭索了　對
於／不慣於虛飾繁華的人　最宜於此時／返璞歸眞／秋原是隱逸者的
國土／而從古銅色秋的明鏡裡／是這樣反映出靈魂的深……」蓉子在
生活中深有體驗，心中無私欲，眞誠地去做每一件事，那麼做每一件
事都感到愉快。她把這種感觸，也寫成詩奉獻給我們，讓我們也擁有
這分心情。

五、《心情》

只要有一顆不受騷擾的心志
你所做的每樣事都能帶來愉悅芬美
（這樣的說法或許教人驚異！）
倘若我心被攪亂
盛名和盛宴也全然無味

　　這樣的心情需「有一顆不受騷擾的心志」，若被攪亂，那盛名和
盛宴也會索然無味的。這樣的心情得來看是不容易。它需要代價，這
個代價就是忘我，就是佛家所言四大皆空，心中無物，就像虔誠的教
徒，篤儀心誠則靈。人們在追求理想，實現人生目標時就需要有這種
心態。這種眞誠，這種私慾雜念全部拋棄的果敢是需時間的磨練，更
需要愛心和善良。蓉子的眞、善、美，從她的詩作中流露了出來，她

的《兩極的愛》兩首其一清晨——幼吾幼以及人之幼，其二黃昏——老吾老以及人之老，充分體現了她的愛心和善良。這兩首超出十行，就不在此賞析，我們要談的是小詩。正如蓉子所說：「小詩是神出鬼沒的／不經意間在波濤中閃爍／定睛時又不見了／啊，小詩是一把星的碎粒／雖閃耀卻不完全。」不過，我們認為蓉子的小詩如同天上的繁星，一個個星斗，既是閃爍的又是完美的，蓉子的小詩既像星星閃爍又同星星樣完整。首首皆是精品、首首皆是生命的讚歌，催動著生命的萌發，激勵著靈魂的頓悟，召喚著意志的升華！蓉子的小詩既是藝術的精品，也是生活的笛音。

羅門詩論的主體性

徐　學

一

　　六十年代崛起的臺灣現代詩人，爲了在詩壇上立定腳跟，總在右手寫詩之際，騰出左手寫詩論。三十年過去了，臺灣的現代詩已構成中國當代詩史中燦爛的一章，臺灣的現代詩論，也將成爲中國當代詩歌批評中可貴的財富，再出發的基石。近年來，余光中、葉維廉、洛夫、楊牧的詩論，已引起大陸文壇的關注，即是明證。

　　羅門也是如此，他的「評齡」與「詩齡」等長。從六十年代到八十年代，他一直保有一份探索詩藝理論的濃烈興味，先後出版了五本詩論集——《現代人的悲劇精神與現代詩人》、（一九六四）《心靈訪問記》（一九六九）、《長期受著審判的人》（一九七四）、《時空的回聲》（一九八二）、《詩眼看世界》（一九八九）。

　　讀羅門的詩論，會有一種艱澀感。特別是他早期的詩論，不大注意語詞的斟酌和句法的流暢，也常大膽生造術語來說明自己的觀點，這樣有些地方讀來便如看譯介文論。不過，就其整體而言，看它仍然是圓融自洽，渾然一體的。其中，有一顆熱烈而虔敬的詩心，也有一以貫之的思想線索，那就是對作家主體精神的推崇，對生命力創造力搏擊生存悲劇的讚頌。

　　在臺灣詩論家中，《笠》詩社一派比較傾向於強調詩歌創作對當代臺灣，尤其是鄉土社會的表現，因其重視詩歌對客觀現實的表現，

可稱之爲客體派詩論；余光中、葉維廉的詩論相對而言，較多地偏重於詩歌藝術內部規律的探討，努力闡發中外好詩的歷史源流和藝術經驗，尤其注重漢語言文學特殊的造型能力與表現能力以及詩歌作爲語言結構的審美特徵，因其常將詩歌作爲一個自給自足的美的本體來剖析，可稱之爲本體派討論。而羅門詩論的重心與焦點則在於詩人的內在精神。他的五本詩論集突顯的都是詩人的主體性，強調詩人以宏大的氣魄、不凡的境界和強勁的生命力，對美作永恆的求索，而在對社會現實的分析和詩歌技藝與語言的探求上則著力次之。因此，可以說，主體性是羅門詩論的最大特色。下面，讓我們從羅門詩論中對詩歌創作的動機與效用，詩歌創作中題材與方法的選擇幾方面，來領會其特色。

二

　　羅門歷來對詩歌創作有很高的期許，因爲他從不將其視爲小道或末技，而是將其奉爲一種與悲劇性生存相搏鬥的人類自我拯救之道。

　　由於他所處的動蕩不安的時代氛圍的激發，也由於西方現代藝術思潮的感召和薰染，羅門很快便從初期的浪漫主義走出，早在六十年代，便將詩藝與人的生存人類命運聯繫起來作形而上的思考，將藝術道路的探求與人生道路的開拓合二爲一。如他自己那時所說的：「對詩歌創作，開始自熱愛轉變爲對其存在價值與意義的根本認知。逐漸體認到，詩與藝術是開發人類內在世界豐饒完美內容的力量」。（註一）在七十年代出版的《長期受著審判的人》一書中，更有許多從內在能動性出發對詩歌創作的動機與效用的精闢闡發：

　　　「說我寫詩，倒不如說我用詩來證實一種近乎神性的存在」。

　　　「人存在的急務，便是在靈魂沈寂的深海，將孤獨的自我打撈」。

　　　詩人必須「依從自己的意願，去向世界呈現一己生命的光輝…

…」「將生命推入永恆的美的追索中,像獵人在搜索與追擊的過程中,獲得存在的滿足」「像魚兒,除了游,不斷的游,還有什麼能成爲魚的本體呢?」

「不斷步入生命與事物的深處,將美的一切叫醒,它已成爲我存在的決策。」

「我從事詩與藝術,並不只因爲它能給予一切存在及活動以最佳形式,而更重要的是『人』,尤其是我自己也必須在那形式裡」。(註二)

由於羅門把詩歌創作視爲一種近乎神性的事業,認爲好詩應能夠拯救自我,並淨化人類靈魂。因此,在論及詩人應如何創作時,羅門也很少斤斤計較於枝節問題,而是不斷地要求詩人應具有高度的精神能動性,不斷地將自我心靈擴展成爲一個日漸強大的美感世界。他曾說明自己這樣做的緣由——「我雖深知詩的語言與技巧,的確對表現一切存在的深入的『美』具有力量,但我更強調詩人應具有像王維、陶淵明與里爾克那樣使哲學家與神都感到驚異的精神世界,這樣的世界有時甚至覺得柏拉圖的理想國之坪數,也嫌小了」。(註三)多年來,他不厭其煩地用詩一樣的語言強調詩人心靈對於創作的重要意義,說二者的關係有如田園之於農作物,電廠之於發電力,水庫之於自來水,鈾之於原子彈。他始終認爲如果詩歌能在人類心靈中發揮如原子彈般的的震憾,先決條件便是作者生命裡潛藏有「鈾」。(註四)

沿著詩人心靈強大完美與否決定了詩作的優劣這一邏輯線索,羅門也不贊同「題材決定論」。他說「決定作品的好壞,仍是全靠作者美感心靈的轉化力與藝術表現的技巧能力。這也就是說,一只驚動森林的鳥,一架使土地在血中顫慄的戰鬥機,一輪落日,一顆從斷頭臺上掉下去的頭,都只是存在於時空中的各種情境與現象,詩人與藝術家之所以不凡,便是無論它們出現的時間、地點之遠近,均可透過潛

在的經驗與豐富之聯想力，使之在這一刹那間，從種種可能中，去形成一有機生命之存在，並同時開放出那存在的無限之美的奧境」（註五）可見羅門正如他自己在論文中所說的「我是向『生命』與『藝術』進行雙重投資的詩人。（見羅門「我的詩觀」）」

在探究詩歌創作應採取何種創作方法創作手法時，羅門的出發點仍然是詩人的主體生命。他贊成廣泛學習，從東西藝術，從傳統與現代文化中，博采衆長，但反對拘泥於某家某派或某種主義。他多次指出，一個詩人在創作上，應盡可能地變更自己的風貌，但這種更新，必須是基於自我內在生命的一種需要和體認，而不應流於外在現象的追求和描摹。詩人不應爲追奇巧和趣味而輕佻地「創新」，新的方法與技巧，只有在能幫助我們感知那種令人類心靈震憾之力才是有益的。他贊成詩人以一種創造的使命感，在劇烈變化的現代社會，具有強烈的變異性和超越性，能爲人類存在不斷帶來新的經驗和體認，也給藝術創作提供新穎的資源。但他更加強調的是，「一切形態的變，應是由於內在生命有了更大更多的容納與充實，而不是爲內在的萎縮去做多方面形態上的掩飾。」「如果沒有偉大感受力的心靈，只繞著方法轉，怎能把一件平凡的東西轉化成那確實偉大的東西（作品）呢？這情形正像一個商人只靠他的經營方法，缺乏資本卻想經營大規模的企業」。（註六）

三

正因爲堅定地立於擴張主體之力、壯大主體的美感這一座標點上，詩人羅門便能在令人眼花撩亂的各種新詩潮中堅持一己的創作路線，以強大的內心世界去消融各種主義和方法。他反對單向「爲藝術而藝術」那種「超絕甚至漠視人與現實性功能的觀點」，因爲他認爲詩超越的美應「無形中構成人類一切道德生活的支柱」；他也反對過份強

調社會功能的寫實主義，因爲這不免忽視或排斥現代詩人對個人內在特殊經驗的表現，而且減低藝術的功能。（註七）對於「後現代」的「零度創作」觀點，他也不敢苟同，害怕這種傾向不能保留「莊嚴、神聖、崇高這些層次的精神意念」，「會替沒有眞正精神思想實力與生命潛力之徒，從事浮面、流行、品質低劣的大衆型文化與文學，大開方便之門」。（註八）目前的文藝空間，確已呈現這種不妙的現象。

　　也因爲從主體出發，他一貫認爲藝術家是有自我性的存在，不屈服於無所作爲的命定論和決定論，也不願委身於某一所謂「放之四海而皆準」的模樣。他總是把具體的感性的個人放在首位，因此九十年代來，詩中總有澎湃四射的光和熱，創立了獨特的壯美和陽剛的風格，也有著超前的敏感和預見。

　　也因爲高揚主體，他的詩作能不斷突破外在性的存在層面進入內在性的存在層面。爲了更好地探索與表現純粹生命本體的存在，他的詩作著重表現現代人的生活現場（突境）和悲劇命運，他剖析都市文明對人的侵擾和拘囿，訴說戰爭給人類造成的無奈與苦難，描述於孤寂渾茫時空中的生命存在……到了七十年代，他更提出著名的「第三自然」詩觀，他把大自然景象稱爲第一自然，將幾千年物質文明的成果稱爲第二自然，而將詩人與藝術家創造出來的藝術世界稱做第三自然。這種提法充滿自信與魄力，將心靈世界，自然世界、器物世界三足鼎立，正是對藝術創造主體及其精神結晶那種獨立自足雄視百代本質的極度褒揚。這種說法把藝術家等同於造物主，深化了他早期「詩人是上帝的代言人，詩人是拿到上帝發給通行證的人」的論述，也有力地推動著他在創作中掙脫第一自然第二自然的有限境界，而將心靈推展入第三自然無限的時空之中。

四

　　讀羅門的詩論，我的腦海裡會時時浮現中國現代史上兩位學者的身影，兩位在美學見解上與羅門有近似之處的學者。這裡我將他們的觀點與羅門的主體詩觀作一些比較，想來有助於我們進一步理解羅門詩論的價值和意義。

　　第一位是民國政府首任教育總長蔡元培，一九一七年，他任北大校長時，曾提出「以美育代宗教」的口號，並在《新青年》上發表了《以美育代宗教》一文，認爲唯有藝術教育能使國民超脫現象世界的利害關係和人我偏見，把人們從現象世界的必然引向主體世界之自由。這一思想貫串了蔡元培先生的一生，在他逝世前兩年，一九三八年，他在爲朋友著作作序時，還寫道：「余在二十年前，發表過『以美育代宗教』一種主張，本欲專著一書，證成此議；所預擬條目有五，……此五條目，時往來於余心，而人事牽制，歷二十年之久而尚未成書，眞是憾事」。（註一〇）可慶幸的是，在羅門的詩論中，有這樣的句子：「在一切都被人類懷疑與重新估價的現代世界中，我懷疑以一般人那近乎迷信的絕對信仰，能確實成爲上帝優秀的信徒；我深信只有進入詩人與藝術家所開發的「第三自然」，使一切存在與活動於完美的結構與形式中，方可能認明上帝（如果這個世界確有這樣一個具有完美實質的上帝）……我這樣說，很明顯的，是想重新確定詩人與藝術家在過去現在與未來永遠站立的位置及其工作重心───一個詩人與藝術家，當他喚醒萬物與一切潛在中的美的形象與內容，他便是人類內在世界的另一個造物主了，像上帝造天國一樣，他造了另一個內心的天國───那無限容納『美』的『第三自然』。」（註一一）可以說，羅門這種論斷是呼應著世紀初子民先生的設想並將之發揚光大了。

　　第二位是離我們更近的胡風先生，他曾從機械文藝論中掙脫出來，在全面考察五四以來新文學經驗的基礎上，提出了作爲他文藝思想核心的「主觀戰鬥精神」的理論命題，他敢於對工農兵生活是創作唯一

源泉之論提出異議，認為作家的「人格力量」，（包括「敏銳的感受力」「燃燒的熱情」與「深邃的思想力量」）是創作的源泉。他痛感中國傳統文化對個體生命慾望和主觀精神意志的節制，壓仰及摧殘，而大力推崇早期魯迅對「精神界戰士」的呼喚和對「主觀意力」的重視。他還批評了五四文學中的三種傾向，一是以創造社為代表的浪漫主義，他們急切地搬運西方思潮，但並不善於以之提升自己內在的精神素質，因此總是唯新是鶩，像熊瞎子揀玉米，看一個揀一個，揀一個丟一個；二是以矛盾為代表的客觀主義趨向，他們的創作常停留於現實的描摹甚至時事的表述上，而不善於用主體心靈將生活素材轉化及昇華；三是周作人、林語堂一派，他們清醒地看到改造傳統文化的艱巨性，但卻不敢強化自己的主觀戰鬥精神，害怕伴隨獨戰多數而來的孤寂與痛苦。（註一二）

　　這裡胡風並非全盤否定這三類作家在文學史上的功績與意義。不過，以作家精神主體的深厚與闊大為其創作觀出發點的胡風，就整體創作傾向而言，是與上述三種傾向相對立的。胡風這種批評，與羅門對粗糙寫實、徒然玩弄技巧及盲目求新諸創作傾向的針砭有異曲同工之處；胡風那「到處有生活」的名句與羅門「世界上存在的事物都可以是創作的題材」的論斷亦所見略同息息相通。

　　值得高興的是，詩人羅門並沒有遭到胡風那般非人的折磨和厄運，他能不斷地運用其「內視力」與「轉化力」寫出許多沖破現實兩個鐵籠的詩篇，並能長久地葆有一種詩人不可缺少的純真和童趣。今天我們有機會在這裡討論他，也不禁為中國當代文學感到慶幸──就在當代中國的土地上，將生命哲學引入藝術創作，強調藝術創作中主體對現實環境的超越意識與內在自由意識的創作流脈畢竟也能綿延不絕，並結出了豐碩的果實。

　　羅門不是神，他必然也有他的偏執與局限，他的詩論深刻裡亦有

片面,獨特中也有盲點。但處於轉型期的中國,值此純文學的生存日漸窘困,藝術創作道路日漸坎坷之時,如何充分調動主體心靈的能動性,恢復文學充分自由的品格,以藝術之光提升民族精神,羅門的主體詩觀仍給我們以滋養和啓示。最後,願以一段羅門的話與朋友們共勉,「只有當作家的心靈再度執著與醒覺起來,再度接受某些沖激的痛苦與忍受孤寂感;再度向停滯與惰性的心靈挑戰;再度向宿命性的存在挑戰,向生命與一切事物的深層繼續探索;再度將詩與藝術當作一己的宗教,當作一己生存的過程與終局……這樣方能打破僵局,而向前開拓新境」。(註一三)

一九九三年七月初稿於廈門大學臺灣所

【附註】

註 一 羅門:《長期受著審判的人》第一二五頁,臺灣環宇一九八八年版。

註 二 同上書第二一頁、第一九頁,第三頁,第二五頁。

註 三 羅門:《我選擇了詩》載《中外文學》第五卷第九期。

註 四 《長期受著審判的人》第五九頁。

註 五 羅門:《時空的回聲》第三六四頁,臺灣大德出版社一九八六年版。

註 六 《長期受著審判的人》第六十頁。

註 七 同上書、第六一頁、第一八六頁。

註 八 羅門:《詩眼看世界》第四一頁,臺灣師大書苑一九八九年六月版。

註 九 羅門:《詩人藝術家創造了人類存在的第三自然》載《時空的回聲》。

註一○ 高平叔:《蔡元培年譜》第一三六頁。

註一一 羅門:《詩人藝術家創造了人類存在的第三自然》載《時空的回聲》。

註一二 參見《胡風評論集》(上)(中)(下),北京人民文學出版社一九八五年版。

註一三 羅門:《時空的回聲》第六四頁。

永遠的青鳥

——談蓉子的詩

陝曉明

　　在台灣詩壇，蓉子有「首席女詩人」、「詩壇永遠的青鳥」、「開得最久的菊花」等稱譽。

　　稱之為「首席女詩人」，是因為蓉子創下了台灣詩壇的兩個第一：她是台灣詩壇上出現的第一位女詩人，一九五○年左右就開始在當時台灣最早的詩園地《自立晚報・新詩周刊》以及《現代詩》上發表作品，而成為眾所矚目的女詩人，一九五三年，她的處女詩集《青鳥集》又成為台灣詩史上第一本女詩人專集。

　　而蓉子作為一只美麗的青鳥起飛之後，三十多年來，一直翱翔在詩國的上空。她以她的愛情，激發了青年羅門的詩情。作為藍星詩社的主將，她們夫婦的努力又為藍星詩社後期的發展創下了無可代替的功勳。而蓉子個人的創作又長期地保持著，《青鳥集》之後，她出版的詩集有《七月的南方》（一九六一）、《蓉子詩抄》（一九六五）、《童話城》（一九六七）、《維納麗沙組曲》（一九六九）、《橫笛與豎琴的晌午》（一九七四）、《天堂鳥》（一九七七）、《蓉子自選集》（一九七八）、《雪是我的童年》（一九七八）、《這一站不到神話》（一九八六）、《羅門蓉子短詩精選》（一九八八）、《只要我們有根》（一九八九）等。一九八七年榮獲「國家文藝獎」。因此，稱之為「詩壇永遠的青鳥」、「開得最久的菊花」，蓉子當之無

愧。

如對蓉子創作歷程作整體考察，則可發現：蓉子最先是以一只活潑輕靈的「青鳥」形象出現於詩壇的，經過「七月的南方」那片充滿迷離繁複的聲、光、色的繽紛世界，以及現代的「夢的荒原」之後，她化為一朵沈靜綽約的「青蓮」，有著古典的風致與誘人的馨美。

如她自己所言，《青鳥集》是她「多夢的心靈偶然的產物」（《維納麗沙組曲》後記），代表著青春期的蓉子。她正以一隻青鳥，以其特有的輕靈明快撲簌簌地飛進人們的視野。她唱《晨的戀歌》：「不知道夜鶯何事收斂起它的歌聲／晨星何時退隱──／你輕捷的腳步為何不繫帶銅鈴？／好將我早早從沈睡中喚醒／」「猛記起你有千百種美麗／想仔細看一看你的容顏／──日已近午／何處再追尋你的蹤影?!」，唱「寂寞的歌」：「濛濛的黃沙打濕我衣袂／駱駝的腳步是那樣緩慢啊／我的心因凄涼鳥顫慄」「讓我點起一隻寂寞的歌／將無垠的沙漠劃破」，歌聲中充滿了驕矜與悵惘，正如她所咏過的「水的影子」。她說「歡笑是我的容貌，寂寞是我的影子，白雪是我的蹤跡」（《為什麼向我索取形像》），正道盡了她這時期的心理狀況，而作為主體特徵的則是矜持，少女情有的矜持，她稱「我寧願擁抱大理石的柱石」，即因為「它冷冷的嚴峻的光輝」使她心折。

這時期的詩作格調清新，意象單純，音韻晶瑩明澈，從中我們可以見到影響了蓉子創作的兩大基因：宗教與冰心。

蓉子一九二八年五月出生於江蘇省一個教會家庭，父母三代均為虔誠的基督徒。蓉子的童年就是在她父親的教堂裡度過的，她所受的教育也主要來自江蘇以及上海的幾所教會學校。她充當過教堂唱詩班的風琴手，而她最早接觸的文學作品，就是古希伯來民族的詩歌。到台灣後，教堂即成為她充滿親切回憶與寄託的地方，因為「教堂的尖頂上，有我昔日凝聚的愛、信仰和希望」，她和羅門的婚禮即在教堂

舉行，在四月四日她們結婚的紀念日，蓉子深情地寫下：「我靜靜地來到這裡／盞盞乳白色的燈／像我的夢在發光／還有那彩色的玻璃窗／直窺天國的奧秘」、「啊，每當我來到這裡／童年的回憶一再升起／多麼親切而摻和著憂情的／愉快記憶啊／那是我父親的教堂／我們在其中長大」（《夢裡的四月》），童年和宗教交融在一起的溫馨感染著她。而由此，宗教詩歌的活潑旋律與音樂節奏，一直流盪在蓉子的詩創作之中。因此，蓉子的詩總是充滿了音樂性，清朗而婉約。

在中學時代，她的習作就得到過「冰心第二」的稱譽，可以說，冰心是給了她巨大影響的現代詩人，她的不少詩，如《笑》、《三光》、《生命》等，無論從體制的短小，節奏的明快、哲理的意蘊還是語氣、句型上，都隱約可見冰心小詩的影子。冰心之外，《爲尋找一顆星》等詩又流蕩著「新月」詩人的餘韻；而稍後的《七月的南方》又彷彿有何其芳《預言》的韻致。現代文學的滋養豐富了蓉子。

《青鳥集》之後，蓉子由少女變爲少婦，有過長達三年的沈默。在對現實的痛苦掙扎中，她感到：「南方喚我／以一種澄澈的音響／以華美無比的金陽／以青青的豐澤和／它多彩情的名字（《七月的南方》）。這隻美麗的青鳥終於飛進了「七月的南方」那片充滿了迷離的光波，繽紛的色彩與繁複的音響的世界中，如《白色的睡》：

　　儘管鳥聲喧噪，滴瀝如雨，滴落

　　也喚不醒那睡意

　　冷冷的時間埋葬了歡美

　　冷冷的靜睡不再記起陽光的顏彩

　　鳥聲滴滴如雨，濾過密葉

　　密葉灑落很多影子

　　很多影子，很多萎謝，很多喧嚷

　　我柔和的心難以承當！

有淡淡的悵惘，而更多甜美的溫馨。

　　而更明顯的變化則是現代主義色彩的沈鬱存在主義讓她有某種程度的傾心，她力圖在詩中表現事物內在的眞實性。用知性的內涵取代甜美的抒情。這種表現時有可觀，如《我的妝鏡是一隻弓背的貓》、《看你名字的繁卉》、《碎鏡》、《一種存在》以及被收入《七十年代詩選》的《夢的荒原》等，都有一定的深度與密度，意象的捕捉，技巧的變異都頗有讓人玩味處。同時蓉子也注意到「城市」這一新的生存空間，而欲以展現都市生活的面影，《城市生活》、《我們的城不再飛花》、《白日在騷動》等詩都有一種新鮮的城市觀照。但知性的思考並非蓉子所長，所以在表現上就遠沒有羅門同類詩主題的深刻。如「我們的城不再飛花，在三月／到處蹲踞著龐然建築物的獸／──沙漠中的司芬克斯，以嘲諷的眼神窺你／而市虎成群地呼嘯／自晨迄暮」，與其說是知性的思考，倒不如說是一種直覺的感悟，蓉子畢竟是一位感性的女詩人。

　　而對存在主義的喜好使蓉子更多地審視了她自己。《維納麗沙組曲》基本上可說是蓉子在和自己的心靈對話，十二首詩從各個方面變幻出蓉子的立體形象。用蓉子自己的話說：「這是一組自我世界的描繪，自我形象的畫像，一組孤獨堅定的徐徐跫音，當她走過山嶺平原所發出的一些眞實回音。（《維納麗沙組曲》後記），這是一位堅定的沉靜者的形象。以其固有的執著輝映著詩壇，她不事喧嘩，在孤獨寂寞中不斷超越時間空間以及種種物欲的束縛，而「完成自己於無邊的寂靜中」，「在過去與未來間緩緩地形成自己」。這種形象在稍後的《一朵青蓮》裡表現得尤爲明朗：

　　　　有一種低低的回響也成過往　　仰瞻
　　　　只有沉寒的星光　　照亮無邊
　　　　有一朵青蓮　　在水之田

在星月之下獨自思吟

可觀賞的是本體
可傳誦的是芬美　一朵青蓮
有一種月色的朦朧　有一種星沉荷池的古典
越過這兒那兒的潮濕和泥濘而如此馨美！
幽思遼闊，面紗面紗
陌生而不能相望
影中有形　水中有影
一朵靜觀天宇而不事喧嚷的蓮

紫色向晚　向夕陽的長窗
儘管荷蓋上承滿了水珠　但你從不哭泣
仍舊有翁鬱的青翠　仍舊有妍婉的紅燄
從澹澹的寒波　擎起

這是咏蓮，也是咏她自己，她正是這個「一朵沉靜而不事喧嚷的蓮」，於沉靜中散發出馨美。而她的詩歌藝術，也正「有一種月色的朦朧，有一種星沉荷池的古典」，內蘊著古典式的婉約的風致。在他的詩裡，舞鼓「落下一串溫和的雨的節奏」（《舞鼓》），而橫笛與豎笛的響午，又有「悠悠遠遠的音波」，「回響那沉穩的明麗　沁人的古典，撩人的哀愁和蒼涼的寂靜」（《橫笛與豎琴的響午》），她的詩裡總有這麼一種「清朗而明悅」的感覺，正如她在詩裡所感嘆的「古典留我」一樣，古典留住了蓉子，她人的寧靜，詩的溫馨都沉浸在一種古典式婉約的氛圍裡。

在題材上，對予自然的熱愛與對予時間的敏感是她詩內含的兩大部類，大量的歌咏自然的詩與更大量的咏嘆時間的詩交融在一起，構

成了蓉子詩世界的主體。

山水田園，花草樹木在蓉子筆下總是明麗動人，他的不少旅遊詩更是集中地描繪出大自然的美，訪菲、訪韓、訪問歐洲以及香港，她都留下了不少傑作，而「寶島風光組曲」對台灣風光的傳寫入神也讓人悠然心會。同時他的咏物詩也往往別緻地表現出她對大自然的鍾情。如《蟲的世界》：「我在夏的枝頭獨坐／高高地翹起我的腿，亦／南面王一個」，「這刻是盛夏／而／我底王國極其繁昌／眞不願用我豐盈的綠色世界／去和人類污染了的世界交換」，以擬人化的口吻，表現其對大自然熱愛以及對環境污染的微諷，並不以深刻勝，卻足以感人。而她咏《傘》：

　　鳥翅初撲

　　幅幅相連　以蝙蝠弧形的雙翼

　　連成一個無懈可擊的圓

　　一把綠色小傘是一頂荷蓋

　　紅色朝暾　黑色晚雲

　　各種顏色的傘是載花的樹

　　而且能夠行走……

　　一柄頂天

　　頂著艷陽　頂著雨

　　頂著單純兒歌的透明音符

　　自在自適的小小世界

　　一傘在握　開闔自如

　　闔則爲竿爲杖　開則爲花爲亭

亭中藏一個寧靜的我

以情巧的比喻性描繪，將物、自然、人連成一體，那現代而又古典，深得中國傳統咏物詩的三昧。

　　對於時間的咏嘆，蓉子早年創作略有表現，而以中年後爲甚。她有大量的以春、夏、秋、冬及十二月份爲題的詩，如《夏，在雨中》、《晚秋的鄉愁》、《冬日遐想》、《三月》、《七月的南方》、《十月》等，對於季節所代表的時間的推移以及時間裡內蘊的情緒的變化有特別的敏感，這是不是女性普遍的心態呢？而直接以「時間」爲題的詩亦復不少，她從中總力圖推衍出生命的軌跡，這在近著《這一站不到神話》集裡尤爲突出。詩中各輯都隱隱有「時間」的意味在。而以第一輯「時間列車」爲最集中，單就詩題：時間的旋律、一種季節的推移、歲月流水、時間、時間列車、當眾生走過⋯⋯等，我們就可以領略到她對時間特有的情思，而詩上表現也頗有讓人心儀處。《一種季節的推移》輕盈明快。音韻玎琮；而《當眾生走過》，則於輕盈之中又有一種沉穩的深度，引人遐思：

大地褐觀音般躺著
只有遠天透露出朦朧的光

風是琴弦
沙痕是誰人走過的腳印無數？

聽　突然間琴音變奏
你熟稔的痕轍已換
於是風又轉調　同樣地
將前代的履痕都抹掉
——當眾生走過

「戰爭詩的巨擘」與
「城市詩國的發言人」

──羅門的戰爭詩與都市詩

陝曉明

　　因爲服膺「詩人與藝術家創造了第三自然」，羅門的詩筆觸入的
是人內心世界的最深處。他的作品所表現的一系列主題：時空與永恆、
戰爭與死亡、都市文明與性、自我的存在、大自然等，都圍繞著一個
中心：人的存在。「人的存在」可說是羅門詩中永遠不變的母題。戰
爭所表現的是透過戰爭的殘酷硝煙而出現的人的存在；都市詩是通過
對都市文明的透視所表現出的人的存在；時空、永恆、死亡、自我的
存在等很明顯也是以人的存在爲中心的多向性展示；而對大自然的觀
照同樣是以「人」的感知爲立足點的。羅門自言：「從我第一首詩《
加力布露斯》開始，三十年來，我是一直在現實或超現實的內心世界
中，透過詩的目視與靈視探索與追蹤著人的生命，並且一再強調的說
著：『凡是離開人的一切，它若不是死亡，便是尙未誕生』」。

　　整體的看來，羅門詩作最突出的表現主要集中於「戰爭」與「都
市」兩大主題上，其它各方面都可以看作是這二者的多向性輻射。

　　羅門曾是空軍，然而是沒有經歷過戰爭的空軍，而且他開始詩歌
創作時早已不是一個軍人了，而以「戰爭」爲主題的詩卻是羅門整個
詩創作的一個重要部分。青少年時代在戰爭環境中的流離生活當然是

不應忽視的潛在觸媒，而更主要的則是羅門認為通過戰爭能更清晰地透視人的存在。他說：「戰爭是人類生命與文化數千年來所面對的一個含有偉大悲劇性的主題。在戰爭中，人類往往以一隻手去握住『偉大』與『神聖』，以一隻手去握住滿掌的血」，「透過人類高度的智慧與深入的良知，我們確實感知到戰爭已是構成人類生存困境中，較重大的一個困境，因為它處在『血』與『偉大』對視中，他的副產品是冷漠且恐怖的死亡。」從羅門的創作來看，戰爭正是羅門透視人類存在的一個極佳的觀照點，他用他強烈的人道主義情懷以及悲憫的心態來審視戰爭，戰爭有其偉大與神聖在，而更主要的則是一個悲劇，一個人類永遠無法逃避的悲劇。羅門的戰爭詩很少直面戰爭本身，也不只偏於本土戰爭的一隅，而多是透過戰爭所造出的歷史遺跡，或戰爭所造成的疏離孤苦的心理陰影等來反映人的存在的。

《麥堅利堡》是羅門第一首以戰爭為主題的詩，也是羅門戰爭題材乃至整個詩歌的代表作之一。它創作於一九六一年，一九六七年被國際桂冠詩人協會譽為近代偉大之作，榮獲該會榮譽獎及菲總統馬科斯金牌獎。麥堅利堡位於菲律賓馬尼拉城郊，為紀念第二次世界大戰期間陣亡的七萬名美軍士兵，在這裡建立了七萬座大理石的十字架，場景肅穆而悲壯。羅門赴菲訪問，往遊此地，靈魂深深顫冽，詩思噴射而出：

> 戰爭坐在此哭誰
> 它的哭聲，曾使七萬個靈魂陷落在比睡眠還深的地帶
> 太陽已冷　星月已冷　太平洋的浪被炮火煮開也都冷了
> 史密斯　威廉斯　煙花節光榮伸不出手來接你們回家
> 你們的名字運回故鄉　比入冬的海水還要冷
> 在死亡的喧噪裡　你們的無救　上帝的手呢

血已把偉大的紀念沖洗了出來
戰爭都哭了　偉大它爲什麼不笑
七萬朵十字花　圍成圓　排成林　繞成百合的村
在風中不動　在雨裡也不動
沉默給馬尼拉海灣看　蒼白給遊客們的照相機看
史密斯　威廉斯　在死亡紊亂的鏡面上
　　　　　　　　　我只想知道
　　　　那裡是你們童幼時眼睛常去玩的地方
　　　　　　那地方藏有春日的錄音帶
　　　　　　　　與彩色的幻燈片

麥堅利堡　鳥都不叫了　樹葉也怕動
凡是聲音都會使這裡的靜默受擊出血
空間與空間絕緣　時間逃離鐘錶
這裡比灰暗的天地線還少說話　永恆無聲
美麗的無音房　死者的花園　活人的風景區
神來過　敬仰來過　汽車與都市也都來過
而史密斯　威廉斯　你們是不來也不去了
靜止如取下擺心的錶面　看不清歲月的臉
在日光的夜裡　星滅的晚上
你們的盲睛不分季節地睡著
睡醒了一個死不透的世界

死神將聖品擠滿在嘶喊的大理石上
給升滿的星條旗看　給不朽看　給雲看
麥堅利堡是浪花已塑成碑林的陸上太平洋

> 一幅悲天泣地的大浮雕　　掛入死亡最黑的背景
> 七萬個故事焚毀於白色不安的顫慄
> 史密斯　威廉斯　當落日燒紅滿野芒果林
> 　　　　　　　　　　於昏暮
>
> 神都將急急離去　星也落盡
> 你們是那裡也不去了
> 太平洋陰森的海底是沒有門的

此詩有一副題：「超過偉大的，是人類對偉大已感到茫然」，已多少透露出作品的主旨。戰爭是偉大的，然而對於「靈魂陷在比歲月還深的地帶」的史密斯、威廉斯們，一切已經毫無意義，他們彩色的童年、彩色的故事都被永遠埋住了，被運回故鄉的只是他們冰冷的名字，在馬尼拉灣的綠草坪上，除了作為被憑弔的風景，還有什麼？全詩悲壯蒼勁，而不斷的長句使這種悲涼的氣氛顯得格外沉鬱，可以說，它和七萬座十字架一樣成了一幅「悲天泣地的大浮雕」。這裡，羅門不去歌頌戰爭的偉大，戰士的英勇，而以一己的悲憫心境哀憐死難的烈士，卻更能激動人心。因為他直面了「人」在戰爭中的悲劇性存在，而獲得了少有的思想深度。同題的詩，台灣不少名詩人都寫過，但無一有超過羅門者。

　　《板門店・三八度線》是另一首巨構。板門店與三八度線是朝鮮戰爭留下的使一個國家分裂成兩半的歷史性存在。在詩人的筆下，三八度線像「一把刀，從鳥的兩翅之間通過，天空裂為兩半」，而這把刀是「堵住傷口的一把刀」，「拔掉　血往外面流／不拔掉　血在裡面流」。但受難的卻是人的生命，於是詩人悲吟：「誰會去想鐵絲網是血管編的／編與拆都要拉斷血管／誰會去想在炸彈開花的花園裡／嬰孩是飛翔的蝴蝶／修女是開的最白的百合／上帝就一直抓不住那隻採摘與捕捉的手。」詩人以顫抖的聲音唱出了人生在戰爭中的淒涼無

助！

　　描寫戰爭所造成的人的悲劇，小詩《彈片·TRON的斷腿》引人注目。詩人在雜誌上看到一張在越戰中被彈片斷去一條腿的小女孩的圖片，有感而作：

　　一張飛來的明信片
　　叫十二歲的TRON沿著高入雲的石級走
　　而神父步紅毯
　　　子彈跑直線

　　如果那是滑過湖面的一片雲
　　　也會把TRON的臉滑出一種笑來
　　如果那是從綠野裡飛來的一隻翅膀
　　　也正好飛入TRON鳥般的年齡

　　而當鞦韆升起時　一邊繩子斷了
　　　整座藍天斜入太陽的背面
　　旋轉不成溜冰場與芭蕾舞台的遠方
　　　便唱盤般磨在那枝斷針下

全詩最引人注目的是其表現手法，一件悲哀的事，詩人卻出以明麗的字眼，將彈片比作「一張飛來的明信片」、「滑過湖面的一片雲」、「從綠野飛來的一隻翅膀」，而用「紅毯」、「笑」、「鳥般的年齡」等輕快的字眼形容，與女孩自身悲慘的際遇形成鮮明的比照，以樂景寫哀，其哀更甚。

　　經歷過戰爭的人總是無法忘懷戰爭，戰爭的陰影永恆地潛藏於心底，成為拂不去的痛苦記憶。因戰爭而流離漂泊的人也往往有被戰爭和時間不斷擴大的鄉愁，而不斷地引起對故鄉思念的酸楚。羅門的不

少詩，如《火車牌手錶的幻影》、《遙望故鄉》、《遙指大陸》、《歲月的琴聲》、《周末旅途事件》、《茶意》、《賣花盆的老人》、《漂水花》以及近期完成的巨型作品《時空奏鳴曲》都很好地從各方面表現了這一主題。

《火車牌手錶的幻影》與《周末旅途事件》有些近似。前者因坐在火車看錶，想起三十年前戴過的「火車牌」手錶，而引發出對戰爭對鄉土對親人的憶念，進而感慨：「所有的車輪，都是離家的腳，所有的車窗，都是離家的眼睛，所有的錶面，都是離家的臉」。《周末旅途事件》也是因周末旅遊，乘車所引出的想像。進站的汽笛幻成戰爭年代的警報，人群向車廂擁擠又憶成戰爭年代的奔入防空洞，染了口紅的嘴唇似帶血的彈片，車輪聲聲又似行軍與逃亡的腳步陣陣，打開香檳酒想起淚眼，端上什錦火鍋又憶成戰火。於是乎：「往事把車窗，磨成一片朦朧，一切好近，又好遠，只是兩小時的車程，竟在記憶裡，走了三十多年。」到處是戰爭的幻影，到處是擴大了的鄉愁。

品茶之際，「煙從嘴裡抽出一把劍／無意中刺傷了遠方／一聲驚叫／沉在杯底的茶葉全都醒成彈片／如果那是片片花開，春該回／家園也該在／而沉下去的那一片／竟是滴血的秋海棠／在夢裡也要帶著河回去」（《茶意》）。於是，茶便成為離鄉愁最近之物。聽琴，恍忽「每一拉／都可看到土地與同胞身上／劃過的刀痕／每一頓挫／都是千憾萬嘆／快弓　急來兵荒馬亂／慢弓痛苦都感到累了」（《聽琴》）。而童貞似地漂著水花，就看到：「六歲的童年／跳著水花來／找到我們／不停地說／石片是鳥翅／不是彈片／要把海與我們，都飛起來／一路飛回去」（《漂水花》）。面對大海，感覺的是：「炮聲吵了一陣以後／又睡去／海卻一直醒著／一個浪對著一個浪說過去／一個浪對著一個浪說過來／說了三十年只說一個字／家」（《遙望故鄉》）。家在哪裡？家在望中，在遙指裡：

他指的
是炮彈走過的路
　　血淚走過的淚
他指的
是千里的遙望
　　孩子看不懂的鄉愁
順著他指的方向
直對著他看的
是他三十多年前的自己
　　青山般地站在那裡

淚滿了雙目
海哭成三個
家遠出望外
而孫子卻說
那地方好近
把岸拉過來
一腳踩過去
不就是老家嗎
　　　　——《遙指大陸》

爺爺淚眼的沉重與孫兒無所謂的輕鬆相較，使鄉愁濃烈得讓人震顫。

　　《時空奏鳴曲》是近期巨構。台灣爾雅版年度詩選編者認爲它是台灣詩壇一九八四年「歲末的一聲巨響」。比較起前此羅門對時空思考的詩，這一首更顯得悲壯，更能夠把詩人羅門三十年來的動狀呈現出來」。確實，這首詩用語平淡自然，卻內蘊著無限的思想深度。然而，它卻不僅僅是對時空思考的詩，更主要的是通過戰爭道出裂痕的

歷史性反思，咏嘆鄉愁的詩。其中時空的有機轉換雖然頗讓人玩味，但所描摹出的難以解開的鄉愁情結更讓人思索，就其顯現的思想主旨而論，稱得上深厚宏大。

全詩共二百多行，分爲三章。首章「只能跳兩跳的三級跳」爲全詩的發端。開章之句氣勢磅礴：「整個世界／停止呼吸／在起跑線上。」由此描寫遙望廣九鐵路的情景，並進而進行巧妙的時空轉接：火車竄入邊境將他的眼睛拉回台北市。第二章鏡頭便對準台北市，題爲：「望了三十年」。通過一位飽經戰亂的寂寞孤苦的老人的眼，回溯歷史，面對現實，將三十年來現實中國的命運作了一個具體而深微的剖析。這一章可說是羅門前此創作過的《賣花盆的老人》的變奏。卻有著更深的內涵。這裡，戰爭的陰影和銘心刻骨的鄉愁聯在一起，歷史和現實交織在一起。老人眼中，玻璃大廈沿街開著的是「一排排亮麗的鄉愁」，而現實生活的每一細節，又總在他眼中變幻成童年與戰爭的記憶，所以他「見到羅馬磁磚／便問石板路／見到香吉士／便問井水／見到新上市的時裝／便問母親在風雨中／老去的臉」，而到了天黑，便在浴盆裡憶起兒時的小池塘，在由電視機裡尋找家鄉的星空。最後老人抱著單人床和越來越少的歲月睡去：

> 睡到有一天醒不來
>
> 太陽仍會起來
>
> 至於槍聲還會不會響
>
> 安全理事會還要不要開
>
> 到時候報紙會說
>
> 只要地球還在
>
> 鐵絲網還在
>
> 白晝與黑夜還在
>
> 白色的乳粉與黑色的彈藥

都會在
作者強烈的反戰情緒溢於言表。

第三章爲「穿過上帝瞳孔的一條線」。由廣九鐵路這一「線」聯想到三八線，柏林牆，對於分裂造出的悲劇，詩人的悲涼無助與滿腔的希望激噴出下面的詩句：「只要眼睛／碰它一下／天空都要回家／這條線望入水平線時／連上帝也會想家」「是誰丟這條線／在地上／沿著它／母親／你握縫衣針的手呢／還有我斷落在風箏裡的童年」，「母親，如果這條線／已縫好土地的傷口／我早坐上剛開出的那班車／沿著你額上痛苦的紋路／回到沒有槍聲的日子／去看你。」一路的直抒胸臆，激情滿紙，直到開來邊境的火車，「又把一車廂一車廂的鄉愁　運回來」。詩人悲不能禁，悵然若失。

全詩融宏觀與微觀於一體，將戰爭以及由戰爭與時空交互影響而日益擴大的鄉愁表現得濃烈動人，語言明朗而深遠，節奏、氣勢俱臻上乘，誠爲不可多得的傑作。

「城市詩國的發言人」——羅門都市詩

都市是羅門所謂「第二自然」的集中代表，通過對「第二自然」的心靈體悟，羅門創造出不少屬於「第三自然」的詩作。在台灣詩壇，羅門是都市文學的最早嘗試者，被評論家們稱之謂「城市詩國的發言人」、「在文明塔尖造塔的詩人」。

一九五七年，羅門的眼光已經投注到當時都市文明還不怎麼突出城市生存空間，寫出了一首《城裡的人》。這首詩意象單純，但已經能夠顯示出羅門眼光的敏銳了。這樣的詩句：「他們的腦部是近代最繁華的車站／有許多行車路線通入地獄與天堂／那閃動的眼睛是車燈／隨時照見惡魔與天使的臉／他們擠在城裡／如擠在一隻開往珍珠港去的船上／慾望是未納稅的私貨，良心是嚴正的官員」已經有相當的

深度。這種對都市文明的體認所表現出來的詩人的「前衛性」讓人驚異。

六十年代之後，羅門的眼光不斷地投注到都市這塊新的生存空間，而這塊新的生存空間又不斷刺激與調動著他的詩想，由此他創下了大量的都市詩，多方面地反映著都市文明的各種形態。

羅門對都市文明的態度，前後略有不同。前期，鄉村文明所生成的潛意識的存在，使他對都市文明有一種天然的憎惡。早期作品如《都市之死》等詩，基本上是對都市文明的反抗，對都市罪惡的揭露。而隨著都市化程度的提高，對都市文明體悟的進一步深入，對都市文明就不再是全盤否定，而更多的是客觀的反思，既有認同也有不滿。而從整體上看，羅門則是以批評的眼光來看都市的，他的詩可以看作是對都市罪惡的揭露，或對都市潛在危機的預示。

簡單地劃分起來，羅門的都市詩，可分爲兩類：一類是宏觀的掃描，是對都市生存環境、生存狀況的批判性展示；一類是微觀的剖析，具體到生活與都市文明狀態下的各類飲食男女，通過對眾生相的描摹，展示給我們多姿多態的都市生活風采。

很早羅門就驚呼：「都市你造起來的，快要高過上帝的天國了」。都市的生存空間是被林立的山似的大廈所佔據的，山水風物被封死在高聳的樓峰之間，人們的視線望不出去，只能侷促於都市的狹小空間之中苟延殘喘。羅門稱這種空間爲「方形的存在」，在這裡，「天空溺死在方形的市井裡，山水枯死在方形的鋁窗外」，眼睛想向外望，又總是被一排排「方形的窗」看回來，最後便只能在餐桌上、麻將桌上，找方形的窗，或者，從電視機「方形的窗」裡，逃走（《方形的存在》）。這不能不說是一種生存空間的危機與悲劇。

而從積極方面看，都市的存在以及都市文明的發展，又是對人類生存空間的調整，都市化發展起來：「公寓與鄉居／坐在高速公路的

兩端／瞪目相看」，二者不能不說有一種天生就的矛盾，互相排斥。
然而兩者的和平相處，也有特別的趣味，所以：

　　　　以後的日子

　　　　只要高速公路一直在通車

　　　　便有人帶著田園進城

　　　　　有人駕著都市入鄉

　　　　泥土與地毯既已走進

　　　　　　同一雙鞋

　　　　風景與街景既已美入

　　　　　　　同一雙眼睛

　　　　大家又天天擠在電視機上

　　　　　　　彼此不認識

　　　　　也會越來越面熟

　　　　　　　　　　──《二十世紀生存空間的調整》

這不是一種新的生活風貌嗎？

　　實際上，這是樂觀的看法。但都市的存在，除了提供新的生活空
間，提供了高度的物質文明外，這種高度的物質文明，也在主要的一
方面造成了人的異化。詩人羅門以心眼敏銳的注視，並給予無限的寓
示，使都市中陰暗的存在無所遁逃。

　　《都市之死》奠定了批判的基調，而後的《都市的旋律》、《都
市的落幕式》、《都市心電圖》、《都市，你要往哪裡去》、《卡拉
ＯＫ》、《咖啡廳》等等，都是對都市生存狀況的批評性展示。

　　都市是被「速度」、「物質化」、「行動化」全部占領的，「在
這裡，腳步是不載運靈魂的／在這裡，神父以聖經遮目睡去／凡是禁
地都成為市集／凡是眼睛都成為藍空裡的鷹目／如行車抓住馬路急馳
／人們抓住自己的影子急行／在來不及看的變動裡看／在來不及想的

回旋裡想／在來不及死的時刻裡死」（《都市之死》）。所以，都市旋律是快節奏的，在紅綠燈之間，車擠車、人擠人，快車道、慢車道、地下道、天橋上，是匆忙的人流，摩登女郎、藍衣哥們、流行歌曲、酒店、咖啡廳、妓女、鈔票等衝擊著人們的神經（《都市的旋律》）。銀行是一位人見人愛、迷死人的艷婦：「百貨公司打開店門等她／餐廳飯館打開嘴門喊她／酒廊賓館打開紅門拉她／奉獻箱打開善門接她／千萬人打開心門眼門腦門／看她想她」（《銀行》），錢成為一切的主宰。「卡拉OK」一來，整座城市都被瘋狂的踩下去：「腦空出來不思，心空出來不想，全讓給身體動」，「把生命跳到肉體的位置，碰是身體，抱也是身體」，人都回到原始的本能中去（《卡拉OK》）。所以在《咖啡廳》裡，也就只有：

> 一排燈
> 　排好一排眼睛
> 一排杯子
> 　排好一排嘴
> 一排椅子
> 　排好一排肩膀
> 一排裙子
> 　排好一排腿
> 一排胸罩
> 　排好一排乳房

一切都被物化和肉慾化。而上帝和信仰全歸為虛無，「禮拜日，人們經過六天逃亡回來／心靈之屋，經牧師打掃過後／次日，又去聞女人肌膚上的玫瑰香／去看銀行窗口蹬著的七個太陽」，甚至「在復活節，一切死得更快」（《都市之死》）。難怪詩人要驚呼：「都市你一身都是病」，「誰也不知道你坐上垃圾車往哪裡去」，並直陳：「如果

說戰場抱住炸彈；都市，你便抱住她——肉彈」。而且啞然於都市的心電圖上找不到「心」的位置，「自己」的位置。一句話，都市將原本「空靈」的世界變成了「靈空」，都市已經死了，表面的繁華已經掩飾不住，正如「一隻雕花的棺，裝滿走動的死亡」。

當羅門靈視的焦點對準都市「人」的時候，都市各色男女在快鏡頭的掃描下，以各自的生活情態展示著都市的面貌。羅門往往以快速而準確的速寫式詩句出之，流盪著都市應有的快節奏。

女性是都市文明的宏物，女性的變化風貌大致上反映了都市的變化，因此，羅門的鏡頭首先對準女性。

都市充滿了肉慾，而女性又往往是肉慾的對象或肉慾的化身，因此，透過「性」的濾色鏡來拍攝女性鏡頭更具有都市風情。於是，在羅門筆下，迷你裙「裁紙刀般，刷的一聲／將夜裁成兩半／一半剛被眼睛調成彩色版／另一半已印成愛鳳牌床單」（《迷你裙》）。而露背裝便成了「沒有欄杆的天井」，「廿世紀新開的天窗」，眼睛則因此而「亮成星子，把那片天空照得閃閃發亮」（《露背裝》）。所以，瘦美人站在街上，則「眼球與地球一起轉，直到她走動」（《瘦美人》）。摩登女郎走到街上：「整座城跟著她扭動，沒有不被扭開的」，充滿了「性」的意象或暗示，而且有一種誇張著的諷刺。另如《標準型風塵女郎》的「只是那野得非常危險的原始」，《大眾牌情婦》的「只要那地方／不設門牌戶籍法院與禮堂／給她一張床／讓她心驚肉跳／她也敢把天翻過來睡」，也同樣由「性」見人，以尖銳的諷刺出之。

另一方面，羅門在涉及女性的生存悲劇時，就不再是諷刺了，而在不無調侃之際，傾注了更多的同情。《老牌式主婦》中主婦的生命由三部份構成：媽媽、廚師、妻子，所以她的一生「乳嘴咬去她三分之一，菜刀切去她三分之一，剩下的，用來綉愛鳳牌床單」，她似乎從來沒有做過她自己。《ＢＢ型單身女秘書》中的女秘書則不過是一

種讓人欣賞的花瓶而已，「她對鏡／塗一下玫瑰色口紅／忽然發覺自己／也是一種貨色／玫瑰色的／準時交貨」。玫瑰通常是愛的象徵，而於她，則意味著什麼呢？《老處女型企業家》中的主角在這物質上是優裕的，她能「把世界存放在銀行裡，用支票支付歲月」，但再豐厚的物質享受又怎能抗拒精神的孤寂與無奈呢，所以當她「帶著笑聲回房，脫下名貴的浪琴錶」的時候，「時間忽然靜下來／浪無聲／琴也無聲／燈熄後／只有那襲綢質透明睡衣／抱著一個越來越冷感的夜」，這實質上是生存無聲的悲劇，所以羅門滿含悲憫與同情展示給我們以殘酷的眞實。

　　和對女性的描繪相較，羅門筆下的男性均非都市中引人注目的角色。「送早報者」、「擦鞋匠」、「餐館侍者」、「拾荒者」、「建築工人、馬路工人、玻璃工人」、以及「賣花盆的老人」、「推垃圾車的老李」等羅門詩中的主角都是都市社會裡卑微的小人物。單只刻劃這些下層人物並不能全面地立體地再現都市，這羅門自己也該知道。而集中刻劃下層人物，最主要的是因爲羅門是以批判的眼光看都市的，以下層人物爲視角就能更集中地反映都市文明的陰暗部分而對都市面臨的危機予以及早的警示。通過這些小人物的存在正可以暗示整個都市的悲劇性存在。所以拾荒者「背起拉屎的城／背起開花的墳地／在沒有天空的荒野上／走出另一些雲彩來／在死的鐘面上／呼醒另一部份歲月」，而推垃圾車的老李則把破銅爛鐵「倒在廢墟上／塑造著都市的背影／歲月的背影／自己的背影」。

　　都市中人的存在充滿了悲劇性，寂寞、孤獨，是都市人存在的普遍困境。作於不同時期的《流浪人》（一九六六年）、《窗》（一九七二年）、《傘》（一九八三年）很形象地表現了這一點。

　　流浪者不是都市人，僅只是流浪到都市而已，影子是他「隨身帶的一條動物」，他帶著它「朝自己的鞋聲走去／一顆星也在很遠很遠

裡　帶著天空在走／明天　當第一扇百葉窗　將太陽拉成一把梯子／
他不知是往上走，還是往下走」，這種沒有目的性的茫然不也可以說
是都市人的一種寫照嗎？而《窗》則在一瞬間的動作裡展示出現代人
絕大的悲劇：

　　「猛力一推　雙手如流
　　總是千山萬水
　　總是回不來的眼睛

　　遙望裡
　　你被望成千翼之鳥
　　棄天空而去　你已不在翅膀上
　　聆聽裡
　　你被聽成千孔之笛
　　音道深如望向往昔的凝目

　　猛力一推　竟被反鎖在走不出
　　　　　　　的透明裡」

人的眼睛望出去，竟被無邊的透明反鎖，這種感覺極爲敏感，而這種
感覺到的存在狀態不是充滿了荒謬甚至絕望嗎？《傘》則以傘爲喻引
發奇思妙想。都市人在雨中因傘而分隔爲一個個孤獨的世界，人們互
不相屬，互相躲避，這已成一種悲劇性的存在了，而「忽然間／公寓
裡所有的住房／全都往雨裡跑／直喊自己／也是傘」，悲劇又更擴大
了一層，然而沒有完，「他愕然站住／把自己緊緊握成傘把／而只有
天空是傘／雨在傘裡落／傘外無雨」，頗顯荒謬的悲劇性存在擴及整
個宇宙，人除了寂然無語外，還能做什麼？

　　處理都市中人與都市關係的題材，作於一九八四年的《麥當勞午

餐時間》可說是傑作。羅門從文明的窗口看到在「麥當勞午餐時間」同一時空出現的中國人,竟有三處斷層的生命現象:年輕人、中年人、老年人;從文化的窗口看到的則是從歷史的變化中顯露出來的都市文化的特質。年輕人屬於這個年代,是最積極的新事物的擁護者,充滿了活力與生機,於是出現的年輕人是「一群」,他們「帶著風/衝進來/被最亮的位置/拉過去/同整座城市 坐在一起」,過著「迷你而帥勁的中午」。中年人則有疲憊,有「鄉」愁,他們已不完全屬於這個時代了,所以詩中出現的中年人不過「三、二人」,他們「坐在疲累裡/手裡的刀叉/慢慢張開成筷子的雙腳/走回三十年前鎮上的小館」,當年輕人風風火火來去的時候,他們聽見的是「寒林裡飄零的葉音」。而老年人則完全生活在過去的時代裡,現代都市文明對他們而言不可思議,眼前的一切只能幻化成記憶。於是有「一個老年人/坐在角落裡/穿著不太合身的/成衣西裝/吃完不太合胃的漢堡/怎麼想也想不到/漢朝的城堡那裡去/玻璃大廈該不是/那片發光的水田」,他們只能枯坐成一顆「室內裝璜的老松」,成為新時代格格不入的點輟品或斑點。於是,透過三代人與都市的聯繫,對都市人的心態便有了一次全面的透視與宣示。

以上所述,羅門透過「都市」這一生存空間,給予我們一幅龐大的立體圖景,這一圖景正是二十世紀所不能不面對的,而面對這悲劇性的存在,從羅門的詩的警示中,當能獲得不少啟示。

另外,第二自然的超市與第一自然的山水田園是無法分開的。對山水田園的向往也往往滲透到都市情調中,所以羅門的不少詩都出現了山水田園的意象。如《咖啡廳》裡的「月色」、「泉音」、「斷橋」、「急流」、「浪」等均是從第一自然轉化過來的。

另一方面,被都市文明束縛久了,人就有一種如羅門《逃》所表示的「逃」回大自然的慾望。如《晨起》所描繪的「站在清晨的樓頂

上／一呼吸／花紅葉綠／天藍山青／一遠看／腳已踩在雲上」。對與一顆向望自然的心靈，即使是站在高樓大廈之間，他的靈視也能「悠然見南山」的。羅門的不少描繪大自然的詩如《山》、《河》、《海》、《溪頭遊》、《海邊遊》、《觀海》、《曠野》、《日月的行蹤》等等都可以看作是都市文明狀態下的田園變奏。

論羅門詩的二大特色

張　健

羅門（本名韓仁存，一九二八年生於海南島）是中國現代詩壇上的一顆巨星，不論就質、量及影響力而言，都有他不可忽視的重要性。

本文試以兩個重要主題討論羅門詩的整體特色：

一、富於思想性

羅門本人雖然是一位熱情而充滿感性的現代人，但是他同時兼具豐實的世界觀和思想性，這一特質不但反映在他的詩論中（註一），更具體地展現在他的眾多作品中。

他的思想，可說千頭萬緒，但就其重要者而論，可以歸納為：

㈠對時間的敬畏與讚嘆：人類都生活在有限的時空中，但詩人和哲人往往對時間和空間作高瞻遠矚式的探討，羅門便是其中之一；尤其對於時間，他既好奇，又感受某種程度的不可抗拒性，因而形成一種敬畏的心理。如早期的「啊！過去」便是這一類思想的代表作：

啊！過去，

人類在你領地裡行進都相繼倒下，

我也將在不能再走動時，於你面前閉眼停步。（註二）

詩人雖然自視顆高，但他比一般的「人類」只是稍具耐力，「人類…相繼倒下」，而「我也將…於你面前閉眼停步。」仔細想來，這也只是百步、五十步的差異。

而此詩的結尾頗爲吊詭,卻也完足地玉成了他一貫的主題:

> 唯有時間的重量才能把我推倒後帶給你。

> 而那時我是陷在長久無夢的沈睡之中,心是一無所感的了。

他把我、過去、時間詭異而巧妙地予以三分,目的無非證實時間力量之偉大,足以左右人的命運。

同一年裡,他還寫成了一首出色的短詩:

> 童時,你的眼睛似蔚藍的天空,
>
> 長大後,你的眼睛如一座花園,
>
> 到了中年,你的眼睛似海洋多風浪,
>
> 晚年來時,你的眼睛成了憂愁的家,
>
> 沈寂如深夜落幕後的劇場。(《小提琴的四根弦》)(註三)

表面上看來,此詩只是以眼睛爲核心,運用了四個比喻,但由「天空」而「花園」而「海洋」而「深夜落幕後的劇場」(按,如將「憂愁的家」亦計入,應當是五個比喻),無非是慨嘆生命之易逝,以及美好年華的不易久駐,背後其實仍強烈地暗示時間的魔手可以對人爲所欲爲,人們難以抗拒或倖免。此詩全用明喻,技巧上自有高明的餘地,但其思想性則似隱實顯。

他有時把時間形容爲「一條純淨的清流」(《在屏風與面具背後被扼殺的世界》)(註四)有時又說「時間到處都是門」(《門與世界與我的奇妙連線》)(註五)對於時間的自由流通與無所不在,自然而然地流露出敬畏、讚嘆之忱。

㈡現代文明的省思

羅門對於現代文明的態度,一言以蔽之,是開放式的擁抱加上嚴峻的批判。

一九五八年寫成的《美的V型》,雖然是一首短詩,而且帶著相當強烈的反諷意味,但仍可品味出他對文明和世界的「擁抱」:

　站在巴士上的小學生們只管說笑

　聲音如一群鳥

　　繞著在旁沉默如樹的成年亂飛

　　一個童話世界與一個患嚴重心病的年代

　　不相干地坐在巴士上（註六）

　　但是批判之作顯然遠超過前者。《第九日的底流》及《死亡之塔》這兩組組詩（註七）雖然是由樂聖貝多芬與好友詩人覃子豪之死出發，但敏感的讀者仍不難嗅出他對現代文明那種近乎沉痛的批判，《都市之死》組詩更是最標準的「現代文明劊子手」。

　此刻　你必須逃離那些交錯的投影

　去賣掉整個工作的上午與下午

　然後把頭埋在餐盤裡去認出你的神

　身體湧進禮拜日去換上一件淨衣

　為了以後六天再會弄髒它（《第九日的底流》）

　建築物的層次　托住人們的仰視

　食物店的陳列　紋刻人們的胃壁

　櫥窗閃著季節伶俐的眼色

　人們用紙幣選購歲月的容貌

　在這裡　腳步是不載運靈魂的……

　都市　你織的網密得使呼吸停止

　在車站招喊著旅途的焦急裡

　在車站孕滿道路的疲憊裡

　一切不帶阻力地滑下斜坡　衝向末站（以上引自《都市之死》）

羅門對物質文明的過度膨脹，都市文明的忙亂匆遽，金錢至上的社會
觀，以及宗教精神的沒落、人道情操的淪喪等，均一而再、再而三的
予以吟誦及諷刺，有時甚至不惜出之以斥責的口吻。

世界大都市的代表——紐約，在他眼中心底，只是一個變態的「
荒野」：

> 電梯已磨成峭壁
> 地下車已奔成急流
> 銀河已流成鑽石街
> 海在傾銷日已出生　　　（《紐約》）（註八）
> 眼睛已張開成荒野

㈢對死亡的省思：

死亡到底是什麼？是終結？是再生的一種形式？是悲劇？還是鬧
劇？荒謬劇？這是許多詩人、文學家所共同關注的課題；羅門，這位
隨時凝視人類心靈的詩人，自然也不會忽視這一重大的主題。

他在歌頌英雄時，對死亡微微展示了他的困惑之感：

> 史密斯　威廉斯　在死亡紊亂的鏡面上……（《麥堅利堡》）（註
> 九）

死亡是一個紊亂的鏡面！這個比喻，似乎暗示死亡是無可奈何、不可
理喻的。同詩中又有「在死亡的喧噪裡……上帝的手呢」「死神將聖
品擠滿在嘶喊的大理石上……」前者亦有質疑之意，後者則點出死神
（即死亡）的自相矛盾。

大部分有關的詩裡，羅門對死亡是既敬畏又認命的：

> 人是堆在鐘齒的糧食
> 　　　滿足著時鐘的饑餓
> 時間之海啊　因你的茫然無際
> 我們生來便是那條為你流乾的河……

而感知死　成爲死的僕役

　謙卑得如一盤被傳遞的聖餐……

死亡它就這樣成爲一切内容的封殼

　　　成爲吞吃上帝黑袍子的巨影

　　　　（以上均引自《死亡之塔》）

個人的死亡之外，還有集體的死亡，介乎寫實與超現實之間的死亡。
《都市之死》之五的末七行，是羅門對此最沈重最精釆的寫照：

神在仰視中垮下來

都市　在復活節一切死得更快

而你卻是剛從花轎裡步出的新娘

　是掛燈籠的初夜　果露釀造的蜜月

　一隻裸獸　在最空無的原始

　　一扇屏風　遮住墳的陰影

　一具雕花的棺　裝滿了走動的死亡

㈣自然的偉大與天人合一：

羅門對大自然的歌誦，可以《山》、《河》、《海》三首詩爲代
表（註一〇）：

你的那朵高昂　一落入水平線

　　　　便是一個遠方　　　（《山》）

（你）是一條原始的歌

　　　唱高了山

　唱深了林

　　　唱遠了鳥的翅膀　　　（《河》）

> 山連著山走來 走來你的形體
>
> 翅膀疊著翅膀飛去 飛成你的遙遠
>
> 在遠方 那顆種子已走成樹林的秩序 （《海》）

他一貫以優美的筆調，不羈的想像力歌頌、讚美大自然中的山嶺湖泊河川海洋，大開大闔，靜中見動。而在後期的作品中，他更進一步追求天人合一──人與大自然冥合──的境界。如一九七八年完成的《觀海》，以近百行的篇幅誦海，知音的讀者當能體會這絕不是一首純粹的寫景詩。果然，作者在「注」（實即《後記》）中說：

> 詩中的「海」已成為對人類內在生命超越存在的觀點。尤其是海的壯闊與深沉的生命潛能，海的永恆造型與海的心，對於那些以不凡智慧才華與超越心靈同時空挑戰、去創造不朽存在的詩人與藝術家們，更是有所呼應與共鳴的。

此外如《溪頭遊》、《日月的行蹤》、《海邊遊》諸詩（註一一），也莫不緊扣這一旨趣。

㈤對英雄的崇敬

羅門基本上不能算是尼采（F. W. Nietzsche）超人哲學的信徒，但他十足是英國卡萊爾（Thomas Carlyle）「英雄與英雄崇拜」的同道人。他的英雄崇拜情懷，正是他始終未曾擺脫的浪漫主義之主要環節；儘管他的後期作品已超越了浪漫主義辭盡於情或情溢於辭的流弊，但是他對於「英雄」，仍然抱持高度的景慕。

根據卡萊爾在「英雄與英雄崇拜」一書中的詮釋，英雄包括先知、詩人、哲人及將軍、政治家等偉大人物，就此一意涵而論，羅門在他的詩歌中的表現，也正好若合符契。

收在「羅門詩選」（註一二）中的第一首詩《加力布露斯》（一九五四年作品），便是典型的英雄崇拜詩：

> 如果我不能再遇見你，

　　　或者你回來時，我已雙眼閉上，

　　　那時心會永遠死去，

　　　黑夜在白晝裡延長……

若說「加力布露斯」是作者的永恆情人未嘗不可，但說他是作者心目中日夜憧憬的理想人物，似乎更爲眞切。

　　前引的《麥堅利堡》更是羅門直接對英雄們（第二次世界大戰期間七萬在太平洋地區陣亡的美軍）的歌頌。雖然此詩直扣死亡的無情、命運的不義，但是諸如「血已把偉大的紀念沖洗了出來／戰爭都哭了

　　偉大它爲什麼不笑」之類的詩句，當然仍包含了詩人對這些無名英雄的敬仰之忱。

　　對於古今中外的詩人，他至少寫過三首悼詩，一古二今，二中一外，其中屈原，作爲傳統中國的詩魂，羅門以他熱情而多姿的彩筆寫出了一件浮雕式的作品：

　　　你怎樣也扳不回太陽的斜度

　　　　便將心碎成汨羅江上的浪花

　　　　　撒到最高最闊的天上去

　　　　　　成爲星海（《升起的河流》）（註一三）

屈原在羅門的心目中，不止是位詩人，更是一位先知、一位殉道者、一位聖人，乃至是一位神（「成爲星海」四字即強烈的影射這一主旨）。

　　《悼佛洛斯特》一首詩中，打頭便說：「當人類從時空內敗退下來，神的手臂呢？」後文又有如此的讚頌：

　　　像一憧巍然的建築　你終於倒在全世界的新聞裡

　　　　成爲古績　成爲百科全書裡的新公園（註一四）

他又把佛氏比作「美利堅最華麗的噴泉」（可視作詩人的靈魂之化身），並高唱「你的詩句已連成靈魂的鋼索」。

　　對於亡友覃子豪，他的《死亡之塔》是最高的祭頌：全詩長達二

百多行，令人聯想起奧登（W. H. Auden）給葉慈（W. B. Yeats）的悼詩。

在這首長詩裡，詩人覃子豪即是作者的好友，又是一位已進入歷史的詩人。

對於音樂家，他一再宣稱「貝多芬是我心靈的老管家」，《第九日的底流》這一組詩，更對貝氏的音樂及其精神價值，作了聖歌式的讚頌：

> 而在你音色輝映的塔國裡
>
> 純淨的時間仍被鐘錶的雙手捏住
>
> 萬物回歸自己的本位　仍以可愛的容貌相視
>
> 我的心境美如典雅的織品　置入你的透明
>
> 啞不作聲地似雪景閃動在冬日的流光裡

此外還有一首《向不朽的精神文明致敬》。此詩作於一九五七年，另有副題「本詩係爲義大利名聲樂家恩芬天奴來遠東演唱而寫」，收入《曙光》集，是標準的羅門早期的浪漫主義作品：

> 而來自你故鄉的浪聲使我緬懷著一座光榮的城、
>
> 鋼琴的城、小提琴的城、靈魂全帶著樂音的珍珠鍊的城。
>
> 你的玉喉是宮殿，翡翠谷，銀行與金庫，
>
> 你的聖唇啓閉是義大利的城門一開一關……

藝雖不高，情卻十分熾熱。

此外，羅門也是現代藝術的愛好者與批評家，他的畫評，在詩人中可以比美楚戈，那怕楚戈的專門訓練遠勝於他。對於同代的畫家，他和莊喆最爲情篤，同時他也是莊喆藝術的最佳知音、最不吝的讚頌者：

　　眼睛要是再看下去

　　　　見不到永恆

　　　　　　便不回來　　　（《大自然的建築師——莊喆》）（

註一五）

無疑的，莊喆不但是他的好友，也是他心目中廣義的人文英雄之一。
一九六二年還有一首《上升成為天空》，也是寫莊喆的。

　　他對於舞蹈，不能說是行家，但偶爾亦有觀舞台的感興之作，諸
如《觀舞記》（註一六）：

　　……你們是杜菲筆下的線條

　　　亨利摩爾刀下的石雕

　　　　杜步西眼中的音樂

上引三行更顯示出他融合各種不同藝術於一爐的雄心或祈嚮。他的廣
東方音使他把「亨利摩爾」譯成「康尼摩尼爾」，但仔細想去，「康」
比「亨」更能把握摩爾的雕塑作品的神韻。

　　在羅門的心目中，詩人、藝術家是人類的高峰，因此，他的英雄
崇拜，實際上也集中在這些人物身上。唯一的例外似乎只有甘乃迪總
統——大概是他悲劇性的死亡，使羅門也破例性地把他作為詩的題材，
而且發揮了一種浪漫詩人慷慨的崇敬情懷。（《不朽的二K》）。

　　除此之外，堅持人類心靈至高無上、高唱精神文明的重要，更是
人所共知的「羅門主題」，本文不復詳論。

二、豐富的想像力

　　羅門是一位天生的詩人，雖然他曾經是一位飛行員，但是飛翔於
詩與藝術的天空，似乎更是他的天職。而豐富不竭想像力，可說是促
成這一傑出的詩人事業的主力之一。

　　陳寧貴曾說：「羅門…寫出的詩，莫不抓住該題材的要害。對該

題材的核心部分，更是一箭中的。在讀者的驚訝聲中，他如一葉輕舟，已過了萬重山。」（註一七）其實，他之所以能夠有此成就，與眾不同的靈視（Vision）和想像力，是最重要的因素。

　　早期羅門的詩作中，想像力的發揮大致集中在聯想作用上。我一向以爲羅門的現代詩中，比多於興，而且往往因想像力過於豐富而顯得意象和比喻過分擁擠，這當然是過猶不及的現象。但到了後期，這種現象已有了顯著的改善。

　　同時，中、後期的羅門，他的想像世界已更爲開闊，不只限於聯想式的明喻和暗喻，更能善用借喻，以及醞釀一些「興」的片段，使得他的詩更爲立體化，也更耐讀者尋味。

　　試先舉一些明喻的實例

　　　南國的海天，如一藍玉的樂廳，（《三桅船之戀》）

　　　啊！那海鎮
　　　如南方巨人藍色闊邊帽上一粒明亮的寶石（《海鎮之戀》）

　　　站在巴士上的小學生們只管說笑
　　　聲音如一群鳥（《美的Ｖ型》）

以上三個早期的實例，第一例又透顯他對音樂的愛好，第二例較世俗，但「南方巨人」云云又顯示他對童話、神話的半潛意識式的關注，第三例明著是說孩子們的聲音像鳥，其實同時還影射孩子們本身就像躍躍欲試的飛鳥，可謂「一箭雙雕」之妙筆。

　　接下來試看羅門詩中的暗喻。

　　羅門使暗喻，和他之運用明喻，在方法上似無顯著的差異，但在效果上，則更勝一籌。

　　　在南方　　地球是一張搖椅

　　搖風景在南風裡　搖睡眠入深夢（《老法蘭德》）（註一八）
先把「喻體」展示，再用「是」的動詞連繫「喻依」，然後就喻依發
揮，環抱喻體，顯示喻旨。同時，在上例中，他又用「睡眠」代替「
入睡的人」，以抽象代具體，造成一種拈連格，籍以使詩意格外濃郁。
這一模式，是羅門經常採用的。

　　另一種常見的模式是或此或彼式，例如：

　　　你是落星埋在不可到的遠方，

　　　還是沉船淪入不可測的深海，

　　（《加力布露斯》）不但喻旨清晰，而且往往形成某種程度的對
仗。上例中除了「是」「不可」「的」等字眼重複外，可說對仗工穩，
連平仄都大致諧調，當然這未必是有意為之。

　　更常見的一種模式是：串珠式的比喻滾滾而來，一氣呵成，有時
幾乎令讀者有應接不暇的感覺。譬如：

　　　我眼睛是靜靜的潭水，

　　　沿途攝下愛人笑中的容顏，

　　　我手臂是宮庭的圓柱，

　　　愛人繞著它晝夜圓舞，

　　　愛人的小嘴是粉紅色的小郵票，

　　　我的心是密封著的快活的情書。（《密月旅行》）（註一九）

　　這一段一共用了四個暗喻，第一第二則各附隨有關的活動及舖敘
一行，其中之一為主動的行為，之二為被動的週邊動作，而後二行的
兩個比喻，也能密合無間，乍看有些詭異，細想之下則益覺其貼切可
愛。

　　第四種模式是一個暗喻由兩個以上喻體共享，然後合而吟之，觸
而伸之。諸如：

　　　月亮是一隻輪子

> 　　　臉也是
> 　海是一隻輪子
> 　　　眸子也是
> 　四隻輪子一起滾
> 　綠野與胸部都有很美的坡度
> 　夜緩緩的滾過來……（《淡水海的月夜》）（注二〇）

此詩妙在「四隻輪子」之後還有第五隻——「夜」；而相對的，以廣闊的綠野呼應月亮和海，又以胸部呼應臉和眸子，而夜則籠罩、涵蓋、包容這一切。這一段，也不妨把它看作一首完整的作品。

　　第五種模式是一個喻體兼擁有兩個或兩個以上的喻依，例如：

> 　生命是去年的雪，婦人鏡盒內的落英（《都市之死》）「去年
> 　的雪」、「鏡盒內的落英」是同方向，乃至同一喻旨的，但是
> 　羅門在上個喻依上連綴了時間，在下一個喻依上添加了人物與
> 　空間，乃使讀者不覺其重覆與贅煩。

　　第六種模式是在展示喻依之後，再加時間補語或地點補語，然後再亮出喻依及喻旨來：

> 　你的聲音在第九日是聖瑪麗亞的眼睛
> 　調度人們靠入的步式（《第九日的底流》之四）

　　第七種模式是先安排一個與喻體直接有關的動作，然後引伸出恰合其動作意涵的喻依來，例如：

> 　他用燈栓自己的影子在咖啡桌的旁邊
> 　那是他隨身帶的一條動物（《流浪人》）

「影子」因為被他用燈「栓」住而酷似一條動物——如貓、狗等寵物，因此讀者在接受此一新鮮的喻依時，心理上已有充分的準備，一點也不會感到突兀。

　　第八種模式是運用同樣的喻依而予以重複，但卻強調其層進的意

旨，如：

　　　而那串溫婉與連綿　一睡進去

　　　　　　　　便是一個夜深過一個夜（《山》）

大致說來，這一模式出現得最少，因為要想運用得宜、效果卓然，委實比較困難。

　　至於對借喻的運用，主要是三種模式：

　　一、用一個或一個以上的動詞，將生物或無生物（包含人體的一部分）擬人化：

　　　只有讓眼睛走到凝視裡去

　　　我才能走進你黛綠色的吟哦（《山》）

「眼睛」無形間已借喻為人，

　　　同詩中的「天空與原野已睡成大理石的斑斕」亦然。

　　　天空以雲彩釀造她的春日（《樹鳥二重唱》）

則更藉助代名詞「她」把天空借喻為一位女性。

　　二、運用兩個相同或相似的動詞貫串喻體與喻依，形成若隱若現的借喻：

　　　抓住那瓶酒

　　　等於抓住上帝的後腿（《隱形的椅子》七）

「酒」和「上帝的後腿」本來全不相關，可謂毫無近似之處，但經由這一「動詞的遊戲」，讀者即不得不接受作者權威性的指令。

　　三、因為動作與聯想作用聯袂出擊，而迅速奏效的借喻，如

　　　把酒喝成故鄉的月色

　　　空酒瓶望成一座荒島（《流浪人》）

仔細想來，「酒」和「月色」確有近似之處，酒是流質，光亦可視作一種捉摸不住的流質，而飲酒思鄉，更使喻體、喻依之間多一層聯繫；空酒瓶和荒島亦然：空與荒近似，島與瓶亦若相類似，荒島或可映視

主角的心境。

至於「我心靈的藍鳥」（《聽古典音樂》）「想像的樹叢」（《四月裡的婚禮》）「幸福的鄰居」（同上）「虛僞的平交道」（《謊言的世界》）等，亦即「喻體」（或喻旨）十的十「喻依」的模式，到底屬於暗喻或借喻，不無爭論的餘地，但究極而言，它畢竟是一種較笨拙的想像方式，多半出現於羅門的早期作品中，尤以《曙光》一集爲甚。一九八〇年的「鳥的雕刻」中還出現了「時鐘的石磨」一喻。

接著略論羅門詩中的「興」：

有一種比較平凡的興，有時甚至與「賦」很難絕對分辨，諸如「速寫詩人之死」（註二一）中的「春色流來愛意／泉聲唱著情歌……」，便屬於這一類。

一九八九年五月的《天安門廣場印象》的首二句：

門開門關

天曾安安靜靜的睡過

可視作高一境的「興」句。但是由於羅門爽直的個性，釀山重水複式的興句，顯然使他不耐不屑。

討論羅門詩的特色，當然不止上列二大項，其他如意象的豐實多變，語言的迴旋創闢、氣勢的陽剛磅礡等，均值得細細探討；至於他的前衛風格與藝術多頭主義（一部分表現於廣義的「圖畫詩」中，有時亦在詩中偶作建築式或音樂式的試驗），更有待博學的批評家們予以全面觀照。本論文僅就羅門詩最重要的兩大特色———以內容爲主、一以形式技巧爲主——加以論列，庶幾有助學界及一般讀者對羅門詩的了解及讚賞。

【附註】

註　一　羅門的詩論集有《詩眼看世界》、《心靈訪問記》、《長期受審判的人》、《現代人的悲劇精神與現代詩人》等。

註　二　此詩成於一九五四年，收入詩集《曙光》中。

註　三　此詩亦已收入《曙光》集。

註　四　此詩成於一九八九年八月，收入詩集《有一條永遠的路》。

註　五　此詩亦寫於一九八九年八月，收入《有一條永遠的路》。

註　六　此詩收入詩集《第九日的底流》。

註　七　此二組詩分別收入詩集《第九日的底流》及《死亡之塔》，前者完成於一九六〇年，後者成於一九六三年。

註　八　此詩成於一九六七年，收入《死亡之塔》中。

註　九　此詩成於一九六一年，收入《第九日的底流》中。

註一〇　此三詩均成於一九七三年，收入詩集《隱形的椅子》中。

註一一　此三詩均成於一九八二年，收入《日月的行蹤》詩集中。

註一二　此書出版於一九八四年七月，洪範書店版，選收羅門詩約一百首。

註一三　此詩有一副題《悼詩人屈原》，作於一九六二年。

註一四　佛洛斯特（Robert　Frost）為美國當代大詩人，卒於一九五九年，此詩即成於此年，收入《第九日的底流》集中。

註一五　此詩成於一九七八年，是年九月莊喆在龍門畫廊開個展，羅門特地寫成此詩。詩收入《曠野》集。

註一六　此詩作於一九七九年，另有副題《看保羅泰勒現代舞》收入《日月的行蹤集》。

註一七　陳寧貴《羅門如何觀海》，收入《門羅天下》，台北文史哲出版社出版。

註一八　該詩寫於一九五八年，收入《曙光》集。

註一九　該詩成於一九五五年，收入《曙光》集。

註二〇　該詩作於一九七九年，收入《曠野》集。

註二一　此詩寫於一九七七年，收入《曠野》集。

從青鳥到弓背的貓

陳素琰

一

　　說是「一朵青蓮」（註一），說是一朵「開得最久的菊花」（註二），說是「一朵又眞又美的山水仙」（註三），說是「藍空一朵百合」（註四），似乎都是在說現在我們正在談論的這位詩人。她是一種或幾種花的形象。在中國當代詩壇，蓉子稱得上是一位純粹的女性詩人，而且是生長於南中國水鄉的女性詩人。說純粹，是說在她身上女性的許多特點最完備而且保存得最美好。這裡我們排斥了任何對於女性特點的保留評價，而是在充分肯定的意義上作這番描寫的。

　　蓉子早年的生活環境是江陰、揚州、上海、南京。那裡不盡綿綿的清明雨籠罩著花明柳暗、鶯飛草長。無盡的煙花春景，伴隨著她度過童年和少年時代。基督教的家庭以及從小學、初中、以至高中、完備而不曾中斷的教會學校的教育，那種高雅寧靜的基督教文化和西方文明與南方女性的素質，構成了她花一般的年華、花一般的少女之夢。

　　蓉子是生活的寵兒，即使是四五十年代之交那樣的社會巨變，似乎也不曾使她的那個夢境受到破損。當然也由於她的年輕，那正是一個做夢的年齡。蓉子來到台灣是爲了就業，時間是社會大變動之前，這也沖淡了當年那批被迫離鄉者的漂泊的淒苦心緒。

　　這個浮動在東海波濤之中的南方的島，那裡的漁村和椰林，那裡的海風和亞熱帶的溫濕氣溫，給了這位生長在南中國的女性以新的溫

馨——在當時她還沒有那種亂世兒女濃重的懷鄉病。她只是迷醉於這個美麗島嶼的美麗風景。正是這些,觸動了她初萌的詩情。於是,「從年少時候就埋在心中的那顆詩的種籽開始發芽苗長。」五十年代她開始在《自立晚報》的《新詩周刊》和紀弦主編的《現代詩》上發表作品,成為當日詩壇一顆初升的星辰。

　　也許詩人家鄉的自然風物和氣候與台灣接近,蓉子很容易地和這島上的一切產生親切感。即使久住之後,她依然為這島上的景物目亂心迷,這在她的《寶島風光組曲》中可以得到證實。她在這裡感到充溢著的青春活力與朝氣。那些山、水、雲、樹,以永恆的華美或行或止於詩人的眼際、心間。她無處不感到這山情水意的「豐美繁茂舒暢而愉快的存在」。在著名的阿里山,她被美麗的鳥鳴所誘惑,逕直地走進大自然的懷抱:「阿里山有鳥鳴/鳥鳴深山裡/飛來從乳紅色的晨霧裡/飛進那片濃密似永恆的蒼翠」,「看濃蔭織密了它們的空防/昨夜流亡的星辰無隙進入它們的領地/今早火熱的太陽也只能在樹梢上徘徊」。在那裡她看到乳紅色的霧而且映襯著「永恆的蒼翠」。我們的詩人,對深山那驚人的色彩搭配,有著異常敏銳的感受力和表現力。她在深山看到的森林的空防,星辰在夜間的流亡,以及晨曦在樹梢徘徊而無法進入,都說明她對自然界的熱情和敏感。

　　在蘭陽平原,身的這邊是山,身的那邊是海,她凝視周遭有如觸電般驚艷於目及的一切:

　　　　大批的綠迎面而來　從平原
　　　　從山崗　層巒疊翠
　　　　就不見山底蒼褐　只見
　　　　綠色錦緞密密地裹住那
　　　　深山　夢谷　更接壤
　　　　明淨的藍天

這是我們看到詩人在大自然面前的不由自主的心折。蓉子用奔放而自由的氣勢，寫了她所目擊的綠的傾瀉。

也許《七月的南方》最能體現詩人對於她處身其中的南方風物的激清，一切是那麼鮮明、強烈。這一個集子中，蓉子展現了成熟女性，對於周圍事物的完美感受力！色彩、音響、形象……。在那裡，蓉子依然保留她對自然的傾向與膜拜的虔誠，山河氣勢的博大甚至雄偉，使這位南方型的溫婉詩人的筆下顯出力度——

> 從此向南——
>
> 從都市灰冷建築物的陰暗
>
> 繞過鳥聲悠長的迴廊
>
> 南方喚我！

這字裡行間，女詩人已流露出對於都市陰暗的敏感。這是一位以真誠態度對待生活的置身其間的必然獲得。但對於蓉子而言，此刻最使人們對她的風格留下印象的卻是她作為典型的中國女性詩人所具有的那種單純、溫馨和華美的柔情。

二

「倘把塵俗帶進天國，未免污蔑了繆斯光燦的裙衣」，這是蓉子《哀天鵝》中的句子。在蓉子的觀念中，詩是高雅的和真誠的「一朵青蓮」，它與庸俗虛假無緣。當初蓉子以詩人的姿態出現在中國讀者的面前，便是這樣超凡脫俗的形象。

蓉子開始創作的時候，無例外地也受到前輩詩人的無言熏陶。從她早期的作品看，受到余光中稱許的《為尋找一顆星》——

> 跑遍了荒涼的曠野，
>
> 為尋找一顆星。
>
> 為尋找一顆星，

　　跑遍了荒涼的曠野。

　　找不到那顆星，

　　找不到那顆星，

　　痴痴地坐著在河岸邊，

　　看青螢繞膝飛，

　　看青螢繞膝飛，

　　痴痴地坐著在河岸邊。

這裡體現了完美的新月式的詩體構築和韻律感。它所展現的飽滿的激情，清新靈動的風格，以及完熟地運用疊句連環式的情緒的反復湧現，不難發現年青的詩人受到徐志摩詩風的影響。但從她通過小小體式中所展現的嚴謹、完美與精緻，你會感受到這位詩人初露的才華中蘊含著獨立的藝術精神。

　　蓉子在中學時代便酷愛文學和詩歌。據有關材料介紹，她在初中二年級的課堂上，曾以一首詩代替作文，獲得了老師的最初的肯定。那時她除了傾心於新月一路的詩，還受到泰戈爾和冰心的影響。與《為尋找一顆心》寫於同年的《笑》，具有明顯的《春水》、《繁星》的氣象——

　　最美的是

　　最真，

　　啊

　　　你聰明的，

　　為什麼編織你的笑？

　　　笑是自然開放的小紅花，

　　一經編織

　　　便揉縐了！

這首小詩單純樸素卻有深意，它傳達了學步於詩界的年青詩人，一開

始便擁有自己對世界的見解：最真才是最美。笑應當是自然的流露，而不是編織。她學的雖然是冰心式的小詩，卻融進了深邃的見解。以上所舉二首，都有試驗的性質，也許距離一個獨特的藝術個性的形成還有一段路，但這位年青的女性對於詩的悟性卻是驚人的。

　　蓉子出身於三代的基督教家庭，從小學到中學都堅持在教會辦的學校接受教育。這個宗教以它的文化氛圍、它的音樂、繪畫，乃至雕塑這些宗教藝術所傳達的對於理想天國的虔誠和信仰，給了蓉子博愛的詩心，也造就了她的詩最初的那種寧靜、恬美和充滿高雅情調的風格。

　　　　可觀賞的是本體
　　　　可傳頌的是芬美　一朵青蓮
　　　　有一種月色的朦朧　有一種星沉荷池的古典
　　　　越過這兒那兒的潮濕和泥濘而如此馨美！

這「一朵青蓮」，可看作是詩人的自我寫照。它所傳達的氛圍也是蓉子早期藝術追求的一個目標。

　　最典型的體現了這種追求的，是她創作於六十年代中期的《維納麗沙組曲》。在這些詩中蓉子把維納麗沙當成自己，正如《維納麗沙的星光》所寫：她「自給自足／自我訓練／自我塑造／掙扎著完美與豐腴」。她借助這位永恆女性的形象和自己進行心靈的對話。她把自己想像成對象，無需炫耀和裝飾，完成自己於無邊的寂靜之中，從感受孤寂的力量。當她通過那一幅《肖像》，寫「似有似無地金黃」的雛菊，和生長在「父親庭園內多采變異」的鳳仙花，整首詩就像在為自己畫肖像：「你在雛菊與檀香木之間打著鞦韆，在過往與未來間緩緩地形成自己」。

　　她是如此地鍾情於往昔的繁華和那些幽靜華貴的庭園所散發的檀香木的香味。可以說，有一段時間，蓉子完全沉浸在這種美好的氛圍

之中。外界的喧囂和煩雜不曾驚破這位女子的夢幻世界，這個世界對
於蓉子是真實的家鄉。親人和美好的情感維繫著她的童年生活。高歌
在介紹蓉子的文中片斷地記敍了蓉子往日的生活：「那是較早的年輕
日子，蓉子每逢主日清晨會踏著露珠到父親教堂的園子去剪花、插花、
拉動鐘聲，以及後來充當唱詩班的風琴手；周復一周，這種自然的景
色，教堂的鐘聲，風琴的雅樂，彩色玻璃的光澤，信仰的虔誠與肅穆
……也就一一啓開了她在美感生活裡的視覺和聽覺層面。」（註五）蓉
子用詩的方式溶解了那一切。那一切眼前景與飄浮在她記憶中家鄉山
水，得到奇異的綜合，譬如下一段詩，讓人感覺到那驚心動魄的江南
三月——

> 杏花江南雨　爲她憑添幾許媚
>
> 遠方的山　近處的城　池塘與阡陌
>
> 全都揚起了深淺高低不同的綠意
>
> 深閨小女兒也都走出了繡閣
>
> 鞦韆上長袖飄舉　長裙飄拂
>
> 薄暮時依然輕掩朱閣
>
> 屋外柳色朦朧　近處撲鼻的花香
>
> 城外春漲一江花雨

在一定程度上看，這風景對於蓉子並非夢幻，而是曾經有過的感
受的再現。深閨、繡戶、長袖和長裙，映著那無邊的充溢各處的綠意
和花香。我們不能不爲這種作了現代處理的古意畫面而欣悅。

三

但蓉子並不是一個致力於古典詩意重複開掘的詩人——儘管她在
這方面體現出驚人的熟練。就在我們驚喜地欣賞她的《歡樂年年・三
月》和《七月的南方》的時候，寫作於同時的《燈節》，就已透露出

她對於現代的覺醒：在上元燈節，心喜地讓滿月的光輝照著，去看在她來說是莊嚴的異教寺廟——「也擬看燈去；但不著石榴裙，也去逛燈市；也不曾慵梳頭——這是現代、這是異鄉。」也許是第一次，她沒有忘我地投入古典的情趣，而不是作爲觀者。我們看到，這時的蓉子，已經完成了做夢年華的幻想者的形象。這次她沒有把他鄉看成家鄉，也沒有在今天嚮往往古：「這是現代，這是異鄉」。她有所拒絕，包括著石榴裙和「慵梳頭」的情趣。緊接著，便是拋棄了低吟淺唱的輕緩風姿，而投入了紛亂和節奏的旋舞：

> 以旋風的姿
>
> 揚起了一片紫
>
> 這年代揚起了紫色深怨
>
> 那漣漪之幃幕
>
> 這深深淺淺不同希望與失望的靜靜動動
>
> 以燈暈搖漾著夜色至於七彩

蓉子通過《燈節》傳遞出她對溺於古典美學的懷疑信息。通過這首《紫色裙影》，則具體顯示出她對現代節奏和現代意識的傾心。可以不誇張地說，正是以這些詩的創作爲起點，蓉子結束了她的那種受到人們注意，也很有新意的，對於泰戈爾、冰心或徐志摩風格的沿襲，而明白無誤地找到了自己的詩的聲音和姿態。

標誌蓉子藝術的臻於完熟的典型詩作是她的《傘》以及傘的變奏。她發揮了女性細膩、周到、聰慧的特點。在這個有限的，而且是被無數詩人做過無數次的題目下，做出了超過前人的新詩。她的詩，也如此刻她寫的傘那樣，達到某種完成的境界：「鳥翅初撲／幅幅相連／以蝙蝠孤形的雙翼／連成一個無懈可擊的圓」。接著是：一把綠傘，是一頂荷蓋；各色傘是能夠行走的載花的樹；不論晴雨天，它都是「自在自適的小小世界」；一傘在握，開闔自如，闔則爲竿爲杖，開則

爲花，爲亭，而「亭中藏一個寧靜的我」。這詩做得圓熟而精緻。一個詩人，寫詩到了如此境地，大體上說可以無憾了。但蓉子的創作顯然不到畫句號的時候，余光中很早就論斷她是開得最久的菊花。菊花是大器晚成。

在蓉子身上詩藝精湛圓熟和創造變革有較好的結合，她能在二者間進行有效的調節，造成她未曾消衰的藝術生機。這與她對詩的理解與把握很有關係。蓉子有獨立不羈的詩觀，這可在收到《蓉子自選集》的首篇《詩》，以及緊接著的《未言之門》、《朗誦會》諸詩得到證明。這些作品是詩的宣言，表現出卓然自立的藝術態度。下面是《詩》的開篇——

> 從鳥翼到鳥
> 從風到樹　　從影到形
> ——一顆種子從泥土出生的路徑與變化
>
> 我們的繆斯有陽光的顏色
> 水的豐神　　花的芬芳以及
> 鐘的無際迴響

把通常人們的思路顛倒過來，這正是蓉子詩觀的精髓。她所認爲的作爲詩的種子，從泥土萌發以及生長發展的變化，其基本的路徑是：起於空靈而落於具體，從無形進入具象。這種符合詩的規律性的觀念，對於那些平庸的唯實主義者是一聲不及掩身的劈雷。當然這並不是蓉子的獨創。不過人們很少能夠如蓉子這樣，把問題的實質講述得如此坦率，如此簡潔。更爲重要的是，蓉子接著的繆斯是一種多種因素的合成：陽光的顏色，水的豐神，花的芬芳以及飄蕩於雲端的無邊的鐘鳴。這就使蓉子的詩區別於我們這裡習見不鮮的單調、刻板和貧乏。這使蓉子在她創作一開始便有不同的品質。這樣說來，至少在對於詩

的寬泛而多樣的識見之上，她並不是一位傳統觀念中的那種純粹的女性詩人。

在這個題目之中，還不應漏掉的一點是她的《未言之門》。這首詩更深一步地闡述蓉子對詩的進入的那一特殊的角度和側面。她確認這未言之門的開闔的剎那，是把握生活和情感的真諦的最有效的時期與狀態。詩前她引用桑德堡的一句名言：「詩是一扇門一開一闔，讓那些看過去的人去想像那片刻間所見者為何」。蓉子自述她是一個未改其性的孩童，時時要窺看門內秘奧，因而她總是傾聽耐心守候那門的開闔的剎那：

> 我曾聽息於
> 那門一啓一閉之際　偶爾哭泣於
> 那門一開一闔之間　往往驚心於
> 那門一旬一旬之時。
>
> 那門　一縫之隙
> 一飄動的窗帷　一含糊的低語
> 你如何展布為寬廣的園林
> ——你難以窺見一只豹受傷的全景

從半開半閉的瞬間去把握展現可能企及的全豹，這是蓉子信守的策略。她相信潮汐的短暫中可連成永恆的鏈環。她相信那縫隙中顯示的頃刻可能是無垠天宇的顯露。它不僅是廣闊的，而且是神奇的。而相當多的人不持這種看法，於是他們心勞日絀地疲於奔命而極可能畢其生而不得其門以入。

基於上述我們對於蓉子藝術詩觀的理解，我們有理由確信當日在台灣出現這位新星，一開始便具備了成功的素質。這種素質不僅從她的藝術信仰中得到證實，她的早期的創作也有力地說明這一點。一九

五〇年，她剛剛起步詩創作，便向人發出《爲什麼向我索取形象》的質疑。在那裡，連同另一首題爲《我寧願擁抱大理石的柱石》的詩都同樣表達了這位相當年輕的詩人最初顯示的獨立人格和獨立情感世界的輝耀。「如果你有那份真，我已鑴刻在你心上，若沒有——我恥於裝飾你的衣裳」都突現了她最初通過作品表達一種青年女性的矜持和拒絕，以及她心折於大理石柱石的「冷冷的嚴峻的光輝」所表現出來的堅定。

　　當然典雅華貴氛圍，詩歌語言和文體意識，以及具有濃厚的傳統韻味的斷續和凝重的意象組合，更是蓉子藝術生命力強大持久的保證。六十年代中期寫出的《冷雨‧冷雨》中，借助詩句所表達的雨天的音響和纏綿情緒，它所造出的自然界景象與內心世界的交織都是藝術成熟的佳例。特別是《旱夏之歌》：

想生在億萬光年中　像塵芥

而長夏漫漫　高熱蒸騰　蝸牛蹩步

（春不過是一瞥驚鴻！）

而夏之流光如多層面的晶體　俯視

這世界

有生之沉重光影落下　落下　沉重

我思　我夢　我在

當生之沉重落下　夢就爲歲月的急流所稀釋

這便是夏日時光

穠蔭與艷陽的厚毛毯襯以瘠薄的裡

緊裹住裸裎和貧窮

（腳步　跫音　腳步　跫音）

古典和現代錯綜交匯的詞語，內心節奏外化爲景物描狀所構成的具有

強烈樂感的節奏，整首詩本身便是獨立藝術風格的象徵，也是人生情緒的「多層面的晶體」。

四

我們肯定蓉子的優長之處是她的純粹女性特徵，這是有感於中國詩界（特別是大陸）某一時期流行和倡導的非女性化，以及女性詩人的恥於被辨識出女性特點。但正如台灣批評界所已經論證的那樣，蓉子並不就是純粹意義的「閨秀詩人」。儘管她在從少女向著成熟女性過渡期中有過我們前面論述的做夢的年華（人人都有這樣的年華，令人羨慕的是蓉子的夢做得非常美麗）。但蓉子屬於人間，屬於現代。她沿有從實在的地面飄飛而上。「她的時代感覺，生活感覺，與現實的感覺，使她壓根兒脫離了『閨秀詩人』的嫻細柔弱。也沒有那種『起來慵整纖纖手』的無聊心緒；也沒有傳統女詩人「鏡水獨自消瘦」的自怨自憐的愁意，因而她的筆底常常流出一股剛強的英氣。」（註六）

蓉子曾自述：「作為一個苦難的中國老百姓，一個平常公務員的我，朝夕為了生活而工作，這些夢想的花朵，已一瓣瓣凋落在僵硬的現實石板路上了」「現實所給予我的，是人海無休的浪濤沖擊，善美人性的淪喪，物欲的囂張，我為此而感到窒息的痛苦與孤寂。腳底下又是不停的戰爭，驪別與流亡——這些流動的生活——情感或思想。這一份憧憬，一份抑鬱及憂憤，使我不自禁的要寫詩」。

所以，蓉子並非一味做夢，也不是一味甜美和嫻適，她也有她作為中國有良知的詩人的一份不寧和煩亂，現實使她打破那鏡水的平靜和虛幻的完美。走出夢境的女人用她的心靈造出的是一個變形、扭曲和碎裂的世界。當然用的是蓉子自有的藝術方式。

純粹的女性詩人在這個時候便失去了她的純粹性。《失題》較早地向我們傳遞這種信息。在那裡，詩人告知我們「我是傳統中的希望」

「我成爲現實中的衰弱」，因爲人間充滿諂媚和麻醉，「我的夢遂在其間爲隕石擊傷」。然後，她的詩中，我們看見了扭曲生活在詩中的變形，那裡有一面三角形的窗，那裡還蹲著一只弓背的貓——女詩人的妝鏡。她走到城市，城市失去了往日的娟好：「我們的城市不再飛花」；她面對的是無休止的「白日在騷動」。她擁有「我柔弱的心難以承當」的「白色的睡」，那裡有無數的萎謝和喧嚷。

讓人震驚的是這個時期她推出了傑出的兩首詩：《碎鏡》和《亂夢》。你看這位婉約雅緻的女詩人有著怎樣的夢的震驚——

> 驚見一株水仙
>
> 返照於投過石子水面的破碎
>
> …………
>
> 時間偪迫著
>
> 擠我們於無窗的小屋
>
> 迷濛的始終不能清晰
>
> 明晰的卻是殘缺、謊言和醜惡
>
> 社會、社會不讓我們
>
> 看它底眼睛

我們曾經羨慕蓉子擁有的嫻靜和完美的夢的世界，我們甚至嫉妒她的少女夢。但蓉子畢竟是中國人。中國的歷史和現實的積重，最後還是給了她一個亂夢和一只碎鏡。這是所有中國詩人的不幸。然而，從藝術的層面上說，對於蓉子卻是一個大跨越和大升騰。

【附註】

註　一　蓉子有一首詩，題爲《一朵青蓮》。

註　二　詩人余光中語，見本書附錄一《千曲無聲——蓉子》（高歌著）。

註　三　蓉子有一首詩，題爲《一朵又美又眞的山水仙》。

註　四　蓉子詩作《哀天鵝》中有一句「我是藍空一朵百合」。

註　五　見本書附錄一《千曲無聲——蓉子》（高歌）。

註　六　見本書附錄一《千曲無聲——蓉子》（高歌）。

追蹤內心的無邊視野

——讀介蓉子的詩

陳寧貴

一

　　聞名遐邇被譽爲中國白朗寧夫婦的羅門與蓉子，他們可說是一體的兩面，深情相待，相待的正是詩。羅門以洶湧澎湃如大海展現其詩，蓉子則以清澈明亮若湖泊照映出她的詩貌，兩者雖呈現了相異的風光景致，然而終究不脫離對世事的關懷，所謂階下幾點飛翠落紅，收入來無非詩料。窗前一片浮青映白，悟入處盡是禪機。四十年來他們維持著旺盛的創作力，而且題材廣泛，表現手法更見爐火純青，有些小詩輕輕點出，卻如高手出招，彷彿毫不費力，然而內力驚人，綿綿密密湧出生命的底蘊，讀者莫不感動。譬如羅門與蓉子都寫「傘」，羅門的傘是：「只有天空是傘／雨在傘裡落／傘外無雨。」眞是奇思妙想，令人想起：「人從橋上過，橋流水不流。」而蓉子的傘則是：「一傘在握　開闔自如／闔則爲竿爲杖　開則爲花爲亭／亭中藏一個寧靜的我。」讀來遍體清涼，火氣全消，令人想起「行到水窮處，坐看雲起時」的自在逍遙。

　　羅門傘下的人是孤獨的，而蓉子傘下的人卻是寧靜的，孤獨不等於寧靜，有時孤獨也是寧靜。此之謂一體的兩面，乍看之下似無關連，卻又相依相存。本文原是要談蓉子的詩，或許毋須談羅門，然而覺得

羅門也是蓉子的詩,而且是非常精彩的一部份,我與他們熟識多年,較一般人更能了解他們,平日他們各行其是,羅門寫羅門特色的詩,蓉子寫蓉子風貌的詩,然而他們彼此深情相繫刻刻不忘,才是他們真正的創作源頭。因此讀者想要了解蓉子的作品,一並了解羅門的作品,對蓉子的作品勢必會有更深一層的了解。

二

　　蓉子生長在一個教會家庭,養成待人處事都非常虔誠的個性,與她交談會立刻讓你察覺,她具有一顆中國傳統女性慍柔敦厚的心。因此她許多詩作是溫暖的,充滿希望的。

　　例如於一九八二年選入國中國文教科書的「只要我們有根」一詩:「在寒冷的冬天　惡劣的氣候裡／翠綠的葉子片片枯萎／正似溫馨的友情一一離去／我親愛的手足　不要傷悲／縱使葉子們都落盡／最後就剩下了我們自己──那光潔的樹身　仍舊／吾人擁有最真實的存在／──只要我們有根／只要我們有根／縱然沒有一片葉子遮身／仍舊是一株頂天立地的樹／就讓我們調整那立姿／在風雨裡站得更穩／堅忍地度過這凜冽寒冬／是的,只要我們有根／明春　明春來時／我們又會枝繁葉茂　宛如新生。」這首詩雖然短短的十八行,沒有晦澀的詩句,也沒有怪異的意象,卻流露生命的哲思與靈性的慧光;「縱使葉子們都落盡／最後只剩下我們自己」在人生的旅程中,我們不時會與這種孤獨感邂逅,這也就是杜甫所感嘆的:「世情惡衰歇,萬事隨轉燭」,蓉子告訴我們不要被這種孤獨感打敗:「只要我們有根／縱然沒有一片葉子遮身／仍舊是一株頂天立地的樹」柳宗元「獨釣寒江雪」的意象令人難忘,而蓉子「一株頂天立地的樹」同樣令人印象深刻,我們常聽人談起超越、解脫,往往長篇大論讓人越聽越糊塗,而「只要我們有根」一詩不到兩百字,卻一語道破滾滾紅塵幻象,真是

一切有爲法，如夢幻泡影，如露亦如電，繁葉過盡，貪戀痴情枯萎，就讓我們調整那立姿，在風雨裏站得更穩！此刻我們不妨回過頭來，看看四十年前，當時不過二十來歲的蓉子，是如何以青春的眼眸來觀看「生命」：「生命如手搖紡紗車的輪子，／不停地旋轉於日子底輪軸，／有朝這輪子不再旋轉，／人們將丈量你織就的布幅。」在蓉子年輕的心靈中，已經立下了生命傳承的椿，生命的本身並不虛無，我們必須對自己負責，這就是我們的根，它讓我們於人世間頂天立地！

三

　　詩人余光中曾讚美蓉子是詩壇開得最久的一朵菊花，至於蓉子心目中的「菊花」是什麼風貌呢？「春天──／百花爭妍的時候，／我看不見你的影子！／夏日──那濃郁的季節，／我仍不聞你的花信，／到了秋天，群芳都已消逝，你卻獨放奇葩／亭亭玉立在寒風裡。／詩人愛你高潔的風姿，／我卻愛你那顆精金的心。／因爲培植你的／不是和風暖陽，乃是淒厲的寒霜！」這首「菊」也是蓉子二十多歲黛綠年華、遐思夢想時期的作品，然而從本詩中可以讀到她「高潔的風姿」，她的思想與性情在詩中表露無遺，她所嚮往的不在春天與百花爭妍，卻於秋天群芳消逝之際，獨放奇葩於寒風中；事實上在蓉子最早期的詩作《爲什麼向我索取形象》中：歡笑是我的容貌，／寂寞是我的影子，／白雲是我的蹤跡／更不必留下別的形象！

　　徐志摩說揮揮衣袖，不留下一片雲彩，我不知道他是否眞的那麼瀟洒？而我熟悉的蓉子，的確有其瀟洒的一面，這瀟洒來自她的純眞與敦厚，由於她洞悉「寂寞的高度／獨自的深度」（「維納麗沙的世界」詩中之句），所以她的生活中不需要黃河之水天上來的氣勢，也不需要無邊落木蕭蕭下，不盡長江滾滾來的悲壯，她所嚮往的是《維納麗沙》一詩的心境：「維納麗沙／你不是一株喧嘩的樹／不需用彩

帶裝飾自己／你靜靜地走著／讓浮動的眼神將你遺落／因你不需在炫耀和烘托裡完成／——你完成自己於無邊的寂靜之中。」

深林人不知，明月來相照，蓉子要在無邊的寂靜中完成自己，正如獨放奇葩，亭亭玉立在寒風中的菊花，如此的意象，化作各種形式的作品，宣示著共同的理念，這也是蓉子詩作的一大基調。像維納麗沙系列作品中，亦有如此詩句：維納麗沙　你就這樣的單騎走向／通過崎嶇　通過自己　通過大寂寞。在《一朵青蓮》中亦有「一朵靜觀天宇而不事喧嘩的蓮」之句，本詩最後寫道：「儘管荷蓋上承滿了水珠　但你從不哭泣／仍舊有蓊鬱的青翠　仍舊有妍婉的紅燄／從澹澹的寒波　擎起。」

澹泊以明志，寧靜以致遠，在無邊的寂靜中，通過大寂寞，通過自己，完成自己，——這是蓉子對生命哲思的精髓所在。

四

蓉子在她的詩觀裡提到，好的詩是圓滿自足，渾然天成的；在創作上能夠隨物賦形，文質相輔相成；縱觀蓉子的詩，不以奇詭的技巧取勝，也不以怪異的內容嘩眾；然而她卻能在一般的題材下，觀照出一般人看不見的一面，例如《紫葡萄之死》一詩：「將一串紫葡萄拆散／洗淨　盛放在白色深瓷盅中／飯後　從瓷盅中／一顆顆拈來送入口中／那飽滿多汁的顆粒／經常在消逝前流出紫色的汁液／它們如此消失　正像／紅臉膛有血性／人類之逐一消逝——／於未知之時突然間／被一隻無形的手指攫住／結束了或長或短的一生／當手指沿著瓷盅邊緣／一顆顆拈取命運中的葡萄粒／那遠處的正不必竊喜　水流琤琮／不久你也要同樣感受到／先入我口的那些／葡萄的況味　雖說／挽幛中最正常是／「老成凋謝」　常規中／卻也有逸出的例外於／偶然我心血來潮時　從／底面任取一顆放入口中／宛如那夭折的

年少／唉！它們全然不悉　這一串葡萄／當離別樹身時便已預約了死亡。」

不過是寫吃葡萄的事，然而筆鋒一轉，紫葡萄突然變成紅臉膛有血性的人，而猝不及防的被無形的手指攫住，最後結束了或長或短的一生。——與前面提到杜甫：「世情惡衰歇，萬事隨轉燭。」的感嘆一樣，對人的命運充滿了悲憫。又如另一首《意樓怨》的長詩，它以鹿港小鎮傳說的淒美愛情故事為背景，敘述一名女子終其一生期待愛人歸來圓聚，男人於臨別時指著窗前楊桃樹為誓，明年花開時我就會回來，然而秋去春回，楊桃樹開遍了紫色花朵，竟無一片雲影捎來他的歸訊。

「深夜空巷中　每聞走近又走遠的足音／頻頻戲弄着我等待的痴心／唉，短短的情絲　一輩子都情牽」。

孤燈不明思欲絕，卷帷望月空長嘆，我國傳統詩中蘊含著不少閨怨，封建社會下的女人，在良人出征、求取功名時，由於往往歸期未有期，最後變得一片冰心在玉壺的痴怨情境。忽見陌頭楊柳色，焉能不悔教夫婿覓封侯？雖然金屋無人見淚痕，然而寂寞空庭春欲晚，梨花滿地不開門！

「大船小舟不停地進港　唯你永不泊岸／只剩夜晚月色不停嘲諷的冷光　譏／我在焦灼的等待中憔悴」。蓉子的筆力的確非比尋常，她深深地刻劃出那少女命運的無奈感，到了最後，這令人心疼的故事，才如飄忽在夜空的螢光，似明似滅的落幕：「我已倦於張望　任世界江湖風雨／日子堆積似一堆枯葉　不久／時間的黑潮將一併將我掩沒／——我殘忍的等待才會結束」。

寂寞，果然是無形的暴力！那個男子漫不經心地拋個寂寞給她，而她只有接受、忍受的份，尤其在那個時代，她唯有自我封閉與外界隔絕，頂多只能像劉禹錫《春詞》裡寫的：「新妝宜面下朱樓，深鎖

春光一院愁。行到中庭數花朵，蜻蜓飛上玉搔頭」。除了度過如此的日子外，還能怎麼樣？實在是夠殘忍的了！

　　蓉子所寫的長詩不多，《意樓怨》創作於一九八五年，當時詩壇仍盛行敘事詩，這類的詩必須點、線、面的觀照，否則容易鬆散，落於散文化，我一直喜愛白居易的《長恨歌》，它的確是非常傑出的敘事詩；從《意樓怨》我們能夠很清楚地了解蓉子詩創作的非凡才情——文字洗煉、結構完整，所描寫的情景宛如歷歷在目，娓娓道來讓人彷彿走入時光隧道，直到最後一陣心悸才返回現實來；像如此傑出的表現技巧，當然是蓉子三十多年修練而成的高深功力！

五

　　詩是難以談論的，想了解詩唯有去讀詩，或許剛開始未必了解透徹，但是浸淫日久，必能破解詩的底蘊。

　　如今談論蓉子的詩，似乎強作解人，難免挂一漏萬；至於蓉子是怎麼看待她的詩呢？她說：我既不像法蘭西斯、詹姆斯那樣純樸明朗，也缺乏里爾克那樣深沈的氣質，……也許我只是追蹤那內心的召喚而創作吧！

　　的確，詩是人創作的，詩的風格來自詩人的氣質和經驗，同樣的一件事，不同的詩人很可能產生不同的內心悸動，至於表現手法更是千變萬化，大異其趣。蓉子溫柔純美的氣質，加以敏銳的心思，和豐富的創作經驗，這些特質融合成蓉子的詩貌，她所表現的題材雖然繁複，但以純美的人生觀和對人性的悲憫為其兩大基調，蓉子的內心隨時與它們發生密切的感應，雖然創作的過程有時候像蓉子《石榴》詩中說的：「忍受熾灼的夏陽／顯映的不是成熟的甜／而是痛苦的爆裂／啊，石榴滴血／粒粒紅殷……。

　　如此的艱辛追尋，亦是一場心靈深處的探險，在蓉子的詩中雖罕

見驚心動魄的一面，卻處處可聞風泉滿清聽。詩壇永遠青鳥的蓉子，她很早就知道青鳥有著一對會飛的翅膀，飛過命運的風風雨雨，飛過人生春夏秋冬，最後飛成蓉子詩中的「詩」：「從鳥翼到鳥／從風到樹　從影至形／──一顆種子從泥土出生的路徑與變化／　我們的繆斯有陽光的顏色／水的丰神　花的芬芳以及／鐘的無際回響／　「伐柯　伐柯　其則不遠」／而盛藻如紙花　規條是冷鏈／倘生命不具妙諦不與／若我是翼我就是飛翔　是漣漪就是湖水／是波瀾就是海洋／是連續的蹄痕就是路徑／從一點引發作永不終止的跋涉／涉千山萬水 向您展示／無邊的視域與諸多的光影。

論羅門的詩歌理論

陳鵬翔

　　羅門的詩歌和理論，在許多方面來說，都是一個銅幣的兩面，它們有相輔互成、相得益彰的效用，所以我相信，假使我們研究者能把兩套文本相互闡發、印證，收穫必然非常豐富。當然也有一些理念，例如他對感物悟物的心靈的重視、不斷提論，這當然無法在他的詩歌中找對襯和對應；又例如他對心靈的轉化力、想像力的討論，這當然也不太可能在詩歌中找到同樣的發揮，羅門在論文中談論美、談論現代人的悲劇性、甚至縱論第三自然，其實這些理念多少都可在他詩中找到對應或者具體化。我僅在此提及這些相輔對應，但它們的論證並非本文的重心。本文要討論的只是羅門詩論中的三個重心：心靈、現代人的悲劇精神和第三自然，這三個座標未必相互牽連，但是某種指涉仍然是有的。

　　羅門龐沛的心胸氣慨、健談甚至好爭論，在台灣現代詩壇是甚為有名的，因為他開口心靈、閉口上帝，早有「心靈大學的校長」的暱稱。我在這種場合指出這麼一件趣事並不太適合，可是我的意思卻是非常的嚴肅。羅門寫有《心靈訪問記》（一九六九）一書（註一），強調「心靈內景的開放」（註二），更在一九七七～七九年間寫了四篇《心靈訪問記》續稿及一九七一～七三年間寫了上中下三篇〈追索的心靈〉（具見《時空的回聲》），這兩部分合起來即已超過一三〇頁，篇幅不可謂不大，此外，羅門還在一九八四和一九八五年寫了兩篇〈心靈訪問記〉續稿，（具見《詩眼看世界》）可見「心靈」確是詩人

羅門縈繞於懷的一個命題。問題是：什麼叫做心靈？在英文裡，mind
是屬於比較知性、比較抽象的一環，它與比較感性的heart構成對比，
我聽羅門縱論詩歌二十幾年，能不聽到他談「心靈」可還是天下間的
奇事；現在加上我仔細研究他的著作我所能理解的是，他所謂的心靈
並未超過一般我們對「心靈」此詞的理解。他的「心靈」即是「內心」
即是非常富於感受性的心智狀態，即是對於美好事物的細微感受。他
在「心靈訪問記」初稿劈門見山就說：

> 「美的心靈如果死亡，太陽與皇冠也只好拿來紮花圈了，詩與
> 藝術在我看來，它已成為一切完美事物的鏡子……將詩與藝術
> 從人類生命的裡邊放逐出去，那便等於將花朵殺害，然後來尋
> 找春天的定義……。」這些話，便是我從事詩創作與進入人類
> 精神內在去探索，十多年來所確定下來的觀感。同時我覺得詩
> 已構成心靈同一切在交通時最佳且有效的交通線——使完美的
> 世界與心靈之間的距離，拉攏到沒有。（頁二～三）

羅門在這裡三度提到「心靈」一詞，抽繹之後，我們可以這麼說，只
有美的心靈才能賦藝術以生機和生命，心靈的運作即是詩歌創作的完
成，由於心靈的運作，詩人便能進入人類精神內在去探索。在此我們
也必須指出，羅門並未把心靈局限在對美的感受上，心靈的開放是創
作的先決而且是必要條件，因此，心靈當然也會知覺到醜、戰慄、人
生的黑暗面等等。羅門在上引這段文字之後不久即提到愛上詩歌創作
所帶給他的「永恆性快樂」的痛苦，然後他又說：

> 我的精神便是在這被驅使的神祕的傾向上，將那被「美」與「
> 沉痛」追擊的心靈，投入那全然開放的無限時空之中，去找出
> 「自我」及一切存在的真確位置。（頁四）

心靈當然必須全方位向宇宙開放，但是任何對羅門詩歌有研究者都會
感覺到他對「美」對「沉痛」特別敏感、鍾愛：美幾乎等於詩，悲痛

幾乎成為他的精髓（這即是我在本文中段所要探討的現代人的悲劇精神）。

在〈追索的心靈〉（中）裡，有人問羅門「究竟對『心靈』做何樣的解釋呢？」他舉了貝多芬的交響樂無比征服力來說明：

> 這一偉大的感動力，便是來自心靈與歸向心靈，一個藝術或任何一個作家如果不去注視心靈的深入世界，我確信他的作品絕對會缺乏深度，也難於找到真正偉大感人的東西。（頁三四五）

一個藝術家心靈不夠深厚，感受不夠深入，則他的作品必然缺乏深度，既然缺乏深度，那它當然無法感動人，像這樣的說法都是非常淺顯的，我想像這位發問者所要求的熱忱不僅僅於此。心靈究竟是鏡子還是燈？（借用阿伯拉罕姆語）外物會在心鏡上留下甚麼樣的痕跡？我想這些問題都跟「深入挖發」一樣重要，卻很少見到更深入的探討。

羅門曾經用過一些比較具象的比喻來描述心靈，最早他用到〈心靈的內景〉（〈心靈訪問記〉，頁二十二）、在「現代人的悲劇精神與現代詩人」中提到心靈變成「一個萬感交集的思想之海」（頁一〇〇）、〈現代人的悲劇精神〉提到現代人逃離心靈的舊園，流落在物質文明的異域（頁三〇）的種種窘相，在其他地方他又用過「內在的聽境」（〈追索的心靈（中）〉，頁三一九）、「內在世界」（〈追索的心靈（下）〉，頁三八四）和「心象世界」（〈心靈訪問記（舊稿）〉，頁一七六），不過，最具象而具體地陳述心靈運作的程序莫如他於一九八八年應邀赴台北市立美術館談藝術之後寫成的〈詩與藝術美的轉化與造型能力〉這一篇文章，在這篇論文中，他提到心靈感物應物的整個過程為「觀察」→「體認」→「感受」，然後達到「轉化」與「昇華」美感意象，呈現有心涵的「造型世界」來，我們雖然可能對他提到的「體認」與「感受」的順序感到懷疑，也可能無法非常精確地了解他所謂的「造型世界」為何，可對他能把整個過程視覺

化成底下這麼一個圖感到興趣：

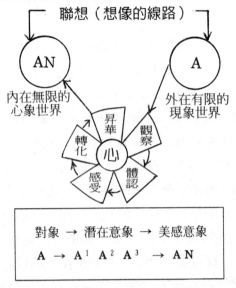

對象 → 潛在意象 → 美感意象

$$A \rightarrow A^1 \ A^2 \ A^3 \rightarrow AN$$

（頁58）

依據這張圖所展示以及詩人的論述，則心靈應是一盞燈泡能轉化折射變形，表現現象世界。

　　我在論文開頭即已提到，羅門詩歌理論中的一些概念可在他詩中找到對應表現，這樣一來，這些游離不定可用不同媒介／文類襯托出來的意念才是他創作的某一些真正正文。心靈太抽象了，也太複雜了，但是羅門的悲劇觀或概念種子可在他的某一些詩中找到體現。我們還是從他的第一本詩集《曙光》中來找，在這本處女詩集中，我們當然可以找到詩人對美，對藝術獻身的憧憬（例如〈曙光〉一詩即是），我們也可以找到詩人的浪漫、抒情等等這些屬於少年情懷的素質光彩，可我們也在〈啊！生命〉和〈啊！過去〉這兩首詠嘆，甚至為邱翁渡生日所寫的〈加力布露斯〉中發覺，詩人對人生的變幻莫測，對時間給人類所帶來的巨壓感到戰慄、無奈而產生的悲感已非常顯著、強烈。例如，他的〈啊！過去〉第二段這樣寫道：

你！過去，我底往日的遊地呵！

你雖刻刻向我閃著戀人的美目，

使我如流放異邦，復又欣然憶及故國花開的時日，

而我畢竟是集結世上的財富也不足去訪你了。

年月橫在我們中間，你秒秒飛著逃遁，

誰也無力使你返轉，如能把天際的風雲駐留，

我知道在不同向的追路上，昨日是你，明天是我，

唯有時間的重量才能把我推倒後帶回你的領地，

而那時我是陷在長久無夢的沈睡之中，心是一無所感了。（頁一二～一三）

羅門後來詩中往往冒出來的語調——蒼老、沈重——已全包含在這段詩中，而羅門這時只有二十六歲。美景、情愛只能成追憶，世上再多的財富都不足以把消逝的時光買回來，詩人的悲鬱、憂傷俱溢於言表。這個時間母題也在他給《曙光》寫的〈前言〉第一段給拋了出來：在時間的巨廳外，四周圍繞著「無邊的墳海，我們隨時都可能沉入其中，那些永逝的年華與景象，在我心上經過，沈鬱中含有美的感動」（頁二）。在寫出這些恐怖的時間意象之後，詩人感到「時間茫茫，空間茫茫，人間也茫茫，生命！你將往何處去停泊？」這裡感受，幾乎是〈古詩十九首〉中「生年不滿百，常懷千歲憂」，以及一些魏晉南北朝時的詠懷詩的再版。羅門後來不斷強調的現代人的悲劇精神應該在此處找到萌芽。

　　羅門詩裡的悲劇精神絕非亞里斯多德《詩學》中所論述的那一套，他的觀念應是結合了尼采的觀念與存在主義的存在觀點。尼采在《悲劇的誕生》裡說：「希臘人尖銳地意識到生存的恐怖；為了能生活下去，他們得把奧林匹斯山頭眾神綺麗的幻想擺在眼前」（頁二十九～三〇），他甚至冒然說：「為了能生存下去，他們得創製出這些神祇

來」（頁三〇）。而且「眾神爲了給人類生活辯護就自己先生活一遍」
（頁三〇），神祇們扮演的種種腳本是人類生存憧憬的外射。在另外
一個場合尼采又非常肯定神話對一個民族文化和想像力的重要性。在
他的理論系統中，神話與悲劇相互依存——悲劇推演的神話故事可是
人類生活與想像的外爍與昇華。羅門的第一層悲劇觀大體上是從這裡
推展而來（註三）。他在〈現代人的悲劇精神與現代詩人〉一文中劈頭
就說：「作爲一個人確是不易與沈重的」，因爲他所指稱的人必須「
具備靈性、自覺性與悲劇內容」。然後他又強調，「當上述這些內容
失去，我筆下的『人』便亦立即死去」（頁八十九）。在這裡，我們
可以發覺，羅門要探討的可是本體性、形而上的問題。據他說來，任
何有靈性、有自覺性的人天生必然痛苦，悲劇內容根本就是天生地植
根在人的精髓中。他所謂的「悲劇內容」就是尼采所宣示的「生存的
恐怖，」只要你張開眼睛注視人生的爭鬥殘缺、思考生老病死的問題，
尤其在正面面對時間的壓力時，你必然會感到驚慌。尼采在討論到漢
姆雷特和戴奧尼斯式的人時說：「人一旦了解到眞理後，他即處處意
識到生存的恐怖荒謬狀況，了解到奧菲麗（Ophelia）的命運的象徵意
義以及木精賽勒尼斯（Silenus）的智慧：反嘔侵襲了他」（頁五十一
～五十二）。羅門所認爲的現代人的悲劇是他「對生命一無所知」（
〈現代人的悲劇精神與現代詩人〉，頁九〇），因此，他的精神是空
洞的。

羅門認爲現代人的悲劇是逐漸同理想、希望與神祇遠離，現代型
的悲劇係由二十世紀的物質文明與戰爭所造成的非常深沈的虛無感與
幻滅感；他們甚麼也抓不住、抓不穩，「他們對付『虛無』所使用的
武器仍是『虛無』」（同上引，頁九十一）。在我不斷引用的這篇論
文中，詩人甚至給「現代的悲劇精神」作界定，說它：

便是現代人在虛無與死亡的追視下，逐漸對先驗的本質世界及

> 未來的理想世界，失去信心，精神也因此從形而上的靈魂跌入
> 形而下的物界，去抓住生命在最後唯一可把持的事物──那事
> 物便是沙特所呼叫的「生存」，除了生存，其他的東西，皆可
> 說是次要的點綴物。（頁九十二）

在這篇文章的中段他還特地點出造成現代悲劇精神的另一個因素：不
可抗拒的時空所形成的壓力（頁一〇四）。從羅門這裡所提到的兩個
來源來看，其實，我們也很難說它們到底是受到尼采還是沙特或其他
存在主義哲學家的影響更多一些。我們或者可以這麼說：羅門的存在
悲劇係結合了尼采的某些觀念和存在主義對生存境況的探索。

　　羅門的人類悲劇理論跟尼采的理論有一個大分歧：尼采的悲劇觀
結合了酒神戴奧尼斯的狂暴特質與太陽神阿波羅的清澄和知性特質，
而羅門的觀念則是從尼采縱論人的生存孤絕境況處出發。我們在拜讀
了像〈現代人的悲劇精神與現代詩人〉（收入《第九日的底流》）以
及〈現代作家與人類精神面臨的困境〉（收入〈心靈訪問記〉）等這
樣的文章之後發覺，羅門雖然曾經討論過知性，可是他並不像尼采那
樣，大力抨擊蘇格拉底式的知性詭辯對悲劇此一文類的戕害。尼采強
調華格納式的音樂對振興德國民族文化魂的重要，羅門雖然也非常崇
拜貝多芬的交響樂對其創作的影響，可卻未像尼采那樣把音樂與悲劇
結合在一起來討論，並且賦予它這麼龐大的力量。尼采對以德（id）
中的利必多（libido）諸多肯定，並對壓抑生命蓬勃生機的倫理和基督
宗教諸多抨擊（《悲劇的誕生》，頁一〇～一一），可是羅門卻對現
代社會的性慾橫流常痛加伐笞，從這個角度來看，他的道德意識似乎
比尼采強多了，而且他有相當強烈的宗教式禁慾傾向。他對人們崇拜
物質主義感到無奈，更對人們崇拜本能軀體、屈服於物慾感到驚恐，
這些趨勢也是他所指稱的悲劇──這應是悲劇性的另一個意義：比較
形而下的意義。

　　我們從以上對悲劇精神的探討可以得到一個結論：那就是，對生存的恐怖境況的討論是比較接近尼采的精髓的，至於一般大大傾向物界、物慾以及精神空洞等，這跟人類生存本體性的探討已不一樣。一個是本體性的探討，一個是現象性的描述，悲劇性精神與可悲的現象應不太一樣。當然，在論述過程中，羅門並未知覺到它們之間的差異，他豐沛的、綿延的文字把精神與現實攪拌在一起，令我們讀者嘆爲觀止。如果還要說明他的悲劇精神觀與對悲劇性現象的陳述的話，我們可以這麼說，悲劇性精神係爲貫穿他的論述正文、創作文本的主軸，對悲劇性／可悲的現象的描述可爲他許許多多首詩的軀體（他詩中所潛藏的壓抑和慾望可另文討論，茲不涉及），譬如〈第九日的底流〉、〈都市之死〉甚至〈麥堅利堡〉等等。在做了這樣的區分之後，我還要抽引一段他把人性跟悲劇精神牽扯在一起的文學，加以分析說明，羅門雖然寫了不少有關創作美學的著作，但他畢竟還不是一位嚴謹的哲學家。

　　在《第九日的底流》的〈後記〉裡，羅門曾給他早期的創作經驗做了簡述，他的結論是：「一個成功與傑出的藝術作品（尤其是現代作品）往往便是由『智慧・人性→美』三種力量所構成一個具有磁性、沈醉性與戰慄性的精神宇宙」（頁一二〇），他爲甚麼不說成功的藝術品是「人生閱歷＋想像＋技巧」的結晶品，這裡姑且不論，我只想指出他重視「人性」此一事實。在〈現代人的悲劇精神與現代詩人〉快結尾處，他說：

　　　「人性」的活動顯然已成爲現代人悲劇精神活動的基本發動力，
　　　一個作品如果呼吸不到人性，便是等於摸不到悲劇精神的範圍，
　　　摸不到，作品雖不致全部落空，但作品對於人尤其是現代人內
　　　在所施的襲擊力，確爲微弱了！顯然的，「人性」是存在人類
　　　生命內邊永遠不朽的河流，吸納與反應著生存界的一切景象，

> 在藝術世界裡它是看不見的空氣，養活著在作品內活動的一切，
> 詩人與藝術家便正是利用它來點亮「自我」之燈，去發現世界、
> 征服世界與展開創作的。（頁一一五）

人性是相當本能的物質性的東西，論者謂它可善可惡可爲中性等等，
不一而足，描述這些跟現代人的悲劇精神有何關聯？倒是尼采所說的
正視「生存的恐慌」才有可能產生悲劇精神吧！因爲這才包括了正視
生命企圖了解自己、正視生命在時間的壓力下的積極作爲以昇華自己、
正視生命自種種現象背後探尋生存的樂趣（尼采《悲劇的誕生》頁一
〇二）。羅門這篇探討現代人的悲劇精神的論文以及略爲修訂簡約了
的〈現代人的悲劇精神〉俱都發表於六十年代初期，那時台灣正籠罩
在存在主義的氛氳底下，談存在主義情境一來能趕上西方學術界的「
存在主義熱」的尾巴，二來也可宣泄政治窺伺下的鬱悶情緒。把羅門
討論現代人的悲劇精神的論文納入歷史的視角下來看，我們發覺它們
確也很能「反映」當時的情境的。

　　羅門的第三自然觀在觀念上顯然是自相矛盾的，這一點後頭會談
到；他這理論跟早期的悲劇觀牽扯越來越弱，這表示他已逐漸從尼采
和沙特等存在主義者的陰影下走出來，搭接上當代文學理論的一些枝
椏。上一段提到成功的藝術品必定是「一個具有磁性、沈醉性與戰慄
性的精神宇宙」這一句話即隱約是他第三自然藝術殿堂的雛形，可是
明眼人一看，他這時應用的「沈醉性、戰慄性」這些詞彙，顯然都跟
尼采所彰顯的戴奧尼斯藝術特質密切相關。羅門的第三自然觀顯然受
到我的一位老師施友忠教授的「二度和諧」（the Second Harmony）
的觀念的影響，老友張錯兄已在一篇文章〈夢遣情〉裡提到（頁五十
三），我也在給拙編《從影響研究到中國文學》寫的序文中指陳過（
頁Ⅵ）。施老的〈二度和諧及其他〉原爲國內第一屆國際比較文學學
術會議而寫，原題：「the Second Harmony，二度和諧」，被安排

於一九七五年八月十三日早上九點半假淡江大學中正紀念堂舉行的全體大會上發表，施老以很從容嫻適的風度發表後，記得加大的韋斯禮（Donald Wesling）和台大的胡耀恆等都對施老的論點和舉證提出詰難，這原是可以理解的，因爲施老談論的是禪宗所提的「依然見山是山，見水是水」這種人在大澈大悟後所獲致的清澄的心智狀態，這種狀態大抵是感性的、主觀的，這豈是一般西方人所能體會得到的？施老後來把這篇論文改寫譯爲中文版〈二度和諧及其他〉，發表在一九七五年十二月號的《中外文學》上。在時間順序上，施老這篇論文比羅門第一篇討論第三自然的論文〈詩人與藝術家創造了存在的「第三自然」〉（註四）（一九七四年七月）晚發表了整整一年多一些，可是羅門論文中的某些論點，和例證卻明明是取自施老（他們原爲舊識），而且，在多次跟我討論他的看法時，我曾建議他用第二自然（man-made nature）來指稱他的藝術殿堂、藝術觀，他後來何以改用了「第三自然」，那我可就不清楚了。

　　羅門在〈詩人與藝術家創造了存在的「第三自然」〉，他所謂「第一自然」其實就是自然界、自然景物等田園詩的境界，「第二自然」就是人爲建構的都市社會，他只用了不超過三百字一段的文字來討論區分這兩種自然，然後說：「第一與第二自然的存在層面，是人類生存的兩大『現實性』的主要空間，任何人甚至內心活動超凡的詩人與藝術家，也不能超離它〔們〕」（頁六十九）。其實，這兩者都是吾人的生存空間，硬性區分它們並沒有太大的實質意義（除非他能像康德那樣區別它們），因此，他所謂的詩與藝術爲我們打開的那個無限展延的世界應是：「第二自然」（這一用詞已跟施友忠的「二度和諧」不一樣，何懼之有？），「第三自然」其實是觀念的自相矛盾。不管怎麼說，在往後的論列裡，我們將會發現，羅門這個自七十年代中期提出來的「第三自然」可是一個不斷發展中相當豐富的隱喻。

有關第三自然的理念依序見於〈詩人與藝術家創造了存在的「第三自然」〉（一九七四）、〈代序：打開我創作世界的五扇門〉（一九八八）、〈我兩項最基本的創作觀：「第三自然」與「現代感」〉（一九八九）、〈從我的「第三自然螺旋型架構」看後現代情況〉（一九八九）和〈「第三自然螺旋架構」的創作理念〉（一九九二）這些論文中，概括而言，羅門的第三自然是比第一和第二自然「更為龐大與無限壯闊的自然」（一九七四：頁七〇），是一個超越的「存在之境」、「上帝的視境」（一九七四：頁七〇）、「內心的天國」、「那個無限地容納『美』的境界」（一九七四：頁七十一一）、「人類精神活動的佳境」（一九七四：頁七十六），且又是一個永恆的靜止的且又不朽的骨灰罈、一種「無限地展開的內心境界」（一九九二：頁一八二）。在這裡，我們發覺它既是主體的又是現象的，是內在的且又是超越的，是藝術的且又是本體的（上帝的、存在的），是藝術境界（poetic world）且又是藝術品本身，周偉民和唐玲玲教授說：「它是由作者心靈與客觀融化而創造的具有藝術力量的意境，是藝術和詩所建立的形象的王國」（註五）（頁一八二），這種只注意到羅門的藝術隱喻境界的說法還是不太完整的，因為它忽略了羅門這個理論的進展以及裡面的糾葛，而這一點，我們在底下對比羅門的第三自然與施友忠的二度和諧時將會加以呈現、澄清。

施友忠主張的二度和諧是指一種人生磨練後所獲救的平和清澄的心境以及這一類詩人作品中的風格和特質，他的初度和諧指「嬰兒原始的天真」境界（頁六十八），從初度和諧進展到二度和諧之間的經歷、鍛鍊與洗滌才是關鍵之所在。沒有經歷此一過程，當然不會有這種境界；但是，有此一經歷過程也未必能達到這種渾然無物我扞格、平和清澄的境界。施本人在提到初二度和諧的差別時就說過：

二度和諧很像初度和諧，但又超越了它。說它像，因為它也同

> 初度和諧一樣，是素樸、眞純、自然的。說它是超越的，因爲
> 它已超入悟境，恬靜圓通，不再因人世的滄桑，有動於衷了。
> （頁七十五）

施老在英文版論文中，一開頭就說到二度和諧這種心智狀態是超越的，可卻又是內存的（immanent），能表現這麼一種相當特殊的心智狀態的詩篇並不很多，要條分縷析論這一特質更非易事。施老在中英文論文中已舉了不少例子來論證它的存在，最後還得承認它並非一個放諸四海而皆準的圭臬。「它最適用的範圍，不出抒情詩，而且還要限於閑適妙悟一類的抒情詩。至於敘事說理等等，怕不大適用」（頁一○三）。施教授所欲論證的這種二度和諧特質雖然有些不易捕捉，可他的說明論證卻是非常清晰流暢的。

相對於施老的理論，羅門的第三自然有許多地方是在佔用（appropriate）前者的理論，譬如施提到「人須經過千錘百鍊，才能達到自然境界」（頁八十五），羅門則說詩人與藝術家必須掙脫第一與第二自然的限制而探索「更爲龐大與無限壯闊的自然」（一九七四：頁七○）；又譬如施提到人必須經歷鍛鍊與洗滌才能「達到最後了澈圓通、無掛無礙的境界。……超凡入聖，不再受一切知見的束縛」（頁六十六），羅門則比擬他的第三自然爲超越與昇華了的一種「物我兩忘的化境」（一九七四：頁七○）。更重要的一點是，羅門把施老所彰顯的能臻至二度和諧的詩都收編納入他的永恆的無限開放的藝術殿堂中，僅就這一點而言，我們就可以發覺羅門作爲一位美學家的熔鑄力量。

羅門關於第三自然的理論，其重點其實大都在一九七四年發表的那篇〈詩人與藝術家創造了存在的「第三自然」〉即已點出，其後發表的論文論點大都爲此一文章的拼湊及發揮，但這並不表示他以後就一無進展，最大的進展應有兩點，那就是：第一，他把非常具象的螺

旋架構跟第三自然觀結合起來，第二，結合後的「第三自然螺旋架構」
理論談的已是創作過程，例如：

> 第三自然緣自「觀察」→「體驗」→「感受」→「轉化」→「
> 昇華」的思想運作過程，這之間，因「轉化」與「昇華」的潛
> 在形態，含有迴旋的變化「圓形」，也含有向頂端玄昇的「直
> 展形」，便在互動中溶合成爲一螺旋塔的空間造型世界。（〈看
> 後現代情況，頁四十七）

從第一篇論文裡不斷提到第三自然爲詩人與藝術家所創造的佳境世界，
到本體的且又是超越的美妙內心天國（一九七四，頁五十七，六十二
和六十八），一直到晚近包含有創作過程的空間造型世界，這未嘗不
能說羅門這個理論是在開放發展之中。

　　我在前頭說羅門的第三自然理論佔用了施友忠所提倡的二度和諧，
這並不表示羅門的理論就一無價值。理論是要旅行的、擴展的，佔用
和消化就表示某種進展。根據這樣的說法，我們發覺，羅門在最近發
表的〈從我的「第三自然」螺旋型架構看後現代情況〉和〈「第三自
然螺旋架構」的創作理念〉這兩篇論文中，他就有意思以他的第三自
然理念來批判巴特的零度空間書寫（zero-degree writing）和詹明信
的後現代後資本主義理論。根據巴特的說法，零度書寫（ecriture）
是中性的、無色彩的；它是文學自殺後的極度匱乏（頁五、七十六～
七十八），而且可能是解決文學語言崩潰的一種辦法。在排除任何優
雅和修飾後，它應該就是一種新聞新導性文字（頁七十六）。羅門在
討論這種零度書寫時根本就未了解到巴特是在討論語言、風格與書寫
這三種「形式」（form）的關聯，他是在爲羅伯・傅立葉（Robbe-
Grillet）、卡謬、白朗梭（Blanchot）和卡侯（Cayrol）等所創立的，
排除了所有隱喻的書寫做鼓吹，他當然更沒想到巴特的零度書寫概念
並未在他往後的文學研究中扮演重要的角色（宋妲，頁xyii）。相反

的，他注意到的只是當今後結構／後現代主義時代的一些情況，例如，排除「主體」、「重心」與「內在本質性存在」的創作，又例如人們為了快速便捷的交接而不顧「歷史感」、「永恆感」，甚至也不驚動「心靈」。在針對後現代的情境時，他只注意到詹明信所提的各種媒介中的拼貼現象而不及於他另外所提到的一個非常重要的症狀：精神分裂症。在他非常感性的、直觀的理解下，他當然無法認可這些情境為「人類在在永遠持信的導向與眞理」（〈看後現代情況〉，頁四十五），而且他相信，患了後現代膚淺幼稚病的人，只要送到他所建構的第三自然藝術殿堂／故鄉裡去診療，他們一定能恢復其精神的形而上的昇力與活動（前引文，頁四十五）。

羅門是一位熔鑄力相當強的人，其詩歌美學理論非常豐富，自從他於一九五八年出版處女詩集《曙光》以來，他往後所推展出來的一些理念和主題——例如對悲劇精神的探討，對心靈世界的謳歌和對詩歌與音樂的密切關注等等——其實都可以在早期這本詩集中找到端倪。也就是說，羅門雖然出版了大約十本詩集和五本論文集，抽繹出來之後，我們當會發覺他所攻擊捕捉的正文並不致太多。即使是這麼樣，研究者要深入探討這些正文可還非常不易。我覺得他理論中還有一些主題如現代感、本體性、詩歌的特質、寫實與超現實主義的糾葛，甚至他詩歌中的浪漫質素，抒情傾向、原型意象、解構傾向、慾望與壓抑等等，這些都是非常值得深入且仔細研究探討的。本文能在很有限的篇幅和時間範圍內探討了他詩歌美學中的三個大座標，我已感到心滿意足了。

【附註】

註　一　這本論文集雖然取名《訪問記》，實際上，眞正採取對話形式的只有
　　　　第一篇取名〈心靈訪問記〉的文章；即使在這篇文章裡，採訪他的並

非甚麼人而是他的「影子」。

註　二　「心靈內景的開放」是《心靈訪問記》書中第七篇文章的題目。

註　三　羅門應該讀過尼采的著作《悲劇的誕生》（The Birth of Tragedy），因為他在〈現代人的悲劇精神與現代詩人〉（一九六三）提到「尼采的不斷躍上」（頁九十一）；在〈羅門訪問記〉（一九七五）裡提到，從一九五四～五八年間，他「或多或少地含有尼采與貝多芬強調生命超越性的精神色彩」（頁二四三）；也在〈詩人對人類精神世界的塑造〉（一九六四）裡，他把尼采與沙特做了比較（頁七～九）並且說：尼采高超的精神確像一條奔進的河流，在阿坡羅（Apollo）理性的默想與戴歐尼索斯（Dionysus）感性的律動之兩岸間通過，激起生命壯麗的浪花，人內在的田園因而得到良好的灌溉（頁六）。

他這些隱喻式的說法正好都是《悲劇的誕生》中的一些內容。在〈談現代詩的特質與藝術觀〉（一九六九）裡更提到「古希臘『由無到有』的悲劇精神」（頁七十七），這即是《悲劇的誕生》一再讚揚希臘人偉大之處。

註　四　羅門這篇論文發表於《創世紀》第三十七期（一九七四，七月）；後收入《羅門自選集》（一九五五，十二月），為〈代序〉，可見詩人對這篇論文之重視；然後又收入《時空的回聲》（一九八一），這次卻把提到文章緣起（occasion）的最後第二段刪除了，並把最後一段由三行擴充為六行的字數。

註　五　羅門詩歌理論中的第三自然觀與康德、公木二位的觀念之異同探討，請參考周偉民和唐玲玲，頁一八一～八五。必須指出的是，周教授並未提及羅門是否受到康德以及公木是否受到羅門的影響。

引文書目

周偉民、唐玲玲。《日月的雙軌——羅門、蓉子創作世界評介》。台北：文史

哲，一九九一。

施友忠。《二度和諧及其他》。台北：聯經，一九七六。

陳鵬翔。序《從影響研究到中國文學》。台北：書林，一九九二，頁i～viii

張錯。〈夢遣情〉，《聯合文學》七卷十二期（一九九一）：五十二～六十一。

羅門。《曙光》。台北：藍星，一九五八。

羅門。〈前言〉，《曙光》。頁一～五。

羅門。〈啊！過去〉，《曙光》。頁一二～一三。

羅門。〈後記〉，《第九日的底流》。台北：藍星 ，一九六三，頁一一九～二〇。

羅門。〈現代人的悲劇精神與現代詩人〉。《第九日的底流》台北：藍星，一九六三，頁八十九～一一八。

羅門。〈詩人對人類精神世界的塑造〉，《現代人的悲劇精神與現代詩人》。台北：藍星，一九六四，頁三～一五。

羅門。〈現代人的悲劇精神〉，《現代人的悲劇精神與現代詩人》。頁一六～三十四。

羅門。《心靈訪問記》。台北：藍星，一九六九。

羅門。《心靈訪問記》，頁一～二十三。

羅門。〈談現代詩的特質與藝術觀〉，《心靈訪問記》。頁七十四～八十八。

羅門。〈詩人與藝術家創造了存在的「第三自然」〉，《創世紀》，第三十七期（一九七四）：六十九～七十七。

羅門。《羅門自選集》。台北：黎明，一九七五。

羅門。《時空的回聲》。台北：德華，一九八一。

羅門。《追索的心靈（中）》，《時空的回聲》，頁三一八～五三。

羅門。《追索的心靈（下）》，《時空的回聲》，頁三五四～九二。

羅門。〈代序：打開我創作世界的五扇門〉，《整個世界停止呼吸在起跑線上》。台北：光復，一九八八，頁七～三十一。

羅門。《詩眼看世界》。台北：師大書苑，一九八九。

羅門。〈我兩項最基本的創作觀〉：〈「第一自然」與「現代感」〉，《詩眼看世界》，頁一～九。

羅門。〈從我的「第三自然螺旋型架構」看後現代情況〉，《詩眼看世界》，頁三十七～五〇。

羅門。〈詩與藝術美的轉化與造型能力〉，《詩眼看世界》，頁五十一～六〇。

羅門。〈心靈訪問記〉（續稿），《詩眼看世界》，頁一七四～八五。

羅門。〈「第三自然螺旋架構」的創作理念〉，收入陳鵬翔與張靜二編《從影響研究到中國文學》。台北：書林，一九九二，頁一八一～二一四。

Barthes, Roland. *writing Degree Zero*. Trans. Annette Lavers and Colin Smith. New York: Noonday Press, 1968.

Nietzsche, Friedrich. *The Birth of Tragedy* and *The Genealogy of Morals*. Trans. Francis Golffing. Rpt. Taipei: Caves, 1967.

Shih, Vincent. "The Second Harmony." *Tamkang Review* 6.2-7-1（October 1975-April 1976）:31-42.

Sontag, Susan. Preface to *Writing Degree Zero*. vii-xxi.

蓉子詩歌的藝術風格

唐玲玲

　　蓉子是台灣詩壇上一隻永遠飛翔的青鳥，蓉子是詩壇上永遠翠綠的常青樹。台灣詩人林野是這樣描繪蓉子三十多年的創作生涯的：

> 像一只翩翩的青鳥展翅翱翔，不懈地追求詩和美的綺夢，或像一朵出水青蓮，自妍婉中擎起，久久自芬芳，這些或捕捉靈思幻美，或歌詠生命，或追記雲遊旅次，無不自成佳構佳篇，以亮麗的緞帶串連而成。

蓉子永恆地微笑看著世界；她那雍容、溫柔、纖細的性格，對藝術眞善美的執著追求，展現了蓉子詩歌的獨特格調。蓉子詩歌的藝術世界，有其獨有的特色和風格。

　　㈠以心的透明、情的摯誠、愛的純真和味的幽雅，蕩漾人們的心
　　　靈。

　　詩是靈魂的晶體；詩人的靈魂嵌在詩內。蓉子的詩，形式幽雅，寧靜致遠，用羅門一句話來概括：「都透明在純淨的氣流內」。從她「追尋青鳥」的時代到她對「歲月流水」的嘆息，三十多年所寫的作品，都是她純潔的心靈世界之光的折射，「時間緩緩地吹醒一朵玫瑰的甜美」，她向讀者展現生活的美好，即使在抨擊都市的塵囂時，也使人們寄予對未來、對大自然的美好憧憬。當她譴責「憂鬱染藍了歲月／這世界充滿了嘲弄」時，她所告訴人們的，仍然「有可期待的喜悅」。她在描寫維納麗沙那「難以止息的憂傷」時，她的維納麗沙還是「走出峽谷，躲過現實的洶湧的浪濤」，「走向遙遠的地平線」，

蓉子往往在她那輕柔的詩句中，給予人們一種堅定的信心，超越的力量。在現實的艱難阻撓中，蓉子總是要「透露點滴星光」，鼓勵人們「自給自足，自我訓練，自我塑造」，她的描寫自然世界之美的詩篇，她的訴說人世曠古愛戀的故事，她的哲理性的詩句，都在告訴人們，世界的眞善美的內涵是什麼。在蓉子的詩歌生涯裡，她自己生活在理想式的生活之中，所描繪的更多是人生的歡樂的片斷，富於意蘊的感觸：她也反復勸導自己的讀者們生活在有理想的生活之中。讀蓉子的詩，像「一聲金石鏗然」，於溫柔的回響中培植人們對生活的愛心，喚起讀者的優美情趣，引起人們的激動和共鳴，潛移默化中接受眞、善、美意識的薰陶。

㈡以東方古典式的朦朧美和西方宗教的深沉思索，創造明晰的朦朧的意象和深邃的意境。

蓉子在《花都巴黎行（上）羅浮宮探寶》一文中，曾經說到夢娜麗莎的畫像，提出爲什麼這幅畫像的藝術美那樣吸引歷代的欣賞者。蓉子作了如是記述：「至於在羅浮宮浩如煙海的繪畫中，最膾炙人口的當然是達文西那幅傳誦不息的夢娜麗莎（Mona-Lisa）了，如今她不僅僅成爲法國國寶，簡直已成了全世界人類的藝術瑰寶了！雖然羅浮宮中傑作如林，而夢娜麗莎卻依然享有她獨特的地位——她不像別的畫那樣地掛在牆上；而是連同畫框嵌入壁中，外面再用一個大玻璃框罩起來；同時還在相當的距離外，圍以繩欄，俾觀衆和她之間能保持相當的距離；同時也頒下了不准用鎂光燈拍照的禁令——這可說是歐洲各大美術館一致的規定，通常參觀者也能遵守此項規定。然而出乎意料之外地，在這羅浮博物館中的國際廳內，竟有觀衆甘冒被人指責，被警衛前來干涉的危險，照用鎂光燈不誤，諒還是因了她的微笑太迷人、太神秘的原故吧！此畫作於一五〇三到一五〇五年左右，畫中的夢娜麗莎據稱是翡冷翠一位市民賈孔達（Joconde）先生二十四

歲的妻子Madonna Elisbetta，當年萊渥那多·達文西（Leonardo da Vinci）為了要捕捉畫中人那甜美神秘的微笑真是煞費苦心，作畫時他專程請人來給麗莎演奏，還不時地講些笑話來逗她高興，這一幅只三尺多高的油畫，竟讓這位大天才費了長達三年的時間才完成。畫中那中分垂肩的一頭柔髮，正是不久前中外年輕女孩們模仿流行的髮型哩，可是那唇角輕牽一絲微風般的笑意，卻成了永恆的神秘——沒有人能夠解釋得清楚，更無人能夠模仿，還有她那豐滿、光潔的雙手，左手擱在椅背上，右手極為自然地放在左手上，神態多麼自在和安祥，背景是霧濛濛的山巒和象徵生命永恆不息的流水吧！此畫乃法國皇帝法蘭西斯一世花了四千Crown（約合美金五萬）買下的，後來為羅浮宮收藏，於一九一一年曾被人盜竊過，兩年以後才從義大利找了回來——是不是因為使這幅畫不朽的作者為翡冷翠人，致令他的後世同胞覺得這幅畫裡應為義大利所有呢？「這是蓉子在參觀名畫夢娜麗莎時的實錄，為什麼夢娜麗莎的微笑會如此不朽呢？其癥結處，在於畫家表現了繪畫的朦朧美。夢娜麗莎的微笑如此迷人而又神秘，不可捉摸，引起欣賞者無窮的聯想！藝術的朦朧美，往往令讀者在對象或意境的凝神觀照之中，讓自己的靈魂沈浸在藝術的境界和美的氣氛內，獲得審美的陶醉和情感昇華。蓉子自己的詩，正如這幅名畫的美感效應一樣，在詩中呈現一種古典式的朦朧，這種美感效應隱約悠逸，閃爍不定，而又引起了欣賞者的審美快感，使作品的靈魂融進了讀者的生命中，正如劉勰在「文心雕龍」中說：「情朦朧而彌鮮」，這種隱約朦朧的藝術魅力，使蓉子詩歌永葆生命力。像她的成功之作《一朵青蓮》所體現的就是這種藝術的朦朧的美感。第一節寫沉寒的星光：「有一種低低的回響也成過往／仰瞻／只有沉寒的星光／照亮天邊／有一朵青蓮／在水之田／在星月之月獨自思吟」。這一朵青蓮的意象，襯托於「沉寒的星光」之下，她那「獨自思吟」的隱約的身影，已為青蓮

的自然存在創造了迷濛的氣氛。第二節寫在迷濛氣氛下所觸發的朦朧情緒，「可觀賞的是本體／可傳誦的是芬美／一朵青蓮／有一種月色的朦朧／有一種星沉荷池的古典／越過這兒那兒的潮濕和泥濘而如此馨美！」第三節深化這一股朦朧的情調：「幽思遼闊／面紗面紗／陌生而不能相望／影中有形／水中有影／一朵靜觀天宇而不事喧嚷的蓮。」」這朵青蓮，在那隱約的氛圍中又逐漸明晰，那就是青蓮的獨立於寒波之中的頑強：「紫色向晚／向夕陽的長窗／儘管荷蓋上承滿了水珠／但你從不哭泣／仍舊有菀鬱的青翠／仍舊有妍婉的紅燄／從澹澹的寒波／擎起。」筆調若隱若現，欲露不露，反復纏綿，讓青蓮的形象引起讀者聯想，以強烈的美感引導欣賞者自己追索。蓉子的《維納麗沙組曲》，以藝術的朦朧美的特徵吸引讀者。維納麗沙寫的是詩人自己，她聲明不是名畫中的蒙娜麗莎，但其詩意及韻味，卻完全體現出像蒙娜麗莎的微笑一樣那樣迷人，那樣神秘，維納麗沙「完成自己於無邊的寂靜之中，」維納麗沙「長伴擾嚷、喧囂／任歡悅和光華在煩瑣內剝落！」維納麗沙如在夢中行走，她「迢遙地隔著／就像陸地與海／就像東和西／就像命運／就像生和死」。維納麗沙可以「呼召未來，呼喚花香！」維納麗沙處身於「那絹質煙雲的窗帘，似無骨的輕逸」，她在「夢和現實的雙轡並馳」中完成自己。維納麗沙的形象，展現出一種情感的審美意識的朦朧以及詩歌色彩的朦朧，使這組詩在漸隱漸顯之中，淡入淡出，以其整體的和諧朦朧之美感染讀者。又如《古典留我》一詩，詩人著意描摹漢城的古典美，也以一派古典的朦朧美吸引欣賞者：「那時『香遠池』的一池蓮紅尚未睜眸／鳥聲在漢城各座宮殿庭院滴落／如密密雨點落在鬼面瓦上／一處處都是回響……夢在江南／春色千重／柳絮兒滿城飛舞。」這滿城飛絮，梅雨蒙蒙的春色，是現實的漢城，似夢中的江南，這樣的朦朧筆法，使詩意美不勝收。

　　㈢蓉子的山水詩引導讀者進入另一境界，那裡一片寧靜

　　這類詩篇，在蓉子詩集中不勝枚舉。當然，蓉子詩歌中所創造的那些明晰的意象，同樣美不勝收。蓉子愛山水，於是山水詩也多，她在山水詩中對自然的傾心和迷戀，讓讀者獲得審美的愉悅。中國的山水詩的發展，向以謝康樂為宗。劉勰《文心雕龍・明詩篇》有「宋初文詠，體有因革，莊老告退，而山水方滋」之說。雖然《詩經》也有極少數寫山水之作，但那不是聲格意義上的水山詩，僅是以山水作為一種襯托的手段吧了！謝靈運的詩，才「始創為刻劃山水之詞，務窮幽渺，扶山谷水泉之情狀。」（王士禎《帶經堂詩話序》）魏晉南北朝的山水詩派，以他們對自然界的美的感受，寄懷山水之情，抒發於詩。像永和九年癸丑王羲之寫序的蘭亭詩，集中了這一時期詩人對山水的吟詠，晉代陶淵明的田園詩，唐代王維、孟浩然等人的山水詩，表達了詩人們對大自然的品賞，把山水的靈秀，萬趣融其神思，藝術格調高雅，對自然的歌詠，又具哲理韻味。唐宋詩對自然意象的描摹，已到了巧奪天工的地步。蓉子的山水詩，繼承了中國古典山水詩傳統，自然意象也多為山、水、天氣、星象、樹木、花草、鳥，不過她往往把許多自然意象溶合為一，構成一幅秀美的自然圓景，令欣賞者心曠神怡。試看《澄清湖之憩》的第一節：「艷陽雕飾南方的林園／那白晝繽紛在花間／葉子們因歡悅而歌，且垂下前呼後擁的影／天藍而寂／鳥翅正長／一朵雲馳過來／我們長長的憶便觸及幽涼／而年青的綠迷人的紫一起溶入了湖水……」蓉子筆下的山水是複合的，明麗的艷陽天，繽紛的花間草影，藍天的飛鳥雲彩，幽涼的綠、紫色渲染的大地，溶入澄清的湖水之中，這景致既繁鬧又寧靜。詩人的《回響》一詩，寫山水的靜謐，又別是一番情調「倘我不去／靜謐若是／山依舊崢嶸／水依然無邊／天空仍舊深湛／唯你乾涸在內地／而鳥消瘦在角隅。」把深沉的感情托附於山水之中：我去我去／山嶺原野都青翠／江河日益嫵媚／且躍動如飛瀉的泉源／海岸格外金燦／季節愈益舒展

／跫音回蕩不絕。……」蓉子的山水詩，蕩漾著一股悠靜、單純、清朗的思緒，蘊含著古典式的雅致。《橫笛與豎琴的晌午》：「悠悠遠遠的音波／像隔岸擣衣聲／回響在每處靜靜的水上／回響那沈穩的明麗／沁人的古典／撩人的哀愁和蒼涼的寂靜。」她描寫朝鮮的吐含山：「曙光中／每一樹枝與岩石都向黎明伸展／而晨露滴落／蔥翠滴落／無邊的豐美擴張／山頂石窟有太多成形的神話。」（《吐含山的攀登》）「當晨光隔著大幅玻璃窗向我們呼喚／陽光用它全幅的金黃掛滿敞窗／那豪華物資文明的旋轉舞台／便急速隱沒於這無限的山光水色中」。（《華克山莊》）詩人喜歡寫晨曦的寧靜。她筆下的山水與古代詩人所不同的，是她能把傳統和現代融合而一，她既描繪了古老的曠古不變的星辰山水，又綜合了現代色彩斑斕，展現古老的東方和年青的西方的結合。而且，蓉子在她的山水詩中，她永遠於寄情山水之中托附著希望或期待。如寫湖上水色：「有一片葉子在飄蕩／有一片雲影在湖上／你動蕩在水上／讓我們划湖去／展開層層波瀾／把夏的濃紅滌洗／當我們划近藍色的海洋。（《湖上·湖上》）她在山光水色之中，也寄寓一股美好的情調，命人讀後感到鼓舞，得到一股追求的力量。猶如她描寫七月的南方，把南方寫得斑彩奪目，燦爛熠熠：

　　你綠色的蹊徑　一片深色寧靜的覆蔭

　　你光輝的園子　一片芬風香海

　　爲各種花神所居住的

　　鳥在光波中划泳

　　樹在光波中凝定

　　椰子樹的巨幹靜靜地支撐南方無柱的蒼穹

　　古老桐的身上現出野獸的紋斑

　　松果緩緩地跌落在寂謐的苔蘚上

　　像是幸福的凝滴……

　　而艷陽熊熊的火燄正點熾

　　這是宇宙不熄之火

　　是成熟的豐饒姐妹

　　使空氣內溢滿了成熟的香氣——

　　溢自陽光的金杯；

　　更用它鮮明的油彩到處塗繪

　　塗抹在林葉、河水、原野、山嶺

　　使一切都燦爛煇煇

她把美麗的南方描摹得五彩繽紛，令人神往。蓉子筆下的山川風物，又一次與古代山水詩不同的，是她不是寫失意時的沈鬱情緒，而是寫理想追尋中，飽和著希望之光的山光水色。她的山水詩有似牧歌式的意味，似閑雲野鶴般的散淡，但又賦予生命感，滲透著精神。蓉子永遠「青鳥」的姿態，飛舞出她自己的藍天白雲。

㈣強烈的樂感

　　蓉子的詩洋溢著一種新鮮的活動，想像豐富，詩味濃郁，節奏感強。在她的詩中，透過詩的語言傳達心靈的顫動，憶舊的餘弦，音樂美是她詩的語言特徵。宋代蘇東坡把文章比喻為行雲流水，蓉子的詩體現了這種韻味。她詩中的語言，含蓄凝重，含不盡之意於言外，善於把繪畫、音樂的手法運用到詩歌創作之中，具有清麗的色彩和音樂的旋律。她善於運用重疊的句式，優美的韻律，如：

　　划破茫茫大海的

　　不是白晝的太陽

　　不是夜晚的星星

　　也不是日夜吹著的風。

　　划破茫茫大海的

是一只生命的小舟……

———（「小舟」）

像這樣一首精美的小詩，詩人採用重疊的句式，一再抒寫：「划破茫茫的大海」句子，突出了詩意。而「陽」、「風」、「舟」的韻律，使全詩音律悅耳，音調響亮，增加讀者聽覺的美感。又如「不知道夜鶯何事收斂起牠的歌聲／晨星何時退隱——／你輕捷的腳步為何不繫帶銅鈴？／好將我早早從沉睡中喚醒！」（《晨的戀歌》）節奏和音韻輕鬆和諧，聲調鏗鏘動人。

蓉子的詩，似乎是一首首宛轉的歌，而不像羅門那種「銅琵琶、鐵棹板」類似東坡「大江東去」的雄渾歌曲。蓉子的歌，顯出那份溫柔，那份輕曼，那份超然，蓉子的輕聲慢拍，那份飄然逸然的詩韻，令人體味無窮。

冷卻了的悲痛

——讀羅門的《麥堅利堡》

馮麟煌

　　詩是詩人感知客體訴諸心靈所爆發出來的激情火花。我讀羅門的《麥堅利堡》被受詩中的激情火花所燃燒，深為詩情的旋響所震動，心海湧起波瀾久久不得平靜，猶如看到那場驚怖的戰爭。

　　在我所讀過的關於描寫戰爭題材的詩篇中，我覺得《麥堅利堡》是寫得最不同凡響的。這是一門反戰的瑰麗虹美的詩篇，它讓從那場戰爭走過來的人再次溫習和體味那場戰爭，讓沒有經過那場戰爭的人也可以感知那場戰爭，那場人間歷史的悲劇，人類的災難和死亡。它的詩情所具有的魅力無疑是投向讀者心靈的爆響，而又冷峻地引發人們去思索那場戰爭，這種思索因為時空的關係已經是一種冷卻了的悲痛，悲痛著該如何去尋找和創造一個沒有戰爭只有和平與安寧的世界，這就是《麥堅利堡》在今天所要告訴我們的。

　　　超過偉大的

　　　是人類對偉大已感到茫然

詩的引文拉開了詩的序幕，定下整首詩的題旨和基調，揭示了戰爭與人類、戰爭與和平難於調解的矛盾內涵。那場殘酷的戰爭雖然已經過去許多年許多年了，戰火燃燒過的歲月和太平洋的海水也都早已冷卻，然而當作者也許作為觀賞風景的旅人踏訪這方以七萬座大理石十字架分別刻著死者名字與出生地極其壯觀而又淒慘地展覽於麥堅利堡曠野

上的美軍戰亡公墓時，心情卻是不能冷靜的，他彷彿嗅到那股濃濃的戰爭的火藥味，聽到那場戰爭依然在哭訴，向著天和地，向著上帝在哭訴，又彷彿看到那場戰爭當年猙獰的狂笑，可怕的死亡的狂笑。七萬顆靈魂就是被這瘋狂的炮火的「笑聲」埋葬的。

　　　戰爭坐在此哭誰

　　它的笑聲　曾使七萬個靈魂陷落在比睡眠還深的地帶

　　兩行詩起頭，獨成一節，以兩個反義字「哭」和「笑」帶出，就非常形象非常感情地展現了那場戰爭的殘酷和慘烈以及給人類帶來災難深重的痛苦和悲傷。這痛苦和悲傷是再也不能彌合了，一切美好的失去再也不能挽回：「史密斯　威廉斯　煙花節光榮伸不出手來接你們回家／你們的名字運回故鄉　比入冬的海水還冷／……／血已把偉大的紀念沖洗了出來／戰爭都哭了　偉大它為什麼不笑」能笑得起來麼，偉大？上帝也都救不了他們，只能眼睛發愣，看著那慘白的七萬朵十字花「在風中不動　在雨裡也不動」，站成永遠的沈默和死寂，站作遊客的景觀。死者過去美好的一切只能讓遊人代作叩問的追憶：「那裡是你們童幼時眼睛常去玩的地方／那地方藏有春日的錄音帶與彩色的幻燈片」這從另一面也強烈地反映出活著的人們反對戰爭的呼聲和對和平美好生活的嚮往和追求。

　　「麥堅利堡　鳥都不叫了　樹葉也怕動／……空間與空間絕緣時間逃離鐘表」詩情奔湧著進入抒情的深層，推出一個特寫的「靜」字。靜靜的廣場，靜靜的綠，靜靜的白，靜靜的美麗，卻不是人間的樂園，不是，而是「死者的花園」。作者通過製造墓地死靜的氛圍，進一步渲染那場戰爭帶來的死亡災難的悲劇性。其悲劇可叫人神崩魂碎，鳥也驚心，花也濺淚，「凡是聲音都會使這裡的靜默受擊出血」，空間凝固了，時間靜止了，死亡定格在這裡，永恆無聲，也許只有神來光顧吧，這墓園的草地是綠得愴然，綠得憂鬱的，「靜止如取下擺

心的錶面　看不清歲月的臉」，一番悲涼凄楚的景緻！

　　然而，再長的夢也有醒來的時候，即使這死者的「睡」在生者看來是不會「醒」了，但詩人卻使它「醒」了，而且是「睡醒了一個死不透的世界」。那個炮火咆哮屍血遍地的世界，在詩人眼中似是個死世界，但卻死不透，既然死不透，就有復活的希望，生存的希望，在戰火燃燒過的焦土上只要有生命在，有和平的渴望在，就定會生長出芳草和鮮花來，就定會放養和平鴿。世界人民只要在戰爭的災難中覺醒了，戰爭就會被制止的鏟除，美好的和平也就會到來。

　　然而希望只是希望，期待只是期待，現實卻是很冷酷的。面對這蒼涼茫昏的墓地，看著這死神聚居的人間地獄，還能感慨什麼？「麥堅利堡是浪花已塑成碑林的陸上太平洋／一幅悲天泣地的大浮雕／掛入死亡最黑的背景」悲涼，悲涼，只是無盡的悲涼，只是教人感覺到被死亡重壓著的窒息。此景此情，任你七萬座大理石的嘶喊也不濟於事，這裡神也不敢留步，星也不敢睜眼，史密斯，威廉斯，「你們是那裡也不去了／太平洋陰森的海底是沒有門的」詩寫到這裡煞然而止，就好像閻王關住鬼門似的更教人感到無比的陰冷與顫栗，進而警醒人們：罪惡的戰爭只有通向災難和死亡，造成人類文明的毀滅，沒有別的出路。詩的結尾一句力敵千鈞，回味無窮。

　　《麥堅利堡》飽蘊著詩人大海一樣的激情，以極其冷峻深沉的筆觸描繪了那場世界大戰群體悲劇的故事，三十五行有血有肉有聲有色的美麗的語言集結成氣勢磅礴的偉陣，交相輝映，也像是在舉行一場威武雄壯的戰爭。全詩統由哭訴——死靜——凝固（定格）這樣一種肅穆悲壯的情調主線貫串其中；融匯時空聲色為一體，意象奇異獨具，意境深拓獨到；詩語因景因情而生，壯美多姿而悍煉，如件件珠光寶器擲地作響而生輝。此乃《麥堅利堡》藝術表現手法精湛高超之所在，是同類詩作無與倫比的。《麥堅利堡》不愧為當代世界詩壇的傑作，

不愧於詩人稱號的羅門的最輝煌的成功。

一九九三年七月二五日於海南省作家協會

愛神、情聖與愛情象徵

——蓉子的愛情詩分析

馮瑞龍

一、導論：蓉子與「愛情詩」

　　蓉子是當代中國重要的女詩人，這是毫無疑問的。（註一）但假若讀者遍讀她的作品，就會發現一個有趣而奇怪的現象，就是這位「自由中國第一位詩人」、「永遠的青鳥」比較少愛情詩傳世。

　　眾所週知，蓉子既是感性詩人、女性詩人、又長期受基督教的薰陶。（註二）照常理而論，一般比較感性的詩人，都多寫愛情題材，《聖經》中提及基督與信徒的關係，也多用愛情作比喻，舊約《雅歌》（Song of Solomon）就是典例。（註三）她在〈鐘聲〉（一九五二）一詩中曾示現個人信仰：

　　　　今日的鐘聲，／如同我的思潮，／起伏在多風雨的海上。／

　　　　我仰望：／教堂的尖頂上，／有我昔日凝聚的愛，信仰與希望，

　　　　／今夜的鐘聲復使它們飛翔，／飛翔在這黑暗的海面。（〈鐘

　　　　聲〉，一九五二）（註四）

在這首詩中，新約基督教會的三大理想：信心（Faith）、希望（Hope）、與愛心（Love）不單並列，而且蓉子更標舉出愛心來。以西方的「接受理論」（reception theory）和「期待水平」（horizon of expectation）看來，讀者是有理由預期看見大量愛情詩的。（註五）

　　然而，與常理相違，蓉子這類詩竟然甚少。身兼詩人與評論家等職的鍾玲大概是第一位指出這個問題的學者，她說：

　　　　縱觀蓉子的詩，可說是十本詩集中找不到一首所謂「情詩」，
　　　　即找不到一首個人色彩濃厚，深刻描寫愛情體驗的詩，而其他
　　　　台灣女詩人幾乎個個都寫不少以愛情經驗爲主題的詩。蓉子這
　　　　方面的緘默，可說是個奇特的現象。（註六）

正因爲這個現象與常理相違，就很值得學術界注意和加以探討了。本論文就是源於上述這個問題，對蓉子的「愛情詩」作出了一些研究，現在將一些初步的意見就正於方家，以求集思廣益，共同努力繁榮中國文學研究。

　　基本上，蓉子少寫愛情詩，很可能有三個原因（幸好原作者也可以參加討論）：(1)婚姻美滿；(2)作者不擅長；(3)喜歡寫原型多於寫個人。婚姻美滿當然是生活上的好事，但對創作來說，卻很可能限制了寫作愛情詩的原動力。（註七）

　　對於第二點，蓉子自己有所解釋：「從來我就不是一個長於寫情詩的人。」（註八）事實上，研究發現蓉子的情詩絕不遜色，不過，與一般的愛情詩不一樣。相異之處，就在於蓉子的「愛情詩」主要是寫集體的、民族的、原型的愛情而非個人的愛情。正如作者在自序《這一站不到神話》中解釋一組情詩時所說，他們是作者對愛情生命的詮釋：普遍化的、原型意味的愛情。（註九）

　　本研究的取材範圍，包括蓉子第一本詩集《青鳥集》和較近期的《這一站不到神話》，再輔以《蓉子自選集》。取材雖不算全面，但已經集中了蓉子所說的重要愛情詩篇：

　　　　但經粗略的統計，情詩在我十本詩集中，還是以第一本詩集《
　　　　青鳥集》所佔百分比較高，約佔全書五分之一強，其後就愈來
　　　　愈少了。（註一〇）

　　至於本研究採用的分析方法，是對作品的符號（signifier）和意旨（signified），大概相當於中國文學理論家所說的「言」和「意」以至「語言」和「境界」，進行雙重探索：先分析各種愛情符號，如愛神、情聖和其他的動植物等的愛情象徵，然後再探討其間透露的愛情觀照的一些訊息。（註一一）

二、意象分析

　　詩的分析，可以採用眾多不同的方法。但離不開針對作品的三項重要問題：㈠意境／氣氛（what）；㈡技巧／方法（how）；㈢寫作動機／原因（why）。在本節中，會集中分析第二項，尤其是詩中的愛情意象和象徵。至於第一項及第三項問題，將會在下一節合併探討，並且以作品表面現象底層的愛情觀照為重心。

　　意象和象徵，都是西方文學批評的術語。所謂「意象」（image, imagery），本是心理學名詞，原意是指「心靈的圖畫」（mental picture）。至於文學上的意象，是很廣義的，指藉著文字符號的傳達，使物象的各種特性清晰而具體地呈現人前，使讀者有感同身受的效果。所謂「象徵」（symbol），也可以是意象，但通常被賦予較深廣的意義。（註一二）

　　蓉子的「愛情詩」（以原型為主的愛情詩）中出現了各式各樣的意象，但其中以三類意象最為突出：就是：「愛神」、「情聖」和花鳥等的「愛情象徵」。分佈情況參見附錄圖表。現分析如下。

2．1　愛神

　　一般愛情詩不一定會有愛神的角色。原因是多數的詩歌乃是詩人個人經歷和心理反應的反映／折射，所以通常不必出現形而上的神明。唯有以民族和集團整體著眼的詩，例如蓉子的詩，才會較多地出現愛神，來作為愛情的具體象徵。

　　在蓉子的「愛情詩」中，高高在上的神明而保佑墜入愛河的戀人的愛神，甚或自己也不能倖免情慾的愛神，祂的形像來源，有兩種可能性：㈠源自西方的；㈡源自中國的。

　　形像源自西方的愛神，主要例子見於：〈夢的荒原〉、〈海的女神〉和〈愛神〉幾首詩。〈愛神〉中的西方女愛神是一位聖潔的、柔和的愛神：

> 愛神不是盲目的。／她的眸子清冷如秋水，／
>
> 她的心腸如鍊鑄精金的火，／踏著柔美的步子，／
>
> 不喧鬧，也不爭噪。
>
> （〈愛神〉#四六，《青鳥集》，頁一〇〇。）

　　至於〈夢的荒原〉中的女愛神，也是聖潔的、柔和的，但卻帶上幾分憂愁：

> 愛與美的女神以及妳永恆的憂悒／
>
> 就用寬闊的絲帶束我風信子的長髮／
>
> 在初夏鬱悶的愛琴海上　從泡沫誕生時／
>
> （〈夢的荒原〉一九六五，《蓉子詩抄》，收入《蓉子自選集》，卷三，頁一九〇。）

不單如此，她的形象也滲入了中國的觀音所代表的端莊和苦難，可以用以下兩段詩爲例：

> 她坐著在此／永恆的靜姿在此　永恆的寧謐留此／
>
> 當她坐於寂靜的深邃／以莊穆企求和諧／
>
> （〈夢的荒原〉一九六五，《蓉子詩抄》，收入《蓉子自選集》，卷三，頁一九一。）

> 世人每羨我蓮座／不悉我常行走於荊叢／以沒有鞋子托住的跣足／

我是跣足的阿富羅底／我的額上沒有珠翠／我的耳葉沒有珍飾
／

——我僅白衣一襲以及／沒有鞋子托住的跣足／

（〈夢的荒原〉一九六五，《蓉子詩抄》，收入《蓉子自選集》，卷三，頁
一九四。）

當代著名詩人及評論家鍾玲的分析頗有慧見，她也指出詩中的女神其
實是中西合璧的：

〈夢的荒原〉中，對愛神的造型有所描繪。這位「阿富羅底」
應該是希臘的 Aphrodite，因爲蓉子描寫她「愛琴海上／從泡
沫誕生……。」希臘的愛神，是愛慾的象徵，令男人神魂顛倒
的對象。而蓉子筆下的愛神，不但周圍沒有男性，常守孤獨，
而且亦非千嬌百媚。她很「莊穆」，是「端莊的神」。而詩中
更描寫她在「蓮座」上，因此她的愛神形象，無寧說是更接近
中國的觀音菩薩。（註一三）

〈海的女神〉一詩中的女神，則具有「相反相成」（ambivalence）
的性格：一方面勢力大、破壞力強，但另一方面在愛情滿足時也現出
柔和之面相：

我是海的女神，／我翱翔在海上，／雲霞是我的長髮，／
星月是我髮際的裝飾。／
我揮淚成雨／步履生風／每當我來臨時／海水們便羣起歡躍。
／

（〈海的女神〉#一二，《青鳥集》，頁二○。）

在另一方面，男愛神則不多見，中國傳統的「月下老人」和「赤
絲繫足」等的傳說也欠奉。唯有〈海的女神〉中由女神口中交待了太
陽王子的角色：

宇宙的王子太陽，／是我的靜友，／他普愛眾生，／

有偉大的力與心魂。／每當他衣衫的影子，／飄拂過海面時，
／

水族們都引頸期望。／

（〈海的女神〉#一二，《青鳥集》，頁二二。）

此外，還有一些功用較次要的愛神，只作爲典故運用。例如〈爲
什麼向我索取形像〉一詩，作者在詩中的「代言人」（persona）很
有些自比爲上帝的意味，她重複地說：

爲什麼向我索取形像？

（〈爲什麼向我索取形像〉#三九，《青鳥集》，頁八五～八六。）

從讀者的角度看來，實則這首詩反映了現今男孩崇拜女明星的實況，
雖然詩人寫作的年代以至寫作動機絕非如此。還有西方神話中那位到
處向男女射出愛之箭的頑皮小孩邱比特也多次出現，例如以下兩首詩：

青年人說：／青鳥在邱比特的箭簇上。／

（〈青鳥〉#一，《青鳥集》，頁一。）

他是本世紀初最後一位／被那盲童的金箭射中的人物／

邱比特一箭射中了天潢貴冑的他／他一眼看中了身爲平民的她
／

──一生的傳奇與悲歡於焉開始／

（〈愛情已成古老神話〉，《這一站不到神話》，頁二一〇～二一一。）

相對來說，中國本地的愛神則不多見。只有在〈明珠〉一詩中的
鮫人，或許帶有中國神話與愛情的色彩：

我有一顆明珠／是久遠的日子前，／一個黑暗的風雨夜，／

鮫人所贈予。／

（〈明珠〉#七，《青鳥集》，頁一〇～一一。）

由此可見，在男女愛神的「出場率」方面，以女性佔優；而在中

西愛神的「出場率」方面，又以西方的形像佔優。然而，必須說明的就是蓉子筆下的西方愛神，也有中國化的傾向。

2・2　情聖

在蓉子的「愛情詩」中，比神明更感人的乃是情聖。雖然詩例不多，但都眞摯感人。〈愛情已成古老神話〉一詩中，作者直接嘉許溫莎公爵的男情聖地位，認爲他比范倫鐵諾（Valentine）有過之而無不及：

誰說范倫鐵諾是情聖？／啊，不，除了愛德華溫莎公爵／

（〈愛情已成古老神話〉一九八六，《這一站不到神話》，頁二一〇～二一一。）

女性則較爲委屈，並無特出的代表，只有〈意樓怨〉中的無名的古典美人差可問鼎女情聖的寶座：

一位古典的美人面　纖纖的手指／綽約的丰姿　匹配得好夫婿／

（〈意樓怨〉一九八六，《這一站不到神話》，頁二一五。）

不過她既無名無姓，形像也不能突破中國傳統《詩經》、古詩十九首等一脈相承的「怨婦思遠人」的框架。

概言之，蓉子筆下的情聖並不太多，面目也較模糊。考究原因，大概因爲作者重視的乃是基督教教義中的弟兄姊妹原爲平等，男女之間應該是非奴非神的平等地位。正如在〈平凡的願望〉詩中所自白：

啊！我們的願望，／不過是做你們弟兄似的姊妹。／

（〈平凡的願望〉#三五，《青鳥集》，頁七六。）

一個高高在上、受人崇拜的情聖，其實並不等於生活中的理想配偶。然而，詩人也不無傷感地說出「愛情已成古老神話」，來哀悼現代人人的疏離的、蒼白的愛情。

2・3　愛情象徵

　　除了以上所述的愛神、情聖角色，作為原型的「愛情詩」，愛情象徵的使用也頗重要，其功用有三：㈠提示背景和作為場景：㈡作為詠述的題材（如詠物詩）；㈢用作比喻情感，如中國古代詩詞中的梅柳有離別之意，鴛鴦是美好的愛情象徵，其中以花鳥出現的頻率較高。植物出現於：〈愛情已成古老神話〉、〈意樓怨〉、〈貧瘠〉、〈五月〉各詩。〈愛情已成古老神話〉中出現了典型的愛情象徵——「玫瑰」：

> 有些品種的玫瑰　僅以／玫瑰的樣相存在著／
>
> 有些愛情　只在／春天開那麼一季的花／一到秋天便凋殘了！
>
> （〈愛情已成古老神話〉一九八六，《這一站不到神話》，頁二〇九～二一〇。）

〈意樓怨〉中的楊桃樹，更是長詩中的堅貞愛情的化身：

> 只有這棵楊桃樹　依舊／以不凋的堅持　守護著小小的意樓／
>
> 覆庇著古昔的花窗／向每位駐足的旅人　細雨／
>
> 低訴著那悽苦的愛情故事／
>
> （〈意樓怨〉一九八六，《這一站不到神話》，頁二一四。）

楊桃樹在詩中多次出現，其地位舉足輕重，已經超越了場景或襯托的作用，而成為全詩的中心和主題。〈五月〉一詩有受西方影響的玫瑰、百合連用，但僅為情節的象徵：

> 雖五月的玫瑰無限好，／夏盡秋來時仍將枯焦。／
>
> 啊！別跨起你重濁的腳步，／驚落那枝頭純美的百合！／
>
> （〈五月〉#一一，《青鳥集》，頁一八～一九。）

〈貧瘠〉一詩則比較有趣，以蔥綠隱喻薄情男子的愛情：

> 我將化身為一把火／焚盡你僅有的蔥綠？／
>
> （〈貧瘠〉#八，《青鳥集》，頁一四。）

　　在鳥類方面，分別有夜鶯和青鳥出現。〈晨的戀歌〉中的夜鶯，

與莎士比亞戲劇《羅密歐與朱麗葉》（*Romeo and Juliet*）中的夜鶯
有異曲同工之妙：

> 不知道夜鶯何事收斂起牠的歌聲，／
>
> 晨星何時退隱／
>
> （〈晨的戀歌〉＃一三，《青鳥集》，頁二四～二五。）

〈青鳥〉中的青鳥，其實是理想的隱喻。青年人的理想是愛情，中年
人則可能是「瑪門」，即基督教所說的金錢之神（註一五）：

> 青年人說：／青鳥在邱比特的箭簇上。／
>
> （〈青鳥〉＃一，《青鳥集》，頁一～二。）

　　此外，也有受中國傳統影響的愛情象徵，例如〈明珠〉中的鮫人
和明珠；〈意樓怨〉中的浮雲與明月：

> 我有一顆明珠／是久遠的日子前，／一個黑暗的風雨夜，／
>
> 鮫人所贈予。／
>
> （〈明珠〉＃七，《青鳥集》，頁一〇～一一。）

> 因爲愛和美的極致常不能見容於人間今世／
>
> 利祿的浮雲啊　終將掩蔽皎潔的月明／
>
> （〈意樓怨〉一九八六，《這一站不到神話》，頁二一七。）

但他們的使用與意旨並無突破性。

　　較具特色的要算個人的、受西方影響較深的象徵。例如〈青鳥〉
中說青年人的理想是邱比特的箭簇上的青鳥。〈五月〉詩中的火和酒
似乎暗示戀愛：

> 爲什麼向我舉爐火？／在五月多星的夜空！／
>
> （〈五月〉＃一一，《青鳥集》，頁一八～一九。）

〈晨的戀歌〉中把早晨人格化了（personification）：

> 啊！你輕捷的腳步爲何不繫帶銅鈴，／

　　　　直等我自己從沈睡中醒來，／

　　　　晨光已掃盡山嶺！／

　　　　（〈晨的戀歌〉#一三，《青鳥集》，頁二四～二五。）

〈虹〉詩中的虹和雨也被詩人賦予了新的愛情象徵：

　　　　把虹放在天空／作爲你立約的記號／——我將忘記雨的悽楚／

　　　　（〈虹〉#一五，《青鳥集》，頁二八～二九。）

〈三月〉也經過擬人化，打扮成未嫁少女的模樣走到前台來：

　　　　三月是未嫁的小女／一群素約小腰身的雨／

　　　　偶然——／從屏風後偷窺這世界／

　　　　（〈三月〉一九六一，《蓉子自選集》，卷四，頁二〇七。）

〈圖騰的回音〉一詩中開宗明義是愛情與生命的禮讚：

　　　　愛情是美麗的詠歎／……

　　　　圖騰是愛斯基摩人的詠歎／

　　　　（〈圖騰的回音〉一九八六，《這一站不到神話》，頁二〇八。）

事實上，蓉子每首愛情詩都有各自的精采，不可能全數列出，其餘的遺珠，便留待讀者親自體會好了。

三、愛情觀照

　　從以上對蓉子的「愛情詩」的意象分析，已可略見出竟然有兩種不同的愛情觀照。其一是較前期的「樂觀的愛情觀照」，其二是中期至後期的「悲觀的愛情觀照」。

　　前期主要見於五、六十年代寫成的詩篇，特色是以快樂、純眞、熱情、追求爲主調；而女性角色則強調弟兄與姊妹平等。（見：〈平凡的願望〉）又可以用〈虹〉一詩中的虹和雨的意象來概括：

　　　　明天，我將不再爲這／沒有太陽的白日和／

　　　　沒有星星的夜而沈鬱。

（〈虹〉#一五，《青鳥集》，頁二八～二九。）

因為詩人有明艷的天虹在心中，所以無論外在的環境如何惡劣，也無所恐懼了。

　　然而，中期及後期悲觀色調較濃；特色是憂愁的主調、負心薄倖的主題的出現、古老神話的自傷等等。女性角色也變為弱者。例如〈夢的荒原〉中說：

　　在此靜坐／欲坐孵一室寧悅／愛卻回我以喧鬧，以猛厲　以荒謬／

　　我將回他以掩抑不住的深憂／如此、這一切將為誰？／

　　為誰而絢爛？　為誰而絢麗？／

因久久乾旱而風化／或在一次猛烈的震盪中傾跌／

如裂帛之驚心──／妳動人微笑遂隱熄於／夢的荒原。

　　（〈夢的荒原〉一九六五，《蓉子詩抄》，收入《蓉子自選集》，卷三，頁一九〇。）

　　正如作者在自序《這一站不到神話》中解釋一組情詩時所說，〈愛情已成古老神話〉是寫英國遜王溫莎公爵不平凡的愛情故事，但作者不無傷感地表示這種愛情因年代的逝去已成神話。（註一六）

　　話說回來，假如我們統觀所有詩而非僅以愛情詩為限，則會發現女性的角色並不可悲。正如鍾玲所指出：

　　蓉子的理想女性，有現代女性的獨立性，但在個性上卻很保守，有傳統中國婦女端莊、自制、自重、矜持這些特點。可以說是一種過渡時期的女性形象。（註一七）

四、結　語

本文分析蓉子的「愛情詩」，特別指出詩中的愛情意象如愛神、

情聖以至各種愛情象徵,都以西方的影響爲主,也較爲出色。傳統中國的影響雖然也有,但比較次要。(註一八)有趣的是竟然出現了相反的愛情觀,作者似乎也並不強求統一。

　　蓉子的成就是多方面的,絕對不只愛情詩,(註一九)因爲愛情非人生的唯一大事。我們同意詩人的說法:

> 愛情是古今中外詩人吟詠不絕的題材,尤其在起步的青少年時代,多半是從情詩開始的。因爲眞純的愛會讓世界美好起來,生命活躍起來……不過,人總不能永遠在戀愛中、不食人間煙火的。當情感慢慢成熟,責任加諸肩頭,除了兩個人的小世界外,我們有更多的人、更多的事要關懷。」(註二〇)

然而,假若我們偶一疏忽,例如只讀蓉子的自選集而不看其他詩集,就會忽略了她的三大思想(即信、望、愛)中排名首位的「愛情」詩篇。

【附註】

註　一　不少評論家都指出蓉子的重要性,例如:(1)林耀德:〈向她索取形象:論蓉子的詩〉,《藍星詩刊》(台北),第十一號(一九八七年四月),頁八八～九九。(2)張道藩:〈《青鳥集》序〉,收入《青鳥集》(台北:爾雅出版社,一九八二修訂版;一九八五三版),頁七～八。(3)陶本一、王宇鴻主編:《台灣新詩鑒賞辭典》(太原:北岳文藝出版社,一九九一),頁三一八。

註　二　蓉子出生於基督教家庭,小學與中學就讀教會學校,而且正如張道藩所指出,她是基督徒,受古希伯來詩歌的影響很深。當然,這並不是說她的思想沒有其他方面的輸入。見(1)張道藩,同註一(2),頁九。(2)〈作者小傳〉,收入《蓉子自選集》(台北:黎明文化事業有限公司,一九七八),頁一。

註　三　《聖經》中提及基督與信徒的關係，也多用愛情作比喻，參見：《舊約聖經》，《雅歌》（*Song of Solomon*）；《新約聖經》，〈啓示錄〉（*Revelation*），第十九章中的基督與教會的婚宴。另可參：曹利群等編：《基督教文化大辭典》（濟南：濟南出版社，一九九一），第八卷，「聖經精義便覽」，頁四四〇，「婚姻」條。

註　四　轉引自林燿德：〈向她索取形象：論蓉子的詩〉，《藍星詩刊》（台北），第十一號（一九八七年四月），頁八八～九九。

註　五　「現今尚存的有信，有望，有愛，這三樣，其中最大的是愛。」見《新約聖經》（香港：香港聖經公會，一九四六），〈哥林多前書〉，第十三章，第十三節，頁五〇〇。

註　六　鍾玲：《現代中國繆司：台灣女詩人作品析論》（台北：聯經，一九八九），頁一四三～一四四。作者對蓉子的詩有深入的分析和獨到的見解。

註　七　蓉子與羅門在一九五五年結婚，夫婦唱和直到如今。見〈作者小傳〉，收入《蓉子自選集》，頁二。

註　八　蓉子：《這一站不到神話》（台北：大地出版社，一九八六），序言，頁一〇。

註　九　同註八。

註一〇　同註八。本研究採用的詩集版本如下：(1)蓉子：《青鳥集》（一九五三；台北：爾雅出版社，一九八二修訂版；一九八五三版）。(2)蓉子：《這一站不到神話》（台北：大地出版社，一九八六）。以下引詩，均在正文說明詩集名稱及頁數，不另作註。

註一一　「文學作品是作者對語言和境界的雙重探索」的說法，最先由劉若愚提倡。見：James J.Y. Liu, *The Art of Chinese Poetry*, （London & Chicago: Chicago UP, 1962），pp.91~100。關於這個理論的具體運用，可參考拙文：馮瑞龍：〈語言和境界的雙重探索：以白樸《梧

桐雨》一劇爲例〉，《香港大學中文系成立六十周年紀念特刊》（香港：香港大學，一九八七年），頁二八一～二九三。

註一二　拙文引言中曾對分析詩的方法提出個人的看法，見：(1)馮瑞龍：〈以新批評法分析李白詩兩首〉，《友文》（香港大學中文系），第二五期（一九八六年九月），頁二三～二五。關於意象和象徵的定義問題，參見：(2)徐進夫譯：《文學欣賞與批評》（台北：幼獅，一九八五），頁二五三，二六〇。(3)劉若愚：《中國詩學》（台北：幼獅，一九八五），頁一五三，二〇二～二〇三。(4)黃永武：《中國詩學設計篇》（台北：巨流，一九七四），頁三。

註一三　見鍾玲：《現代中國繆司：台灣女詩人作品析論》，頁一四三。蓉子詩中確有觀音一角，僅爲典故而已。例如：〈當衆生走過〉（一九八六）一詩中有這樣的句子：「大地褐觀音般躺著／只有遠天透露出朦朧的光」（見《這一站不到神話》，頁二二。）

註一四　馮瑞龍：〈溫庭筠詞分析：意象象徵批評法〉，《香港時報》，一九八九年十月三一～十一月六日。

註一五　瑪門（mammon），《新約》當中對物質財富的一種說法，或專指金錢，有人將它當作神來敬拜。參：《基督教文化大辭典》，第一卷，「教義與術語」，頁一四。

註一六　蓉子：《這一站不到神話》，序言，頁一〇。

註一七　鍾玲：《現代中國繆司：台灣女詩人作品析論》，頁一四三。

註一八　不少台灣現代詩人都受西方影響，使用源自西方的意象和象徵，但表現各有不同。例如蓉子詩中反映出來的西方思想頗爲明顯，但周夢蝶的詩就依然很「中國」，很有「禪味」。參見拙文：馮瑞龍：〈周夢蝶作品中的禪意〉，《藍星詩刊》（台北），第十一號（一九八七年四月），頁五～一四。

註一九　蓉子的新詩有多方面的成就，正如鍾玲所說：「在題材與風格上，蓉

子的詩有多面化的特色。包括描寫現代女性的內心世界、抨擊都市文明、歌頌大自然，還有旅遊詩、詠物詩、對時事或新聞人物之感懷等等。在題材上，她最突出的成就在以下兩方面：(1)她的詩塑造了中國現代婦女的新形象；(2)表現了充滿生命力的大自然及豐盈的人生觀。」見鍾玲：《現代中國繆司：台灣女詩人作品析論》，頁一四二。關於中國現代婦女的新形象，可參：Julia Lin（林張明暉），"Women's Voices in Modern China," Woman and Literature in China, ed.by Anna Gerstlacher et. al.,（Bochum: Herausgeber Chinathemen, 1985），pp.429~453.

註二〇　蓉子：《這一站不到神話》，序言，頁一〇。

圖表一：愛情意象運用概況表

	神	人	象徵物	其他
㈠《青鳥集》（一九五三） 〈青鳥〉#一 〈明珠〉#七 〈貧瘠〉#八 〈五月〉#一一	邱比特 鮫人		青鳥 明珠 煤 玫瑰、 百合	火、蔥綠 火、酒
〈海的女神〉#一二	海的女神 太陽王子			
〈晨的戀歌〉#一三 〈虹〉#一五 〈平凡的願望〉#三五 〈為什麼向我索取形象〉#三九 〈變化〉#四三 〈愛神〉#四六	（聖潔愛神）	姊妹	早晨 虹	夜鶯 雨 （非奴非神） （我）
㈡《七月的南方》（一九六一） 〈三月〉（一九六一）				（未嫁少女）
㈢《蓉子詩抄》： 〈夢的荒原〉（一九六五）	（觀音） （憂愁愛神）			
㈣《這一站不到神話》 （一九八六） 〈圖騰的回音〉（一九八六） 〈愛情已成古老神話〉 （一九八六） 〈意樓怨〉（一九八六）	邱比特	范倫鐵諾 溫莎公爵 （古典美 人）	圖騰 玫瑰 楊桃樹	浮雲 明月

談蓉子的《童話城》

黃孟文

蓉子的創作重點是詩。研究蓉子作品的學者專家們，也多數從她的詩作著手。

其實，蓉子的童話也是不容忽視的。她翻譯過一輯格林的童話《四個旅行音樂家》，故事富有教育意義。她也在臺灣省政府教育廳和聯合國兒童基金會的贊助下，出版了一本《童話城》。

我現在想就《童話城》這部童詩集，談談我個人粗淺的看法。

既然名爲童話詩，書中採用的自然是詩的形式。詩的最大特點就是：「用象徵和暗示的手法表達思想和感情，用字少，而意義多，一般文章不管是敍事的也好，說理的也好，只要根據經驗和推理，就不難了解其眞義；但是要了解一首詩，除了經驗和推理以外，還要有想像。就因爲這樣，讀詩常常使我們有一種意外的喜悅，讓我們體會到文字以外的意境，這種意境往往是只可意會，不可言傳的。」（註一）從兒童詩的角度去衡量，《童話城》也具有上述這個特點。

《童話城》全書分爲三輯：第一輯裏的詩是一般常見的事物；第二輯寫的是自然現象；第三輯是兩首故事詩。

第三輯的《童話城》是本書的主篇，最有份量。童話城是座落於赤道地帶的一個「愛的城，夢的城，遊玩的城」。甜甜和淘淘兩姐弟飛越海洋，降落在這個島嶼的翡翠色鋪滿了花朵的草場上。立刻，小飛蟲、小飛鳥和小朋友們列隊歡迎這兩位貴賓。聽進耳裏的是悅耳音調和美妙的歌聲；映入眼帘的是不同的色彩和燈光。城裏充滿了友愛

和善良。街道整潔，水果鮮美，食物充足，姐弟倆享受著一長串令人難忘的快樂時光，不捨得離去。

這和陶潛筆下的「桃花源」境界不正有異曲同工之妙麼？珩珩曾經這樣比較過二者：「陶潛用散文敍述一個故事，令人如入仙境，恍然有隔世的感覺；而蓉子則以詩的形式來表達，優雅的詩句，高曠的詩境。使人不禁陶然忘我，又回到童年善美的幻想中。」（註二）「愛、溫暖、和平、豐衣足食、化暴戾爲祥和、眞、善、美」是童話城的理想境界，它是作者心目中完美的人間天堂！

其實，早在蓉子游歷西班牙時，她就已經有了「童話城」的意念了。她在《托倫多古城》游中，有這樣的一段描寫：「現在，遠遠地我們就看到前面的城市了，整座城爲距今七百年前的古城墻所圍繞，高高的，形象很特別，令人生起一種不屬於現世的感覺，好像那高高的城墻后面是一座童話中的城市，又或者是屬於歐洲的什麼『桃花源』中的城鎮……」蓉子似乎就在這座古城裏覓得了她理想中的《童話城》的靈感。

這個童話城位於比寶島更南和到處充滿陽光的土地上，「那有一千個島嶼的地方」。這不就是南洋海島麼？它也就是筆者目前居住的地區。我很慶幸能夠生長在那樣的樂園裡。

當然，由於《童話城》是一首「故事」詩，它的「詩味」自然會淡一些，不如前二輯的短詩那樣多用「象徵和暗示的手法（來）表達思想和感情」。一些句子如「可惜甜甜和淘淘經過一整天的旅行，已經困倦得睜不開眼睛，只好快快地駛往城內的童話旅社休息」，「他們每天上午都要向小朋友們講故事，下午則由大夥兒輪流陪他們各處玩耍」等，就有點散文化與敍事化了，雖然作爲一首故事詩，這點是不容易避免的。

蓉子是一位愛好自然的詩人，因此她那描寫自然現象的第二輯，

頗有特色。在她筆下的自然景物，色彩斑斕，音韻和諧。在《太陽的節日》裏，太陽穿上他最華麗的金色長袍，腰束紅橙黃綠青藍紫七彩的帶子；在《會變顏色的衣料》中，那海水做成的衣裳，有深藍、淺棕、綠、白各種不同的顏色，像「貓眼石」一樣地隨時變換光燦；在《孩子們的四季》裏，風兒使原野鋪上了綠色的地毯，讓年輕的樹換上了新裝。夏蟲愛大聲叫嚷，蟬在樹上，蟋蟀藏在草叢裏，小青蛙坐在井畔和池塘，還有美麗的紡織娘一面織布一面歌唱。在《風的長裙子》裏，作者痛斥　風的凶殘：「她（颱風）拖著那大得不能再大的裙子，掃過來，掃過去，發出呼呼的聲響，嚇得小蟲子都哭泣起來，嚇得小鳥兒不敢發出聲音，嚇得行人不敢在路上行走，嚇得太陽也變了顏色。她還在使勁地扯著她的大裙腳——那潑辣的老巫婆，要把她經過的地方方都扯破。真的，沒有人會喜歡那颱風老婆婆，雖然她有世界上最闊大的裙子，但沒有一顆仁慈的心！」在這裏，作者技巧地教導著孩童們要明辨是非，要痛恨殘暴者！

　　然而，從詩的觀點，我以為第一輯裏所包容的描寫一般常見的事物的童詩，才是全書中寫得最為精彩和最為成功的。

　　這輯裏幾乎所有的童詩都寫得很有意味：生動、形象、有趣。比如在《大母雞》詩中，母雞因為生下了一個蛋，就搖頭擺尾地不斷叫著「咯咯咯、咯咯咯咯蛋」。母雞那「產後」的喜悅心情，躍然紙上。又如在《小木馬》中，作者這樣寫道：

　　　紅翅鳥在天上飛著，

　　　小木馬在地上走著。

　　　呵，這是小弟弟的小木馬。

　　　弟弟要騎著它，

　　　走遍寶島，

　　　走向天涯。

> 弟弟的小木馬會跑會跳，
>
> 弟弟的小木馬不須吃草
>
> 看風景兒在兩旁流轉，
>
> 花蝴蝶在四周飛舞。

真是海闊天空任優游！詩裏提供了廣闊的空間，讓小讀者去伸展自己的想像力，思索自己如何像真正騎在馬兒上一般，奔馳在美麗的國土上，盡情地瀏覽四周的風光。

在《半邊翅膀的鴿子》中，作者帶著憐憫的口吻寫道：

> 看頑皮的小孩子，
>
> 不停地模仿它跌跌撞撞的怪模樣，
>
> 殘忍的小花豹，
>
> 就等著它摔下地時一口吞吃了它。
>
>
> 只有可愛的甜甜和淘淘，
>
> 不忍心看它受傷，
>
> 當小白鴿跌下地時，
>
> 趕快把那少了半邊翅膀的鴿子帶回家！

這是一顆多麼仁慈博愛的心啊！它也很符合孩童們愛護小動物小飛禽的意念。這首詩具有潛移默化的教育功能，那是不容否認的。

此輯中還有兩首非常美妙的童詩：《井》和《小白兔》。前者把井壁和井水寫活了，也把井底蛙的故事用不俗的手法描摹了出來：「在那兒，一隻小青蛙夢見自己是世界上最尊貴的國王！」在《小白兔》一詩中，小白兔的長耳朵像電視機上的室內天線一樣，而「當小白兔聽見獅子們還在遠方林子裡走動的時候，它就一溜煙逃走了——快如一道白色的閃電。」寫得很形象，遠勝千言萬語的抽象敘述。

蓉子的童詩所以能寫得這麼成功，主要因為她「以孩童的心情去

體會對各種事物的感受。兒童詩即是在兒童的生活、思想範圍所可表
達的事物，以他們天眞的眼睛來看這世界，以他們的耳朵來聽這世界，
以他們的心來感受這個世界，用他們常用的（而非幼稚的）語言來寫
……在生活的基礎上加上想像，才不會太落實、太生活化，境界也較
爲開闊。兒童極富想像力，他們的想像是很直覺的，所用的語言也是
很直覺的，那就是兒童詩的語言。」（註三）

　　讀完《童話城》全書，相信你會同意：蓉子是很有寫童詩的才華的，
雖然她謙稱這本書是在蜀中無大將廖化做先鋒的情況下完成的，後來
又由於事情忙碌，「而童詩蓬勃發展，從事推動這方面工作的人才濟
濟，林煥彰等位尤其主動積極地投入，個人便很自然地較少參與了。」
（註四）其實這裡指的主要是參與兒童文學演講的活動。我們應該有更
多更好的兒童文學作品。蓉子在創作兒童讀物時，能夠站在兒童的立
場來描寫。她有一顆童心，加上有豐富的兒童語言。我們希望她能夠
再度拿起她那支寫童詩的彩筆，引領千千萬萬的兒童，漫遊她所創造
出來的，更多的，一座又一座的童話城。

（一九七五年七月卅日）

【附註】

註　一　見《給你介紹一位新朋友》，《童話城》，第二頁。

註　二　見《王蓉子的世外桃源》，台灣《國語日報》（一九七五年十月十四
　　　　日）

註　三　見《燈屋裡的繆斯》，《文學時代雙月叢刊 IX》，《月桂冠》。

註　四　見周偉民、唐玲玲合著，《日月的雙軌——羅門、蓉子創作世界評介》，
　　　　第四〇七頁。

穿越「傳統」與「現代」的文化與藝術

——讀羅門、蓉子詩精選《太陽與月亮》

黃偉宗

　　海南大學、海南日報等主持召開的詩人「羅門、蓉子的文學世界」國際學術研討會，在盛夏的海口市舉行，是件有意義的盛事；它首先表明了正處在改革開放的盛夏季節的海南，在經濟上對外開放的同時，文化上也同樣對外開放的姿態，在當今國際詩壇享有盛譽，在首屆世界詩人大會上榮獲「第一文學伉儷獎」的羅門和蓉子伉儷，榮歸故里（羅門先生係海南文昌人），參加這個盛會，向自己的鄉親和中外詩人、學者，亮開自己的文學世界，讓人們共享，既可藉此擴展自己的文學世界，又可擴展人們的文學世界，尤其是二位伉儷詩人所典型體現的海外華人的文學世界可藉此與國內的文學世界交流，都是甚有意義的。

　　僅從花城出版社的《羅門、蓉子詩精選——太陽與月亮》已可看到，這二位伉儷詩人的文學世界，是極其廣闊、深邃、多彩、豐富的，其中使我印象特深的是穿越「傳統」與「現代」的文化意識和藝術功力，我感到這似乎是他倆把握世界的藝術支點或藝術紅線，同時，也就是他倆文學世界的核心噴射的激光，使得他倆的藝術天地，縱橫古今中外，而又是有鮮明的時代，民族和個性特點的有機藝術整體，這個藝術支點或藝術紅線，在這詩集裡具體表現是：

一、追蹤的意識和方式

　　羅門在《我的詩觀》中說：詩「是對人的追蹤。這項追蹤，可在現實的場景，也可在超越現實的內心場景；可採取『大知閑閑』與『小知閒閒』的追法；可追入記憶中的故土；可追入戰爭中的苦難；可追入都市文明；可追入腰帶以上、腰帶以下；可追向大自然……，甚至可把眼睛閉上，讓內心漂泊在沒有地址的時空之流上，緊追那個以現實中超越而潛向生命深處的『原本』的人……」蓉子在《我的詩觀》中說她「只是追蹤那內心的召喚而創作」的，又在取題為《詩》（可理解為以此而抒詩觀）中寫道：「從一點引發作家不中止的跋涉／涉千山萬水／向你展示／無邊的視域與諸多的光彩」。可見二位詩人都著急並著力於追蹤。

　　追蹤，是一種思維方式，是由近及遠、由表及裡、由此及彼的射性思維，又是溯源或回歸性的線性或弧形的思維。這種思維方式，是人類通有的，但以科學文化發達國家、民族為普遍，是社會和人的文化素質的表現方式或特點之一。中華民族有五千多年的文明史，這種追蹤性的思維更是炎黃子孫的共性，是民族的文化積澱和意識及其方式的特點之一。大約上說，民族的傳統文化是偏重於本根的追蹤，即本根文化意識，包括對故鄉、故國、故地、故人、故情的溯源追蹤，是人文精神範疇的。而現代的文化則偏重於生命的追蹤，即生命原始文化意識，包括對社會的現代和古代之文明，對宇宙蒼穹大千現象的溯源追蹤，是偏於自然和哲理、意念、意識、情態範疇的，兩者都是有實質性的內涵的，同時又都是認識和反映世界的一種方式，即以追蹤性（包括本根和生命）的方式去把握現實。對作家、詩人來說，即是以此藝術地觀照現實，創造藝術形象。

　　翻開這詩選的目錄，僅從詩的標題即可看出這二位詩人是著意以追蹤的意識和方式把握現實的，如羅門的詩《螺旋形之戀》、《活在框裡的照片》、《悲劇的三原色》、《中秋夜看月》、《門與世界與

我的奇妙連線》、《有一條永遠的路》……，蓉子的詩：《兩極的愛》、《只要我們有根》、《古典留我》、《晚秋的鄉愁》、《回歸田園》、《意樓怨》等等，詩的內容更不待言了。

　　他倆以追蹤的意識和方式穿越「傳統」與「現代」，主要是將本根的追蹤與生命的追蹤寓於一體，以當今追蹤過去，以現代追蹤傳統，從根本概念追蹤生命，例如，他倆都寫有以「南方」爲主題的詩，羅門的《南方之旅》：「回南方去／人也南方了／南方站在雨裡／以躲在窗後的閃目窺我／南方走出雨來／推開十二個春天的彩窗喊我／綠色的靜境與我的醉眼平行／凝眸伴夏日寧靜的園林遠渡／渡入煙雲／渡入不回首的蒼茫／時空以甜熟的睡姿叫我／我卻叫不醒藏在歲月葉蔭裡的鳥聲／一切都在無形的舒展中靜臥／世界失去負荷／除了呼吸太綠／聽覺太亮／視境太深」。蓉子的《七月的南方》：「從此向南──／從都市灰冷建築物的陰暗／繞過鳥聲悠長的迴廊／南方喚我！……讓陽光舖路／推開這雲濃霧重／讓陽光爲我舖橙紅金黃的羊毛毯直到南方／我便去追蹤，追蹤他暖暖的足跡／去探詢靈魂或成熟的豐盈！／綠色乃是一種無比的豐盈／不斷地從它的本質再生出來／又迅速地漾蕩開去……／無限的蔚茂中蘊含著無盡的生命／有些柔媚、有些濃密、有些蒼勁／而自由舒卷的葉子們如密密的雨／正竊竊地低訴南方的艷美」。兩首詩同樣追蹤著南方的故景故情，追蹤著綠色的靜境或豐盈的生命；在現代的撞球室裡「撞亮計分女郎的藍目──那夏夜的天鵝湖／藍透了我的南方之旅，也藍透了我十二年前的假期」；「從都市灰冷建築物的陰暗，……到光艷的南方去，」都是甚有現代色彩而又有深邃傳統內涵的形象。

　　羅門在《「麥當勞」午餐時間》的《後記》中寫道：「寫完此詩，深深感到現代文明，像是頭也不回地向前推進的齒輪，冷漠無情；文化則是對存在時空產生整體性的關懷與鄉愁。從文明的窗口看此詩，

我們看到「『麥當勞』午餐時間」同一時空出現的中國人，竟有三處斷層的生命現象；以文化的窗口看此詩，我們看到貫穿整個時空與歷史文化的大動脈而存在的一個分不開來的中國人。誠然人必須自覺地從文明層面轉化到文化層面上來，否則，人將被冷酷的機械文明不斷地進行切片」。這段自白，很能說明羅門是自覺地以追蹤的文化意識和方式進行詩的創造的，這首詩也典型地表現了他以這種方式觀照出的「三處斷層」（青年人、中年人、老年人）的不同追蹤，而又是「分不開來的中國人」的形象，這是因爲在「麥當勞」午餐的現代文明反照出區別，而又在「歷史文化的大動脈」中貫穿而爲整體，也即是寓現代與傳統於一體。蓉子的詩《你的名字——獻給祖國的詩》：「倘若我的名字不再顯揚　已全然爲人們所遺忘／只要你　我祖國的名字遠揚／我寧願加倍地被人忘卻／……祖國　你是不死的神木　根深千尺土／而你的子民又殷殷將你守護／任何風暴也不能將你拔除／啊，你燦爛的以往　您不停努力的今天／以及你通往無盡的未來……」也以熾熱的感情表現了這種意識和藝術。

二、本質的內涵與技巧的多向性

羅門在《我的詩觀》中說：「我認爲詩人與藝術家面對傳統所採取的態度，絕對地決定了他創作的生命：凡是躲在『傳統』裡出不來的，他絕領不到『創作卡』。現代詩人接受傳統是基於本質而非形態的。……現代詩人創作上的意圖，是圖處在自己生存的新時空中，穿越『傳統』與『現代』，進入此刻主動性的『我』的發言『位置』——也就是進入新創性的語言環境，使現代詩不但表現出不同於古人的心境，而且也表現出語言活動的新的形態與秩序感來。誠然，一個優秀的現代詩人與藝術家應該是有魄力將『古、今、中、外』壓縮且溶解入自己這一瞬間的絕對的『我』之中，去重新主宰著一切的存在與

活動，並使之同永恆的感覺發生關聯。」蓉子說：「詩是人自體的變形」，或「人類對生命意義的探索。」可見兩人的詩觀，既是強調現代感，又著重傳統，既注重探索生命和注重吸取古今中外藝術，又着重於「我」的位置與魄力，這種詩觀值得特別注意，是很有現代感，現實性的。因為從國內到世界文壇和詩壇，從十五世紀末到現在，自西方現代派（先鋒派）思潮出現後，一直反復看「傳統」與「現代」的競爭和鬥爭；支持「傳統」者，否定「現代」，否定其主張的多向的和自我表現；現代派則根本否定「傳統」的一切，從內涵到形式都一概對著幹。羅門和蓉子的詩觀與這兩個極端有別，但又不是折衷調合，而是以本質而穿越傳統與現代，以不同的「心境」和「形態」區別於傳統，以絕對的「我」的計時空溶解「中外古今」，使之同永恆的感覺關聯。可見本質的探索和表現，是他倆穿越古今的又一條動脈。

　　他倆所求的本質是什麼呢？羅門說：「三十年來，我一直在現實或超越現實的內心世界中，透過詩以目視與靈視探望與追蹤著『人』的生命，並且一再強調地說著：『凡是離開人的一切，它若不是死亡，便是尚未誕生。』」蓉子說：「詩總是同生命認同的」。可見，他倆所求的本質，也即是繼續「傳統」的本質和觀照「現代」的本質，都是探視「人」。而他倆的詩，又是怎樣去探究和表現這本質——人呢？羅門直言主張：「表現，技巧的多向性」，「內涵世界表現的多向性」。蓉子借人言志：「詩必須有其多樣性——這是最重要的。」

　　羅門以他這一多向性的觀點，概括了他的詩作各種不同題材的共性內涵，實則是從多向而看這人的本質，同時也即是看人的本質之多向性；或者透過戰爭的苦難，或者透過都市文明與性，或者透過對死亡與時空的默想，或者透過對自我存在的默想，或者透過對大自然的觀照，或者透過其他的生存情境；另一方面，在藝術技巧上也是多向性，用以景顯境、以景在藝術技巧上也是多向性，以景引發心境，透

過抽象過程再現新的世界,以及動用比喻、象徵、超現實等技法,乃至電影、繪畫、雕塑等其他藝術技巧;又不斷探索詩的語言新的性能,注意詩語言空間環境的擴建與藝術設造等等。蓉子說:「生命的層次有高有低;生命的形貌千變萬化,我們的詩也就蘊含著諸多樣相和各種不同丰采。……每位作者有其不同的性分、氣質、感覺和經驗;而這些決定了詩人的自我以及他(她)那不同於別人的風格。」

　　他倆的詩觀和詩作,都是主張並體現出本質與多向性的統一,同時又是多向性與個性的統一,不是因多向而造成複雜、散亂,而是有機的統一體,既多向而又有鮮明個人風格。這對伉儷詩人,雖然詩觀一致,思想感情一致,本質一致,多向性一致,但詩的個性風格則是有異的,表現在對本質和多向性的把握各不相同。例如,他倆都是寫有以「傘」爲題的詩:羅門的《傘》同蓉子寫的上篇:「傘」詩(包括:《傘》、《雖說傘是一庭花樹》、《傘的變奏──又名傘的魔術》)備有不同的旨趣:羅門的詩三段,首段「看雨中的傘/走成一個個/孤獨的世界」,次段是「忽然間/公寓裡所有的住屋/全都往雨裡跑/直喊自己/也是傘」;末段寫「只有天空是傘/雨在傘裡落/傘外無雨」,三段三個層次,以傘寓現出個人、群體、宇宙等一個比一個大的時空(生存空間),以傘的本質與多向性,顯示了作者層層追蹤生命的個性和深廣胸襟。蓉子的三首詩都是寫傘的形態和變化,但各不相同,第一首寫傘內天地之美,像是「一頂荷蓋」,「自在自適的小小世界」,「亭中藏一個寧靜的我」,第二首寫「傘」也是一篇匠心獨運的美好結構,「爲圓的整體　美的幅射/它時晴時雨　閃漾著金片或銀線的光/滿月般令人激賞!」第三首是以「那傘的魔術師正如傘/圓通自舞　變化莫測　無中生有」,進而想到「詩人有時也像魔術師/能令陳舊的事物脫胎換骨　呈現新貌　叫絕對相反的花式/在一頂傘上同時出現/……他處理手中的材料,像無所不能的神/

每一柄傘的出現都帶來驚喜！」三首都是「帶來驚喜」的佳作，同傘不同「柄」，但同「命」，即都體現了蓉子這位女詩人愛靜、愛美，「像無所不能的神」那樣處理詩材的個性和才華。

三、意境──動的旋律與靜的超越

我國有悠久的詩歌和詩論傳統，其中意境（境界）說是精華之一。早在詩盛的唐代，詩論家皎然在《詩式》中提出了「取境」說：「詩情緣境發」，認爲「詩人之思初發，取境偏高，則一首舉體便高；取境偏逸，則一首舉體便逸。」此論一直發展到清末的王國維，在《人間詞話》中更明確強調：「詞以境界爲上，有境界則自成高格，自有名句。」簡直可以說，意境的理論是中華民族文化（包括詩作與藝術）的一種傳統意識和方式，又是一種傳統的批評準繩或參照條。從某種意義上說，是否繼承或接受這理論，也是當今詩壇與文壇的「現代」與「傳統」的分歧或爭論焦點之一。值得注意的是，這個分歧和爭論問題，同這個問題的另一方面密切相關的，即，按一般理解，意境是對現實的超越，而且又多是靜態的，現代性生活發展飛速，是快速的動態節奏，要表現現代生活也就難以繼續運用靜態的意境說，看來問題的癥結，是在於意境能否體現動的節奏，在動的現代生活中有無靜的意境，在無動的意境，或者說，如何繼續和發展意境說，並進行現代詩的意境創造？

羅門和蓉子也在這個難點上顯示穿越傳統與現代的卓越見解與才華。羅門說：「當現代詩人從古詩人偏向一元性自然觀的直悟境界，進入現代偏向二元性的生存世界，從寧靜、和諧、單純的田園性生活形態，進入動亂、緊張、複雜、焦急的都市型生存狀況，接受西方現代科技文明的沖擊，以及物質繁榮的生活景觀之襲擊，所引發人類感官、情緒、心態與精神意識的活動，都是以大幅度、大容量與多向性

在進行，古詩的形態與『山色有無中』的那種一元性的『境界模式』，是否能擔任得了現代人複雜的生存場景與心象活動的新型舞台呢？」面對這樣的新現實新問題，他一方面「採取其他藝術的性能來擴展與構架現代詩語言活動的新空間環境，……使詩境的內部在施以藝術性的設造過程中，獲得較具大規模與立體感的結構形態……把詩的『體態』，進一步當作藝術的『體態』來看」，另一方面，「在不斷注意與探索詩語言新的性能與其活動新的空間環境時，更使詩語言具行動化且快速地擊中現代人心感世界的著火點」。顯然，羅門所主張的並實踐的這兩方面的努力，不僅不是否定意境創造，而且是千方百計地以現代藝術手段和語言功能，去擴展和深化意境創造，使意境從一元變多元，從單層次變多層次，從平面變立體，從靜態變動態。

羅門曾以自己的詩作《曠野》為例，說明並驗證自己這一詩歌主張，說其所使用的手法就是立體派多層面的組合觀點，以及採取半抽象、抽象與超現實的技巧，並使用在詩中溶入一首可獨立又可息息相關的詩的電影手法，有如大都市建築，所呈現層疊聳立的造型美與展示出多層面的景觀；「把柔靜給雲／把躍動給劇奔的蹄聲／你隨天空闊過去／帶遙遠入寧靜／地球不停地轉／把最絢爛的那一面給你／使你成為那張最美的海報／展示著春夏秋冬的演出」──這是詩開篇展現的曠野畫面，在靜中寫出動，在平面中顯出多姿多彩的動態多層次；這詩的第二、第三部分，是在這曠野畫面上的兩幅彩照，又可理解為兩支插曲或孕著的兩首小詩；一是世界「在紊亂的方向裡逃」，寫出自然現象中歷史與現代流逝的動態投影。一是「高樓大廈圍繞來／迫天空躲成天花板」，縮影成那塊「窗帘布」，甚至一面「畫框」，寫出了現代城市生活在寬闊中的擠態和亂態，動態；最末部份，又是以靜中顯動的深層畫面，化成為「那縷煙」的意境，令讀者「總是站在水平線上，收容著一排又一排的遙望」，沈醉於美的永恆。在這些既

分且合的畫面裡，我們看到的是其味無窮的動中有靜的意境，內有現代高節奏的動亂生活旋律，而又是超越塵世的靜秘之境；可見諸如「只有這種抱攏，才能進入火的三圍」之類多種現代藝術手段與技巧的造境之功，又可見「咖啡把你沖入最寂寞的下午」的現代語言的動感與動速相一致的藝術奇妙。

　　蓉子說她發現自己的「部分詩篇能將人引向一種寂靜的境界，就像神父布勒蒙所說『……相同於寂靜而玄秘的沈思的境界，寂靜而玄秘的沈思乃是祈禱之最高的姿式』。不過我想我的那類作品是寂靜有餘而玄秘不足的，雖然我可以承認，我的小部分詩篇確能到達『祈禱的境界』。其實我的很多作品，尤其近年來的作品，是十分貼近生活的，如《傘之逸》等，也充滿了人性的悲憫。「蓉子這自我評價，有過謙之處，就意境創造而言，她的詩確是偏於靜的，傳統味較濃，但也仍是現代感強為主的，她似乎較重於追求超越現實的意境，即穿越動態而進入（或包含）的靜境，例如，《青鳥》寫青年人、中年人、老年人對青鳥的不同理解和追求，表現出這「從久遠的年代裡——人類就追求的傳統意念的時代差異，而又是人的永恆追求；《晨的戀歌》以「早晨的空間是寬闊而無阻滯，緊隨著它歡欣與驕傲的步履」的動態，寫出了「你有千百種美麗」的靜境；《寂寞的歌》以「濛濛的黃沙打濕我的衣袂，／駱駝的腳步是那樣緩慢啊！／我的心因淒涼而戰慄」／寫透了「寂寞」；《紫色的裙影》寫的「以旋風的姿／揚起一片紫／這年代揚起紫色深怨／那漣漪之幃幕／這深深淺淺不同希望與失望的靜靜動動／以燈暈搖漾著夜色至於七彩」；《白色的睡》所寫：「這是失去預言的日子／在憂鬱藍的穹蒼下／我們採摘不到一束金黃／很多很深的顏色湧升／很多虛白　很多灰雲　很多迷離／很多季節和收割闊離」，都是穿越傳統與現代的「祈禱的境界」，也即是蓉子十分贊同的美國詩人瑞德・惠特摩所說的「難以談論」的妙不可言的

詩境。

　　　　　　一九九三年七月三十一日寫完於廣州流花湖畔

華文詩壇：請聽這一枚沉甸的聲音

——評周偉民、唐玲玲合著《日月的雙軌》

喻大翔

　　海南大學文學院院長周偉民與夫人唐玲玲二位教授合作撰寫的新著：《日月的雙軌——羅門、蓉子創作世界評介》，由享譽台灣的文史哲出版社一九九一年二月正式出版發行。這對於整個華文文壇來說，有著頗不尋常的意義。

　　二十世紀四十年代末期，中國當代文學被分割成毫無聯繫的幾大塊，各自生長與發展。大陸文學界對於台港文學的關注，八十年代才開始真正起步。而理論上的進展與突破，則是一九八五年之後的事，以王晉民的《台灣當代文學》、白少帆等主編的《現代台灣文學史》、古繼堂的《台灣新詩發展史》等書的寫作和出版為標幟，大都以某一地區的整體文學為對象。而以台港作家為批評對象的個案研究，《日月的雙軌》還是第一部。筆者相信，這部近三十萬字著作的問世，不但會給大陸的台灣文學研究帶來階段性的轉變，且會推動整個台港及世界華文作家作品的批評更為細密和深入。就筆者的見聞，如果說，在華文創作頗為發達的台港地區，小說方面的個案研究還找得出那麼兩三本的話，詩歌散文方面，這本頗為厚實的評論，也仍是破題兒第一遭。還有一個特殊的地方，出生海南文昌的著名詩人羅門及夫人蓉子，和執教於海南大學的周偉民、唐玲玲二位評論家，都與海南文學有著千絲萬縷的聯繫，這樣的學者夫婦寫這樣的詩人夫婦，且如此成

功，無論在寫作、友誼或文學交流與建設等層面上，都會給華文文學界帶來諸多啓示。

二

《日月的雙軌》有著圓合的縝密的結構。

先說總體框架。全書分「日部」與「月部」兩大部分。「日部」主論羅門，「月部」主論蓉子。而它們各自的重心「羅門詩的創作歷程」與「蓉子詩的創作歷程」各劃分爲七個時期，這頗有點類似音樂裡的二重唱，姑且喻之爲「重唱結構」罷。其他地方，甚至「附錄」，都體現出了這種詩歌「二重唱」的匠心。這當然出自周、唐二教授對羅、蓉二詩人的重視與理解。首先，他們準確地把握了詩人的夫婦各自的創作風格，這在書中好幾個地方都引用和闡述過了。羅門呈現「豪邁的陽剛之美」，蓉子則呈現「婉約的陰柔之美」。一個「類似東坡『大江東去』的雄渾歌曲」；一個則「顯出那分溫柔，那分輕曼，那分超然」，「似乎是一首首婉轉的歌」。這正好一如日的熱烈與震動，一如月的清雅與溫婉。其次，周、唐二教授同意並進一步確立了羅門與蓉子各自在現代台灣詩壇的重鎭地位；同時，作爲詩人夫婦，著者也用別有創意的詩作和情理具備的闡發，使「中國傑出文學伉儷」這一殊榮更爲名副其實。《日月的雙軌》，從書名、結構到論斷，都是一種對比，互補與和諧的生成。這種構思可能受了台灣批評界的影響，甚或受了羅門蓉子一九六八年在美亞出版社出版英文《日月集》（詩選）集名的啓示，但周、唐二教授對於詩人夫婦的熱愛，對於中國文學史上源遠流長的詩歌主要風格的把握，對於論著本身藝術性的完美追求，都是第一性的。這種批評的建構，符合詩人伉儷這批評對象的特性。

所謂圓合而縝密，也表現在該書論述的程序與效果上。有結論必

有緣由，有事實必有歸納，有轉層必有過渡。部分與部分，部分與整體，明線與暗線，都顯得前後勾連，渾揉如一，不見鑿痕。足可看出周唐二教授結構大書駕輕就熟的功力。如果一定要在論著的構架上挑出什麼毛病，則前後的重輕倒是可以有所差別。我似覺得，蓉子大概沒有羅門重要，在篇幅上若不平分秋色，可能更凸出現他們二人詩質上的重量。當然，如何看待羅門蓉子對現代中國新詩的貢獻，也是見仁見智的事。

三

　　一篇文學評論或一部批評論著的水準，在很大程度上決定於批評對象的特徵。但一個有文體意識的批評家，也決不敢輕視批評方法的選擇與運用。要準確而有創見性地闡釋一個精心形成的文學世界，僅依據感覺還是不夠的。方法，這種以最大可能性去挖掘文學作品各個角度的潛在藝術素質的技巧，敏銳而開放的批評家總會在最大限度去發揮他們各自的功能。

　　《日月的雙軌》最值得稱道處，就是將歷史的、比較的、細讀（本文）的方法縱橫交織，使羅門蓉子的創作世界和他們最重要的詩文，在中國漫長的文學史中得到一種定位性的存在價值。歷史的方法是由本書的結構和羅、蓉二詩人詩歌發展軌跡所決定的。在起點、變遷和現有形態的或長或短、或繁或簡的描敘中，讀者看到了如下幾種詩歌史蹟：詩歌個人史，即羅門、蓉子不斷成長的詩歌創作歲月；詩歌流派史，譬如台灣現代詩思潮的形成或發展概況；詩歌主題史，從《楚辭》的《國殤》到《麥堅利堡》所代表的戰爭與死亡的主題；詩歌文化史，如羅門的都市詩，涉及到世界都市詩文化現象；蓉子的山水詩，則從王羲之、陶淵明、謝靈運到王維、孟浩然、再到她「往往把許多自然意象溶合為一」的現代山水詩風貌。這些縱向的勾勒，眼界高遠，

古今如握，又線索清晰，有理有據，對於讀者用歷史的眼光進行衡定與鑑賞，提供了深遠而有意味的背景。

《日月的雙軌》自然不能說是一部比較文學的著述，但作者運用比較的方法得心應手，悠遊自如。這與著埏對於比較文學這門學科的認識了解不無關係，同時，也是從周、唐二位教授對古代、現代和當代，甚至外國現代派詩歌有著充分的閱讀和研究爲前提的。否則，比較就無從說起。譬如蓉子與冰心的比較。從冰心作品對蓉子的啓蒙激發作用，到她們相似的家庭背景和宗教精神的熏陶，她們對待自然與人生的愛的情感，以及詩歌的音樂性和清新優美的藝術形式等，不僅道出了女性文學自身的影響、接受與差異，對理解蓉子如何走上創作之路及早期的作品也是不可或缺的，至於蓉子五十年代的《爲尋找一顆星》與徐志摩二十年代的《爲要尋一顆明星》，從標題、意象、節奏、情緒、追求與結局到詞語風格等的異同，也有力地說明著一個初學詩者在模仿獨創中掙扎的心靈。還有羅門與王維、與辛棄疾與蔣捷的詩，在自然觀念、情感、主題方面的比較，有著隱蔽或明顯的影響與超越。書中探求羅門、蓉子同受艾略特《荒原》等詩的影響，並借用其手法與意象，如何寫下《死亡之塔》和《夢的荒原》，那純粹是比較文學的課題了。如果說以上都可統稱爲垂直比較的話，主題、文體、題材的一般平行比較也是做得很成功的。最典型的例子莫過於把蓉子寫「傘」的詩，與台灣詩人余光中、瘂弦、羅門寫傘的詩，和現代詩人戴望舒的《雨巷》作比較，以闡述蓉子性格和詩風的不同，在處理同一題材上的個性化。這對苦惱地、面對已被充分表達過的詩歌題材或意象，而期圖突破的詩人們，不無深刻的啓迪作用。

說到細讀，這是新批評派專注於詩歌本文，所留給我們的一項特別提示。的確，歷史的與比較的方法可以縱橫馳聘，但卻難免於粗疏，詩歌的完美鑑賞和可靠的藝術結論，非得依賴於仔細閱讀和精確的解

析之上。《日月的雙軌》中，精采的細讀不下於十餘處，如《第九日的底流》、《麥堅利堡》、《死亡之塔》、《窗》、《觀海》、《「麥當勞」午餐時間》、《咖啡廳》、《碎鏡》、《亂夢》、《維納麗沙組曲》和《一朵清蓮》等，比如對短詩《窗》的解讀。先說《窗》的主題傾向，次說創作發生的途徑，再說與現代人心理和美感經驗的聯繫，然後引述羅門對此詩的體驗過程，再然後以具體的詩行演繹和印證前面的主題論斷。詩的末句：「猛力一推　竟被反鎖在走不出去的／透明裡」。周唐二教授寫道：「『透明』二字，用得神奇、精確，都市人在現代文明之無形壓力下所產生的悲劇性的結局，都在『透明』二字托出。詩中《窗》已不是日常生活的普通窗口，而是轉化過後獲得生命本質存在的『窗』。」最後，再引用羅門的原話，以證實窗與精神之境的合一。一步一步，一層一層，將這首著意於「心靈的內景的探視」詩，解讀得令人嘆服了。此外，很多時候，周唐二教授除了用詩作言，（本文闡釋）、著者言外，還採取詩人言（原作者）和論者言（其它評論家）。這使作者避免某些批評法則的固執與偏頗，也能使作者析別和論證更爲客觀有力。姑且稱之爲「四維證詩法」罷，其實，方法絕不是方法本身，它的靈活應用及其深度處理，在在檢驗著一個批評者觀念的開閉、學養有富貧、智慧的高下、直至語言的功力。周唐二教授幾十年來豐富的批評經驗和嚴謹的求實精神，使他們保持著不斷吐故納新的氣質和科學的批評態度。

四

　　說到批評語言，《日月的雙軌》也有它特別的調子。整部書以邏輯、系統取勝，但自始至終也流佈著一股溫婉的情緒。爲了某種暗示和傳達，一反學院派呆板的說明論證，甚至有華彩般的博喻；有對立而相依的張力；還有逃避確指的模糊性和多義性。請聽這一段美妙的

圖畫與聲律；讀蓉子那些輕柔吳音，「有如在溫暖的陽光裡偃臥青青草地上聽初春的第一聲鶯啼；有如在月夜的沙灘上靜聽平靜的海波拍打沙地；有如在深黝的密林中側聽百鳥齊喧；有如在遼闊的原野上看到蒼茫遠水；又有如在曉風殘月中靜靜地吹拂柳絲的情景；當然，有時候，又有如在生命的舞台後聽到一陣陣微聲的嘆息。」這本身就是詩，一種批評的詩意，與對象世界造成語境的和諧。不難想像，從詩歌語言的魔幻之域不斷滑向近乎冷漠的論述的死水，在閱讀上是一種多麼難堪的乏味與尷尬，而《日月的雙軌》送給我們滿心的喜悅和回味。

我並不諱言，此書除了內容輕重的略有不當外，它的引用（主要是原詩）還可儘量避免重複，它的剖析有的地方還可更爲簡略，但正如文史哲出版社彭正雄先生所言，《日月的雙軌》的出版是「有意義」的。它是大陸學者在台港及海外整個華文詩壇上個別研究的第一枚鮮熟之果，它沉甸而鏗鏘的聲音，必將帶來更爲廣闊的回響。

一九九一年八月稿於海南

論羅門的「靈視世界」

熊開發

「詩人工作的重心，永遠是偏向於如何使人類由外在有限的目
視世界，進入內在無限的靈視世界。」——《我的詩觀》

所謂「靈視世界」在此有兩重含義，有如佛教概念中的能知和所
知。能知，指知的活動，所知，指知的對象。所以，能知即是動詞的
「靈視」，所知才是「靈視世界」，也就是羅門常說的「第三自然」。

如果將靈視世界理解為一個唯心的世界（事實上也是這樣），那
麼，它朝唯物一端的外延，便是指向客觀存在的對象，既包括羅門所
說的第一自然（天然者），又包括他所說的第二自然（人為者、都市）。
當然，這些對象都被捲入羅門的「靈視」之中，成為他的靈視的材料，
並演變為他的第三自然。這裡的演變也就是主觀化，直至通向上帝和
神秘。哲學一點理解則是朝永恆的生命存在的回歸，朝本我的回歸，
朝一種冥冥之中決定一切存在的神秘力量（羅門語，引自他在討論會
上的發言）的回歸，朝那個能夠和上帝交流的聲音的回歸。

羅門的作為能知的「靈視」，究竟是什麼呢？「視」，指看的活
動或看的能力，「靈」，理解為靈魂、心靈都可以。靈視實際指的是
一種非感官的感知力，是一種同時指向有限的客觀對象和無限的永恆
世界的活動，是一種可以感覺到卻無法確指的具有神秘性的能力。它
既是非感官的，又必須綜合各種感官力才能把握到，是超感官的，又
是存在於感官之中的。在非感官的領域對我們尚屬無知的現實情況中，
我們只能憑藉感官去描述和理解它，它其實本身就是一種神秘的力的

存在，能夠使我們體會到感官之外的意義。

靈視，羅門有時也把它簡單解釋爲心視。心這個概念同樣不易理解，它既可以是指思想，也可指感官和思想之外的一種認知能力，相比靈視，它稍易被人接受。當然，如果我們將心視理解爲思想活動，肯定得不到羅門的同意。在羅門看來，心視就是靈視，心是本體的心，是載著靈魂的心，說心視只是它的通俗表達而已，它的意義仍然是指向神秘一端的。

靈視和心視之外，羅門還有「目視」的說法。靈視顯然是針對目視而言的，目視不僅限於眼的觀察，而是概指各種感官的活動。感官活動的對象是現象或表象存在，尤其是客觀的現象；超感官的靈視所認知的對象則主要指心靈世界。當然，心靈的活動要借助於外象才能得以表述，但外象只是筌蹄，隱藏其後的意義才是靈視的真正對象。它是什麼呢？感情？價值觀？我們寧願認爲它是詩人一己的全部心靈世界，是他的整個的主體意識，是他的所有的主觀性。所以，靈視就是一種感知心靈世界的能力和活動。羅門是用他的靈視去觸知對象世界，去體味其中的意義。

作爲所知的「靈視世界」，主要是羅門的「第三自然」。詩人說：「詩人與藝術家創造人類存在的第三自然，也就是超越田園（第一自然）與都市（人爲的第二自然）等外在有限的自然，而臻至靈視所探索到的內心的無限的自然；也就是自陶淵明目視的有限的『東籬下』，超越與升華到陶淵明靈視中的無限的『南山』的境界。」

作爲「第三自然」得以產生的心理基礎之一便是羅門的所謂「現代感」，所謂「現代感」，就是「要我們全人類的心靈，在焦慮中等待與守望著下一秒鐘的誕生；因爲下一秒鐘將爲我們在已有的一切中，帶來一些過往所沒有的新的事物。」它包括「三種生命動力」，即「前衛性」、「創新性」和「驚異性」。所謂「前衛性」就是指那種能

「使詩人在創作中機敏地站在靠近『未來』的最前端，去觸及他預感新的一切之『來向』」的能力。「創新性」則是指「自我突破」，「所謂突破便是不斷的超越，以抓住創作上不斷成長的新的性能」。「驚異性」又是指作品形態和內涵力雙方面包含的一種刺激性，它刺動詩人的創作生命」，並在現代人內心引起新異、迅速且強大的感應力。

這種所謂現代感，只是創作的一種推動力，是一種現實的要求，是一種強化個性的現實意識，它不是終極意義的。構成「第三自然」的心理基礎還有出於對人類生命存在的終極關懷，是一種強化詩人的人類性的超現實力量，甚至不無宗教的色彩。羅門曾對自己的燈屋有過議論：「這些燈，有著兩種具有精神象徵性的基本造型，一種是以直線不斷向頂端伸展的直展型，它象徵著人們不斷向上超升與突破的精神狀態；一種是以圓型不斷向內旋進去的螺旋型，它則象徵著人類往心底不斷旋進去趨於深遠的精神狀態，若用詩來說明這種『心』與『燈』所觀照中的情景，那就是光以直線牽眸子，到天頂去看尼采的心；光以圓抱著眸子與天空，一同去看王維的詩。……」（轉引自《日月的雙軌》P12～P13）

這裡的向上的尼采的心和向內的王維的詩，分別表示羅門的兩種存在觀：一是既否定上帝又想重造上帝的存在意識，一是新的上帝安置的理想世界。尼采是代表自我個性對舊的世界和舊我的摧毀與重建的力量，王維則是代表一個適宜人類新的生存意識的和諧、平靜的美的世界。從能知的角度看，現代感催化了羅門「靈視」的強烈的主觀個性意識，終極關懷則使他的靈視得以深化甚至趨向神秘。從所知的角度看，這兩種存在觀使他的第三自然不僅具有強烈的個性色彩，而且最終表現出超越自我後反映生命存在的普遍意義。

以《麥堅利堡》為例。羅門說：「我是將人類從慘重的犧牲與恐怖的死亡中，接過來的贈品──『偉大與不朽』仍不被否定地留在那

裡，然後叫人類站在悲劇命運的總結局上去注視它，去盯住那些沉痛與不幸的情景，所產生精神不安的戰慄，究竟是如何逐漸地超越與籠罩了『偉大與不朽』的光彩。」又說：《麥堅利堡》是「人類內在性靈沉痛的嘶喊」，這裡甚至已無所謂正義和非正義，剩下的只有人的命運悲劇本身，在這悲劇面前，「人也難免陷在極度的痛苦中，對一切事物感到茫然。」（《第九日的底流》載《麥堅利堡》詩寫後感）這裡，超過「偉大」的「茫然」，正是羅門性靈世界中的靈視所感知到的人的悲劇以及通過這悲劇產生的對人類生存意義的深刻反省。這種悲痛是來自意識者的心靈深處，在這深處有生命存在的需要與否定。需要與否定這兩種力量之間充滿矛盾和搏鬥。這兩種力量都是不可戰勝的，其搏鬥中被摧毀的和被樹立的都將是人類的存在本身。這種摧毀和衍生都是殘酷的，因為它必將以現實中的人的個體有限存在的毀滅為代價。意義是無限的，而個體的存在卻是有限的，無限和有限之間的強烈的對照便產生使人的性靈戰顫的悲劇。現實中有限的個體存在都無形地表現為一種觀念的存在，任何個體的觀念化存在都是有限時空中的有限存在，而超越觀念存在的非時、空存在都是無限的。人類的觀念存在面臨無限的非時、空存在，同時也感到茫然和驚懼不安。生的存在停留在有限的時空，死亡卻向無限延引，人的觀念面對這種向無限的延引，同樣是無法接受和極端悲痛的。羅門在《麥堅利堡》的「性靈的叫喊」，正是包含了這多重悲哀。所謂它是超出戰爭本身，也遠遠超出這場戰爭所表現的「偉大」的有限意義。顯然，羅門「靈視」的意向性心理基礎，也正是他的「現代感」，和他對生命存在價值的獨特意識。

　　羅門的所謂「靈視」究竟是一種怎樣的能力，這種能力在作品中又是如何表現的呢？

　　如《第九日的底流》中的一些詩句：

　　鑽石針劃出螺旋塔

　　所有的建築物都自目中離去

　　螺旋塔升成天空的支柱

　　高遠以無限的藍引領

　　渾圓與單純忙於美的造型

　　透過琉璃窗　景色流來如酒

　　醉入那深沉　我便睡成底流

　　心境美如典雅的織品　置入你的透明

　　啞不作聲地似雪景閃動在冬日的流光裡

　　作者在詩前的小題中說：「不安似海的貝多芬伴第九交響長眠地下，我在地上張目活著，除了這種顫慄性的美，還有什麼能到永恆那裡去？」這篇詩作，顯然是在伴隨著貝多芬的第九交響樂時的詩人的情感體驗，作者以「顫慄性」來描繪這種美的感覺，並使它指向「永恆而這一節中，表現的正是一種具有永恆價值的顫慄性的美感，是詩人的靈視通過音樂所營造的一個特定的靈視世界。詩中「鑽石針」的運作，「螺旋塔」的繪形，在無限的藍中的上升以及對如酒的景色的感覺，和閃動在冬日流光裡的雪景般的心境，都顯示出詩人感知活動中的豐滿靈性，那靈視也恰如鑽石針一般，在抽象的詩的空間劃出一波一波的心象。又如：

　　困於迷離的鏡房，終日受光與暗的絞刑

　　身體急轉，像浪聲在旋風中

　　片刻正對，便如在太陽反射的急潮上碑立

　　於靜與動的兩葉封殼之間

　　人是被釘在時間之書裡的死蝴蝶

　　禁黑暗的激流與整冬的蒼白於體內

　　使鏡房成爲光的墳地，色的死牢

　　詩人將一種迷失的感覺,比作困於迷離的鏡房,進一步對這種感覺的捕捉,同樣充滿敏感、尖銳的靈視力。再如:「許多焦慮的頭低垂在時間的斷柱上/一種刀尖也達不到的劇痛常起自不見血的損傷/當日子流失如孩子們眼中的斷箏/一個病患者的雙手分別去抓住藥物與棺木/一個囚犯目送另一個囚犯釋放出去/那些默喊　便厚重如整個童年的憶念/被一個陷入旋渦中的手勢托住/而『最後』它總是序幕般徐徐落下。」這裡描寫的無非是一種「逝者如斯」的感覺,然而在詩人靈視中,卻表現得如淋漓的血一樣新鮮而絞人心痛。飛失的斷箏之於孩童,藥物和棺木之於病入膏肓的垂死者,自由之於囚犯,最美好的懷念卻只是短暫地托在一個絕望的手中,一切都不可遏止地走向終結,這是一種怎樣的悲哀,在這悲哀的「靈視」中,不正是有一種向著「永恆」掙扎的生命意識嗎?詩人以一種切入肌膚,深入神髓的筆觸,盡情地顯露他的「靈視」的魅力。

　　羅門在描寫畫家莊喆的《上升成為天空》中有這樣幾句:

　　……你進入層層的自己

　　自雪層的崩裂處衝出

　　從火山口取出岩底的冷凝

　　在火爐中尋找金屬的形象

　　將油彩噴入旋轉的鐘面

　　你的畫筆插在瞳孔上　成為樹　成為林

　　　　成為波狀的風景

　　雖然是在描繪畫家的創作活動,卻無疑也使我們看到詩人自己的「靈視」的運作,不同的是,他的筆不僅是插在瞳孔上的,還是插在心尖上的。

　　其他能顯示作者靈視特點的詩句還有很多,如:

　　《都市之死》描寫那種虛偽和喪失自我的都市生活的感受。

急著將鏡擊碎也取不出對象
都市　在你左右不定的反照裡
所有的拉環與把柄都是斷的
人們在重疊的底片上　叫不出自己

長詩《死亡之塔》中對死亡的各種感覺

㈠

當落日將黑幕拉滿
　　　　帆影全死在海裡
你的手便像斷槳
　　　　沉入眼睛盯不住的急流裡

㈡

在那一年的第五季　所有的鳴鐘都是啞的
一條河在音樂中斷的電唱機裡死去
水流乾了　風車便轉不動田園裡的風光
空曠裡　寧靜的羅列　鋪著遠遠的去路
鳥從那裡飛不返　風從那裡吹不回
我們便用太陽畫影子　點綴你的行程

㈢

當棺木鐵錘與長釘擠入一個淒然的音響
天國朝下　一條斷繩在絕崖上
我們即使站在眼睛裡　也看不出眼睛
　　　　　　　　在看的什麼
　　　　坐在心上　也想不出心裡在
　　　　　　　　想的什麼

　　即使描寫一些具體的形象，也同樣充滿靈利的感覺，如描寫餐館
侍者：

在白蘭地與笑聲湧起的風浪裡
遊艇與浪花留一些美麗的泡沫給他
對著滿廳紊亂的食盤
他摸摸那隻飛不進花園裡的黑蝴蝶
摸摸胸前那排與彩券無關的號碼
摸摸自己
他整張臉被請到燈的背面
　　　　　　　——《餐館侍者》

寫馬：

一想到馬廄
連曠野牠都要撕破
一看到遼闊
牠四條腿都是翅膀
　　　　　　　——《野馬》

寫歌女：

聲喉一伸
便伸成市民常去散步的那條路
那條路往前走　是第五街
　　　再往前走　是她的花園
　　　再往前走　是她花園裡的噴水池
　　　再往前走　是那死在霧裡的廢墟
　　　　　　　荒涼如次晨她那張
　　　　　　　被脂粉遺棄的臉

　　羅門雖然說他的藝術世界有趨向王維的一面，但王維的和諧、平淡、寧靜以致永恆的境界，只是他的靈視的終極追求或者歸宿之一。而作為羅門的能知的「靈視」，其特徵卻很像中唐的詩人李賀。李賀

感知對象世界，也有「靈視」獨到之處，表現出一種匠心獨運、個性鮮明的特徵。如李賀的《蘇小小墓》。

> 幽蘭露，如啼眼，無物結同心，煙花不堪剪。水爲裳，風爲佩，草如茵，松如蓋，油壁車，女相待，冷翠燭，勞光彩。西陵下，風吹雨。

詩中那種沉浸於死亡境界去感知，潛入意象底流去表現生與死的隔膜、困惑和同情的詩心的活動，在羅門的《麥堅利堡》等詩中同樣也能看到。如：

> 太陽已冷　星月已冷　太平洋的浪被炮火煮開
>
> 　　　　　　　　　　　　　　也都冷了
>
> 史密斯威廉斯　煙花節光榮伸不出手
>
> 　　　　　來接你們回家
>
> 你們的名字運回故鄉　比入冬的海水還冷
>
>
> 七萬朵十字花　圍成圍　排成林　繞成百合的村
>
> 在風中不動　在雨裡也不動
>
>
> 而史密斯威廉斯　你們是不來也不去了
>
> 靜止如取下擺心的錶面　看不清歲月的臉
>
> 在日光的夜裡　星滅的晚上
>
> 你們的盲睛不分季節地睡著

至於李賀詩中「東關酸風射眸子」「憶君清淚如鉛水」……等，以一種特別的靈視，表現出對象含有的意想不到的感覺效果，在羅門詩中，同樣俯拾即是。如：「將不快的煩燥似血釘取出」（《第九日的底流》）「那互撞較擊劍還曉得致命的傷口／那爭執比鋸齒向樹木問路還急躁」（《死亡之塔》）「那低垂下來的靜／像十字架的影子

／火睡在灰燼中」（同上）「在你眸子的藍磨坊裏／我是那顆死了也夢入你田園的麥子」（《給純音樂與你》）等等，羅門詩中這些滿含靈性的詩句，時時給人以心靈的撞擊，正如詩人所說：「凡是火焰便燃燒成藍光，凡是波湧的便潛向穩定的底流，凡是激越的都平靜入桑塔耶那的視境，而形成那種頗帶玄想色彩與奧秘性的心感活動——於空茫與眞實揉合的那一瞬間，將生命推入『美』與『痛苦』所交溶的沉醉之境。」（《自我創作世界的解剖》，見《時空的回聲》）

借用《我的詩觀》中引用的一句評語：「羅門是一位具有驚人感受性與力量的詩人，他的意象燃燒且灼及人類的心靈……」羅門的詩中之所以表現出一種驚人的感受性和力量，正是因爲他總竭力地要憑借一種「歸向『人本』的緣發性和靈悟性」，企圖去「抓住人存在於原本中的精神實態與實境」。這裡的「人本」和「原本」等字眼都是值得注意的，這是羅門「靈視」的追蹤目標，是他的靈視世界的本質內涵。羅門詩論中總在有意無意地強調「三十年來，我是一直在現實或超越現實的內心世界中，透過詩以目視與靈視探望與追蹤著『人』的生命。」強調一個現代詩人「他最關心的是專一的站在此刻的『我』的位置，去面對整個世界與人類的生命，發出一己具『獨特性』與『驚異性』的聲音，而與永恆的世界有所呼應。」詩人並且也相信「強有力的意象語，是精神與思想的原子能，能在人類心靈中，產生無比的爆發力與震撼力。」

羅門的靈視正是羅門自己的主觀精神，是一種詩人之心要與人類之心溝通的主觀努力。這「一己具獨特性與驚異性的聲音」必須通過「靈視」去發現，並通過靈視構造的「強有力的意象語」表達出來，才能與永恆的世界有所呼應，在人類心靈中產生震撼力。

在羅門看來，不僅「靈視」是一種主觀能力，所謂「意象」、「意境」也都屬於主觀的範疇。羅門說：「意象是內視力（心目）所看

見的無限形象。」又說：「意象世界，也就是再現於心靈中的第二度更爲充足的現實世界」，是某一特定對象在進入詩人的內心經驗世界之後，與「同位質性」的其他心靈存在交溶而成的。而「所謂境界，便是詩人心靈活動，進入形而上領域的具有超越性、完美性、眞實性與永恆感的精神狀況。」所以在羅門的靈視世界中，從能知的「靈視」到靈視的對象「意象」、「意境」，都是屬於他的所謂「第三自然」的存在，是主觀化的個人世界，當然，這種由「靈視」營造的個人的心靈世界，又是直接通向人類生存的永恆世界的。如果需要進一步具體分析羅門的「靈視」，則仍可借用詩人自己的理論。他說：「事實上，從『觀察』到『體認』到『感受』到『轉化』到『昇華』，已是詩人與藝術家在創作時，心靈活動的全部過程。」這裡的心靈活動，也就是靈視活動，也就是說：「靈視」是由

　　觀察
　　體認
　　感受
　　轉化
　　昇華

五個過程構成的一種心靈活動，所謂「觀察」其實是一種「哲思性的想像力」，是「心眼」，它能看到「思想中的思想世界」，是靈視的一種具體能力的運用。羅門所說的「觀察」，顯然與我們平常理解的一種客觀認知表象世界的能力不同，它仍然是一種心靈力，所謂「體認」的含義，同樣具有羅門的色彩，「是要把自我生命的眞實之『體』，送到時鐘的磨坊裡去，從滴答聲中，傾聽心脈的跳動，而深一層地『體認』到長短針是架設在時間廣場上不停地旋轉的絞架，隨時可聽見生命發出嘶喊的聲音，甚至看出錶面是透明的產房與墳墓。」「體認」正是指心靈的體驗活動，它同樣是一種在主體的意向引導下奔向某一

本質的主觀努力。所謂「感受力」，則是「緣自作者對一切存在不斷做深入性的『觀察』與『體認』所累積下來的。」由於「感受」的活動，才能把強大的震撼力帶入作品之中，無論對創作者和接受者都不例外。所謂「轉化」，猶如「創作世界的變壓器，能把作者內心中的『感受力』轉變與發揮爲更理想與美好的光景」，轉化力同樣也是靈視的一種能力，所謂「昇華」，則能使一切「均具有一種眞實而幽美的形而上性，能把內心從現實中得來的，推展爲無限超越性的飽和狀態而歸向生命永恆存在的基型，獲得其存在的不朽性。」

如果說羅門的靈視世界是溝通客觀對象世界和生命永恆世界的中間橋樑，那麼營造他的靈視世界的五種能力中，前三種主要是接向客觀世界的一端，後二種則引向人類終極關懷的永恆世界一端。由此完成了人類從現實到超現實，從有限走向無限的所謂詩和藝術的崇高目的。羅門的詩歌，如果沒有他的獨特的靈視及其建築的許許多多充滿靈性的意象和意境，必將顯得暗淡無光。

羅門蓉子伉儷詩

潘亞暾

　　羅門蓉子伉儷，詩風迥然不同。

　　羅門是位銳意探索、詩風多彩多姿的現代詩人。他早期的詩以浪漫主義為主調。他第一本詩集《曙光》表現了一系列呼嘯奔放的「自我」形象，充滿了對自由、理想、生命的謳歌和對寧靜、柔和的大自然的贊美，詩的想象豐富，色彩瑰麗，帶有唯美主義色彩（例如《鑽石的多日》）。如果說五十年代羅門的詩，色彩是熱烈鮮明的單色調，那麼，六十年代以來，他的詩就是雜色的，而富於浪漫氣息的明朗色調（例如《野馬》《觀海》之類）。我感到羅門仍不失浪漫派詩人的氣質，他的詩給人以健康的美好的感染，促人奮發向上。

　　自六〇年代以來，羅門的詩路不斷拓寬，刻意創造新形象，營造新的意境，他很少披露熱烈的情懷，而是潛心于追索人生、宇宙的奧秘。他的詩對現實生活的輻射，既有廣度，又有深度，善于從尋常的物體形象中挖掘其內涵的深邃哲理，早期詩中的奇特想像和浪漫色彩，常常化為深沉凝定之態，常常具有多義性和不確定性，深含象徵意義。由單純的主觀抒情到向人的心靈世界掘進，這便是羅門後期的顯著特色。

　　追求精神質素，表現工業化帶來的種種現象，是羅門詩作中經常出現的題材，詩人凝神傾聽喧囂的工業文明的聲浪，密切注視傳統的生活方式，倫理觀念，價值觀念所受到的挑戰，用詩的語言表達自己對於一切的思考（例如《塔形的年代》）。

從羅門的詩裏可看到，瘋狂是城市流行的哲學。《車禍》寫「走進一聲急刹車裏去」釀成的車禍，「他走了　路反過來走他／他不走了　城裏那尾好看的周末仍在走／　他不走了　高架廣告牌／將整座天空停在那裏」；在《城市‧方形的存在》中可看到：「天空溺死在方形的市井裏／山水枯死在方形的鋁窗外」；再看《曠野》：「洋灰道上　不見羊／馬路上　不見馬／摩托車急成一根快鞭／鞭著眾獸在嘶鳴中奔動／綠燈是無際的草原／紅燈是停在水平線上的落日」羅門的都市詩呈現多層次的時空結構，或將一瞬間的直覺和幻覺交雜、倒錯、或將不同感官的感覺交互作用，展示了一光怪陸離的都市畸型的圖景，使讀者清楚地看到現代文明破壞了人們心理平衡，以及生活的艱辛。看哪！「都市是一張吸墨最快的棉紙／寫來寫去／一直是生存這兩個字／在時鐘的硯盤裏／幾乎把心血滴盡」（《生存！這兩個字》（《BB型單身女秘書》揭示出在拜金狂潮的沖擊下，社會中的一切，都被商品化了，人失落了自我，這正是現代都市的悲哀。羅門的都市詩在對生活的感受和觀照時，寫出的是詩人的主體感覺，在對人心靈的開掘過程中，使對象心靈化。他的詩植根於現實又能超越現實，每每表現出一種對生活橫向與縱向相結合的宏觀的哲理思考。這樣的詩，既是寫實的，又具有哲理的內蘊與象徵的因素，既刺激讀者的審美感性，又刺發讀者的審美思考。這些詩由於提升到相當高的美學層面，就避免了一般寫實詩作膚淺、直露的弊病。

羅門的很多詩篇是鄉愁的，他的詩魂在夢中的故土找到了寄托。他的鄉愁是深沉的、細膩的、委婉的，一旦觸到感情的噴發口，他那游子思親，流浪人思鄉的激情，便有如熾熱的溶岩一傾而出。

《遙望故鄉》寫的是詩人在金門島遙望離別了三十年的故鄉的感觸：「一個浪對一個浪說過來／一個浪對一個浪說過去／說了三十年只說說一個字／家」鄉愁在詩中具體化、形象化了，它通過生動的藝

術形象表現出來。《遙指大陸》詩中那種千迴百轉的鄉愁讀來感人至深。

一些在別人看來是最平常不過的東西，在詩人的心靈中都具有特殊的意義：一杯茶、一盞燈、一曲鄉音，都能使他情牽萬縷、如醉如癡，他對故土、親人的懷念。真是達到了魂牽夢繞的地步。例如《茶》、《觀燈記》等詩。詩人在火車上看錶時，產生了奇特的聯想：「所有的車輪　都是離家的腳／所有的車窗　都是離家的眼睛／所有的錶面　都是離家的臉」（火車牌手錶的幻影）。詩人每每先以白描手法狀物寫景，再用聯比喻的方法，提練出詩的意境，情思悠長，寫景、敘事、抒情、議論乳水交融，讀之使人神思飛越，回味無窮。街頭有一個素昧平生的老人也能勾起詩人對浪跡天涯無所依歸的身世的感懷，《賣花盆的老人》一詩，直接抒寫自己的胸臆，這是羅門鄉愁詩的突出特色，他的許多作品就是他主觀上那日漸濃重、揮之不去的思鄉情緒的真實寫照。

歲月匆匆，人事滄桑，唯獨對故土的那份眷念無法抹消，以致一個錶、一杯茶、一盞燈，無不扣和著作者善感的心扉，牽動著他的思鄉情懷。這些撫今追昔的鄉愁詩，以其情牽萬縷的骨肉之情，款款地打動了讀者的心。

就意象的經營而言，羅門有稱得上是台灣詩壇極有特色的一位詩人，他的很多詩篇激盪著跳躍性的情緒節奏，意象具有強烈的心理色彩。《光　穿著黑色的睡衣》全詩由一圈圈令人目眩的圓的造型和一道道流動的光波組成，詩中各式各樣的圓可視為人生的象徵，光則如同一曲無所不在的演奏著的圓舞曲，它與生命、青春和美同在，只有當死神降臨，穿起「黑色的睡衣」時，那歡快的圓舞曲才告停止。

羅門的許多詩內部粘合力靠的不是事件的客觀情節性，作者時常將一些外表上無關聯的形象作蒙太奇式的並列處理，形象之間的類比

不以言傳，而有待于讀者自己參與完成。《曠野》中有這樣一組組對應的畫面：「風裏有各種旗的投影／雨裏有各種流彈的投影／山峰有各種墳的投影／樹林有各種鐵絲網的投影／峭壁有各種墻的投影」。在羅門筆下，生活的形象常常成爲發洩情緒的一條傳送帶，《曠野》中的「風、雨、河、湖、山峰、樹林、峭壁」，這些被感情浸泡過的形象，依據詩人的情感，組合成一幅幅新的形象圖。《觀海》中那「飲盡一條條江河」、「醉成滿天風浪」、「吞進一顆顆落日／吐出朵朵旭陽」的大海，也已成爲一種意象，化作詩人思想情緒的一種象徵。

羅門善於用想象的舢板，把讀者引渡到另一個世界——心靈的世界，使讀者在思想上得到啓迪，情緒上得到波紋，印象上獲得美感。《燈屋的世界》寫的是光，寫了「光的行蹤」，「光的作業」和「光的結局」然而透過光卻折射出了自我的心靈，把自我的感情無遮攔地流泄出來，通過光顯現出在心靈的鏡面上的印象，詩中的光的暗示，意義盡在不言中。的確，詩歌過實比附，有時反而會閹割詩意。

羅門的詩充滿著主體對於對象的情感的投射，同時又常常打破時空的固有順序，多層次的時空結構和跳躍性的情緒節奏，是他的詩常用的手法，如《窗》、《目·窗·天空的演出》等作品，採用了超現實然而又具體形象的方式，通過主客易位，產生一種特殊的審美情趣。《目·窗·天空的演出》的第一段寫道：「臉一靠窗／目便與天空換了位置／天空總以爲用不著動／全部都到它下面」讀者可看到，詩人的感覺外化出來，改變了對事物原有狀態的摹寫。

在羅門的新詩中，還有諸如《馬路工人》、《礦工——光的牧者》、《地攤》、《玻璃工人》等等寫實感頗強的詩，這些作品謳歌了創造性的勞動，由衷地讚頌了改造山河的勞動者，有的詩揭露了社會的不合理現象，爲受剝削的勞動者鳴不平。《建築工人》一詩用鮮明的對比手法，寫出了社會的貧富不均、分配不公。建築工人「把樓頂當天頂

／不斷拉近／讓發亮的皮鞋們／將電梯當天梯／蹬上去「他們成天」拖著泥漿的雙腳」，造的是高樓，自己則「低頭進土屋」。另一些反戰詩和讚美勞動和勞動者的詩一樣，頗具深刻的人性，詩人並未發表議論，但他的愛憎情感，在字裏行間，表露得十分明顯。

羅門對其他的藝術門類，如現代繪畫、雕塑、乃至電影與音樂，都有相當的研究，這對於豐富他的詩歌表現力大有裨益。《都市的旋律》巧妙地借鑒了一種音樂的結構、節奏和韻律，詩的外在形式、語言及內容，詩人的思想的軌跡融爲一體，天衣無縫。《咖啡廳》每句皆以「一排」、「排好」開頭，結構十分破格而大膽，全詩呈現鮮明現代繪畫的構圖和效果。《迷你裙》、《旅途上》、《茫茫》等詩，仿彿用攝影機攝下的一組組鏡頭，詩人運用的不是單一的長鏡頭，而是長短鏡頭結合、大小鏡頭結合、甚至有特寫鏡頭的穿播、變幻。由於廣泛滲入繪畫的線條、色彩，音樂的抽象、節奏，電影蒙太奇的剪接、疊加，乃至雕塑的立體感，爲羅門的詩平添了不少獨特的風采。

古人說：「觸物起情」。詩人心裏的感情幅射，往往以客觀物象爲媒介而引發的。在羅門看來，詩是表現，是創造，是生命的律動，是散發出一種會使精神沉醉不已的馨香，而不是簡單地反映或摩寫生活，他將自己眞摯、純樸、沉鬱、悲憤以及歡樂、惆悵等等感情，融入了萬花筒般的大千世界的種種物象之中。讀羅門的詩會有一種特別的審美體驗，並能給人以廣闊的聯想、啓迪和領悟。

蓉子與羅門在馬尼拉舉辦的第一屆世界詩人大會上獲「第一文學伉儷」獎，被授於菲總統大綬勳章。這只「永遠的青鳥」，通過自己的詩建立起一個自己的藝術世界，這是一個眞誠、溫馨、寧靜的世界，正義與人性的世界。

蓉子詩藝的眞善美，常常是生活的眞善美的再現。在《我寧願擁抱大理石的柱石》這首詩中，深刻表現了詩人的情緒、感受、折射出

生活的複雜情狀，進而升華出某種人生感悟和對生活的態度。詩中寫道：「頂立著拱形的大廈而直立著，／久久地支撐那偉麗的穹窿／不使傾斜。」「它肯定『是』，／否定『非』。／它直立著／沉靜而靜美。」詩中的意象──「大理石的柱石」和「隨風飄搖的小草」滲透了詩人的主觀情緒，是一種心靈的感應物，前者似乎是一種信念、希望、眞誠的象徵，而後者則代表了口是心非、顛倒黑白、猥瑣卑鄙。詩人「寧願擁抱大理石的柱石」，表現了審美意象。寓言詩《蟲的世界──蚱蜢的畫象》則含蓄地道出了世態炎涼，詩人對人際關係中的不和睦的失望和不滿，正是因爲有一個美好的理想世界作爲參照系統。

在以「維納麗沙」爲題的一組詩中。蓉子讚美了「天然棄雕飾」的渾樸本色，詩中的意境經過詩人的點化，顯現出對道德精神上「自我完善」的追求。在《維納麗沙肖像》中，她將過往的維納麗沙比作一個「沒有任何藻飾的原始的渾樸的雛菊」。這組詩充分體現了詩人對人生的價值和生存意義的探索，張揚了一種崇高的道德力量，旨在喚起人們積極的審美態度。在維納麗沙這一藝術形象中，筆者看到了蓉子自身的投影《笑》也有異曲同工之妙。《爲什麼向我索取形象》：「爲什麼向我索取形象？／如果你有那份眞，／我已經鑴刻在你心上；／若沒有──／我恥於裝飾你的衣裳。「詩言志」讀蓉子的詩，你能清楚地看到她那委婉、敦厚然而又沉毅的性格，她的詩體現了對人的尊嚴，人的命運的嚮往，蘊含著一種有意義的人生態度。

蓉子的詩有時輕盈活潑，如汩汩流淌的清泉；有時寧靜得如一泓湖水，顯得某種哲人所尋求的澈悟。「生命如手搖紡紗車的輪子／不停地旋轉於日子底輪軸／有朝這輪子不再旋轉，／人們將丈量你織就的布幅·」（《生命》）在這簡短的四句詩中深刻的含義通過不斷轉換和流動著的意象體現出來，詩人對生活的思考，對人生的體驗，印上了一層理性的色彩，同時又融和了主觀意識和情緒，最後熔鍊爲一

種哲理的思辨。

　　蓉子是一位熱愛美、渴望美、追求美的詩人，她善於發揚並揭示美的奧秘，用具體、生動、形象的語言把它表現出來，告訴讀者，這就是美。她在詩中盡情地謳歌大自然的美景：「如今是四月花開的日子，／濃蔭中有陽光彌漫，／樹叢中有鳥聲啼唱，／空氣裏洋溢著芬香……《夢裏的四月》。早晨的空間是寬闊而無阻滯，／緊隨著它歡喜欣與驕傲的步履，／我要換起簑笠，／將大地的彩虹收集！」《晨的戀歌》。詩人就像一位丹青好手，揮灑彩筆，描繪了大自然的一幅幅旖旎風光。詩歌展示的畫面中散發出令人神往的田園風味，寄托了詩人回歸自然，投身於一個未被污染的世界懷抱的向往。蓉子對於生活中的美有一種敏銳的洞察力，如《雖說傘是一庭花樹》這樣的詩，你讀時便會感覺有一片溫柔敦厚的情懷在字裏行間蕩漾，又彷彿有一股和煦的春風拂過你的心頭。

　　康德說：「美是道德的象徵」；芝諾說：「美是道德品質之花」。蓉子詩中的美正是以真為骨肉，以美為靈魂的美，她的詩歌藝術魅力不僅在於美的享受，還表現在能給人以回音、啟迪。如《菊》這首詩，既寫了菊的高潔、逸雅的妍姿，又現出菊的魂魄。在蓉子的詩中，自然形態的美常常是對社會生活美、人格美的一種暗示或象徵，因而具有淨化心靈的作用，給人以樂觀向上的鼓舞。

　　在大自然的寧靜中詩人溶入了自己的審美追求。在《一朵青蓮》中，被詩人感情浸泡過的出自污泥而不染的凌波仙子形象，依照詩人的情感，組合成新的形象圖。這首詩寫的是青蓮，又全是詩人的自我感受。讀者從詩中感受到的不單純是自然界的蓮，它也帶有淡泊名利的詩人情緒。再如《三光》，每每能感受到潛藏於詩人深層意識中愛的信息，溫馨的人情暖意是詩人樂此不疲的謳歌對象，詩中那湧自心底的熱烈情愫，像金錘擊石般打動了讀者的心房，引人向上向善。

蓉子是位現代詩人。《時間》就是一首哲理深刻、意趣雋永的現代詩。劈碩半行就道出了時間無始又無終、恒變又似不變的這個眞理。哲學家早已指出，時間和空間是宇宙萬事的存在形式，而中外古今的詩人則多從生的短暫而驚嘆時日間的神秘性——無窮。蓉子心中的時間意象是「……如今已波濤萬頃／它激濺奔騰非自今日始／——從我出生時便如此　奈何／直到昨天我才怵目驚心。」這是詩人對「時間」的頓悟。蓉子的所悟首先是時間的恒變性：

年幼時　不懂時間爲何物

不識其顏色　未知其價値

當一卷人生的卷軸緩緩展開時

我的年光也跟著它刻刻短少了

這後兩句簡直是辨證法原理的詩化。上列四行詩中，她把生命巧妙地比做緩緩展開的卷軸，越展所餘越少，這遠比曹操詩中「人生幾何……去日苦多」要明確得多，深刻得多，風趣得多。蓉子的生命感悟是現代的，蓉子的思想詩化是沉潛而又活脫的。請看「人會長大，花會枯萎。」接著又跳脫開去，把苦樂的感覺和時間的長短聯繫起來：「在艱苦成長中的感覺很長／一旦歡悅綻放的時刻卻很短」苦樂是感性的，長短是理性的，情與理交融，又化爲浩歌的詩趣：「啊，在變幻的天空那次第消逝的雲朵」「變幻」是劇變，是反復的變；「消逝」是悠閒的變，靜趣的變。在這行詩中，以具體的雲朵融合動、靜而表現了生命哲理抽象意趣。我讀蓉子這個妙句，倏地想起唐代早期詩人張若虛筆下的類似意境：「白雲一片去悠悠，青楓浦上不勝愁……」張詩兼懷相思之情，但背景仍有先設的宇宙時空的蒼茫感慨。蓉子詩則著力鑽探生命的秘奧，時間不但與個人生命關聯，並且也和人類的集體生命關聯起來，所以思想境界開闊。我們略過三段，看看詩人的寄慨多廣多深：「年代轟然　逝去那一把星光／將才與相才　屬於本

世紀初的／世界級巨星　已一顆顆順序／隕落…。這調子是低沉的，使人想起曹雪芹詩：「古今將相在何方？荒塚一堆草沒了。」蓉子感嘆將相巨星一顆顆隕落時，就特別強調時間。年代怎會「轟」然逝去呢：前面不是比作無聲消逝的白雲嗎？這「轟然」是現代詩歌的表現法表現詩人意象化的理解。在這一段低沉平靜的氣氛中，突出一個年代的轟逝，這技法也很獨創，也是蓉子詩風恬靜而不孤落的一例。此詩的結尾四行又幻入深境，逗人遐想尋思：「只有他一人，依然／健碩　從不疲倦和失望／也從不稍緩他的腳程　在和人類／億萬米的長跑賽中　永遠金牌在握」我想這「他一人」固然可按此時的寫作年代（一九八四）而附會一具體大人物，如同古詩傳統中「美人、伊人」之類，解釋性也很寬廣，但我卻寧願把「他一人」理解為「時間」的擬人化，前面略而未談的三段詩中，時間「奪去不解事的年少」，「再也喚不回了」，「晨昏日夕，勞苦煩擾」這些都跟人生有關的歲月的消逝，但決不是時間本身的寂滅。時間在全詩中是恒變而又永存的，所以儘管人類社會的巨星一一隕落，而時間則不捨晝夜，健行不息，以此體現其永恒。

《太空葬禮》寫真人真事，悼念一九八六年美國挑戰者號太空飛船失事犧牲的七位英雄。挑戰者號代表人類向無限空間的挑戰，是科學長征的壯舉，七位男女英雄為人類而捐軀，其意義比為國犧牲更偉大：他們為和平的事業而獻身，當然比為戰爭而死更富正義性。噩耗震驚世界，蓉子的初感是這樣的：「那是一種怎樣的葬禮？起始與終結／開拓與毀滅／竟於剎那間完成」。短短四行，情深理至，哀而不傷。「竟」字點出本不該如此的不幸；「完成」的不是那次太空探索的任務，而竟是挑戰者飛行員自己的葬禮，人間悲劇，哪有更大的呢？蓉子用字有深厚功夫，於此可見一斑。二三兩行的反義並列句法，也使詩義精密而有內涵。詩的第二段寫現場和電視機旁觀眾的反應：「正

當希望節節騰飛　向／無窮盡的太空／光華四溢！　驚天動地的一擊／——億萬仰望的臉立刻轉爲／哀感」。這情景許多人看了電視的，但多數人震驚之餘，並不能表達得如此明確。「驚天動地的一擊」，動詞的賓語是不見於字面的億萬顆滿懷希望而希望又隨著飛船節節騰飛的心！這「深層結構」的詞匯填入，或說讀者以理解跟詩人的用意之間的默契。這種表現法沖破了傳統語義限制（如漢語「一擊」只用於貶義，等等）體現了當代文學語言的新因素。蓉子的詩許多篇中都有此類創新。再說此詩的後兩段，好比攝影鏡頭從卡納維納爾角再轉到殉難的女空航員、歷史教師麥考莉芙任教的課室那兒——「也有春花或雛菊的臉正靜待／他們的太空女教師　爲她們／解開太空的奧秘　竟　突然被蒙上一層死亡的謎面」隨後鏡頭又轉到麥考莉芙的家裏，那兒——「最傷情　是她六歲稚女蘋果般的臉／日日倚門翹首仰望／望斷雲天　萬里金星今已墜落／高山大海再也拚湊不出媽咪的／形象！」這兩段特寫的抒情，深深扣動了當日觀眾、今日讀者的心弦，使人不忍再去專談論詩藝。現在我們在幾年後回頭再看這兩段詩，其語言特色仍是明顯的。麥考莉芙上有父母，下有小女，詩中突出小女的「倚門」之望，顯然漢語的慣用法在此便蘊含了父母在內。把飛船爆炸的火球寫成人們引頸仰望的「金星」，這也含言外之意。因爲在西方文化裏，羅馬神話美神和愛神「維納斯」恰與「金星」同名；而在東方文化裏，「金星」又叫「啓明星」。這些又抒／太空女教師的殉職都有褒揚性的隱喻。蓉子詩中的用語總是細緻琢磨過的，例子很多不一一列舉了。

《駿馬》從較抽象的意象入手，表現了「馬之德性」使人仰慕（駿馬在東方文化裏常被用做英雄氣概的象徵）：「無論何時／你的出現／總是一片耀眼的光華／朝暾般升起人們的仰望」這詩意很明白，而寫法卻別致，三四行是以形象（耀眼的光華）寫抽象（人們仰慕之

情）。接著又轉入繪聲：「一聲嘶吼　盡收原野類美景於眼前」由聲喚起景，便見有聲色，馬的叫聲，只傳統上只說「馬鳴蕭蕭、馬嘶」而不用「「吼」字。蓉子熔鑄新詞，用「嘶吼」突出馬鳴聲威氣勢之豪壯。又於嘶吼之後，繼以蹄音：「你迅疾的蹄音　是耀動的風雲」這描寫把奔馬的威武雄壯活現於紙上了。古語「風從虎、雲從龍」的說法，今蓉子筆下風雲都逐著馬蹄而躍動而飛騰了。下一段則寫到「……唯人們的眼尚來不及追蹤／你已絕塵而去，天廣地漠」──這就畫活了千里馬奔馳向蒼蒼的境界。由此嗟嘆道：「啊，那大世紀的風采／那飛揚的舒暢　而風湧雲動／一出鞘勢必中的／一起步世界便落在身後」這顯然又是象徵人間世，由駿馬而想望人中俊傑了。人該如何？結尾二行說得很清楚：「馱你的願望於四足不停的奔馳／直到躍馬中原　跑遍了祖國壯麗山河！」這使人想起一九五三年畫馬大師徐悲鴻《奔馬》題句：山河百戰歸主，鏟盡崎嶇大道平」。駿馬是人傑的形象化，古今多少詩人畫家都冀望人間多俊傑呵！蓉子是位銳意進取、探索不息的詩人，她鍥而不捨的在生活的光譜中尋找著屬於自己的色彩。蓉子的短詩在藝術結構、氣氛的營造、意象的捉摸、語言的錘鍊諸方面，都形成了獨特的個性，技巧與內容渾融一體。蓉子詩不是簡單地循著以往抒情詩的舊轍去「觸景生情」，也不刻意追「求情景交融」的和諧，並且無意在遣詞造句上過份雕琢它的成功，往往在於把現代生活的色彩、音樂、節奏和現代人的思想感情融入詩的意象和境界。《古典留我》寫在雨中漢城，詩人「夢在江南　春色千重」「夢在北國　漢家陵闕」；身在漢城，然而「此處猶可見東方，／昔時明月／淡淡的唐宋」此詩的時空大幅度跨越，感情飽滿，想像豐富，吟來回味無窮。

　　蓉子善於捕捉瞬間的情緒感覺。《當眾生走過》、《日曆》這些詩，都傳達了自然和生活表象在一剎那間給人的印象以及由此引起的

感觸、意緒及情愫。它們是時間和空間的結合體，詩人的生活、經歷、記憶的片段經過某種觸動後由主觀情緒反應作用的一種藝術畫面的巧妙剪接與組合，讀者在被詩人描繪對象的瞬間印象中獲得一種整效果。上溯兩首詩中的「風」「沙痕」，「痕轍」，「玫瑰」等，不是膚淺的「興」和「喻」，不是爲「比附」而設的可有可無的裝飾，它們包容了豐富的內涵，並升華出深刻的人生感悟。

蓉子還常常借助通感手法，把不同感官的感覺聯結在一起，去進行形象的比喻，使形象效果在奇妙的聯想中得到了加強。便如「任歡悅和光華在煩瑣裏剝落！」（《親愛的維納麗沙》）「時間的水晶有時光耀」（《維納麗沙的時間》）！「且無人知那寂寞的高度、獨自的深度／以及河流永不出海的困憊」（《維納麗沙的世界》）「那被踩響了的寂寞」（《夏在雨中》）等。詩人巧妙地借用這種手法擴大了感官審美範圍，達到各種感覺的互相流通和補充，如聲色的交融、觸覺、視覺的結合等，給讀者以廣闊的想像。體味、領悟的新的時空。

蓉子、羅門四十年來比翼雙飛，相濡以沫，默默耕耘，碩果累累，飲譽全球，堪稱世華詩壇最合拍的夫妻檔和最明麗的並蒂蓮！筆者衷心祝福他倆藝術青春永在，攜手跨越新的高峯！

羅門的天空

謝　冕

一

　　關於羅門可以說很多話，關於羅門我又感到說話很難，因爲他的詩豐富詭異而多變。羅門的天空是浩瀚而神奇的。他的奇思和幻想，令批評家感到了追逐的困窘。越是豐富的詩人這種追逐就越困難。世間萬物之中最難捉摸的是科學家的世界和詩人的世界，它們都與想像力和夢境有關。也許明智的選擇是放棄這種追逐。

　　近來有一種徹悟，不論我們對自己的才智和心力有怎樣的自信，我們面對世界都有難以逾越的描寫的困難。我們無法窺盡它的神奧，對於自然界的天空是如此，對於詩人的天空也是如此。但職業的習慣使我們無法放棄，於是我們只能心甘情願地充當那些摸象的盲人。也許我只能觸及象的鼻子或耳朵，我們也不應沮喪，因爲要是我們不以放棄認知的一部或大部爲代價，我們將一事無成。

　　詩人既然擁有自由，批評也應擁有自由。只讓詩人當自由人而只讓批評家充當自由人的僕從顯然不公。批評家在極大的精神創造力面前感到語言的貧瘠，一面他覺悟到應當放棄某種全知占有的意圖，一面他基於自己的感悟而在那些無力描繪的地方進行自己力所能及的工作。要是我們以如此的心態面對豐富的詩現實和詩歷史，面對一個內涵同樣豐博的詩人，我們那些受挫的自信心也許將因而重新喚醒。

　　一個詩人展現的世界，經過了他獨特的選擇和內心化的改造，它

們蘊含的複雜性並不比客觀實在的那個世界遜色。我們進入詩人世界的難度也如此，正如我們無法窺盡世界所展現與未曾展現的那樣，我們也不可能窺盡詩人內心的擁有。但我們不會因而卻步，我們要做我們所願做並能做的事。從詩的批評閱讀來說，要是我們能夠通過我們心靈的觸摸而道出一個詩人或一首詩的某些方面，我們理應滿足。

把這種我們對於批評所持的姿態用以考察詩人的創作，大體也還可行。對於一個詩人來說，同樣不存在所謂的絕對的全面性。一個詩人在讀者心目中甚至詩史中所擁有的地位，不羈繫於並不存在的完整全面的進入式占有。也許事實僅僅在於他是否在前人創造的基礎有無新的發現和新的開掘，並以此豐富經過無數詩人共同造就的歷史的沈積。一個詩人一生中能夠寫出眾多有新意的作品是他的幸運。但有的詩人一生中只留下為數甚少的詩篇而後人卻永遠銘記的，大抵是由於他的作品符合我們上面所申述的條件。

此刻我們面對的羅門，屬於作品豐碩一類。他已有相當數量的著述出版，而且其勢頭仍在增進。他還處在創作旺盛狀態，人們尚難預料他的創作高峰階段是否已經湧現或何時湧現。羅門是一個變幻莫測的謎。他的競技般的開拓創新讓人眼花繚亂，但有一點可以肯定的，即：他的創作以鮮明新穎和不斷變化的藝術追求而引起社會的關注。

二

中國詩人歷來多談山川田園。由山川田園而往往侈言鄉土。開始是鄉土題材，而後發展為鄉土主張。此種主張因接受意識形態的薰陶進而與張揚民族大眾精神連接，其間自然造就了諸多成就卓著的詩人。進入近代以來，中國置身於世界潮流之中，時勢的推動，風氣的影響，中國詩人不得不對自身的積學和傳統趣味有所調整。自從胡適感嘆「舊詞調」之不易驅逐，到艾青從歐羅巴帶回那支彩色的蘆笛而對傳統

的趣味和形式表現不動聲色的拒絕，中國詩人這種心靈束縛的掙脫有一個艱苦的歷程。四十年代是倡導鄉俗之風極熾時期，即使在那時也有相當堅定的抗爭。王佐良還在《一個中國詩人》中說「穆旦的勝利在於他對於古代經典的徹底無知」。穆旦以及當日覺醒的一批的詩人的努力體現了一個完整的艱難反抗的悲劇歷程。中國詩人在自己的思維和表達方面所受的傳統對於現代的壓迫，甚至連受害者自身都難以覺察。

　　羅門也是這樣的「反抗者」。他所展示的那片天空是開放的，他的視野和胸襟屬於世界。他是一個中國詩人，他的思維方式和審美趣味當然不會不是中國的。但羅門的好處恰恰是那種傳統的，古典的，山野的和中國士大夫的習氣在他身上的保留少到幾近於無。而那種國際性、世界性和現代的品質卻成為了他的靈感和支柱，這就是此刻我們面對的這片僅僅屬於羅門的天空。

　　他的扛鼎之作是《麥堅利堡》。這是一首獲得了菲律賓總統獎的著名詩篇，也是代表羅門風格的最主要的作品。那一年羅門訪麥堅利堡，為那一片寧靜和肅穆所震驚。他在此詩的後註中記述了當日參謁這個墓地時的感受，七萬個彩色的故事，是被死亡永遠埋住了。這裡的空靈有著偉大與不安的顫慄——

　　　　麥堅利堡　鳥都不叫了　樹葉也怕動
　　　　凡是聲音都會使這裡的靜默受擊出血
　　　　空間與空間絕緣　時間逃離鐘錶
　　　　這裡比灰暗的天地線還少說話　永恆無聲

　　這一片靜默的天空屬於羅門，屬於羅門那顆跳動的超越國界和時空的仁愛之心。他面對這個由七萬個十字墓碑組成的「悲天泣地的大浮雕」，面對死亡造成永恆的冰冷，面對那在風裡雨裡都不動的天老地荒的靜默，他不能不有如下的認知：「超過偉大的，是人類對偉大

已感到茫然。」

《麥堅利堡》不是一般的和平或反戰的作品，人道精神加上對於生命哲學思考，成爲一股強悍的暴風呼嘯在麥堅利堡巨大悲壯造成的雄渾之中。僅有心靈的博大或思考的深刻不會產生大詩。羅門在這裡運用了嫻熟的藝術，極度渲染這碩大墓園驚人的靜默和冰冷。當一切都失去音響並陷入巨大無比的靜默時，死亡肆意的喧囂便突現了出來。當太陽和星辰都冰冷，甚至連太平洋那曾被炮火灼熱的海浪也都冰冷，面對那一片冰冷的十字架群，卻有一片爲人性的熱情所燃燒的詩心。羅門利用強烈反差對比使藝術的實現臻於至境。

中國幅員之廣大以及歷史的悠久深厚，易於造成一般詩人的文化心理自足狀態。中國詩人很難就此跨出一步，即使是曾經遠跋重洋的遊子，跨出之後也常收回那邁出的一步而重返那一種封固停滯的古典氛圍和情趣之中。因此中國新詩史上眞正進入世界的詩人並不多見，這就使我們饒有興味地面對羅門所展現的這一片奇異的天空。

羅門的天空遼闊浩大並不由於題材涉及的廣泛，而是他的文化心理的姿態。他的心裝容了世界，他用中國人的心靈去感知那個世界，因此浩大壯闊之中擁有了東方型的溫情和含蓄。羅門所寫此類詩，《麥堅利堡》以外尚有如《夏威夷》、《紐約》、《藍色的奧克拉荷馬》、《重見夏威夷》，以及《彈片TRON的斷腿》……他的長處在於這些詩不是旅遊觀光一類，而是用一個中國人的心靈擁抱陌生的世界。他的天空中飄飛著東方人的思緒，他的那些奇幻的雲彩於溫情之中包蘊著深刻的傷感。這裡是《板門店‧三八度線》：

　　一把刀

　　從鳥的兩翅之間通過

　　天空裂成兩邊

　　十八面彩色旗

　　貼成一塊膠布

這是一種殘酷的撕裂和切割。一個完整的國土分成了兩半，如有剜心之痛。羅門在寫這一人類世界的畸形和變態時，一定融入了本民族心靈的傷痛：他始終不能忘卻刀和流血的意象——

　　會議桌上的那條線

　　既不是小孩子跳過來跳過去的那根繩子

　　便是堵住傷口的一把刀

　　拔掉　血往外面流

　　不拔掉　血在裡面流

　　要是說羅門寫《麥堅利堡》時，對這一宏大題材的處理因藝術上的拘謹而有未能展開的遺憾，到了十五年後寫《板門店・三八度線》時，他擁有的從容心態使他能夠賦予這一命題以精緻的表現力。他從各個側面，通過多樣的意象組合，展示歷史巨痛的深沉感受：所有的門窗都是槍口開的，此刻又都關上；養傷的土地，住在傷口裡；殘廢的曠野，拉住了瞎了的天空；遠處的雲，全都回響成炮聲；那張小小的會議桌兩邊，坐的是兩排戰車，兩排炮，兩排刺刀；後來，他用「一個棄槍的警長與一個棄刀的暴徒被一個沒有鑰匙的手銬扣在一起走」的荒謬場面，欲哭無淚地傳達他那顆滴血心靈的悲哀。

　　羅門通過一張會議桌表現朝鮮半島那個歷史悲劇時並沒有從意識形態的角度去作現實性的膚淺的聯繫，他是從人類普遍的情感狀態出發駕馭這一素材的。這說明詩人境界的開闊和自由。這一點使他超越了我們相當熟悉的一批人創作這類題材時所表現出來即時即景的窄狹襟懷。其實在羅門的全部作品中表現國際性素材的數量並不很多，但也就是這些詩篇造出了羅門藝術給人的特殊印象。從這裡羅門突出地展現了他有異於人的獨立藝術品格。他透過戰爭的苦難和國際行旅的觀感，追蹤人的生命並從這追蹤之中進行人對生存的思考。他自由而

灑脫，他的心擁抱了人類和世界。正如他自己所說，他住的地方是「光住的地方」，是片「沒有圍牆的開闊的心空」：「雙手可空出來抱抱地球，頭可高枕到星空裡去」。

三

對於中國詩人來說，現代性的擁有是一個艱難的命題，因爲中國有悠遠燦爛的古代和驚心動魄的近代因而習慣於忘卻甚至排斥現代。並不鮮見的中國詩人對於現代的拒絕是基於戀母情結般的對鄉村的依戀。中國是一個古老而廣袤的鄉村。中國的官僚、知識者乃至詩人，他們或者自身是農民，或者是農民直接或間接的後代。中國鄉村以它停滯、麻木和封建性聞名於世。它同時是一個陷阱般的泥潭。很少有人能從陷落中涉足而起。因而羅門被評界稱之爲「現代詩的守護神」的前衛意識，有一種值得珍視的價值。

羅門詩中的現代精神，是以對於封閉的中國農村的「無視」爲出發點而展開的。這種近於叛逆的冷漠或「無動於衷」，使他有可能走出封建農村的泥淖而擁抱現代社會。這正是羅門藝術品質最值得人們關注的基點。

羅門自身對東西方文化的態度並沒有以上論析的那般尖銳。相對說來，他的觀點趨於平和。他說過，「東方與西方的文化，在現代，已非孤立與相排擠的存在；而是彼此不能不相互吸收彼此的精華，去面對全然開放的無限創造的境域。」（《我的詩觀》）但羅門的平和卻源起於對於「被反鎖在走不出去的透明裡」這一現代悲劇的反抗，是詩人心靈深處潛伏的中國傳統自然觀受到西方現代文明的強大沖擊之後的感悟和呼應。他強調的仍然是在東西方文化受到現代沖撞產生的激情。

我們感興趣的是這位詩人現代傾向的成因。羅門出生在海南島，

從青年時代開始，他一直生活在台灣。從他的生命開始的那一天起，便與海洋為伴。他的早期的職業是空中飛行，他的領域是遼闊的天空。頻繁的國際旅行更使他有可能接受更多的現代社會薰陶，這使羅門自然地傾向都市。他對都市生活的熟知，使他有可能比一般詩人更能企及都市的核心。正如評家所言，羅門是一位「都市詩國的發言人」。但這個發言人一開始便表現出批判都市的傾向。這正是羅門研究中不可回避的現代性特徵。

四

羅門並不是一個無條件地跪拜在都市面前的人，他那犀利的目光有可能透過都市上空的迷霧，解剖刀般地洞悉都市內臟的血污和它對自然生態的扼殺。都市裡的機械和輪胎在他看來是二十世紀的皮鞭，一條條鞭痕抽打的是「田園死去的樹根，乾掉的河」（《摩托車》）。他要證實的是：都市文明的勃興係以鄉村的死亡為代價。生活在城市的詩人只能透過摩天大樓的玻璃窗眺望天空和地平線。他目擊所及的自然甚至飛鳥都因城市而異化變質。他面對的是一片鋼鐵和水泥堆積的「自然」。作為在城市懸想自然的人，只能在高樓的窗內絕望地等待飛鳥。他所見都是失去鄉村的人。都市生活把人們的身子粘連在寫字間而只是無望地讓「天空闊在窗外，翅膀開闊在卷宗裡」。所以與其說羅門作為現代都市詩人而忘掉自然和鄉村，毋寧說是他是一位目睹鄉村在地平線消失的無能為力者。他所能做的，只是把憤懣甚而褻瀆向著城市傾瀉。

羅門在《時空的回響》中說過：「鋼鐵的都市，它以圍繞過來的高樓大廈，把遼闊的天空與原野吃掉，人類的視覺、聽覺跟在都市文明外在世界在急劇地變動與反應，現實的利害又死死抓住人們的欲望與思考不放，人便似鳥掉進那形如鳥籠的狹窄的市井里」。隨著詩人

對這座「鋼鐵鳥籠」體驗的趨於深刻，他對現實都市的批判持更為激進的態度。他把城市比喻為「一部不停地作愛的機器」：電力與水力作愛，廠房與工業作愛，從而生產出商品財富和罪惡。詩人將極為複雜的現代都市的內涵作這樣的比喻是一個概括也是一種褻瀆。羅門是一位置身其中的城市的知情人。

人們也許還記得郭沫若曾用狂熱的口吻歌頌現代工業社會初起時的那些煙窗開出的「黑牡丹」。隨後，在五十年代中國大陸無數禮贊工業噪音的「馬達在歌唱」。這些描寫代表人類對於工業社會認知的蒙昧。羅門所具有的觀察角度和複雜心態證實他是一位真正的現代詩人。他的成就不在展現城市裡的教堂背面的風景，不在展現迷你裙和露背裝的外在景觀，而是向我們推出一幅又一幅的現代城市——甚而是後工業社會的拼貼畫。他在屏風和面具背後窺及一個被扼殺的世界：原是一塊其大無比的透明玻璃般的空間被切割，人們在對被蒙蔽的空間的躲藏中展開了他們的謊言和策謀。

羅門認識到，由於後現代都市更趨於多元與開放，使他近期創作一方面仍然堅持「內心形而上的靈動空間」，一方面又實際面對城市的生存處境。他堅持「從形而上的高空，俯沖到現實相密接的低空，保持較直接與緊迫的理想的射擊距離」。《有一條永遠的路》這部詩集的作品大體展示了詩人的這種低空俯沖的射擊姿態。《存在空間系列》、《組合藝術五件》、《生存結構形態》這些抽象的標題看來就像是一幅幅怪誕與背謬的招貼畫。他通過這些顛倒和破碎組接，向著他所憎惡的都市射擊，而這一切射擊最後都歸結為那一首警策的詩的主題，「在後現代城市裡各玩各的」：「他玩他的政治遊戲，你玩你的股票生意」——整座城在人山人海的吃喝玩樂中狂笑。

五

　　人類自古而今出現過許許多多詩人，他們用各種語言和各種方式詠唱人間的憂樂禍福，不論前人曾經做過多少，後人也總有許多可做。他們從事的是永無終點的航行。這一切如同我們無法窺盡詩人的浩瀚天空一樣，詩人也無法窺盡世間的萬事萬物。但詩人的事業幾乎就是艱難困苦的同義詞在前人詠吟過千萬遍的月亮或鮮花面前，他們想用一個新的形容和比喻都是一次危航。基於這樣的認識，我們有理由對詩人的一切創造持理解態度，即詩人不可能是全能的冠軍。評價一位詩人在歷史與現實的地位，單憑他們在詩的某一領域能夠提供一些有個人特點的新意這一視角便已足夠。

　　羅門的天空是浩瀚的，點綴這個天空的有諸多星辰，亦即他通過他的詩篇展示了他的才能的多面性。以上論及的幾點已經證明作為一位詩人，他的創造性是無可置疑的，這幾點也可說是詩人對於詩的社會歷史累積的一種增添。關於羅門詩的成就，僅僅作如上的評介是不夠的，例如他對燈屋以及燈屋主人的眷情，他對於從包括音樂、繪畫、雕塑在內、藝術諸門類的詩的闡釋和創造，都是他的天宇之上恆久的光明。關於這一切一切我們只好留待讀者的體味，因為所有的敘述也都將是沒有終點的行旅。

　　　　　　　　　　一九九二年中秋無月於燕園細雨中

詩人與都市

——我讀羅門

魯樞元

■羅門強烈的指控

　　在我接觸到的中國詩人中，並不乏對城市文明持對抗態度的人，而對城市懷強烈指控之心的，皆莫過於羅門：

　　街道是急性腸炎

　　紅燈是腦出血，胃出血

　　十字街口是剖去一半的心臟

「都市，你一身都是病」，「長喘」「痙攣」「癲狂」「癱瘓」。「天空溺死在方形的市井裏，山水枯死在方形的鋁窗外」，城市的一切都在枷索般的方形中麻木、窒息、僵死。都市，「你是不生容貌的粗陋的腸胃」，「你是吞食生命不露傷口的無面獸」，你不但荼毒了人的生存的外部空間，更枯萎了人的內在的生命：

　　想奔，河流都在蓄水池裡

　　想飛，有翅的都在菜市場

　　‥‥‥‥‥

　　床濃縮了你全部的空闊

　　餐具佔據了你所有的動作

　　當排水溝與垃圾車在低處走

> 腦袋與廣告氣球在高處飄
>
> 你是被掀開的一張空白紙

都市人的大腦也已經變成一張空白紙。在都市裡，即使是偉大詩人屈原的眼淚，也都變成「牛排上的醋」或「魚排上的檸檬汁」，即使那輪千古佳唱的壯麗落日，也只不過是一團不甜不鹹的「糯米粽子」。

心中的太陽已經死去。

像太陽一樣明亮的上帝也已經無能為力：

> 教堂的尖頂
>
> 吸進滿天寧靜的藍
>
> 卻注射不入你玫瑰色的血管

上帝是在人們紙醉金迷中死去的，而且，死得如此離奇古怪：

> 一扇屏風
>
> 遮住墳的陰影
>
> 一具雕花的棺
>
> 裝滿走動的死亡

我想，「屏」該是電視機的熒屏；「棺」是五星級的賓館。

在所有都市詩人中，僅憑這刻發自肺腑的怨毒，羅門已經無愧於「獨樹一幟的宗師」。

■城市是什麼

城市是文明。原始的人類只有曠野和荒原而沒有城市。在人類學家的著作中，城市的出現普遍被認作文明社會的象徵。所謂文明，即過往人類在混沌的自然上刻下的紋痕，是先民心智與手藝的結晶。都市，是現代人類文明發展的頂峰。

城市是歷史。城市是在歷史中生成的，都市是人類進入文明社會後歷史結下的最碩大的一顆果實。如果從巴比倫的城邦算起，都市濃

縮了人類五千年轟轟烈烈的歷史。

城市是現實。無論是紐約、倫敦，無論是巴黎、柏林，無論是北京、東京，無論是孟買、悉尼，都不是傳統，不是幻夢，不是想像，不是虛構，統統都是鐵一般的實在，是現下界定固置著的一個存在。甚至對於羅門對於蓉子也是一個不容置疑的現實存在。

羅門的敵手不只是「都市」。隱匿在都市後面的真正敵手是「文明」、「歷史」和「現實」，包括糾纏困擾著詩人自身的現實。

問題是嚴峻的：如果不是人類的文明進程出了毛病，那就是詩人羅門的神經出了毛病。

■歷史可能犯了錯誤

人類最初邁向文明社會時，可能走錯了一步，至少是走偏了一步。

人類走出混沌的第一個岔路口上，一條道路指向心靈、情感、精神、藝術；一條道路通往物質、理念、科學、技術。人類中的絕大多數選擇了後者。中國人作出選擇的時間晚了一些，在猶豫徬徨了幾個世紀後，終於還是匆匆忙忙、慌慌張張踏上了後一條路。

在後一條路上，人們已經得到了許多，得到了許多金錢、財富、舒適、方便以及虛榮和權勢。後一條路漸漸被荒穢湮沒，人類自然的無度掠奪，對自然人性的肆意剝蝕獲致的，到頭來又無可迴避地受到自然的報復。生態危機愈來愈淒厲地環繞著地球奔跑，人的異化或物化更使得精神生態中的危機像沙漠一般蔓延開來。商品經濟的發展使人的腦袋變成了廣告氣球，科學技術的進步使人的意義化作計算機上的一串數字。上帝的子民就要變成了「單面」、「跛腳」的空洞體，難道還不該對人類的來路做一番認真的審視和檢討嗎？

黑格爾曾經說過，在人類的童年時期，詩歌、藝術、情感和心靈的自由創造，曾經是人類的絕對需要。但黑格爾畢竟是聖哲，他又太

過清醒地洞穿了人類社會發展的軌跡，於是他又預告了藝術的消亡，預告了眞正的藝術精神將在科學的光芒照射下成爲陳跡。

我想，黑格爾說這話時是充滿悲傷的。

然而，二十世紀裡發生的一連串事實，處處在印證著黑格爾的預告：在藝術與都市的交戰中，藝術金線崩潰，都市大獲全勝。藝術成了摩登女郎的外包裝，成了摩天大樓的內裝潢，梵高成了銀行保險箱裡的一大堆金幣，貝多芬成了豪華宴會上的一瓶易拉罐，李白、杜甫也成了廣告海報上一張嫵媚的臉。藝術，在都市裡依然大量存在，但那只是藝術的殘骸、藝術的粉飾。

藝術尚且有救嗎？

藝術的生機在哪裡？

或者，借用蓉子的話說：即使「家國」已成了「可望不可及的雲朵」，那麼在人類的生命過程中「難道再無別的晨曦」？

■詩人的超越

羅門對都市的怨毒之心，植根於他對現代文明進程的不滿。「一手硬一手軟」，並非只是中國大陸社會改革中的景觀，而是現代人類社會的頑症。物慾文明在突飛猛進地過剩增殖，而精神的生育力已到了乖張紊亂的更年期。羅門無論如何都不相信用鋼筋水泥塑料化纖加上電子激光就可以構築起新世紀的伊甸園。他宣告，世界上最美的人群社會是由詩與藝術創建的。

羅門在拼力與歷史與現實與傳統的人類物慾文明抗爭，而他所擁有的武器不過是他的詩篇和詩論，或者竟只是他那飽滿柔韌、豐盈充實的生命主體。三十多年來，在與都市文明的搏鬥中多少勇猛的戰將敗下陣來，而羅門始終沒有懈怠他的鬥志。與眾不同的是，羅門有他獨到的「鬥爭哲學」和「戰略思想」。

　　在羅門的「第三自然」論中，第一自然屬宇宙間原先的存在，是天地造化，是生命與萬物的本眞狀態，是人類生存的最基本的依據。就像種子之於土地、嬰兒之於母親、游魚之於大海、飛鳥之於藍天一樣，羅門對第一自然有著訴說不盡的親切感、信賴感、溫馨感。第一自然，是人類歷史的先在的舞台，是人類文明進程預設下的出發點，即使它存有這樣那樣一些不足，詩人又怎能責怪它呢？第二自然是「人爲的日漸複雜的現實生活環境與社會形態，它構成人生存的範圍和終點」。第二自然是人化的自然，是經過人心投射、人手改造的自然，是人類心智的物化形態。對照羅門的理論，第二自然並不只是冒著黑煙的煙囪、發出噪音的馬達，人化的自然中也還有龍門的石窟、蘇州的園林、巴黎的艾菲爾鐵塔、米蘭的斯卡拉大劇院。但在詩中，羅門卻始終掩飾不住對「第二自然」的負面的厭惡。在羅門的詩歌表現中，第二自然的典型代表是現代都市，是都市中的「玻璃大廈」、「有電器設備的巨廈」、「廣告牌」、「紅綠燈」、「電梯」、「轎車」、「咖啡廳」、「摩登女郎」，而這些正是物慾心態的畸形表現，物慾文明的發展極端。而這股滾滾慾流已成爲人類社會發展的唯一方向，向世界各地全方位推進著，並且淤塞了其他一切可能嘗試的通道，顯有失衡現象。

　　如果僅僅以「佔有」爲人的生存的唯一方式，人在本質上就和其他動物沒有什麼不同，所不同的只是人類較之動物會更貪婪更機詐地佔有。人之所以不同於動物，就是因爲人有著自由的選擇，有著精神的創造，有著對終極意義的追尋，有著至高無上的敬仰。如今，這些曾經作爲人類生存支柱的心靈法則，全被科學、技術、商品、金錢擠出都市之外，流放到窮鄉僻壤。在科技與物慾的專制下，現代人再度淪爲奴隸，而且是自以爲是、自得其樂的奴隸。

　　正是面對現代人類的這一困境，羅門提出了他的「第三自然」，

這是由詩人與藝術家創造的一個橫亙於人類社會上空的「自然」，一個由心靈架構，由精神陶冶，由信仰磨鍊，由生氣澆灌，由理想呵護的「自然」，這是一個自由、充實、時時創新、時時流變、臻於完美、趨於完善的「自然」。羅門堅信，在摩天大樓遮掩的上空，在喧囂市聲瀰漫的上空，在工業煙塵覆蓋的上空，再往上飛升六〇〇〇英尺（這是尼采標定的高度），有一個祥雲繚繞，仙樂裊裊，神光朗照的處所，那便是詩與藝術的國度。

這便是羅門式的超越，心靈與精神對物質與現實的超越。

如果我沒有理解得太偏頗，羅門的三個自然，按照通常的用語，該是「自然、社會、精神」這樣三個世界。長期以來，人們在對世界和自身做出解釋的往往採取「三分法」：薩滿教的「下界、中界、上界」，佛教的「慾界、色界、空界」，基督教的「地獄、淨界、天堂」，弗洛伊德的「本我、自我、超我」。術爾·尺·波普爾也曾把人類面對的世界分為三個：物理世界、心理世界、知識世界。波普爾是科學主義者，他的最高世界是科學，在這個世界最高層中並沒有情感與想像的位置。羅門與彼普爾不同，羅門的最高價值是心靈、情感、精神。在羅門看來，只有詩人和藝術家，才能夠「將那純然的光輝帶到人的天國去同上帝的天堂爭光」。

■勝負如何

這場羅門對都市、詩人對現代化社會的抗爭，力量懸殊如此之大，以至理解與不理解的人們似乎又看到一位推石上山的西緒弗斯，一位與風車搏鬥的唐吉訶德。

在看得到的日子裡，詩人不會是贏家。都市，尤其是華人文化圈中，正在疾步追趕現代化的都市，將以更為傲岸的勝利者姿態睨視著詩人羅門。摩天大樓會更加豪華，摩登女郎會更加時髦，廣告牌會更

加琳琅繽紛，咖啡館會更加熱鬧火紅，霓虹燈在市民的眼睛裡會比羅門的詩行更加明亮。羅門，還有他親愛的夫人蓉子，妄圖以他倆的詩篇超度現代都市人走出醞釀的物慾之海，不但比說服異教徒皈依上帝要難，而且比說服魚兒上樹還難。

　　然而，都市也不要高興得太早，都市的勝利不會是永遠的。也許，在最後的日子裡，當都市已經泯滅的時候，心靈仍不會泯滅，精神仍不會泯滅。我曾經在意大利古羅馬鬥獸場的廢墟前想過這個問題：一切金粉豪華，一切細軟溫柔都會化爲灰燼，萬古長存的只有那凝佇在地上的石頭與飄揚在空中的精神。詩和藝術有可能將在都市的遺跡上奏起凱旋的歌。

　　據新近出版的一部由兩個美國人合著的未來學著作中預告，世界上的都市將在經歷一系列持久不息的反城市化行動之後，於廿五世紀中葉最終解體。最後的一位反城市化的英雄，最後戰勝都市的一位英雄，是一位「來自亞特蘭大市的黑人浸禮會牧師」，他用來摧毀城市的武器是「現代生態玄學」與「人民的宗教傳統」。這個預言在我看來需要做一些補充或修正：這位英雄也許應該是一位黃皮膚黑眼睛的詩人，一位留著一撇小鬍子的藝術家。

一九九三年八月六日於海南島

附記：

　　初讀羅門的詩，寫下了以上這些文字。

　　解讀，總是難以迴避主體心理定勢的介入，有時解讀竟而致於成了誤解或誤讀。

　　我讀羅門，帶有很強烈的主觀性。我沒有料到，海峽那邊的這位詩人，在對待社會、人生、藝術的態度上與我是如此的貼近。

　　羅門也一再表示，我們在許多地方的共識，「使我們在海南的初

遇獲得了永遠的溝通」。

但是，我們之間仍然存在著「誤解」，或者確切地說，我的這篇解讀羅門詩歌的文章中仍然存在著對羅門的一些誤解。

羅門讀了「我讀羅門」之後，在三亞陽光燦爛的沙灘上，在文昌海風獵獵的快艇上，在通什林木蓊鬱的山路上反覆給我講，他反對都市中過份糜爛的物慾文明，並不一概反對現代都市文化。而我的文章卻沒有給都市留下任何寬恕的餘地。其實，羅門的這一立意，在他的一些論文中表達得十分明白：「我相信人類要活得完善，必須擁有兩個美麗的花園：一個是外在的花園，主要是靠科學帶來的物質文明的力量所促成；一個是更美麗更卓越的內在花園，它是靠從文化中升華到極致的美與卓越的詩心來建造」。

羅門的這一立意，在現實生活中每個人都不難做出響應。比如，住在三亞四星級的國際大飯店時，突然停了電，空調機失了靈，不到半個小時，與會的代表不管是大陸人、台灣人，不管是香港人、新加坡人，也不管是衣冠楚楚的先生或濃妝淡抹的女士，頓時都熱出一身臭汗，都感到不可忍受的痛苦，似乎飯店老闆犯下了莫大罪行。其實，只不過是我們置身的那個「外在花園」偶爾出了點小故障，即使如此強烈地抨擊著現代工業文明的詩人、教授，也已經須臾離不開現代工業文明了。

然而，「都市之戰」就這樣偃旗息鼓了嗎？

羅門不會，我也不會。

羅門的戰略是，希望剔除都市文明中腐敗、糜爛，散發出惡臭的負面，而促成其清新、舒適、安逸的正面。他的戰術是對都市文明進行三百六十度的環視，用詩心詩眼洞察其隱蔽的盲點，以詩歌燭照之。他希望得到的是內外兩個「花園」，只不過在他看來，那個藝術的精神的「花園」是一個更好的花園。因為沒有藝術，物質文明會低俗甚

至腐化。

　　而我感到困惑的是，那個外在的花園，總是以它無比的誘惑力居高臨下地壓抑著、荼毒著、專制著這個內在的花園。「精神的花園」隨著現代科技的進步和現代工業的發展，不但沒有「更好」起來，卻紛紛瀕臨枯萎和凋零。在發達國家已形成第三次浪潮的科技文明，給精神上帶來的是「後現代主義」，人幾乎成了平面、空洞的消費機器，「內在花園」成了一片沙漠。我時時在想，人類最初的設計或者選擇也許是錯誤的，能否改弦更張，以精神價值爲準則，讓人的物慾服從人的精神，去重建人類的伊甸園？人類社會的發展策略是否應當改變了，我們需要的也許並不是工業和科技的高速度發展，而是工業與文化，科技與情感，物質與精神的高度協同與整合。世界上兩全其美的事總不是很多，如果魚與熊掌二者不可得兼，我寧可取後者而捨前者。

　　做爲一個大陸腹地的批評者，我對現代工業文明也許還缺乏一種深切的感受體驗，正如羅門開導我的：在電影上看殺人與在戰場上看殺人不一樣，從正面穿過都市文明與從反面看都市文明也不一樣。羅門是從戰場上看過殺人又從現代都市文明的八卦陣中衝殺出來的，對於現代工業科技造成的惡果，他有著更切膚的體驗，這從他的詩歌中不難看出。

　　但羅門的詩歌並不等同與羅門的宣告。在羅門的論說中我看到更多的是理智的周到與全面；在羅門的詩歌中我看到的更多是靈悟的閃電與情感的霹靂。論說中的他處處爲科技文明留下寬容的空間，而詩歌中更留下他對都市負面強烈的譴責與批判。

　　我這裡解讀的只是做爲詩人的羅門，何況也許只不過是誤解，或者是多種誤解中的一種。

一九九三年九月廿四日於密縣

日月的行蹤

——羅門、蓉子論札

劉登翰

一、天空溺死在方形的市井裡——羅門論札

　　羅門（一九二八～　　　　　）十二歲就離開他遠在海南的家鄉，進入空軍幼年學校。那正是抗日戰爭白熱化的一九四〇年。命運在他剛開始走向人生時就把他拋入戰爭，而且選擇的是一種最具現代化的戰爭手段。儘管他只在杭州的筧橋空軍飛行官校受訓，並未眞正參與戰爭，而且由於一場足球比賽（一種很具現代都市意味的體育運動）踢壞了腿骨，後來不得不轉到民航部門做地面技術工作。這份人生經歷總使我們想起他後來詩歌創作兩個最重要的現代母題：戰爭和都市。

　　然而，羅門走向詩歌卻由於另一份愛情的機緣。他多次表示過，是與蓉子的愛情，開發了他心中詩的礦藏。他的第一首詩《加力布露斯》，便是在與蓉子初識之後表達心中愛慕的戀歌。雖然這首詩被紀弦主編的《現代詩》季刊破格擢以套紅刊出，並使他成爲紀弦組織「現代派」的最早加盟者。但相對說來，羅門早期主要發表於《現代詩》上的那些作品——後來結集爲《曙光》於一九五八年列入「藍星詩叢」出版，無論成名的處女作《加力布露斯》，還是初具意象趣味的《小提琴的四根弦》，其對愛情、友誼、生命的追求與歌頌，都帶有「藍星」一貫的浪漫抒情傾向。倒是一九五五年與「藍星」詩人蓉子結婚，

一九五八年脫離「現代派」加入藍星詩社後，反而洗卻了「藍星」的浪漫抒情色調，朝著當時最富前衛色彩的超現實主義的方向發展，成為「藍星」詩人中最具現代意識和先鋒色彩的一個。後來結集《第九日的底流》（一九六三）、《死亡之塔》（一九六九）《曠野》（一九八一）等詩集出版的那些作品，其對生命與時空發出的反省，對都市文明所作的批判，對人類生存境況和心象世界充滿知性的剖析，都透過紛繁的意象，在象徵乃至抽象的過程中，呈現出一個超現實的藝術世界。

羅門曾說：「詩絕非第一層次現實的複寫，而是將之透過聯想力，導入潛在的經驗世界，予以觀照、交感與轉化為心中第一層次的現實，使其獲得更為富足與無限的內涵，而存在於更為龐大且永恆與完美的結構與形態之中；也就是我一再強調的：詩人與藝術家創造了人類存在的第三自然。」（《山的世界》後記）這一詩觀，不僅形成於他藝術把握方式的超現實追求上，同時也體現在他對人類生存境況與心靈世界的追蹤與探索上。羅門詩歌最富現代意義、同時也奠立他在台灣詩壇特殊地位的思想主題是：戰爭、死亡、性和寂寞。生命是這一切主題的核心，而對現代都市的批判是他肯定生命的鋒芒所向。羅門在接受訪問時曾說：「『現代』是一種特殊的時空觀念，它肇始於科學力量所帶來的物質文明，以及因此所引起的人類生存環境的悲劇。……『現代』兩字，其實就是大多數人類精神所已共通面臨的這一特別狀況的時空——反正以一種日漸都市化的壓倒性的生存力量，逐漸地向世界每一角落延伸。」在台灣詩人中，羅門是最早意識到都市對人類精神的壓迫，並以對都市的批判來體現自己現代意識的詩人之一。

戰爭帶給人類最大的災難是驟來的死亡。因此，在羅門的詩中，戰爭的主題是和死亡聯繫在一起的。他在《麥利堅堡》這首為悼念戰死太平洋中七萬個美軍亡靈的長詩中寫道：

　　戰爭坐在此哭誰

　　它的笑聲　曾使七萬個靈魂陷落在比睡眠還深的地帶

戰爭的歡樂是製造死亡。然而當死亡已成事實，戰爭也忍不住要哭：

　　太陽已冷，星月已冷　太平洋的浪被炮火煮開也都冷了

　　史密斯　威廉斯　煙花節光榮伸不出手來接你們回家

　　你們的名字運回故鄉　比入冬的海水還冷

　　在死亡的喧噪裡　你們的無救　上帝的手呢

　　血把偉大的紀念沖洗了出來

　　戰爭都哭了　偉大它爲什麼不笑

整首詩回蕩著兩種對立的情緒：戰爭死亡之手的冰冷，和渴望生命的
熱。隨之而來的是靜與動兩種意象的對峙與轉化：

　　麥利堅堡　鳥都不叫了樹葉也怕動

　　凡是聲音都會使這裡的靜默出血

正是這種搖撼心靈的「靜」，才使所有面對這七萬亡靈的人身心爲之
顫慄和震懾。二者的衝突強化了全詩的批判精神和人道主題，是對死
亡的悲悼，也是對生命的渴求。既是超凡的，也是世俗的。羅門在《
死亡之塔》中曾引德國詩人里爾克的話「死亡是生命的成熟」後說：
「生命的最後回聲，是碰上死亡才響的。」因此，在羅門的詩裡，死
亡的主題同時也是生命的主題。對死亡的表現，同時也是對生命的首
肯。《麥堅利堡》正是以其強烈的人道精神，才爲詩人贏來殊榮。

　　當然，戰爭不是死亡的唯一原因。詩人還常透過時間與生命的默
想，在體認另一種不因戰爭和災禍等偶然性因素而出現的另一種更爲
普遍的死亡。如《第九日的底流》、《死亡之塔》等，都是對於生命、
時間和永恆關係的探索。詩中所表現的死亡撞擊在人類心靈發出的強
大回聲，也是人類生命存在的回聲。

　　都市作爲人類生存悲劇的一個特定的現代空間，是羅門詩歌追蹤

生命主題的另一個重要層面。以極度物質文明爲背景的現代都市的發
展，是以人的精神失落爲代價的。因此，羅門關於都市主題的詩歌，
所表現的恰是都市文明的不文明處。它所承續的是波特萊爾《惡之華》
的審醜意識和艾略特的「荒原」主題：社會表層的污穢荒蕪，和人的
精神深處的孤寂荒涼。在羅門筆下，「都市你一身都是病」──

> 煞車咬住輪軸
> 街道是急性腸炎
> 紅燈是腦出血　胃出血
> 十字街口是割去一半的心臟
> 只有那盞綠燈　是插到呼吸裡的通氣管

無可救的都市的死亡，要害是人的精神的死亡。詩人通過對都市罪惡
的揭露，表現的仍然是對生命存在的關懷。

　　性在羅門詩中有兩種含義，一是都市糜爛的象徵。「天天　店門
像一排鈕扣解開／那陰處　便對準你的發泄」。生命的陷落，不僅「
死在文明過量的興奮劑中」還「死在床上」。再是作爲生命原始的象
徵。「只有回到第一聲泉音中／才能認出你的初貌」。這是《河》開
篇的兩句。整首《河》出現的眾多意象，那泉音、水聲，被天空揉了
又揉的雲，長滿了韻律的坡度，和敏感、滑、多漩渦的彎處，等等，
表現的都是做爲原始的性慾。在羅門詩中經常出現的「乳房」的意象，
如：

> 天空漲成一只大乳房
> 那是唯一站起來的河流
> 　　　──《孤煙》

> 想起種星
> 　　種月

```
　　種雲
　　種鳥
　　種風
　　種浪
　竟種出那麼多乳房
　　　　──《海》
```

在這裡，乳房象徵的是生命的繁殖。無論原始的愛慾，還是生命的繁衍，羅門關於性的第二層含義，所意味的是生命和生長。

　　寂寞作為現代人生存的普遍困境，在羅門詩中幾乎觸目皆是。它是和物慾的喧囂相對立與並生的心靈的孤寂。因此在羅門幾乎所有描寫都市繁鬧的詩篇中，我們都可讀出心靈的寂寞。「猛力一推　雙手如流／總是千山萬水／總是回不來的眼睛」（《窗》）眼睛回不來是因為被窗外的風景迷住，於是詩人的這「猛力一推」，竟把自己「反鎖在走不出去的透明裡」。現代人的困惑正是被那無處不在又無法推拒的所謂「現代文明」所包圍。於是流浪者只能用燈栓住自己的影子在咖啡桌邊（《流浪人》），詩神也只好困擾腦汁與果汁的不等價，而落魄成一個被城市排拒在外的「外鄉人」（《外鄉人》）。精神的漂泊，是作為現代人生存癥結的另一個難題，進入羅門關懷人類生命的詩歌視野之中。

　　羅門詩歌這種強烈的現代感知內容，也體現在他對詩歌語言的獨特追求的藝術把握方式上。羅門強調的詩歌語言現代感，是能夠進入現代人官能與心態位置的獨特的意象語言。如果說，早期耽於浪漫抒情的羅門，還難免對現象與感情的直白羅列，中期以來風格的形成，就突出地表現在他從不把生活原來的樣子直接搬入詩中，總是必須經過心靈的觀照、交感和轉化，形成為新的現實，亦即詩人所說的「第三自然」。這是種超現實的把握方式。常為人所稱道的《車禍》，正

是透過這種超現實的方式，強化了車禍的悲劇和比車禍更使人心寒的城市的冷漠：

> 他走著　嘴邊仍吱唔著炮彈的聲音
> 他走著　斜在身子的外邊
> 他走著　走進一聲急煞車裡去
>
> 他不走了　路反過來走他
> 他不走了　城市那尾好看的周末仍在走
> 他不走了　高架廣告牌
> 　　將整座天空停在那裡

人走在城市，人是正常的主人；而城市反過來走他，人便被城市所壓迫而成爲反常的犧牲。人消失了——從精神到肉體，但是城市依然故我，冷漠而呆滯地佔有「整座天空」。藝術把握方式的變化，使有限的車禍的主題，獲得無限的深化和廣化，不動聲色地揭露出城市的冷漠和罪惡。

　　七十年代以後，對於西方文化思潮的反思和民族文化意識在整個台灣詩壇的復蘇，隱潛在詩人心靈深處的傳統的自然觀、人本思想也活躍起來，使詩人萌生出將二者相互吸收與融通的新的追求。這一變化在《隱形的椅子》已略顯端倪，較多的出現於《曠野》（一九八〇）以後的作品。與城市意象相對應，大自然的意象大量湧入羅門的詩中。語言也由繽紛多姿，轉而尋求能與古典相融的「有深度的平易」與「繁複的單純」。例如《日月的行蹤》：

> 踩滿地喧囂於腳下
> 獨坐高樓看雲山
> 山看你是雲
> 雲看你是山

　　　山坐下來　連著地

　　　山游下來　伴著天

整首詩融禪思與現代人的落寞於平白的有意味的語言裡，表現出台灣
五十年代受西方現代主義影響的那輩詩人，在八十年代以後普遍的「
東方化」趨向。當然羅門的「東方化」僅是在對於民族文化傳統神韻
一定程度的吸收與融通上。他對於現代都市主題的關注，和富有實驗
精神的先鋒意識，使他成爲導引八十年代後期台灣後現代詩潮的少數
先輩詩人之一。

二、看你名字的繁卉──蓉子論札

　　蓉子（一九二八～　　　　　　）在她一九八六年出版的第十部詩集
《這一站不到神話》的序言中，深刻感受到時間對生命的摧毀。她說，
沒有什麼能把時間留住，包含被稱爲「文學之華」的詩。然而她卻確
信：只有一樣東西可以「不受時間和自然的摧毀」，它也就是詩。抱
有這樣的信念，這位從少女時代就把自己全部的愛像獻給主一樣，奉
獻給她心中的另一個上帝──詩的「祖母輩明星詩人」（白萩語），
四十年來創作不衰，便不使人奇怪。在台灣當代女詩人中，她不是年
事最長的一位，較她年長的還有張秀亞（一九一四年生）、彭捷（一
九一九年生）、陳秀喜（一九二一年生）等；但卻是詩齡最長、著作
最豐、影響最大的一位。她幾乎與台灣現代詩同時起步，經歷了婉轉，
踏過了坎坷，在詩壇走馬燈般換過一代又一代的新人之後，仍保有深
長的影響力。八十年代以來最活躍的青年詩人之一林耀德曾虔誠地表
示：「我們還是要向她索取形象。……蓉子之所以被形容爲『永遠的
青鳥』，更成爲台灣詩壇一朵不凋的青蓮」並不僅止於她是「今之台
灣第一位女詩人」這種記錄上的意義，更在於她數十年毫無間斷的且
高潮迭起的創作生涯已給我們一種典範。

蓉子本名王蓉芷，一九二八年出生於江蘇省一個教會家庭。幼年喪母，在父愛的蔭護下受到完善的人格教育。雖在戰亂中隨家不斷遷徙於江陰、揚州、上海、南京，卻都就讀於當地最好的教會學校。中學畢業後考入農學院森林系就讀一年，便輟學到教會學校擔任音樂教師和家庭教師。一九四九年考入南京國際電台，同年二月調台北電台工作，至一九七六年退休。這份簡歷可以讓我們尋索出蓉子詩歌抒情性格的某些人生依據。余光中曾說：「中國古典女子的嫻靜含蓄，職業婦女的繁忙，家庭主婦的責任感，加上日趨尖銳的現代詩的敏感，此四者加起來，形成了女詩人蓉子。」

蓉子一九五〇年開始發表詩作，一九五三年出版詩集《青鳥集》，此為台灣第一部女詩人的詩集。基督教家庭的環境影響，宗教文學和宗教音樂的長期薰陶，開啓著她最初的美感世界，並使她從中學時代開始就從泰戈爾和冰心睿智的小詩中找到心靈共鳴。這不僅賦予了蓉子溫婉嫻靜的個性，也形成了她詩歌中靜美少女的抒情形象。她這樣描述過自己：「歡笑是我的容顏，／寂寞是我的影子，／白雲是我的蹤跡，／更不必留下別的形象！」（《爲什麼向我索取形像》）台灣詩評界曾經十分強調和推崇蓉子詩歌抒情形象的古典女性意蘊。這種推崇是有其特定的文化背景的。因爲相對於五十年代初期「不屬於陳腔濫調、標語口號，便屬於模仿西洋詩壇純粹歐化」（覃子豪語）的台灣詩壇，這樣清純晶瑩的詩風實不多見。因此當她的《青鳥》、《爲尋找一顆星》、《晨的戀歌》、《爲什麼向我索取形像》等，相繼在當時唯一能發表純正詩歌的《自立晚報》的《新詩周刊》上出現時，便不斷受到紀弦、覃子豪、鐘鼎文等的擊節讚賞。覃子豪認爲《青鳥集》裡「最成熟的，最完美的詩，都是表現作者自己的人格、希望和理想。」「她尋覓人性的完美，她讚美嬰兒甜睡的酒窩，初戀女子深深的眼眸，老人淨潔的白髮，她認爲這是至眞、至善、至美的境界」。

這種靜淑的女性的審美意蘊，當然有著中國傳統女性的性格基因，但在蓉子人格形成所受的文化影響中，更多的還是基督教文化的人生觀和古希伯來詩歌的莊嚴與端淑的氣質。在《青鳥集》的「後記」裡，蓉子坦率地承認，她童年所接觸的作品，不是古詩，不是絕律，而是古希伯來民族的詩歌，那些莊嚴的頌歌，勇士們的凱歌，大衛王的詩篇和歌頌神聖愛情的雅歌，「我雖然未有心去模仿，它們卻多少影響了我。」她從這些納入基督教典籍的民歌中，吸取一種掙脫現實磨難的昂揚向上的情緒和佈愛於世的神聖感情。這不僅是蓉子所追求的把人性和神聖凝合起來的真善美理想，還成為漫入她情感世界的人格力量和審美情操。早期表現理想追求和人格情操的《青鳥集》，便體現出作者透過自己內心來折射外部世界的抒性方式。比起描寫外在的客觀世界，她更善於抒寫自己的內心奧秘。覃子豪解釋說，這是「因為作者的內心生活，比現實生活要豐富得多。」

其實，作為一個現代的職業女性，蓉子也時時感受到現實社會的沖蕩：「現實所給予我的，是人海無休的浪濤衝擊，善美人性的淪喪，物慾的囂張，我為此而感到窒息的痛苦與孤寂。腳底下又是不斷的戰爭，離別與流亡——這些流動的生活——感情或思想。這一份憧憬，一份抑鬱及憂憤，使我不自禁的要寫詩。」（《青鳥集》後記）這是和作者多少有一點神聖化了的靜美人生相對峙的另一個囂亂的世俗人生。它構成了蓉子此後詩歌中始終存在的一組矛盾。只不過在「青鳥」時期，涉世並不太深的蓉子對於這個世俗世界的譴責和摒棄，主要表現為一種超凡脫俗的自我肯認與自尊——在許多時候呈現為一種女性特有的矜持。她譴責人性的虛偽：

為什麼向我索取形像？

如果你有那份真，

我已經鐫刻在你心上；

　　若沒有——

　　我恥於裝飾你的衣裳。

　　　　　　　——《爲什麼向我索取形象》

爲了反對這種「諂媚」和「虛謊」，她甚至「寧願擁抱大理石的石柱」，
爲它「冷冷的嚴峻的光輝」心折（《我寧願擁抱大理石的柱石》）。
這種自持，使她堅認：「我是一棵獨立的樹——不是藤蘿。」（《樹》）
這就使蓉子詩歌靜美的矜持，不同於傳統女性依附於男性世界的纖細
柔順，而透出具有現代女性素質的剛強英氣。

　　一九五四年蓉子加入藍星詩社，翌年與曾是「現代派」的詩人羅
門結婚。這正是台灣現代詩最初發難，西方文化激烈沖蕩的詩觀嬗變
的時期。從「青鳥」起飛的蓉子，就其作品傾向和藝術把握方式看，
並未超出古典浪漫主義範疇。在這個意義上說，蓉子是相當「傳統」
的。因此當《青鳥集》爲她贏來聲譽，她卻突然緘默下來。這情況與
大陸當代女詩人舒婷有些相似。究其原因，可能有二：一方面，從心
理上說，由一個少女到初爲人婦，是人生一次重大轉折。它不僅需要
心理適應，還需經歷一次審察世界的視角調整：由純情少女的視角，
轉入更切近人生的成熟女性（母性）的視角。另一方面，從藝術實踐
上看，面對激烈的動蕩的現代風潮，由「傳統」出發的蓉子需要改變
自己的感覺方式和藝術方式。直到三年以後，曾被認爲「已經貢獻過
了」的蓉子，復出詩壇，以一批全新的作品表明她還未貢獻完了的重
新出發的藝術嬗變。

　　這是蓉子詩歌創作最輝煌的一個時期。包括一九六一年結集的《
七月的南方》和以後的《蓉子詩抄》（一九六五）、《維納麗沙組曲》
（一九六九）、《橫笛與豎琴的下午》（一九七四）、《天堂鳥》（
一九七七）以及兒童詩集《童話城》（一九六七）等。在這些作品中，
蓉子已經完全走出作爲一個純情少女返視自己內心的狹窄天地，而把

視野擴大到社會的各方面，她關懷社會人生、抨擊都市文明、詠讚大
自然，表現出一個現代女性繁富的內心世界。在《城市生活》和《憂
鬱的都市組曲》等詩中，詩人滿懷憂傷地寫道：

> 我們的城不再飛花　在三月
> 到處蹲踞著那龐然建築物的獸
> 沙漠中的司克芬斯　以嘲諷的眼神窺你
> 而市虎成群地呼嘯
> 自晨迄暮
>
> 自晨迄暮
> 煤煙的雨　市聲的雷
> 齒輪與齒輪的齟齬
> 機器與機器的傾軋
> 時間片片裂碎　生命刻刻消褪……
>
> 　　——《我們的城不再飛花》

這意象，使我們憶起羅門的某些都市詩。顯然，蓉子可能受到當時已
把創作重心轉向都市的羅門的某些影響。但她不同於羅門以呈示都市
罪惡的方式來揭露都市的迷惘和墮落，而主要是從對傳統和自然的緬
懷與對比上，來表達她對都市生活的失望和譴責。這是詩人「青鳥」
時代那組傳統與現代對峙的矛盾複雜的發展。一方面，現代都市社會
改變了傳統鄉村社會的凝定結構，帶給了詩人敏銳的現代感興，使她
的藝術品格從沈靜的審美走向喧動的繁富；但另一方面，都市的躁動
和喧囂又使她失去了靜美的溫馨，從而喚起她對傳統和自然的緬懷。
蓉子正是在這複雜的交錯中，來展開她的都市圖畫的：

> 車燈急速逼射你的眼睛
> ……

　　黯淡了天上的雙子星座

　　而在夜晚螢光燈的照明下

　　固有的美麗都殘敗：

　　綠色甜美的流水不再

　　澄潔的藍色變得稠穢

　　紫色的時刻是如此沉暗

　　消融了白色晴朗積雪的記憶

這裡，作爲與都市的污濁相對照的是大自然的澄潔；而澄潔的自然都
爲污濁的都市所否定。意象對比的特徵，體現出作者審美評價的尺度：
對自然的緬懷和堅持。她一再惋惜「不再有那樣的日子：一片藍天，
一撮繁紅／一彎裊繞的清冽——那半睡眠中的村鎮」。

　　正是以這種對都市人生的失望爲背景，蓉子另一個重要的主題是
對大自然的歌頌。她寫過許多山水景物時。雖然她所詠讚的山水景物，
許多是經過人改進過的名勝，而非原始的野性的自然。但她所發掘的
是融入在豐饒自然中的澎湃的生命力。正如她所說：「這是宇宙不熄
之火／是成熟的豐饒姐妹／使空氣裡溢滿了成熟的香氣——」（《七
月的南方》）這是她心靈中最接近上帝的另一個神，她詠讚它，守護
它，深怕「倘把塵俗帶進天國／未免污衊了繆斯光燦的裙衣／而美麗
的天鵝也呈垂死之姿……」（《哀天鵝》）十五首「寶島風光組曲」
是她這種掙脫濁世的超然追求最集中的表現。即使「十二月令圖觀後」
的《歡樂年年》，所神往的也是一種未經污染的傳統世俗人生的圖畫。
大自然在蓉子的筆下，常常呈現出一種溫婉可親的人性，幾乎是詩人
自己心靈和性情的投影：

　　那些山、水、雲、樹

　　每以永恆的殊貌或行或止

　　特別是樹

總是無限寧靜地立著
　　——《那些山水雲樹》

笑聲嘩啦啦地成千波萬浪
飽風的帆孕整個海歸來
使落日潛泳成次日的晨曦
使夜晚有螢火的繁花開放
更升起和星光比美
　　——《金山‧金山》

此刻這兒沙沙著都是杉檜的名字
眾多如流水的名字——
它們舉起了煥然的光華
鋪陳著深沈與寧靜
形成無邊的仰望
　　——《眾樹歌唱》

對大自然特別是樹木花卉的傾愛和細心體味，這或許與蓉子曾經就讀過一年農學院的森林系不無關係。

　　理想與現實，自然與都市，傳統與現代，在這一系列無法擺脫的現實困惑中，詩人尋求著一種精神的超越。在「維納麗沙組曲」（十二首）中，詩人重新回到對自我的描繪上來。不過這不是「青鳥」時代的自我抒寫。它是現實的，也是超越的，是自我的，也是超我的。維納麗沙像被放逐在聖海倫島的拿破侖，「迢遙地隔著」現實，只在「無邊的寂靜之中」完成自己；但她又無法躲開「現實」的槍彈的掃蕩，像「多人受傷多人死亡」的同伴一樣，有「難以止息的憂傷」。她只能在「過往與未來間緩緩地形成自己」。這個「過往與未來間」

就是「現實」。因此,詩人只能這樣祈求：

　　　讓我也能這樣伸出筆直的腿

　　　如在夢中行走的維納麗沙

　　　走出峽谷　　躲過現實洶湧的波濤

　　　逃過機器咬人的利齒

　　　——奇跡似地走向前

　　　走向遙遠的地平線

這是對於無法超越的現實的一種精神的超越。這是詩人從古典的跨向現代,從自然走進都市,從自我面對現實,而又企求回歸古典、自然和自我的一個感情內涵極其複雜的過程,體現了都市文學中「物質進入」而「精神逃離」的一種典型的心態。「逃離」,在某種程度上也使蓉子的詩未能更深入現代都市的核心,雖清純卻又難免輕淺。未曾變化並且日趨繁富和成熟的是詩人這一全新感知內容的獨特方式,依然是一種富於東方古典美的嫻靜的藝術風格。

　　七十年代後以後,蓉子的詩作從內容到形式都有明顯的向東方回歸的趨勢。無論是抒寫自我的《一朵青蓮》那傳統的古典意象,還是托十二月令圖表現華夏民俗風情的《歡樂年年》,抑或借山水花藝傳達自己鄉土情懷的那些風物時,都體現出這種趨向。即使一組訪問韓國的域外詩作,也是借東方民族的傳統風情,澆自己胸中文化多愁的塊壘。強烈的現代意識,融聚在民族生活的內涵抒寫中,使現代詩歌藝術呈現出一定的東方化的民族色彩。

　　「假如你偶然地閑步來此／你就聽見溫柔的風中正充滿／你名字的回音……」蓉子或許不會料到,二十多年前的這首名作會成為她自己的讖言。在台灣女性詩歌的發展上,蓉子是最初一級台階,奠定了上升的基礎;是續承傳統、開拓現代的一個代表,提供給了我們一代女性詩人審察自我和審察社會的獨特視角和感情形態。

卓越的詩才與自覺的選擇

——羅門詩片論

劉揚烈

　　羅門是當代台灣詩壇的一位奇才，也是人們認為難解的一個謎。他不僅具有李賀、李商隱的詭秘奇特，又有蘇軾、辛棄疾的恢宏悲壯；不僅是一位優秀的詩人，還是出色的詩歌理論家。到目前為止，他已出版了十幾部詩集、五部詩論專著。其創作之豐富，造詣之深厚，藝術之精湛，影響之廣泛，都可以說是世界性的第一流的。

　　許多詩人和詩評家都盛讚羅門是「詩壇重鎮」、「當代中國詩壇都市詩與戰爭主題的巨擘」，是「在文明塔尖上造塔」的詩人。他最有「靈視」，透視力極強，能掌握永恆藝術「最內裡最震撼的那剎那脈動」，又有「將太平洋凝聚成一滴淚的那種力量」。他不愧是詩國的驕子，「現代詩的守護神」（以上均引自周偉民、唐玲玲《日月的雙軌‧詩人詩論家眼中的羅門》）。這裡，不可能對他的創作進行全面探討，僅是片論而已。

一

　　當人類進入二十世紀以後，即面臨著許多尖銳複雜的矛盾：戰爭與和平的對峙，生存與死亡的抗衡，大都市的不斷興起和都市風盛行與傳統美德的衰落，新時代的人性扭曲等等。面對這繁花似錦而又污穢紛呈的世界，詩人們有的感到困惑，不知所措；有的隨世沈浮，遊

戲人間,早已遠離了繆斯;有的潔身自好,保持獨立,走自己預定的道路;有的只顧追求物質享受,沈淪在燈紅酒綠之中;有的則頭腦清醒,才智超人,冷靜地觀察世界,勇敢地投入生活,披荆斬棘,大膽地開創新局面。羅門顯然屬於後者,而且表現得眼界開闊,銳氣十足,才華橫溢。他熱切地關注現實社會,探索人類的未來,這種自覺的選擇充分顯示了眞善美的人性的光輝。在他身上集中了詩人的靈性,學者的卓識和哲學家的睿智。所以他駕馭重大題材,能做到高屋建瓴,揮灑自如,開掘深廣,震撼人心。

關於戰爭的思考和有關戰爭主題的詩,是其創作中具有突出成就的方面。有的作品產生了重要的國際影響,堪稱彪炳詩史的佳作。他不是一般層面上的描寫,而是擊雷閃電,上天入地,代表著一個時代的振動和回響。《麥堅利堡》是這方面的扛鼎之作,是一曲抒寫戰爭主題的傑出的樂章。

一九六二年,詩人去菲律賓參觀了麥堅利堡。那是一個美國軍人公墓,第二次世界大戰期間,在太平洋地區陣亡的美軍將士全都埋葬在這裡。七萬個壯烈犧牲的靈魂躺在一片死寂的墓地,既偉大又平凡,既悲壯又淒涼,怎能不引起羅門的震顫和深思?世界大戰是全人類最大的悲劇!戰爭與和平的較量,法西斯主義與人民的決戰,七萬、七十萬,甚至七百萬人在戰火中犧牲。是他們用自己的鮮血和生命,換來了整個人類反法西斯戰爭的勝利。可是,為什麼要戰爭?它給人間帶來的慘重後果是什麼?羅門自己說:「我是將人類從慘重的犧牲與恐怖的死亡中,接過來的贈品──『偉大與不朽』仍不被否定地留在那裡,然後叫人類站在悲劇命運的總結局上去注視它,去盯住那些沈痛與不幸的情景,所產生的精神不安的戰慄,究竟是如何逐漸地超越與籠罩了『偉大與不朽』的光彩。」(《第九日的底流·〈麥堅利堡〉詩寫後感》)顯然,詩人是懷著莊嚴的使命感和人類的良知來寫這首

詩的。正義雖然戰勝了邪惡，但是，一個又一個悲劇畢竟發生了——

　　戰爭坐在此哭誰

　　它的笑聲　曾使七萬個靈魂陷落在比睡眠還深的地帶

戰爭留下的是極爲冷酷的教訓，是令人毛骨竦然的回顧和反思，連七萬人的公墓和周圍的一切都冷得像堅冰封鎖的世界：

　　太陽已冷　星月已冷　太平洋的浪被炮火煮開也冷了

　　……

　　你們的名字運回故鄉　比入冬的海水還冷

　　在死亡的喧噪裡　你們的無救　上帝的手呢

　　血已把偉大的紀念沖洗了出來

　　戰爭都哭了　偉大它爲什麼不笑

這簡直是在傷口上再割一刀，然而卻教人痛定思痛。整首詩就是以此爲基調，用廣闊的文化心態，既審視歷史又觀照現實，發生「人類內在性靈沈痛的嘶喊」。是的，戰爭造就了「偉大與不朽」，然而，「超越偉大的是人類對偉大已感到茫然」。中國有句古話叫「一將功成萬骨枯」，至少在戰爭造成的慘重犧牲上是相同的。換取和平的代價是鮮血，人們應該永遠牢記這血的教訓。

　　詩人善於捕捉意象，以展示深廣的意境。冷森、靜寂是他選擇的主要意象，這恰恰給人以深深的震撼和戰慄。前面已經說到「冷」，再看「靜」——

　　麥堅利堡　鳥都不叫了　樹葉也怕動

　　凡是聲音都會使這裡的靜默受擊出血

　　空間與空間絕緣　時間逃離鐘錶

　　這裡比灰暗的天地線還少說話　永恆無聲

　　美麗的無音房　死者的花園　活人的風景區

整個墓地一派死寂，公墓無言，七萬個十字架無言，七萬個死去的靈魂再也不會說話，連鳥也不叫了，樹也怕動，空間和時間都靜止了。然而，此時無聲勝有聲，在死寂中給人精神上猛重的一擊，讓人們清醒地思索：戰爭造成的悲劇，帶來的慘重犧牲，而「偉大和不朽」卻落在後面。七萬個戰死者，七萬個本應是彩色的故事，全都沈落在太平洋的深谷裡。人們不能不再三思之，不能不發出疑問：這是爲什麼？究竟爲了什麼？！

詩人的心感和靈視，已全部顯現在這種純粹冷靜的抒寫裡。讀了它，當你還來不及從事理念的思考時，你的心就已被擒住，被深深震動了。詩寫得恢宏壯觀、深沈凝重而又痛快淋漓，人道主義的精神光芒四射，迄今仍是全世界同類詩中的佼佼者。

《板門店・三八度線》可以說是《麥堅利堡》的姐妹篇。它寫的是另一場戰爭、又一種悲劇，具有同樣的力度和深度，而且包容更廣，描繪更爲精細。它超越了意識形態的視角，而是用全人類的文化心態來審視這場巨大的歷史悲劇。全詩以多種意象組合，多側面地展示了朝鮮戰爭的悲劇性及其歷史的、現實的沈痛感——

> 一把刀
> 從鳥的兩翅之間通過
> 天空裂開兩邊
> 十八面彩色旗
> 貼成一排膠布
> ……
> 養傷的土地
> 住在傷口裡
> ……
> 它躺在傷口裡

　　哪裡也不能去

　　所有的門窗都是槍口開的

　　　　此刻都關上

「三八線」是一個民族的傷口，也是全人類的傷口。那裡仍舊是「一條沈重的鐵鏈」，「槍聲會從寂寞中／一排排過來／輕輕吐一口煙／遠處的雲　全都回響成炮聲」。停戰已經多年，而板門店談判桌旁依然「坐著兩排戰車／兩排炮／兩排槍／兩排刺刀／兩排血／兩排淚／兩排望不在一起的眼睛／兩排握不在一起的手」。這是戰爭的延續，是充滿仇恨和恐怖的世界，而受害的仍是那個民族，那片土地。

　　羅門詩的空間十分廣闊，視野尤為深遠，他常常把對象凝聚到幾乎燃燒的焦點，把意象化為震撼人心的雷鳴。三八線——分界線——生死線，「會議桌上的那條線／既不是小孩子跳過來跳過去的那根繩子／便是堵住傷口的一把刀／拔掉　血往外面流／不拔掉　血在裡面流／誰會去想那條在受刑的生命」。戰爭這怪物給人類帶來的，除了死亡和恐怖，還有仇恨，還有隔膜，還有無止境的傷痛……。詩人充分把握了戰爭的殘酷本質，從而揭穿它給人類帶來的內傷和外傷，立體地形象地暴露其災難性與悲劇性。這是歷史與現實的縱橫馳聘，是心靈與精神交感的昇華。以上種種，因而使他登上了戰爭詩藝術的高峰。

二

　　都市詩是羅門創作的又一重鎮。

　　隨著資本和生產的大發展，大都會不斷興起，都市風令人眼花燎亂乃至頭暈目眩。高速度，快節奏，全身心的緊張忙碌；生意越做越精，真情越來越少，只講利害，不認親朋；物質生產的豐富，高消費，奢追求，強刺激，物質享受空前盛行，精神上卻十分空虛，人性形成

新的異化……。這是詩人普遍面臨的新課題，也是現實向繆斯提出的新挑戰。正如羅門的自我感受：「人類活在都市文明極度發達的環境中，除了忙於工作，忙於飲食，忙於找娛樂性的刺激，忙於作愛，究竟還有幾個人能面對「心靈」兩字，能向心靈的深處作探索？當內心空間失落，「人」將在那裡飛與飛向那裡呢？（《時空的回聲‧作者內在世界的開放》）他以十倍的勇氣和奮發，敏銳而又有力地回答了這個奇怪的難題。《都市之死》等詩篇，便是詩人的優秀答卷。

　　羅門以冷峻、犀利的目光透視病態的都市，抒寫了人類精神深處的痛苦與現代生活中性靈的失落，為我們展示了一幅幅當今都市光怪陸離的奇特畫面——

> 建築物的層次　托住人們的仰視
> 食物店的陳列　紋刻人們的胃壁
> 櫥窗閃著季節伶俐的眼色
> 人們用紙幣選購歲月的容貌
> ……
> 如行車抓住馬路急馳
> 人們抓住自己的影子急行
> 　　在來不及看的變動裡看
> 　　在來不及想的回旋裡想
> 　　在來不及死的時刻裡死

這便是《都市之死》所描繪的《文明》世界。詩人把許多具體的物象抽象化，而以荒誕、詭秘顯示其實質，處處得心應手，精神活現。真個是大千世界，變化無窮：「急著將鏡擊碎也取不出對象／都市　在你左右不定的搖擺裡／所有的拉環都是斷的／所有的手都垂成風中的斷枝」；「都市　掛在你頸項間終日喧叫的十字街／那神是不信神的那神較海還不安／……十字架便只好用來閃爍那半露的胸脯／那半

露的胸脯　裸如月光散步的方場／聳立著埃爾佛的鐵塔／守著巴黎的夜色　守著霧　守著用腰祈禱的天國」。都市這怪物已把天空和原野吃掉，把許多人的靈魂吃掉。它自己也會死，「死在酒瓶裡死在煙灰缸裡／……一具雕花的棺　裝滿了走動的死亡」。《都市的旋律》、《在後現代都市裡各玩各的》、《都市心電圖》、《麥當勞午餐時間》等也是這方面的代表作。

不難看出，詩人從那個病態社會，已洞穿了都市的荒唐。他在努力追尋一種「維護人類精神文明的尊嚴」和「挽救人類內在生命危機的力量」。因此，他的解剖是嚴峻的、毫不留情的，並且一刀透底，銳不可當。《都市的五角亭》選擇了五種典型，在錯綜複雜中顯示多種都市人生。報紙把「昨日」運回，「人們的眼睛擦亮成瓶子／等著插各式各樣的花／文明開的花　炸彈開的花／上帝愛看或不愛看的花」（《送早報者》）。一天剛開始，新聞媒體就會告訴你各種各樣的信息。在機械地勞動中，「他已分不出自己的手／是帆／還是仙人掌」（《擦鞋師》）。留下的是隱隱的悲哀。「在白蘭地與笑聲湧起的風浪裡／遊艇與浪花留一些美麗的泡沫給他／……他整張臉被請到燈的背面」（《餐館侍者》）。辛勞中帶著苦澀。「聲喉一伸／便伸成市民常去散步的那條路／……再往前走　是那死在霧裡的廢墟／荒涼如次晨她那張／被脂粉遺棄的臉」（《歌女》）。同樣是淒涼和不幸。「為嗅到亮處的一小片藍空／他的鼻孔是兩條地下排水道／在那種地方還有那一種分析學／較他的手更能分析他的明天」（《拾荒者》），同樣是苦難與哀傷。當詩人把目光轉向下層時，他的筆鋒也觸痛了現實，為生活在夾縫中的人們發出同情的呼喊，只不過他的手法不是現實的或浪漫的，而是象徵的、暗射的。

關於都市詩，羅門曾經談過自己的創作體驗：「鋼鐵的都市，它以圍繞過來的高樓大廈，把遼闊的天空與原野吃掉，人類的視覺聽覺

與感覺在跟著都市文明的外在世界在急速地變動與反應，現實的利害
又死死抓住人們的慾望與思考不放，人便似鳥掉進那形如鳥籠的狹窄
的市井裡，詩的聯想之翼也自然地放下，日漸退化，飛不起來，且逐
漸忘去內心那片壯闊的天空，於是詩與心靈便一同在人生存於日漸物
化的都市環境中被放逐，人的內在生命遂趨於萎縮與荒蕪了。所以我
堅持詩的偉大的聯想力，是打開這只鐵籠使一切存在重獲最大自由的
力量。」「我想詩在現代應該是連續追踪『人』的一種最厲害的東西。」
（《時空的回聲》）他說得十分深刻。周遭充滿競爭，人際冷漠無情，
焦急難耐、緊張繁忙、勾心鬥角，人們像生活在沈重的磨子下，終於
將皮肉和骨頭都磨得粉碎。極為複雜的大都會，富有與罪惡共生，文
明與野蠻交織，人性與獸性同存。如果不善於用人類的良知去辨別，
就很可能被惡魔裹脅而去，淪落、墮落、千奇百怪的罪惡時有發生。
因此，羅門的揭露和批判是及時的，有力的，真可謂一針見血，入木
三分。他對都市生活作了多方位、多側面的審視和描繪，對陰暗面進
行尖銳的抨擊，從而發出了明智的呼喚與危險的警號，正體現了一個
優秀詩人的智慧和良心。在「物質文明猛進但上帝已逐漸離去」的現
代世界，呼喚性靈和良知，呼喚精神文明是詩人的天職，是挽救人類
內在生命危機的靈動力量。它像黑夜的星光，照耀著大地萬物，照明
夜行人面前的道路。

三

　　愛情詩也是他創作的一個重要方面。羅門和蓉子的愛情和美滿婚
姻，幾乎有口皆碑，而且成了臺灣詩壇上的佳話。說羅門最初是從愛
情找到詩的靈感，踏上詩創作之路，此話亦不過分。他傾慕蓉子這隻
「青鳥」，然後長上翅膀與之在詩國的天空比翼齊飛，終於成了「中
國傑出的文學伉儷」，並雙雙獲獎。他的歌是溫馨的、甜蜜的，充滿

誠摯的愛──

　　　歲月在鐘面上划着玲瓏的雙槳

　　　我的眼睛便永遠工作在你的眼睛裏

　　　　爲完成那種沒有距離的凝望

　　　　　　──《鳳凰鳥》

　　　我雙手撩開你夜一般低垂的黑髮，

　　　盯住你美目流着的七色河上，

　　　太陽正搭着黃金的橋通入白晝的宮殿，

　　　你把華美的世界裝入藍玉與翡翠的圓盒，

　　　我在年華中便永遠凝望一幅不朽的畫，

　　　　　　默唱一支聖潔的歌，

　　　　　　細讀一首絢麗的詩。

　　　　　　──《曙光》

他的愛情世界常常是詩的世界，那麼熱情，那麼親切，那麼五彩繽紛，
那麼絢麗多姿。《螺旋之戀》是其心靈世界的寫眞，堅定如釘鉚，永
恆似年輪。在那種境界，「怎樣也流不盡葡萄裡的甜蜜／怎樣也看不
停噴水池裡的繽紛／怎樣也拾不完睡嬰醒時眼中的純朗／驚喜得如水
鳥用翅尖採摘滿海浪花／滿足得如穀物金黃了入秋的莊園／當音樂的
流星雨放下閃目的珠簾／世界便裸於此，死心於此」。這旣是對愛人，
也是對生命，對整個世界和宇宙的戀情。他們就像雙飛雙息的比翼鳥，
海闊天空，滿目綠茵。前面是「屬於小提琴與鋼琴的道路」，是「用
眼睛也排不完的遠方」。

　　正因此，他們相親相愛，相濡以沫，共同在詩的園地上辛勤耕耘，
耐得住寂寞和清苦，收獲着生命的喜悅。當他與蓉子結婚三十年以後，
詩人回眸一顧：「你銜住那支仍青翠的桂葉／飛來歲月的雙翅／一邊

山／一邊水……／日月已伴我們／走了三十年／三十年／是詩說的」（《給「青鳥」——蓉子》）。他們結婚在四月，四月的春光永遠是那麼溫柔，那麼濃郁和明麗——「要是青鳥不來／春日照耀的林野／如何飛入明麗的四月／踩一路的繽紛與燦爛」。如今，「隨便抓一把雪／一把銀髮／一把相視的目光／都是流回四月的河水／都是寄回四月的詩」（《詩的歲月》）。是詩把他們連結在一起，使他們的愛情青春常駐。

也正因此，他們很難分離，偶有分離則相思綿綿，情意綣綣。1989年，蓉子回大陸探親，羅門却留在臺灣，恰逢中秋佳節，思念倍增——「今晚　你在離我千萬里外的故鄉／看故鄉月／我在離你千萬里外的異鄉／看異鄉月／我們的臉與月亮的臉／相照在三面反光的鏡裏／……即使你遠在千萬里之外／月光也會把你帶回燈屋的窗前」（《中秋夜看月》）掛念，等待，焦急的情緒攪亂了一切平靜：「爲了一個失去的聲音／整個世界與我／一起跌進谷底／靜下來／靠近電話機／天天在等待……／我要接聽的／是三十多年來貼着我耳邊／從未中斷過的聲音」（《爲了等待一切都停下來》）。這種思念幾乎舉手可捫，眞是情切切，意綿綿，情深意長全都融進了詩裡。

深切而甜蜜，圓潤而美滿，如浪激蕩，如光撫媚；眞誠執着，天長地久。這就是羅門與蓉子的愛情和情詩的品格。

四

我們還讀到羅門詩中那種濃重的鄉愁，對故鄉的懷念，對往事的追憶，同樣一往情深，動人心弦。他的故家在海南文昌，是個椰林之鄉，濱臨大海，一派靈秀，美麗極了。這裏也是宋氏姐妹的老家，地靈人傑，養育了不少英才。據說，文昌現有70多萬人口，而它在海外的華僑也有70多萬，在世界許多地方遍佈着文昌子弟，他們爲國際的

交流和發展做出了可貴的貢獻。闊別多年的羅門，自然依戀着故土，思念着親人——「呵！那海鎮／如南方巨人藍色闊邊帽上一粒明亮的寶石／我小時的指尖曾捕捉它的光輝輝。／……那海鎮有大魚大蝦，和平與恩愛，／有父親的拖輪，船塢與貨棧，／有許多歡笑湧過來似浪，／有我童時被戰爭割斷了的幸福之泉，／如今已無法流回它那裡！」（《海鎮之戀》）這種思念年復一年，與日俱增，到70年代還是望不到盡頭：「一個浪對一個浪說過來／一個浪對一個浪說過去／說了三十年只說一個字／家」（《遙望故鄉》）。海峽兩岸的敵對狀態何時完結呢？即使站在金門島上，也難看清對岸的故鄉。「從聲聲感嘆中回來／山與水哭着在後面跟／已看不清那是海／還是母親端來一盆／漾漾的洗澡水／用手抹去臉上的水珠／却抹來滿掌的縐紋……」真是人生易老，故土遙遙，其中隱含着詩人多少思鄉情……。

年年盼，月月盼，天天盼，隔着海，却跨不過，回不去，悠悠的歲月，悠悠的思念，這是許多漂泊臺灣的遊子的情結。《遙指大陸》道出了這種隱痛：「他指的／是炮彈走過的路／血淚走過的路／他指的／是千里的遙望／孫子看不懂的鄉愁／……淚滿了雙目／海哭成三個／家遠出望外」。一杯濃茶能暫解這種煩憂嗎？可是，茶靠鄉愁最近！——「整個視野靜入那杯茶中／歲月睡在裡邊／血淚睡在裡邊／心也睡在裡邊……／而沉不下去的那一葉／竟是滴血的秋海棠／在夢裏也要帶着河回去」（《茶意》）原來，鄉愁繫着民族的感情，思念祖國的感情。化干戈為玉帛」讓醒着的彈片變成盛開的鮮花，這是海峽兩岸人民的普遍願望。都是同胞兄弟姐妹，應該手拉手共建繁榮富強的中國。

詩人終於回來了，回到了大陸，回到了故鄉。心情的激動自不用說，那一山一水、一草一木都讓人心醉。「讓看夠賽車賽馬的眼睛／都千里迢迢湧來此／看千山競秀／萬壑爭流……／凡是留在眼裏的都

是畫／雙目就不該再向空濛的層峰／去查問槍彈走過的血路／去追問最後那座山的去向」（《長城上的移動鏡》）。爲了國家民族，向前看，向遠處看，而不要爲過去糾纏不休，這也是海峽兩岸人民的共同希望。祖國大地還有廣袤的土地需要開墾，無數的礦藏亟待開發，經濟建設正在起飛，有許多共同的事業正待炎黃子孫共同去完成。「翻天覆地的飛龍」一旦騰空，將「拉着東南西北一起飛／飛起滿天的碧藍／滿野的奇觀」。讓海峽兩岸的同胞携起手來，共建輝煌的民族大廈。讓後輩子孫再也不爲隔離憂愁，運完了憂患與苦憶，未來是常春的歡樂和幸福。

羅門確實是現代詩壇上卓越的詩才，更可貴的是他這種自覺的選擇。他寧願放棄優厚的工作與生活待遇，而甘願在詩國的土地上辛勤耕耘，四十年如一日，爲中國新詩的發展做出了重大貢獻，爲華文詩在世界的傳播開闢了道路。

一九九三年八月・重慶

噴向永恆思維的螺旋

——析論羅門三篇詩作的「空間運作」

戴維揚

　　高科技介入人類的生活空間：轉化、約制人間的「思維架構」（Conceptual framework）（註一）。然而這並未完全改變了人們「體現永恆基型」（註二）的創造想像力。人體雖然微小、脆弱，像蘆葦、像螺絲，然而思維能力卻可充沛於天地之間。人在宇（上下四方的空間）宙（古往今來的時間）中所佔的「場域」（地位）是否像笛卡兒Descartes所說：「我思故我在」（Cogito Ego Sum）？思維所及是否就是實存的空間領域？人的精神心靈空間能否像神一般「永恆不朽」「無所不在」「無遠弗屆」？還是仍有框架疆界？這些有關空間的課題正是詩人和哲學家探索思維的焦點。

　　在探索現代詩人羅門就其「站在現代文明風暴的颱風眼——最熱鬧也是最空寂的位置」（註三）；就其藉（各類遠、近、大、小鏡）不同視野觀察宇宙萬象並以其筆力萬鈞地「將存在於時空中的各種情境與現象透過詩人的想像力，同時開放出那存在的無限之美的奧境」（註四）之前，我們將追索古、今、中、外有關論述空間思維架構較具規模的典範體系，以便互相辯證，闡釋詩人（包括羅門）詩作的「空間運作」，以及其詩作在文壇所佔相關的地位。

科技轉變空間的思維架構

　　詩人（主體、自我self）思維面對／身處我們生存所在大自然的空間（客體、其他 other）洞識／書寫類同／個異的自然景觀／人文意境。其間，常因詩人主體的視力／思力範圍、立場、角度而仿造／創發各自的文學洞天。詩人雖然感受到有封有限的空間，以及各種形體的牢籠約制，可是心靈思維又極力設想消解禁錮，企盼建構類如「天地與我並生，萬物與我為一」圓通融洽的人文空間。古今中外各家各自建構各類的「理想國」「桃花源」「烏托邦」宗教神話、寓言語錄、數理邏輯，紛紛出籠、蔚為大觀。

　　自從牛頓發現「萬有引力」所織成的重力場（a gravitational field），人們可藉著先進的儀器偵測大小天體（星球）各自依照「空間秩序」（the principle of spatial order）（註三）的守恆運動軌道井然有序地旋轉不息。鑑此，智者再也不能滿足二維（度）空間的侷限，極思呈現整體立體球體以線、面、體構成的三維空間。歐氏幾何也漸為非歐幾何、解析幾何、射影幾何、拓樸學所取代。

　　二十世紀愛因斯坦首先打破了物質質量（matter）和能量（energy）二分法的樊籬。推出「光速平方乘質量就可產生如原子能爆炸的能量」（$E = MC^2$）。這石破天驚的爆炸並不依既定的軌道運行，而呈現四面八方噴射、輻射的另一種「場域」。從此人類以「場」的概念認知「電」「磁」「力」。「場」的概念在心理學和教學也都廣受矚目。（註四）愛因斯坦在其相對論中，特將時間向度視為空間裡獨立而不可分隔的「四維空間」（four dimensional space）。依線型的思維運作模式所推論的「因果律」（Causality）也漸為「空間拓樸學」（the topology of space）所取代。（註五）

　　古人為詩好設立在一定點的「所在」（setting）；現代作家以多維（向）思維、多元地轉動乾坤而構成動態的「拓樸」場域。單數 Topos，複數 Topoi 希臘文原意指地方、空間（註六）。後現代「撥用」

（appropriation）繁複交識「時空情節」（space- time events），
一再迸現多重螺旋般迴旋層出的「疊景」（Palimpsest）、「迴文」
（palindrome）、穿梭古今文本的「戲擬」（parody）、「夾雜鑲嵌」
（pastische）、「雜揉交錯」（hybridity）、「拼貼」（collage）、
「蒙太奇」（montage）光怪陸離、繽紛岐異、多元、多重、多維瞬
間迸發的旋轉場域。亂象叢生的後現代情況，讓有心之士憂心忡忡，
極思重造「亂中有序美麗的新世界」（cosmos out of chaos）（註七）。

　　詩人書寫周遭萬象，不以數理邏輯詮釋，愛以情理關懷富有人性
的「神話空間」（ mythic dimentions），濃郁人文的「文學空間」
（L'Espace litteraire）（註八），氣韻生動旋轉乾坤的「生命力」
（'elan vital）展現在人文的「心理的空間」（psychological space）
（註九）。跟著心理分析學家，詩人也探索形成語言文字之前無意識的
地帶（a zone that preceded language），或者直探本體「話」（
logos, y'oros）所開展的「空間詩學」（The Poetics of Space）（註一
○）以及注重結構的「空間型式」理論。（〈Spatial Form in Mod-
ern Literature〉）（註一一）

　　傅柯直指權力與空間的關係：宏偉雄壯的宮殿、教堂正是王權和
神權的表現。現代都會方格子的水泥公寓也正是社會制度「空間配置」
（Spatial configuration）的最佳寫照。不同的時代，不同的權力架
構就會產生不同的「空間感」（Spatiality）或譯「空間面向」）。上
帝的天堂意謂著超越人類知識的地帶。（a region beyond knowledge）。人
類能力所及的「知識只有以區域、範疇、嵌插、置換、移位等空間概
念來分析，才能掌握知識的過程、掌握知識如何成為一種權力形式，
知識如何散播權力的效應」。（註一二）。傅柯懷於高科技知識愈形牢
制懲治牢籠人的靈、魂、體。吾人今日的生存活動空間愈來愈狹窄形
同土牢、死牢。（註一三）

詩哲繪製空間永恆基型的典範

在西方，柏拉圖在「理想國」所建構的理念邏輯世界常為智者奉為典範藍圖。雖然柏拉圖誤將「只能模倣變動不居的現象界」的詩人趕出「理想國」。（註一四）。然而柏拉圖也只能借用寓言書寫人類所認知的現象界。其中「地穴」意象呈現人與自然界的空間關係和景象疊影發人深思。

柏拉圖在《理想國》「地穴」比喻：「瞧啊，人類在地底的洞穴裡，穴口開向外面的光，照到洞穴的後壁……他們一動也不能動，祇能兩眼向壁，連轉頭都辦不到。……可以看到一堵短牆，就像玩傀儡戲的人所用的屏幕……」（註一五）。人所瞧到「洞」見的自然物象（φuois英文直譯為physics）只是幻影，哲人憑推理才能理解「形而上的自然」（metaphysics）。人們在局部有限的現象界，類如井底觀天，離「真理」還有一段距離。吾人所見的現象只是「真象」的拷貝的再拷貝（複製贗品）。

柏拉圖將「空間的視覺效果映襯時間流動的影子」──其混沌模糊的意象／隱喻，有時更接近人性的「真象」，並可觸發心境的頓悟。就理念世界，柏氏「設法建造永久不變的東西，希望可以在他們所懼怕的宇宙之流中立定……追求『永恆、不朽』」（註一六）現代哲人大都懷疑人間可能「永恆、不朽」。甚至於海德格批判柏氏過份高估自我。依海氏所見「人只是無限空間中的一粒微沙，他的活動只是無限時間中微不可見的一動」（註一七）。現代作家（特別具有存在主義意識形態者），大都不高談闊論「永恆、不朽」；而僅淺談人間的短暫、微小。

當代法國女性主義評論家伊莉葛來（Luce Irigaray）痛斥柏拉圖洞穴寓言。她認為那黑洞就是女性（大地）的子宮，柏拉圖重男（主

體的理念世界）輕女（空洞的物質世界），她主張「必須加以顛覆」，以免「被埋葬於黑洞中，受到誘惑，陷溺於夢想之中，爲其俘虜，不可自拔」（註一八）她呼籲必須互解「封閉的女性空間」。筆者懷疑柏拉圖當初在洞穴寓言確具性別岐視，以致輕看「女性空間」。以「雄」辯代替辯證的現代女性被忽略未見（現）的現象重新納入研究的課題（如「女性空間」是否有別於「男性空間」），別具杏眼，另闢洞天。

　　柏拉圖的「洞穴意象」可解讀爲佛萊的一種「原始基型」（arch-etype），「一個典型的或重複出現的意象⋯是將一首詩與另一首詩連繫，進而整合統一吾人之文學經驗的一種象徵」（註一九）柏拉圖由此象徵得知人類觀象有侷限、不明確。其弟子亞理斯多得另從人物的悲劇缺陷「hamartia英譯tragic flaw，同一個希臘字在聖經欽定本King James Version譯爲sin（罪）」（註二〇）得知世上一切皆有缺失，唯有「人造」man-made的「故事情節——結構」（plot-structure）才可永存不變。於是他將原本是（MOQOS）柏拉圖解爲「神話」「故事」多變不定的內容改界定爲固定的「結構論」的「必然和可然律」（a law of probability and necessity）（註二一）。

　　亞理斯多得在其〈詩論〉中（πEPC πOC）解說「詩人」「製作」。（以上三個希臘字詞同源，可譯爲「論製作」中「製作者」（如中文詩人可稱爲「作者」）的「製作」過程。人類藉著語言文字可捕捉到自然的現象。詩人除了可「模仿」（μiμgois mimesis）「自然現象」也可想像可能發生和必然發生形而上結構完整的世界。爲此，亞氏界說：「詩比史更富哲理」more philosophical；詩人可再造普遍永恆的眞理（universal truth）（註二二）。所以詩人不僅可「筆寫自然」，還可「筆補造化」。中國的文評家劉勰也看出詩人「流連萬象之際」「寫氣圖象」。王國維在「人間詞話」開宗明義就境界分爲：「有造境，有寫境，此理想與寫實二派之所由分。然二者頗難分別。

因大詩人所造之境，必合乎自然，所寫之境，亦必鄰於理想故也。」
（註二三）

基督教理想與現實的空間觀

　　基督教獨一真神的神觀延伸為絕對的永恆、完美、樂園。鑑此，
聖經創世紀開宗明義：「起初上帝創造天地」。然後立刻提到「地是
空虛混沌、淵面黑暗」二元對立的洪荒，必須等到「上帝的靈」運行
介入地球才得改觀。新約聖經約翰福音一開始也有同樣光／暗對比的
現象，也一樣等待上帝的光、靈、話（道y'oros logos）再造一個井然
有序的「樂園」。這起初所造的「大自然是上帝的藝術品」（"Nat-
ure is the art of God"）（註二四）可惜好景不常：人在伊甸園中吃了
「分別善惡的知識果」而被趕出樂園，從此成為永遠徘徊流浪逸軌的
矛盾體。一方面想回故園，另一方面又想獨立闖蕩江湖。想回故園，
卻回不去；一心想出外闖蕩，卻忘不了故舊，這種兩難困境框住人類
思維架構的內外張力。

　　人一旦走出樂園就永回不了當初的樂園，正如人一旦脫離母體獨
立再也無法回大地大自然（Mother Earth, Mother Nature）。要回
頭只能在夢中實現，傅萊稱此空間為「夢幻空間」（dream space）（
註二五）在現實的人生，人只能到死才又回歸大地，（dust to dust），
而其靈魂則回靈魂的所在（spirit to spirt）。（註二六）猶太人相信一
切都是上帝所賜。詩人大衛宣稱：「地和其中所充滿的、世界和住在
其間的、都屬耶和華」（詩二十四：一）；可是真正的原居地卻不在人間。猶
太人相信人的靈來自上天，所以人在世上「只是客旅、是寄居」（詩三
十九：一二）。人的靈氣一旦離開軀體（土做的）再也回不來（「去而
不返」）。可是人在世間因不滿而怨嘆「年日、窄如手掌」（此句是
時間空間化的典範，類如孫悟空跳得半天也跳不出如來掌中）又「全

然虛幻」「實係幻影」（詩三十九：五）除了靈氣說法和柏拉圖「洞穴說」有異〔柏氏的天堂在其理想Idea的「理想國」（人間天堂）〕，就其現象觀所呈現的幻影倒有些相像。

在新約聖經中，保羅也強烈地感受到今生活動空間極其有限又遊移不定。「我們如今彷彿對著鏡子觀看、模糊不清（原文a'iv'iγmatc英譯riddle如同猜謎）到那時（到永恆）就要面對面了。我如今所知道的有限」（林前十三：一二）。類如中國人所說：「人生如謎」、「如戲」。保羅覺得人間世的生存空間像牢籠、像戲棚「好像定死罪的囚犯。因為我們成了一台戲、給世人和天使觀看」（林前四：九）動見觀瞻，大意不得。

新約作者保羅和舊約詩人大衛都「承認自己在世上是客旅、是寄居的」，「要找一個家鄉」「羨慕一個更美的家鄉、就是在天上的」。盼望上帝在天上為「他們預備了一座城」（希伯來書十一：一三～一六）基督教的「理想國」不在人間，而在信仰中的天堂，非今生而在來生。可是在今生，在信仰中仍可「失而復得」「死而復活」「浪子回頭」等重生的永恆概念。

中國的莊子也和西哲一樣感受到人間世所認知的範疇極其有限、渾沌不清、子虛烏有。〈秋水篇〉論及「井鼃不可以語於海者，拘於虛也。」河水不犯井水，各有各的疆界。莊子認知大自然已經拘束我們生存的空間如「大塊載我以形，勞我以生，佚我以老，息我以死」（大宗師），至於超越這現象界的禁錮只好「樹之於無何有之鄉」（逍遙遊）的烏托邦，人才有可能「獨與天地精神往來而不敖倪於萬物」（天下篇）。

古時中西詩哲都不願侷泥於大自然的現象界，而寄望於形而上、子虛烏有、宗教神話、烏托邦、理想國。

遊牧社會人們可以逐水草而居、蝸住洞天或浪跡天涯。農業社會

也可「採菊東籬下，悠然見南山」「心遠地自偏」而逃避了「車馬喧」的人間世。可是商工社會，現代機器文明愈發牢制人體人心。人類所造的機器竟然反過來逼使人就範（如聞機起舞）。人不但受大自然（造人）約制，人也受機器（人造）約制。

　　一八六三年法人泰因Hippolyte Taine寫下了三大冊第一部〈英國文學史〉其序言明言：「人爲自然所包圍，也爲人們所包圍」。人的居住環境（國家、政體、社會條件、宗教環境、教育制度）塑造人的形像。人無法遺世獨立，人必須面對現實。於是他下結論：「構成人的（道德狀況）最基本的要素爲：人種、環境和時代。」這其中，他最強調「環境」milieu。（註二六）這些以環境塑造人生，生存空間決定生活的主張被「寫實主義」Realism和「自然主義」Naturalism信仰者奉爲圭臬。這種「大環境」的「決定論」Determinism的信念孕育轉化爲馬克斯唯物論的決定論。認定大自然的一切皆受環境侷限約制支配。人就無所謂具有自由意志、理想或夢想。人類生存的空間也被壓縮狀如小小螺絲，附屬於國家機器、黨機器等機制牽制。人漸漸地物化。

　　近來思想家愈發感受到不僅表面形體人人受環境約制，甚至深層結構內心世界也遭受層層束縛。浦萊主張藉着閱讀書籍就可進入一間空屋（一本敞開的書）這樣才能容納另一個主體進入溝通。書所創造的是文字、意象、觀念所建構的「內造環境」（internal milien），可進入讀者的「內在自我」（inner self）彼此交換心靈的眞知卓見（reciprocating exchange），使得兩造的圍牆傾倒，書中有我，我中有書，不分彼此，不分內外嶄新內心世界的存在空間。（註二七）

　　現代詩人、詩論家葉維廉指出道家的「物我通明」所開展的中國舊詩這和現象學家就詩的看法頗多相通之處。他主張㈠「事物直接，具體的演出」，㈡「加強了視覺性，空間的玩味，包括繪畫性、雕塑

性」㈢保持關係不決定性而得多重暗示、多重空間的同時呈現，㈣意
象併發性所構成的疊象美及㈤時間空間化空間時間化…等」（註二八）。
廖炳惠評此「無言獨化」仍然是「人文構成」並非「自然的所予」（註
二九）。其實任何詩作只要運用人類的語言就受到「語言的牢房」（
The Prison-House of Language）的牢制，我們就無法完全從物的「
自然」的環境裡觀其自己的演化。（註三〇）詩作是人為的產物，我們
只要儘量地「突破它的圍牆」才可能「重新擁抱」比較「真實世界」
（註三一）。「在語言的破解中建立一種『離合引生』的活動」（註三二）
儘量地擴張「自由曠達的心境」，渾合更多「非我」的成份，那麼我
們的視野、心胸、範圍才能愈來愈周延，庶幾才能與天地合一。（註三
三）

現代詩人、詩論家羅門也企圖以物觀物，與天地合一：「透過戰
爭的苦難，透過都市文明與性，透過死亡與時空的默想，透過自我存
在的默想，透過大自然的觀照，透過其他生存情境，追蹤人的生命」
（註三四），依此，在詩人國度，他應佔有一席之地。下文，且看他詩
作所佔的坪數，及其運作架構。

羅門不斷地「自我突破」擴張視野、意境、領域「他絕不會排拒
存在於『古、今、中、外』裡凡能構成他創作生命美好的一切；他必
定是以…「天空」…廣闊的心境，來展開他多向性的創作境域，而不
致於將自己侷限在單向性的偏窄的創作線路上，縮小了創作的層面與
幅度，因此可任意地運用各種題材與方法，不受約束地從事創作……
「超過現實的具有意境與永恆感的詩；甚至可表現純粹物態美與抽象
美的詩。……也可以寫第一自然（田園）更廣闊的鄉土；也可以寫第
二自然（都市）的「鄉土」……進入內心「第三自然」的存在境界…
…自由且廣闊的世界裡……「第三自然」的情境中……無限的創作題
材與技能……」（註三五）他企圖「造天堂」這項「屬於永恆性的精神

作業」「看見一切生命活動於無限自由以及永恆與完美的基型中，獲得其本質的存在」「搬到宇宙萬物生命更龐大的生存空間裡」（註三六）羅門創作領域雖然想「造天堂」但仍然受到他週遭的環境所約制。且看其都會都心中的「燈屋」居住生存空間的實境。意即他「第二自然」（都市）和「第三自然」（內心）的疊景運作。

乍登近鄰羅門生活所在的空間——「迴旋的燈屋」：（註三七）但見串串閃動螺旋燈活靈活現：或懸、或幌，引人噴向永恆／片斷思維：建構再造天堂／自然的「創作媒介的靈光」：溝通了物質世界（螺旋燈）和精神領域（思維力）；轉化著人間世社會圈的形象結構（古典靜的田園和現代動的都會）；交融焦聚成普世永恆／刹那現世的靈魂動向、動力、動感、體魄感向、感受、感動；發光、發亮、發熱，建構成「後現代情況」人類綜合「靈運」與「理運」拼疊交錯的生存空間。（註三八）達呈「自由的組合，交疊與運作……加強與繁富視覺空間活動的美感效度」（註三九）。羅門的宇宙（生存空間）正像拉丁文 uni-verse（一轉）像英文（verse）一首詩：轉動中的一首詩作；像「燈屋」是詩人「所製作的美感生活空間」（《「燈屋」的觸覺》註）

羅門身居現代都會水泥叢林封閉緊繃的「牢房」（註四〇）朝夕思維掙脫現實侷限禁錮的有限空間，實現他少年起一直想駕噴射機傲遊無涯無際的天空（開放的空間影響他開放的心靈／胸）。由這些極端反向的衝擊作用，詩人詩作的「空間運作」張力、衝力、耐力就顯得特別醒目和雄渾有勁。他較少「孤燈不明思欲絕，卷帷望月空長嘆」消極被動的怨尤而較多積極主動「打破僵局」「開拓新境」（註四一）

面對當代「浮面沒有深度」「淺薄平面沒有崇高點」當下流行而沒有連繫「過去」與「未來」的後現代氛圍，羅門大不以為然，並且還堅持他追求內心世界「第三自然」「螺旋型」轉動（向左右四方擴張，向上下盤旋迴轉）的「空間造型」盼望「在同整個存在空間相溶

合」（註四二）。

　　羅門主張以他「螺旋形的螺絲鋼鑽，幫助人類鑽開那由『高速』、『物質性』與『行動性』所形成的一層層圍壓過來的物質文明的厚牆，讓詩與藝術帶領人類繼續不斷進入超於象外的無限境域……」（註四三）於是他以強烈的使命感「依從自己的意願，走向世界呈現一己生命的光輝」，「將生命推入永恆的美的追尋中，像獵人在搜索與追擊的過程中，獲得存在的滿足」（註四四）可是另一方面詩人又強烈地感受到當代「都市物質文明的厚牆」以及自我的繫絆糾葛「他用燈栓自己的影子在咖啡桌的旁邊／那是他隨身帶的一條動物」「他帶著自己的影子／朝自己的鞋聲走去／一顆星也在很遠裡帶著天空在走」（註四五）。詩人濱臨遊走在「都市物質現實的生存空間」和「永恆理想超現實的思維空間」，他盼望、渴望並實地構築敲開這其間有一扇「窗」互通彼此。

　　就在他都會都心相當封閉的燈屋裡最醒目的牆面上懸掛著一幅他最心愛的畫（莊喆畫送羅門最心愛的詩──「窗」），透顯「窗」這首短詩是他和莊喆的最愛。由此窗，我們可以看到羅門「現實的」「記憶的」「超現實的」「禪悟的」「實視空間」（註四六）以及他內心「第三自然」抽象、心靈「立體美感空間」（註四七）。

　　窗是詩人的「詩眼」「能把肉眼、心眼、與腦眼溶合提昇成一種具高純度、高見度的超過的視力，而清晰地看到生命與一切存在於永恆與完美中不被扭曲的基型」。詩人的靈窗詩眼甚至被羅門提昇到「近乎是『神之目』、『上帝的眼睛』，一切均逃不出它的監視。」（註四八）窗可提供兩個不同世界間彼此對看的媒介點。

一、窗內／外的窗──突破交界縫隙的空間

　　「窗」是打開羅門詩作的媒介、詩眼、「鑰」字，也同時是區隔兩造彼此不同時空人物領域的臨界點。窗內的封閉自我極想奪「窗」

而出；出「窗」的靈魂是否還能歸回。窗內／外的兩個世界，重複交錯出現。由窗內盯著外在世界如柏拉圖「洞穴」裡看著洞外世界的幻影或人類慾想向外發展的原始夢想；然而近代人又多一層響往——已被放逐，離開樂園後想著「精神歸返」或回歸故園，由窗外向窗內的寄盼、企望。正如羅門所說：「在不同位置面對時空困境所寫的詩」（註四九）「在觀念、理念、經驗等所造的那座龐大且堅固的『精神建築物』上開窗，使無限的風景，進入心靈遼闊的美的展望」。（註五〇）然而也有詩人一旦逸出窗內封閉的世界，就變成「透明的建構」，再也回不到原來幽暗的子宮。詩人只好繼續地自我放逐，「過渡到另一個時空」「另一個更為遼闊」、「廣漠的時空」（註五一）。窗這個臨界點正是詩人詩眼的焦點：

羅門親自以另一首詩「傘」來分析這臨界的「實視空間」：「窗口」為詩眼向外探看外在世界：

> 他靠著公寓的窗口
>
> 看雨中的傘
>
> 走成一個個孤獨的世界

一樣地與「窗」的聯想相接近的詩，還有《都市方形的存在》眼睛從屋裡方形的窗看出去，又被公寓一排排方形的窗看回來。（註五二）詩人想回歸故園，探望夢想中、回憶中他老家燈下的老母親所寫的《月思》向內推想探看內在世界：（註五三）

> 我走近窗前
>
> 身上那個口袋
>
> 竟就是那塊月光

侷限在當代大都會塵封的水泥牆屋，詩人再也見不到窗前大自然惠賜的月光，當然也看不到反映在大地霜白的輝映。屬於現代文人視野空間的只有包在「口袋」「錢包」的「銀圓」（錢櫃裡的圓月）。

懷鄉的詩人當他有機會看到故國的家園江山，眼睛跑前瞭望卻受到「鐵絲網」阻擋，只好將「心眼」轉回詩人現在居住的老「家」。

> 往前　茫茫雲天
>
> 回頭　九龍已坐車
>
> 　　　竄入邊境
>
> 將我望回台北市
>
> 　泰順街的窗口《時空奏鳴曲──遙望廣九鐵路》

「窗」是詩人羅門最鍾愛的「意象世界」中的「眼睛」──「詩眼看世界」可環視、注視、凝視、窺視、仰視、俯視、無視。「窗」變成可移動、靈動的詩眼。「從兩度平面進入N度立體」（註五四），甚至是「飛在風景中的鳥」（〈窗的世界〉）隨時轉動的靈眼；也像原子爐將物象世界可轉化爲生命的動能，創造出「詩境發出的光能」。（註五五）因此羅門「窗」這首詩一開筆就充滿了奔騰的生命力──

> 猛力一推　雙手如流
>
> 　總是千山萬水
>
> 　總是回不來的眼睛

羅門凝聚的爆發力從窗口（詩眼）向無限的時空儘力推展。「雙手一推」，突破原閉的「權力空間」。「猛力一堆」重創現代情境的空間──竟然可開拓出「千山萬水」──這個多重空間、同時迸現的大自然。這種充沛於天地之間的豪氣也可呈現在詩人羅門送給他的摯友畫家莊喆──「大自然的建築師」的詩句「眼睛要是再看下去／見不到永恆／便不回來」（註五六）這種壯士一去不復返的雄心、決心、野心，像脫韁的野馬「總是回不來的眼睛」。詩人的「窗」總是內／外跳躍著辯證式的思維著大自然的自由奔放／界限疆域。

羅門詩句流動著海派的渾灑空間：便海闊天空去／海的性情／本來如此／既不像湖／也不像河／便望著天地線開放的／另一個海口／

看自己進出（《「海」的序曲》）。海南海口出身的詩人羅門似乎總有浪子流浪四方的雄心大志，同時也有「回不來」那無奈，抓不到邊的感觸。於是，詩人在感嘆現實世界的不可恃只好寄望於另外的世界，視覺的「遙望」和聽覺的「聆聽」：

> 遙望裡
>
> 你被望成千翼之鳥
>
> 棄天空而去　你已不在翅膀上
>
> 聆聽裡
>
> 你被聽成千孔之笛
>
> 音道深如望向往昔的凝目

詩人馳騁的想像空間：在遙望古早莊周化鵬的豪情，同時他又具有瞬間迸現的想像力，他的窗（飛在風景的鳥）「被望成千翼之鳥」，筆鋒一轉，詩人已禪化了有形的窗，所以這「窗」（鳥）就不在具有形體的翅膀上。然而詩人還是無法逍遙如莊子那般禪空和坐忘、心齋，他仍回人世間沈溺成「千孔之笛」（人體只要七竅就死），周身皆是「音道」，深深地「望向往昔的凝目」，乾等待着填塞「音道」的知音。

羅門的思維架構經常呈現井然有序平行並排條列分明如「窗的世界」（註五七）：

> 窗是大自然的畫框
>
> 　也是飛在風景中的鳥
>
>
> 窗在田園　自動裝上遠距離廣角鏡頭
>
> 窗在都市　越來越近視
>
> 窗在遠方　鳥飛出翅膀
>
> 窗舒暢開朗時　千山萬水不回首

窗被關發怒時　炮彈洞穿過層層厚牆

窗孤獨無聊時　一面擦亮寂寞的鏡子

窗閤目沈靜時　一口深山裡的古井

　　　　附近有人在打坐

　　八個「窗」起首的句子一列排開，鑾整齊像方方正正的方格子窗。然而詩人仍將「窗的世界」區隔成幾個段落。再仔細分析羅門詩作呈現了正反二元對立的「辯證性思考」架構。（註五八）如第一句話第一行是窗內框架的空間（畫框）而第二行似乎又暗示「鳥」是可飛入原先的「畫框」，可是第一行中人為「畫框」和「大自然」又是對立的，而第二行鳥飛和風景中（如風景畫也是另一種框框）。其他例子俯拾皆是：三行的「遠矩離」／四行「越近視」；同樣，「窗」詩平行／對立的思維仍然顯明：第一段和最後一段前四個字完全一樣的「猛力一推」平行並排條列整齊，然而下面開展的卻是兩個迥然不同的對立世界：「雙手如流」向外發展自由奔騰，相對於「竟被反鎖」「走不出去」內向封閉的窗外世界（此句又用了兩次逆轉）前面花花世界羅門又大量使用平行迸發的句子如：「千山萬水」「千翼之鳥」「千孔之音」，「遙望裡」「聆聽裡」；然而就在第一段又用了對立辯證的思維架構（如「雙手如流」接著「總是千山萬水」又平行地用了「總是」而下接逆轉的「回不來的眼睛」）。由此平行迸發線型發展又迴旋逆轉「醒釀於三百六十度的層疊空間，直探時空與生命之奧秘」（註五九）這類辯證式、螺旋塔式地空間運作還可藉羅門〈生之前窗通向死之後窗〉作為最佳佐證：

　　可觸的　亮在外

　　可感的　美在內

　　這內／外交織著「彫飾三六〇度的內外空間」「懸在兩崖之間」「如目之啓閉」「如雙塔對視」。

　　羅門的詩確帶有「理想國」（在《曙光》詩中所說：「那裡：時空皆巧合，萬物相呼和」）「烏托邦色彩的簡易調合模式」（註六〇），然而他詩中最後一段經常是對現有實存的世界徹底的顛覆，經常帶讀者探入空無的世界——「竟被反鎖在走不出去／的透明裡。」只有另一個子虛烏有的世界才能「存在」在「透明裡」。羅門的世界永遠擠走在「永恆」和「現世」有隔的二元世界。那「至大無外，至小無內」的境界非凡人所能及，吾人只能徘徊在有窗相隔的內／外世界。人世間「空間與空間絕緣」幾乎辦不到，詩人極想跳出窗，奔向自由空空的空，似乎也曾悟到另一個場域的「空」，然而他也意識到遊移到另一個「空」間，可能再也回不來此生此世的「空間」，這個「生死線」是不得隨便越雷池一步。詩人感受透過靈視的窗徘徊兩個臨界場域：生／死，模糊／透明，有聲有色／空無，陰陽分界的邊緣地帶。詩人不禁要求神明：「主啊！你如果就是那扇啓閉的百葉窗」，他很想《先看為快》，先看「窗外」——「尚未啓用的天空／是一幅不沾筆墨的禪畫」。然而，眞正的禪畫是「透明」，是空無。

　　人在封閉的空間，就會產生「閉塞恐懼」（claustrophobia）可是流放到開放自由的空間，又會產生「空茫恐慌」（agoraphobia）。（註六一）人的內心世界心靈空間相當矛盾：有圍牆就有安全感、有倚靠、可遮掩、可保護甚至「有恃無恐」）；可是太多的束縛就覺得閉塞、拘束。再看另一個開放自由空間：盡情消遙無拘無束；可是完全的自由又覺得空茫而無所恃，不知如何。這兩片的空間常常在人心中翻躍、消長。有時在洞內、窗內的人響往窗外、洞外自由開放的空間，而這想自由的意念反轉過來，反而像傅柯所說：「心靈是肉身的牢籠」："The soul is the prison of the body"（註六二）靈魂帶動也牽制甚至牢制肉身。譬如我們先有一個想飛的意念，那這個肉身就要百般嘗試地試飛（雖然摔得半死或如伊色佳摔死）人類仍然前仆後繼地試飛。可

是一旦浪子一飛出去再也飛不回原來的窗內世界「反鎖在走不出去的透明裡」，也是一種致命的絕境。羅門嚮往空靈透明的空間，可是又害怕《都市的旋律》那種

　　腳懸空
　　手懸空
　　目與天空一起空

二、畫上／下的畫——衝出形象框架的空茫

　　畫家、彫刻家、建築師將外在點、線、面、體、顏色、物質建構成具象、形象的「空間型式」。作家則以文字描述、表情達意建構「內在空間型式」（inner spatial form）的意象世界。（註六三）畫家與作家的異同，各有千秋，各領場域。早期論者大都愛好詩畫一家：「詩中有畫、畫中有詩」，「詩如畫」（ut pictura poesis）（註六四）十八世紀雷辛（Gothold Lessing 1729~1781）以時間和空間區分：「畫只能於有限的空間中，作表面性的展現，而詩則能表達種種活動，不受任何限制，在呈現時間、論述、歷史的層面上，有無限的可能性。」（註六五）。

　　二十世紀現代畫家、詩人、評論家鍾愛綜合詩畫理論就〈媒體及超媒體的美學〉論述：詩不僅是以語言文字呈現「漸次進展的動作」而可「時間空間化」同時迸現「氣、力」所構成的「空間事物（可觸可感的物象）」，並且兼有「空間玩味的繪畫性、雕塑性、電影視覺性」（註六六），將心境、詩境、畫境溶爲一體。

　　詩人的領域可分爲視域所及自然物象的環境（environment）所繪製的意象「版面」或「畫面」；以及「美感經驗」與「心靈空間（境界）（註六七）那「暗入雲山」、「隱而未現」的心象心境（horizon）。羅門詩人不僅在「窗」詩展現詩畫兩個交界空間的交錯、移位的空間

感，他在「飛在雲上三萬呎高空」詩中更以現代科技將詩人的肉身詩
眼以觀天「下」，在莊子的時代只能以想像的心眼「搏扶而上者九萬
里……天之蒼蒼……其遠而無所至極邪？其視下也，亦若是則己矣。」
（莊子逍遙遊）然而現代詩人羅門可實際乘坐人爲飛機（大鵬）跪着
來看宇宙所呈現的「畫」。

> 世界只留下
> 最後一塊版面
> 給日月星辰排用
> 其他的都暗入雲山
>
> 即使煙囪與砲管
> 在雲下排著一行行
> 　　生活必讀的詩
> 但拿到雲上來看
> 都得化爲那無限的遙望

　　描寫現實可見形而下的空間以後，羅門又像「窗」詩一般來個大
逆轉，跳接形而上那「窗」外「透明」的世界：

> 望到無邊的廣闊
> 只剩下透明

「窗」內，形而下的人們只關心「最後一個畫廊」，至於無形「而一
幅幅不能畫的畫」只待有「心」人向那「氣勢逼人」苦苦連連追問那
測不透的透明。中國詩哲屈原問天，聖經舊約的詩哲約伯也感受到「
現在有雲遮蔽，人不得見穹蒼的光亮。」（約伯三十七：二一）等到
他在空中「旋風」裡見到靈光，才頓悟自己所知有限：他無能、無法
「明透」「地的廣大」。由此，逼得詩人羅門「跪下來看」，而約伯
更謙卑地「在塵土和爐灰中懊悔。」正如羅門在「飛」詩後註所說：

那種「看到宇宙大自然龐大無比與永恆存在的景觀，深深體認到人的能力，於面對「無限」時，仍是有限的。難怪人有時要向「上帝」祈求與禱告；有些畫家與藝術家會產生Anti-Painting與Anti-Art的念頭。」然而，就一位信奉人文主義的詩人，羅門的宗教意識稍縱即逝，他又喋喋不休地「問筆」「問墨」「問時間」「問空間」，這羅門的「門」裡仍有一個人間的「口」日日夜夜「問」個不停。

　　正如「飛」詩結語，詩人在「飛」時最後一段大逆轉，再一次體會「整個世界空在那裡」的「空」。然而，詩人羅門並不「無言」以對，而仍然「還要畫」這個形而下的花花世界。他仍然企盼物我一體──「天地與我並生，而萬物與我為一」，詩畫如一（ ut pictura poesis），溶入大自然互動的境界：

　　宇宙看看我

　　我看看宇宙

　　不畫

　　全是畫

　　這種「拘於虛」，與天地合一的境界，有如莊子秋水篇：「夫精粗者，期於有形者也；無形者，數之所不能分也；不可圍者，數之所不能窮也。可以言論者，物之粗也；可以致意者，物之精也；言之所不能論，意之所不能察致者，不期精粗焉。」羅門一方面關心有形可論的形象世界；另一方面又關懷無形精神心境的建構。

　　羅門遊移徘徊在有／無之間，像「螺」旋轉盤動，隨著心境由上下旋轉，然而他頓悟「空」境之後，又立刻返回形象世界。就「超心境」，心台靈明，無言無語的「空門」，羅門是過門而不入。（註六八）他朝朝暮暮最關心的仍是人間世眾生的畫像。

　　在上個世紀「飛在雲上三萬呎高空」只是夢想、幻想，只能乘「詩」──「長有想像翅膀的飛機」（註六九）；然而在本世紀，由於科

技發達，人們乘噴射機（媒體）遨遊三萬呎高空已是有目共睹，可觸可量的事實。然而這個事實仍然隱藏重重危機：當人的「生物本能」（bio-power）透過肉體棲身在高科技機械的「機體」，一不小心「操控」失靈，就很容易地遭到自然法則的懲治而粉身碎骨。難怪詩人羅門飛在雲上三萬呎高空並未產生「西遊記」裡的孫悟空那般志得意滿，隨地撒野，反而「逼使我雙目／跪下來看」。他藉著科技，使得軀體的視野擴張，領域domains擴大；然而軀體內自由的空間反而愈來愈小，愈不可須臾離開軀體。（註七〇）悠然見南山的心境愈來愈狹窄。在人制王權統治（sovereign power）的時代，人還可「天高皇帝遠」地逃避管轄，在機制，各種嚴明紀律訓練之下（discipline）的體制，所產生的「機制」統治（disciplinary power），人們自由活動的心靈「空間」就有形擴張的空間反而愈變窄促。（註七一）科技並未帶給人們心靈更多的活動的空間，反而「牢制生命的力量」（ a power over life）隨著多重有形、無形（如國家、黨派）的機器，愈發壓縮人「間」，使得人們的「空間配置」（spatial configuartion）愈發失去主體性和自主權。（註七二）。現代人誠如索爾貝婁（Saul Bellow）所說：人人都被各種的重擔壓力重重包圍，團團圍住產生超級加壓的「超載負擔」（superimposition）（註七三）。就像人死後被土堆團團包圍。現代人即使死後都不得安寧。

三、無／有門的門──臨界生死界的空茫

一九六二年羅門赴菲觀摩民航業務，參觀馬尼拉近郊紀念第二次世界大戰期間七萬美軍在太平洋地區戰亡的英雄塚──「麥堅利堡」（Forth McKinly），詩人立刻感受「這裡的空靈有著偉大與不安的顫慄」，寫下同名的詩而飲譽國內外文壇。將近三十年後（一九九〇）「重量級詩人羅門」重遊舊地，並且寫下了〈一直躺在血中的「麥堅

利堡」〉發表在「聯合文學」，似乎力道有別前詩「麥堅利堡」那般堅、利；青春創發的生命如麥粒出入死亡的衝力；令人「肅然起敬」的死堡也漸漸失去吞吃生者的致命吸引力，以致於後來寫的這篇詩比較少有人如前詩般熱烈討論。然而後詩的凝煉就非一般人所能透解：

> 滿目白茫茫的十字花
> 在風雨中開
> 　越開越白
> 　越白越茫
> 　其實一直躺在血裡的麥堅利堡
> 　只是一片白茫茫永遠死不了的死亡
> 　　一盆開在時空之外的盆景
> 　要放　只能放在上帝的窗口（註七四）

羅門就死後的世界用了白描「透明」兩個字（在「窗」和「飛」詩），或「白茫」一筆帶過，他真正關心的仍是在生死邊緣地帶，掙扎，糾纏的人世空間。正如他的「燈屋」焦點在「生活空間環境的美化」而不是宗教家皈依的「青燈」。詩人仍隨著歲月的凝煉漸進老僧禪定爐火純青的化境。

1962當詩人滿腔熱血地拜訪七萬個剛剛冷冰的亡魂，那種衝擊好像打好火熱的鋼劍突然放進冰水滋滋乍響，痛徹心扉。詩人明知：「太平洋陰森的海底是沒有門的」，他仍想為門那邊封在冰冷大理石的亡魂「嘶喊」，以血肉之軀，詩人的個體body向整排死硬的「戰爭機體」（body politic）抗議。（註七五）詩人並未被「現場性的抗戰景況」「佔領」「詩人的詩心」而企圖向「死不透的世界」「綠得格外憂鬱的草場」吶喊；詩人企圖喊回那「空間與空間絕緣／時間逃避鐘錶」「永恆無聲」另一個世界的回響；然而亡魂真的輪迴轉世投胎回到「往日」「童幼時眼睛常去玩的地方／那地方藏有春日的錄音帶與彩色

的幻燈片」——那有聲有色的花花世界和空無的另一個「空」間強烈
對比,也激發詩人詩句的強烈張力。詩人羅門最聞名的詩作〈麥堅利
堡〉正觸及他詩中「生命最大的迴響是碰上死亡才響的」〈死亡之塔〉。
(註七六)

詩人在親身體驗過戰爭血惺死亡的恐怖,他的「悲劇的基本特性」
是生存、實存的活動空間介入的那「白色不安的顫慄」(註七七)。羅
門不僅深具亞理斯多得界定的「悲劇性格」的「悲劇人物」;他還親
自走過死蔭的幽谷,體驗死亡的情境,所以劫後餘生後對於歌頌戰場
上英雄的偉大「感到茫然」。人人渴望「永恆」「不朽」「偉大」;
可是一旦進入另一個空間,只剩無名的恐慌和茫然。

羅門正視戰爭的的慘烈,不像希臘悲劇英雄伊迪帕斯意識到親手
犯忌(弒父娶母)就親手挖眼。他要看看這「炮火煮開」「又都冷了」
的過程。雖然生前一片空,死後一片空,這中間一段的「空間」可不
願隨便落空。

羅門的成名作〈麥堅利堡〉在「時空交融」確是石破天驚,氣魄
宏壯的史詩。(註七八)然而他難能可貴的正是人世間想不通又極想思
維的「無限」和「永恆」,那「在風中不動,在雨裡不動」「使七萬
個靈魂陷落在比睡眠還深的地帶」,那片永恆不動、不變的空間在流
動變幻的人世間並不實然的存在,而只剎那瞬間閃過詩人的巔峰的思
維空間。

至如「太平洋的浪被炮火煮開也冷了」的「煮開」:正使得這句
詩行活靈活現,將平面的空間即刻溶入時空交會的「四度空間」:因
為「煮」已涵蓋了由「平」靜的海洋的水面,漸漸激起了「熱」浪,
然後因炮火爆炸的如泡沫又如波濤瞬間又沸騰,又幻滅,好生熱鬧,
這連串的活動非「煮開」無法呈現這四度空間的「迸現」,然後再以
「也冷了」三個字把這不時歷時多時的歷史給烙上瀝青,成為一首可

歌可泣的青史，一篇活畫的史詩。

再說「這裡比陰暗的天地線還少說話」的「少說話」再一次展現羅門的「第三自然的玄機」，也可以說是羅門創造第五度空間；將人間人文的「說話」，轉化成自然界的萬物也會「說話」。按一般用語「天地線」這陰陽交隔的死亡線是有去無回的，然而詩人羅門竟然企圖闖入和呆在永恆死亡的那些亡靈有所對話。然而，天底下芸芸眾生到底有多少人面對這些「麥堅利堡」的亡靈，能對上話。凡間的人極「少」跟空靈的亡魂「說話」。這三個字能用一個「妙」字結語。靈言，凡人極「少說話」。

「眼睛常去玩的地方」的「玩」字再次體現詩人羅門玩第六度空間的心態和心情。一般用語只敢用「看」，然而哲人羅門竟然在哲學思維冷靜的地方，玩熱起來。這一遊玩就將他的螺旋思維的陀螺活靈活現起來。這第六感是詩人臨界跳躍旋轉在眼見和眼不見的第六度空間。換句話說，這個「玩」字已經溶會了主體的「玩心」和客體的「玩物」，這心物交葛的動態世界，只好委請一個「玩」字來替代說明，主體／客體，有限／無限，生活／死亡交溶的宇宙乾坤。玩一定得動起來；只有創造心／物兩造的造化主和創造詩作詩行的詩人才能將死的物體，玩動起來。

羅門的詩作不僅是文字平面二度空間的敘述，也不僅是三度空間「一幅悲天泣地的大浮雕」，而是溶入時間的第四度空間和介入空靈玄機的第五度空間，以及化成遊戲於第六感生死戀的六度空間盤旋、迴旋、週旋的詩中強而有力、高瞻遠矚的噴射機，帶領我們凡人馳騁於永恆思維的詩意空間：想像、追尋和玩樂。羅門的詩作提供了一扇門，開向思維的門，如螺旋的燈塔，引領、照耀著塵世的凡人擁向極樂光明的乾坤。

羅門擅長描畫生死線糾葛的生存空間所撞擊的邊緣地帶；進而「

在言論與精神上」支持林壽宇、張永村、莊普、賴純純、胡坤榮等從事「一個全方位與全新的『存在與變化』的『活』的創作空間。」企圖「同『存在與變化』的無限開放的『活』的空間對話。」（註七九）羅門就人間世的視覺、觸覺、異度、超度空間藝術皆有獨到的工夫和成就。然而探及宗教信仰的深度他和他的另一半詩人蓉子就大異其趣。詩人蓉子被譽爲「題材最多面，視野最廣」（註八〇）其因大概是她比羅門又多開了「宗教信仰」的門。（註八一）她領受到門那邊「永恆的燈」「至眞、至善、至美」「好像天上三光／永恆地將人間照耀」《三光》，她融合了天上、人間的光，互相輝映。以聖經的話評量：蓉子詩人的心靈「空間」已進入「耶蘇基督」的這扇門（約翰福音十：九）。若非基督徒就很難體會耶蘇這扇門內的「天堂」──有活水、有花果、有金銀、有寶石、有歌聲、有讚美，這與其他宗教的另一個世界──「空」「無」「透明」「寂靜」確有天淵之別。譬如蓉子描畫〈老牧人的一生〉寫活了老牧人在門裡兩邊都「舖滿了那慈藹老牧人佳美的腳蹤」多采多姿、有聲有色、有光有熱又安祥穩妥。（註八二）反觀羅門的活動空間就大都描述天堂之門之外的人性空間。至於「天堂」的描述，他就以「空白」「空茫」「透明」「寂靜」來塡空。偶而以戲笑，抗爭的語氣將「一盆開在時空之外的盆景／放在上帝的窗口」或者是：「太平洋陰森的海底是沒有門的。」羅門企圖向永恆前進，然而他所建構的是人世間「前進中的永恆」（註八三）。一個奔騰、跳躍，飛翔，充滿活力的生命空間。羅門和所羅門的詩截然不同門道。

結　語

論及「空間運作」這個主題探討，近人以約瑟、佛蘭克（Jeseph Frank）〈現代文學的空間型式〉（"Spatial Form in Modern Literature"）爲首。（註八四）再接續探討的大師輩出，其中以Manrice

Blahchot論卡夫卡、普魯斯特、馬拉美和里爾克等大師的「空間運作」最燴炙人口。（註八五）Gaston Bachelard的「空間詩論」，*The Poetics of Space*詳論各類「空間」的運作策略。（註八六）以及Michael Foucault的「空間性」（Spatiality）和哈伯瑪斯（J. Harberma's）的「公共領域」（"Public Sphere"）。就中國詩人而言，首先倡導「空間運作」的詩人以葉維廉、簡政珍、羅門為濫殤。其中探討羅門的「空間概念」評析最多也最有深度的以林燿德在《羅門論》的「三六〇度層疊空間──論羅門的意識造形」和另一部由各家評羅門詩作的《門羅天下》中蔡源煌寫的「世界的心靈彰顯──羅門的時空與主題初探」最具深意。（註八六）。羅門就「空間運作」的詩作和詩評堪稱數量最多、面向最廣。是大家的最愛。

　　本文以上所論及的三首羅門涉論空間的詩作，可詮釋詩人在不同的視域，看見不同的場域，產生不同的心境。

　　首篇「窗」詩，可見窗內是一個拘限封閉的空間：禁錮的心靈企盼「猛力一推」改變靜態的世界，轉化成千千萬萬個有聲有色的無限世界；然而，再「猛力一推」發現窗外的大千世界和窗內的小千世界，仍然有個隔。根植在有形有體的窗內世界，一旦完全走出那「透明」的空，可能再也回不到原來的世界，反而會反鎖在那片空茫的「透明」。羅門這首詩的境界從「看山是山」到另一個境界「看山不是山」，而意圖返回第三境界「看山是山」之心靈碰衝擊發出金屬鏗鏘之聲，中國古人少有如此雄勁之詩作。然而窗內窗外雙方的對話／對立也常有「追逐的困窘」。（註八七）

　　「飛在雲上三萬呎高空」這首詩先以在地上往天上仰視，企盼如莊子一般「傍日月、挾宇宙」而「遊乎塵垢之外」然而當詩人藉著現代高科技真的登上三萬呎高空，他卻領會了詩哲約伯的宗教情懷──「逼使他雙目／跪下來看」。然而，他又立刻回到人本的立場一再問

天,最後又好像達到莊周「混合」的境界,神遊於「無封」「無境」的雄渾混沌中,可是最後他又得重回人間世「實有」「存有」的生存活動空間——他最不能忘懷的人間世,他要「宇宙看看我/我看看宇宙」和天地合一。至於宗教家「無言」「無語」的空無,詩人只領會瞬間靈光閃光一現。至於看山不是山的歷練,詩人也有所心領——「問空間東西南北都不在/整個世界空在那裡」,詩人可愛處就在明知不可爲而爲之的使命感:他企盼造物者般不必畫就造化(畫)了萬物,使詩境如神境般自然神怡。

羅門詩作最富原創力、最蓬勃開展;空間感(面向)最富變化的反而是最早的傑作〈麥堅利堡〉。此詩有如羅生門一般的史詩:衆說紛芸、衆聲喧嘩,詩人羅門不甘心「太平洋陰森的海底是沒有門的」深淵,他不願七萬個亡魂被關閉在冰冷的太平洋,大理石鎭壓下的「麥堅利堡」,他不能忘懷人世間有聲、有色、有光、有熱的溫情世界。這首詩讀者可讀出詩人羅門像個螺旋,動力十足、轉個不停,他要爲這個現代人生存空間無限地展開的「N度空間」。(註八八)。

羅門在不同的思維空間,轉動著各有乾坤的思維面向,但結語處他總不忘轉向永恆的場域——指涉著那一片空茫、空無、透明的空間。這片心境反襯他形象意象世界的聲色光熱,如燈屋般引人思維這形而上/下的詩/心境。

【附註】

註 一　Northrop Frye, *Anatomy of Criticism* (Priceton: Priceton UP, 1957)15.

註 二　同前書:傅萊闡明「基型」archetype的概念。約瑟夫·佛蘭克(Joseph Frank)在其書*The Widening Gyre: Crisis and Mastery in Modern Literature* (Bloomington: Indiana UP, 1968)60.將「空間

型式」（Spatial Form）運用在現代詩「衝破傳統文學依時序嬗遞敘述之時觀」而轉做「空間型式」的呈現方式。1986陳長房在中外文學十五卷第一期的大作「空間型式、作品詮釋與當代文評」詳細解說這種「體現永恆基型的典範」（"the bodying forth of eternal prototypes）。

註　三　羅門《詩眼看世界》台北：師大書苑，一九八九，頁一三八。

註　四　羅門《時空的回聲》台北：大德，一九八六，頁三六四。

註　五　Hans Reichenbach, *The Philosophy of Space and Time* Trans. Maria Reichenbach and John Freund, （London: Constable, 1958）257.

註　六　佛萊在《評論的解析》頁一〇三解為共同一再出現的套語stereotypes依希臘文字典T'oπos可解為a.居住的空間，b.敘述的空間，另"that place where what is narrated occurred"。就Topos和文學的主題關係可參看Francois Jost, *Introduction to Comparative Literature* （New York: Pegasus, 1974）185~186.

註　七　聖經創世紀一：一。另可參看Northrop Frye, *Words with Power: Being a Second Study of the Bible and Literature* （New York: Harcourt Brace, 1990）157.

註　八　參看Maurice Blanchot, *The Sirens' Song* Trans. Sacha Rabinovitch （Brighton, Sussex: The Harvester P, 1982）8.

註　九　參看Gaston Bachelard, *The Poetics of Space* Trans. Maria Jolas, （Boston: Beacon Press, 1967）xii. "Bergson in accepting the nation of 'elan-vital as the dynamic origin of human life". 另可參看 *The Widening Gyre*, 25.

註一〇　Blanchot, xix. 以及新約聖經約翰福音：一：一。

註一一　參看前註之佛蘭克書中所論。

註一二　Michael Foucauilt, *Power/Knowledge: Selected Interviews and Other Writings 1972~1977.* Ed. Colin Gordon. （New York: Pantheon Books, 1980）69.中譯參看楊麗中〈傅柯與後殖民論述：現代情境的問題〉《中外文學》第二十二卷三期，一九九三，八月，頁五十九。詳論其「空間面向」（Spatiality）的處理。頁五十八。

註一三　Michael Foucault, *Discipline and Punish: The Birth of the Prison.* Trans. Alan Sheridan, （New York: Pantheon Books, 1977）.

註一四　葉維廉《歷史・傳釋與美學》台北：東大，一九八八，頁一二〇～一二二。

註一五　《柏拉圖理想國》侯健譯，台北：聯經，一九八一，頁三二三～三二八。

註一六　《語言與文學空間》台北：漢光，一九八九，頁五〇。

註一七　T. E. Hulme, *Further Speculations* ed. San Hynes（London: U of Nebraska P.1962）70~71.

註一八　朱崇儀〈大觀園做爲女性空間的興衰〉《中外文學》第二十二卷第二期，一九九三年，七月，頁八十三。

註一九　Frye, *Anatomy,* 79.中譯見蔡源煌〈從顯型到原始基型──論羅門的詩〉《門羅天下》台北：文史哲，一九九一，頁一。

註二〇　見羅馬書三：二三。及Aristotle, *The<Po>etics.*

註二一　*The Poetics* IX.

註二二　同上。

註二三　王國維《人間詞話》台北：天龍，一九八一，頁一。

註二四　引自Frye, *Words,* 173.詩人Browne的名句。

註二五　同上，頁一五〇。

註二六　創世紀三：一九。以下引聖經只在文後直接註書卷名及其章節。

註二七　Georges Poulet, "Phenomenolagy of Reading: *Critical Theory*

Since Plato ed. Hazard Adams.（New York: Harcourt Brace, 1971）,1213.

註二八　葉維廉，《比較詩學》台北：東大，一九八三，頁一二三～一二四。

註二九　廖炳惠《解構批評論集》台北：東大，一九八五，頁六十七。

註三○　Martin Heidegger, *On the Way to Language*, trans. Peter D. Hertz（New York: Harper & Row, 1971）4.

註三一　羅門《詩眼看世界》台北：師大書苑。

註三二　葉維廉《傳釋》頁一一八。

註三三　施友忠《哲學論叢》台北：聯經，一九七九，頁五六。

註三四　羅門《羅門詩選》台北：洪範，一九八四，頁四～五。

註三五　羅門：〈從我詩的「第三自然」螺旋型架構看後現代情況〉《詩眼看世界》頁三十八，羅門「第三自然」爲「那無限地擴展的N度活動空間」。

註三六　羅門，《詩眼》，頁三～四。類似的概念也呈現在羅門著的《整個世界停止呼吸在起跑線上》台北：光復，一九八八，頁二十八以及頁一七四。

註三七　羅門《自選集》台北：黎明，一九七五，頁九十七～九十八。另羅門在《整個世界》又有一首詩〈「燈屋」的觸覺〉附註：「燈屋」是我三十年前，以裝置藝術的觀點，所製作的美感生活空間。──民國七十五年十月。」另見《日月的雙軌》，頁八～一○。

註三八　羅門《詩眼》，頁四十八，另頁七○也談「人類必須擁有『靈運』與『理運』的兩大生存空間……」。

註三九　周偉民、唐玲玲《日月的雙軌──羅門、蓉子創作世界評介》台北：文史哲，一九九一，頁一○。另《整個世界》，頁一七六也談類似概念。

註四○　Michel Foucanlt, *Discipline & Punish: The Birth of the Prison*（

New York: Vintage Books, 1977）.

註四一 羅門《時空的回響》，頁六十四。

註四二 羅門《詩眼》，頁四十八。

註四三 同上，頁四十九。

註四四 羅門《長期受著審判的人》台北：環宇，一九七四，頁一〇。

註四五 羅門〈流浪人〉。

註四六 《羅門詩選》台北：洪範，一九八四，頁一九～二〇。

註四七 《詩眼》頁一二〇。羅門認為詩的語言「能使語言自兩度的平面空間，升越進入三度、四度，乃至N度的立體與圓渾空間去工作，而把握一切事物活動更廣闊的內涵與幅度。」另頁九十八，羅門借畢卡索「建立起多向的、多層面的立體美感空間」。

註四八 《詩眼》頁二十五。

註四九 《詩眼》頁一一五。

註五〇 《詩眼》頁一九。宗白華在論中國詩畫所表現的空間意識：「中國詩人多愛從窗戶庭階……」《美從何處尋》台北：元山，一九八五，頁九十六。

註五一 羅門的「放逐意識」類如簡政珍筆下〈余光中：放逐的現象世界〉《中外文學》一九九二，八月二〇日，五十八～八十三。

註五二 《日月的雙軌》，頁一二〇～一二一。

註五三 《日月的雙軌》，頁一二八～一二九。

註五四 《詩眼》〈詩眼看世界〉以及〈天空與眼睛〉的註。

註五五 《整個世界》頁八。

註五六 羅門《曠野》台北：時報，一九八一。

註五七 《聯合文學》七卷三期，七五。

註五八 林燿德《羅門論》台北：師大書苑，一九九一，頁三。

註五九 《羅門論》，頁一三。

註六〇　《羅門論》，頁八。

註六一　Thomas, Inge, *Agraroamism in American Literature*（New York The Odyssey P. 1969）.

註六二　Foucault, *Discipline*, P. 30.

註六三　Mikhail M. Bakhtin, *Art and Answerability: Early Philosophical Essays*. Eds. M. Holquist & V. Liapunov.（Austin: U of Texas P. 1990）93~96.

註六四　廖炳惠〈詩與畫之辯證，試以王蒙與布克爲例〉《中外文學》一九八八，一六卷，十二期，頁六十九。依葉維廉《比較詩學》認爲蘇東坡爲中國第一位論詩畫互照的詩人。

註六五　葉維廉《比較詩學》，頁一九九。葉維廉的空間觀自承法蘭克Joseph Ferank，頁一九八。

註六六　葉維廉《比較詩學》，頁二二四。

註六七　《詩眼》，頁一二六。

註六八　有關「心境」與「超心境」可參看唐君毅《生命存在與心靈境界》台北：學生，一九七八，頁三十九～四十六。

註六九　《詩眼》，頁一二〇。

註七〇　Foucault, *Disciplinec*, P.194.

註七一　Foucault, *Power/Knowledge*, P.105.

註七二　"A poer over life" Foucault, *Power/Knowledge*, P.226.

註七三　索爾貝婁（Saul Bellow）在短篇小說「將爲人父」（Father to Be）藉主角羅京的覺悟談到「人活著的時候被錢包圍，就像死後被土包圍一樣。」這種現象總是「超載負擔」（Superimposition）眞叫人類小小心靈無法承擔。」參看戴維揚「現代文豪心象」台北：宇宙光，一九九二年，頁八十一。

註七四　羅門〈一直躺在血中的「麥堅利堡」——二十九年後我與風與雨又來

看你〉《聯合文學》一九九〇年，六卷第十二期。

註七五　Foucault, *Power*, P.24.

註七六　羅門《詩眼》，頁二六六。

註七七　張漢良、鄭明利、蔡源煌、林燿德等著《門羅天下》台北：文史哲，一九九一，頁三七八～三七九。

註七八　張健〈評三首「麥堅利堡」〉《門羅天下》，頁一二三～一二六，譽為「以份量而言，羅門的那首最長，也是最能予人心靈上一種肅穆的『窒息感』。」「羅門這首詩是氣魄宏壯，表現傑出的。……這是年來詩壇上很重要的一首詩。

註七九　羅門《超度空間──存在與變化》張永村編輯，台北：美通，一九九三，頁一～三。

註八〇　參看鍾玲《都市女性與大地之母：論蓉子的詩歌》《中外文學》一九八八，十七卷三期，頁一八。

註八一　《日月的雙軌》，頁三五〇。

註八二　由於蓉子是基督徒，愛讀聖經，所以她筆中帶有「以基督的愛為出發點」以及美的「天堂」景色。正如路益師（C. S. Lewis）在其名著之一的《「失樂園」長序》（*A Preface to Paradise Last*）說明：「只有基督徒才能真正了悟『失樂園』的奧妙」；密爾頓的天堂富麗堂皇絕非儒家的「空」道家的「無」；更非沙特等存在主義者所謂的「虛無與絕望」。聖經中的「天堂」是「實有」的「空間」。參看戴維揚等著《路益師（C. S. Lewis）的心靈世界》台北：雅歌，一九八七，頁五十六。

註八三　羅門〈超度〉空間創作───一隻企圖將視覺天空飛得更高闊的藝術鳥，頁二。

註八四　見陳長房「空間型式：作品詮釋與當代文評」，一九八六年六月「中外文學」，頁八〇～一二五。

註八五　Maurice Blanchot *"The Sirens' Song"* ed. Gabriel Josipovici, 1982: The Harvester Press.

註八六　林燿德「羅門論」，一九九一：台北：師大書苑。

註八七　謝冕〈羅門的天空〉《羅門詩選》北京：新華，一九九三，頁一。

註八八　雖然羅門創作思想，「多少受到存在主義的影響，這一點是不可否認的。」然而他「力主克服存在思想的消極面，化虛無爲實在」《日月的雙軌》，頁二〇一～二〇三。他企圖爲現代人擴張生存的空間盡一份心力，寫詩，「是終身的追求。對於創作不懈的同人（藍星詩社詩人）祝福他們求變求新，有更高的成就」（引自余光中序《星空無限藍》羅門、張健主編，台北：九歌文庫，一九八六，頁 一〇。

　　　　羅門企圖建構「詩人與藝術家居住的『第三自然』全然開放的N度空間……」《詩眼》頁四十六。羅門「空間造型的統化力。『第三自然』緣自『觀察』→『體驗』→『感受』→『轉化』→『昇華』的思想運作過程。這之間，因『轉化』與『昇華』的潛在形態，含有迴旋的變化『圓型』，也含有向頂端玄昇的『直展形』，便在互動中溶合成爲一螺旋塔的空間造型世界。《詩眼》頁四十七。

論羅門的人文關懷

蕭　蕭

　　羅門是現代詩人中具有龐沛創作企圖與能力的傑異者之一，遊走於人與敗壞麇集的都市裡，他對都市的擁抱與逼視，使他創作了許多或迎或拒的都市詩。如果以羅門自己所提出來的基本創作觀：「第三自然」來看，他認為：「詩人與藝術家創造人類存在的第三自然」「也就是超越田園（第一自然）與都市（人為的第二自然）等外在有限的自然，而臻至靈視所探索到的內心的無限的自然；也就是自陶淵明目視的有限的『東籬下』，超越與昇華到陶淵明靈視中的無限的『南山』的境界。」（註一）依羅門之意，詩人依戀於第一自然，但又不能不依存於第二自然（都市），所以依違於心靈上創造的第三自然。若果是真，羅門詩中應有頗多類型的歌詠自然的詩篇，但仔細掃瞄他所有的作品，這類詩篇比例極少，羅門曾將自己的作品約略分為六個類型（註二），其中「透過大自然的觀照，追蹤人生的生命」之詩篇，羅門舉出〈山〉、〈河〉、〈海〉、〈雲〉、〈樹與鳥〉、〈野馬〉、〈觀海〉、〈曠野〉、〈溪頭遊〉、〈海邊遊〉、〈日月的行蹤〉、〈晨起〉等等而已，再細究這些作品，也不是以真實的「第一自然」的原型原貌為模特兒來抒寫，換言之，羅門不是以「第一自然」穿越「第二自然」去發現「第三自然」，而是直接從「第二自然」出發，以他的靈視去找尋他心靈上的「第三自然」。

　　羅門不是寫實的詩人，他擅用「比」、「興」，不擅長用「賦」。

　　以一九八三年的〈傘〉為例，羅門將它解析為四個實視空間：「

現實中的實視空間」、「記憶中的實視空間」、「超現實中的實視空間」、「禪悟中的實視空間」，繪表如下（註三）：

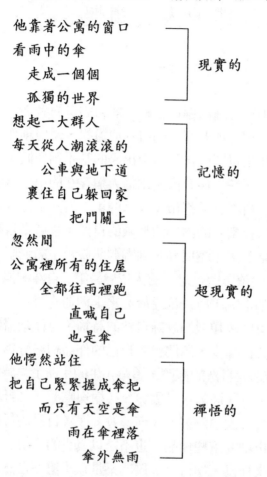

他靠著公寓的窗口
看雨中的傘
　走成一個個
　孤獨的世界　　　　　　　現實的

想起一大群人
　每天從人潮滾滾的
　　公車與地下道
　　裏住自己躲回家　　　　記憶的
　　　把門關上

忽然間
公寓裡所有的住屋
　全都往雨裡跑
　　直喊自己　　　　　　　超現實的
　　也是傘

他愕然站住
把自己緊緊握成傘把
　而只有天空是傘
　　雨在傘裡落　　　　　　禪悟的
　　傘外無雨

　　羅門將前面四句視之為「現實中的實視空間」，其實，「他靠著公寓的窗口／看雨中的傘」是一種眼見為憑的實寫，「走成一個個／孤獨的世界」則是詩人心中「孤獨」的投射，因此，真正寫實的句子在羅門詩中恐怕只有十分之一吧！而且，公寓與傘應屬第二自然，「

雨」雖是第一自然，但已迷濛爲「公寓與傘」的背景了。如是，羅門的人文關懷到底有著什麼樣的內涵？此詩中的主人翁所關懷的是人在社會中（公寓在都市裡）的隔絕與孤獨嗎？但其結語卻是放在「雨在傘裡落」或「雨在傘外落」的禪機對峙，將人類的孤絕情境拉昇到矛盾對立的禪的體悟上，羅門詩中的人文關懷顯然與一般人切入的角度有所不同，值得我們一起來索探。

「羅門的世界，理應是心靈的奧秘眞境之呈現，此種呈現旨在叩醒『人』自身的內在完美，羅門相信『凡是離開人的一切事物，不是尙未誕生，便是已經死亡。』」這一段話是一九七一年我寫〈論羅門的意象世界〉開始的警句（註四），我以爲羅門《曙光》、《第九日的底流》、《死亡之塔》三冊詩集裡的繁複而多彩的意象，意在叩醒人的內在心靈的完美。十年後，一九八一年，我以羅門詩集《曠野》做爲反思的對象，寫下〈曠野的沈思〉一文（註五），結尾的地方我說：「中年詩人該認知生命的深沈，隱然要有傳承詩運的使命感，刻畫出這一時代的『人』在歷史上正確的面貌與位置。」其後十年，羅門的意象不再以穠稱爲尙，而都市中人文現象的再現則越趨頻繁，《整個世界停止呼吸在起跑線上》與《有一條永遠的路》，相繼出版（註六），因此，以這兩冊詩集爲終極目標，繼承前兩篇論文的立論精神，我們將深入探微，務使人文關懷在羅門詩中具體呈現，且足以引起寫作現代詩的詩人群共同關注。

這兩冊詩集，我們將它簡稱爲《起跑線上》與《永遠的路》在此之前，羅門的人文關懷，表現在鳥瞰式的、飛浮在空中的一種批評式的責求；自此之後，則眞如詩集集名所示，有了起跑線，奔向永遠的路。換句話說，羅門從俯視、君臨的角度，轉變爲平視、面對的態度，關懷者與被關懷者處在同一條地平線上，處在相同的水深火熱中，關懷的實質意義才具體顯現出來。

最早，羅門是以泛人道主義者的胸懷去寫戰爭，關懷的是遙遠的
二次大戰、越戰，遙遠的菲律賓、越南，具有宏偉的史觀史識，卻也
容易陷入人類與戰爭的基本矛盾，戰或不戰？不戰又如何止戰？

羅門的名詩〈麥堅利堡〉這樣問：「戰爭坐在此哭誰？它的笑聲，
曾使七萬個靈魂陷落在此睡眠還深的地帶」，無疑，他在質問戰爭，
不過，他也在關懷陌生的死者與陌生的死亡：

> 麥堅利堡　鳥都不叫了　樹葉也怕動
>
> 凡是聲音都會使這裡的靜默受擊出血
>
> 空間與空間絕緣　時間逃離鐘錶
>
> 這裡比灰暗的天地線還少說話　永恆無聲
>
> 美麗的無音房　死者的花園　活人的風景區
>
> 神來過　敬仰來過　汽車與都市也都來過
>
> 而史密斯　威廉斯　你們是不來也不去了
>
> 靜止如取下擺心的錶面　看不清歲月的臉

　　（註七）

死亡的冷肅與靜寂，使得戰爭偉大不起來，「太平洋的浪被炮火
煮開也都冷了」──，戰爭也無能為力了！而「你們是那裡也不去了／
太平洋陰森的海底是沒有門的」──死亡卻是永恆。這兩句詩都以「
太平洋」為主意象。

另一首詩〈彈片・TRON的斷腿〉則是和平與戰爭的映襯：

> 如果那是滑過湖面的一片雲
>
> 　也會把TRON的臉滑出一種笑來
>
> 如果那是從綠野飛來的一隻翅膀
>
> 　也正好飛入RTON鳥般的年齡
>
> 而當鞦韆昇起時　一邊繩子斷了

　　整座藍天斜入太陽的背面

　　旋轉不成蹓冰場與芭蕾舞台的遠方

　　便唱盤般磨在那枝斷針下

（註八）

　　如果那不是彈片，而是一片雲、一隻鳥，那又會是多美多和諧的一幅圖！對於一個小女孩，戰爭就這樣奪去了她與芭蕾舞的美的結合。羅門所關懷的是音樂與舞的斷傷。

　　回頭再看〈麥堅利堡〉，羅門以「美麗的無音房」爲喻，不也是對「音樂」的關懷！在巨大的戰爭陰影下，羅門企圖以芭蕾舞與音樂與之對抗！

　　不過，關懷者與被關懷者，保持著一段相當遙遠的時空距離，詩人和他的讀者也因此保持著冷靜的心與眼。這樣的關懷如果不與生存的土地產生聯結，產生交集，那也只是高空的一聲雷而已！因此，緊接在彈片這首詩之後，羅門寫了〈流浪人〉：

　　被海的遼闊整得好累的一條船在港裡

　　他用燈栓自己的影子在咖啡桌的旁邊

　　除了它　娜娜近得比什麼都遠

　　把酒喝成故鄉的月色

　　空酒瓶望成一座荒島

　　他帶著隨身帶的那條動物

　　朝自己的鞋聲走去

　　一顆星也在很遠很遠裡

　　　　　帶著天空在走

　　明天　當第一扇百葉窗

　　　　　將太陽拉成一把梯子

　　他不知往上走　　還是往下走

　　（註九）

　　第一行以「船」來借喻流浪人，流浪人一生的勞累彷彿還在餘波盪漾中，極為傳神。二、三行則以影子的相隨暗示流浪人的孤單、落寞，至於「娜娜近得比什麼都遠」，那更是形體雖近而心靈實遠的零售愛情，又能慰藉什麼？第二段道出「鄉愁」，實為流寓台灣二、三十年的羅門心情寫照，而這正是羅門詩中重要的另一種人文關懷，羅門詩中人物總以榮民老兵為抒寫對象，我們可以感受到老年無依的漂泊感，對故土家園的依戀之情，如一九七五年的〈車禍〉詩：

　　他走著　　雙手翻找著那天空

　　他走著　　嘴邊仍吱唔著砲彈的餘音

　　他走著　　斜在身子的外邊

　　他走著　　走進一聲急煞車裡去

　　（註一〇）

　　他，「雙手翻找著那天空」，「嘴邊仍吱唔著砲彈的餘音」，這正是經歷戰爭，年老而無所依託，甚至於心神亦無所寄的老人，「那天空」是實寫，也是象徵，他在翻找自己的理想，甚至於也可能只是找尋他活存下去的一種寄望、一種力量。這是一個失意的老人，因此也就成為一個失神的老人（斜在身子的外邊，走進一聲急煞車裡去）。無所託者如此，有所寄者又如何？羅門另有一首〈賣花盆的老人〉，應該是有所寄的老人吧！卻又成為掏空了的花盆：

　　每天

　　他推著一車歲月

　　　擺在巷口賣

　　坐在盆外

　　他也是一隻空了三十多年的

老花盆

直望著家鄉的花與土

（註一一）

鄉愁老人，是一隻空了三十多年的花盆，「直望著家鄉的花與土」，他寧願空著、望著（他望得見家鄉嗎？），也不願填入「異鄉」（異鄉嗎？）的花與土。這個意象，羅門頗爲珍惜，在〈時空奏鳴曲〉的第二首〈望了三十多年〉中再次使用：

那個賣花盆的老人

仍在街口望著老家的

花與土

（註一二）

〈時空奏鳴曲〉是一首企圖心龐大的詩作，李瑞騰譽之爲「自由中國詩壇在七十三年歲末的一聲巨響。」（註一三）此詩置於《起跑線上》第一首的位置，頗有綜縮全集之意，詩集之全名「整個世界／停止呼吸／在起跑線上」就是此詩之前三行。這樣的集名讓人感覺到羅門從「心靈」的詩人轉而爲「肌肉」的詩人，蓄勢待發，即將衝刺。不過，〈時空奏鳴曲〉企圖雖大，如以前面所引這三句詩來含括，也未嘗不可。《起跑線上》眞正富於人文關懷的詩篇是〈麥當勞午餐時間〉、〈女性快鏡拍攝系列〉、〈都市三腳架〉，這三篇詩也都能印證「心靈大學」的校長已轉任爲「肌肉專科學校」的教練，有血有肉，活蹦亂跳的人就在讀者面前，引人注目。

《起跑線上》可能是羅門正式出版的詩集中最爲單薄的一冊，全書只得二十五首詩，前後卻附了將近九十頁的說明性文章。好在，有「麥當勞」這三首詩，使得這一冊詩集具有特出的風骨。

顯然，羅門關懷的對象擴大了！

〈都市三腳架〉寫的是肌肉型的人類：建築工人、馬路工人、玻

璃工人。羅門不再將自己的心靈只供樂聖貝多芬一人管轄,開放給各種不同的為生活而吆喝的人群。〈女性快鏡拍攝系列〉快速拍攝女性各種不同的特質,多元的文化面貌陸續呈現。

幽默,自是關懷的另一種面貌,是經歷人生苦難之後的豁達與機智。《起跑線上》詩集中,頗多這種類型的作品,非惟昔日羅門所缺,也是今日詩壇所罕見。如〈女性快鏡拍攝系列〉的第一首〈老牌式主婦〉:

> 在產房
> 　廚房
> 　臥房
> 她走進走出
>
> 乳嘴咬去她三分之一
> 菜刀切去她三分之一
> 剩下的　用來繡繡
> 　　　愛鳳床單

（註一四）

在緊張與苦難之間,真的需要一點幽默。羅門甚至於開自己的玩笑,在〈門與世界與我的奇妙連線〉(註一五),他說:「我雖是想把所有的門都羅過來的羅門,但仍一直怕怕那手中抓住鎖與鑰匙的所(鎖)羅門。」

這樣的幽默,早在一九八一年的〈都市‧摩登女郎〉(註一六)以一個「開」字貫串女郎一生,就已顯露出來;

> 所有的
> 眼睛為她開
> 服飾店為她開

花店爲她開

套房爲她開

酒爲她開

支票爲她開

她只開開口

她口不開

都市這條主題歌

　　誰來唱呢

　　而這種機械式的句型，排比不完，如一九七六年的〈咖啡廳〉以「一排□排好一排□□」連續十句，以形成嶄新的風景，早已成爲羅門都市詩的主要特色，因此，幽默式的排比詩句是羅門人文關懷由內而外完全諧和統一的最佳方式，〈世界性的政治遊戲〉或可做爲這句話的註腳：

「他」用左眼擊打他的右眼

　　　　　出淚

他用右眼擊打「他」的左眼

　　　　　出淚

「他」用左心房擊打他的右心房

　　　　　　出血

「他」用右心房擊打他的左心房

　　　　　　出血

於是無數的「他」與他

　　　左右眼都流淚

　　　左右心房都流血

結果「他」與他

　　　同是一個人

（註一七）

　　當然，所有的詩句都該異中求同，同中求異，在變與不變間取得
平衡，在跳與不跳間做最佳決斷。〈麥當勞午餐時間〉將年輕人、中
年人、老年人不同的進食心情與街景配合，在同與異間取得諧和，有
著最完美演出，可以視爲羅門晚近兩冊詩集中最值得稱賞的一首詩，
三個不同的年齡層，我們各選一節來欣賞：

　　　　　一

　窗內一盤餐飲

　窗外一盤街景

　手裡的刀叉

　較來往的車

　還快速地穿過

　　　迷妳而帥勁的

　　　　　　中午

　　　　　二

　三兩個中年人

　坐在疲累裡

　手裡的刀叉

　慢慢張開成筷子的雙腳

　走回三十年前鎮上的小館

　六隻眼睛望來

　六隻大頭蒼蠅

　　　　在出神

　整張桌面忽然暗成

　　　　一幅記憶
　　那瓶紅露酒
　　　又不知酒言酒語
　　　　把中午說到
　　　　　那裡去了

　　　　三

枯坐成一棵
室內裝潢的老松
不說話還好
一自言自語
必又是同震耳的炮聲
　　　　　　在說話了
說著說著
眼前的晌午
已是眼裡的昏暮

　（註一八）

　　早期羅門關懷的都市人，大都類似摩登女郎的都市殊異景象、殊異人物，不過，都市原是眾人麇集的地方，平凡的人物、平凡的角色，可笑可悲的事隨時在發生，自然形成都市的人文景觀，詩人的胸懷要大，眼界自寬，可關懷的題材也就可以隨時擁之入懷，仔細醞釀。

　　「在根本上，我是致力於創造『人』的藝術與文學（註一九），羅門已有這樣的覺醒與努力，他認爲最近的一冊詩集是「繼續對現代人生存實境進行探索、傳眞與批判的詩集」（註二〇），迷惘已久的台灣現代詩，如果眞能循此方向，關懷不斷，震撼人心醒人耳目的詩自會源源而來。

一九九三年七月寫於台灣

【附註】

註　一　見羅門詩集《整個世界停止呼吸在起跑線上》之〈代序〉（一九八八
　　　　年四月，台北光復書局出版）

註　二　見羅門詩集《羅門詩選》序言〈我的詩觀〉第四頁至第五頁（一九八
　　　　四年七月，台北洪範書店出版）。羅門將自己的作品分爲六類「透過
　　　　戰爭的苦難、透過都市文明與性、透過死亡與時空的默想、透過自我
　　　　存在的默想、透過大自然的觀照、透過其他生存情境」，其結果都爲
　　　　了「追蹤人的生命」。不過，他將「大自然的觀照」列爲第五類，只
　　　　比無法歸類的「其他生存情境」稍早一項而已，足見「自然觀照」並
　　　　非羅門著意創作的類型。

註　三　參見《羅門詩選》序言第十九～二十頁。

註　四　〈論羅門的意象世界〉原發表於一九七一年《藍星年刊》第二期，後
　　　　收入蕭蕭著《鏡中鏡》（一九七七年，台北幼獅文化公司出版），又
　　　　編入當年名家論羅門的《門羅天下》（一九九一年，台北，文史哲出
　　　　版社印行）。

註　五　〈曠野的沈思──寫給羅門及中年一代的詩友〉一文，原發表於一九
　　　　八一年六月三日《台灣日報》，後收入《現代詩縱橫觀》（蕭蕭著，
　　　　一九九一年，台北，文史哲出版社印行）。羅門在同年以《我的詩觀
　　　　──兼談「曠野」詩創作之意圖與感想》答辯，使其人文關懷的意圖
　　　　逐漸明晰，此篇長文後來收入《時空的回聲》中（羅門著，一九八一
　　　　年十一月，台北，德華出版社印行）。此二文宜同時參酌閱讀。

註　六　《整個世界停止呼吸在起跑線上》，羅門著，一九八八年四月，台北，
　　　　光復書局出版。《有一條永遠的路》，羅門著，一九九〇年四月，台
　　　　北，尚書文化出版社印行。

註　七　　〈麥堅利堡〉詩，見羅門詩集《第九日的底流》及《羅門詩選》第四十七頁～五十頁（一九八四年七月，台北，洪範書店出版）。

註　八　　〈彈片・TRON的斷腿〉詩，見羅門詩集《死亡之塔》及《羅門詩選》第九十一～九十二頁。

註　九　　〈流浪人〉詩，見羅門詩集《死亡之塔》及《羅門詩選》第九十三～九十四頁。

註一〇　　〈車禍〉詩，見羅門詩集《曠野》及《羅門詩選》第一八五頁。

註一一　　〈賣花盆的老人〉詩見《羅門詩集》第三〇〇～三〇一頁。

註一二　　〈時空奏鳴曲〉詩，見羅門詩集《整個世界停止呼吸在起跑線上》第三十三～四十七頁。

註一三　　見爾雅版《七十三年詩選》第二一八頁。

註一四　　見羅門詩集《起跑線上》第八十九頁。

註一五　　〈門與世界與我的奇妙連線〉詩，見羅門詩集《有一條永遠的路》第一二五～一二八頁。

註一六　　〈都市・摩登女郎〉詩，見《羅門詩選》第三一四～三一五頁。

註一七　　〈世界性的政治遊戲〉詩，見《有一條永遠的路》第六十三～六十四頁。

註一八　　〈麥當勞午餐時間〉詩，見《起跑線上》第四十八～五十二頁。

註一九　　參見《起跑線上》代序之最後一節〈我的詩話與現想〉，這是羅門最後結語的話。

註二〇　　參見《永遠的路》自序第六頁。

大會總結

劉夢溪教授

感 言

劉夢溪

由我來爲這次別開生面的研討會作學術小結，並不是合適的人選。我雖然研究過文學，包括現當代文學，也喜歡詩，但從未對詩人的創作有過專門的探討。何況近些年我一直在逃離文學。不久前我做的一個課題不小心與詩歌發生了關係——「義寧陳氏一家的詩學傳統」——但我這項研究有另外的關懷，意在詩外。

因此認眞說來，邀請我參加這次會議，已經是學術錯位。現在又來作會議的小結，簡直是將錯就錯，錯上加錯，不知悔改。

當然我揣想，會議主席周偉民教授指派我發言，可能有他的深在的用意——取我的旁觀者的立場。《紅樓夢》早期抄本第二回有一首標題詩：「一局輸贏料不眞，香銷茶盡尙逡巡。欲知目下興衰兆，須問旁觀冷眼人。」研討會今天結束，香未銷，茶該盡了。我只好受命不辭，以我揣想的可以採取的旁觀者的立場略誌感言。

第一、我想到這是一次有創意的研討會。以我個人的聞見，在中國大陸，幾十年來，還不曾開過同時研討一對夫婦作品的研討會。臺灣、香港是否開過，我不知道。如果也沒有，那麼至少在中國這塊土地上，這次會議不僅有創意，而且是一次文學活動的創舉了。

中國當代文壇文學伉儷並不是絕無僅有。但可以同時成爲文學研討對象的文學伉儷可不多。這樣的對象，必須旗鼓相當，各樹一幟。「夫因妻顯」或「婦藉夫榮」者，不具有共同研討的條件。羅門和蓉子，同爲詩人，各有各的文學成就。他們是疊印而不重複的。初讀羅

門詩，我被驚呆了。完全是另外一種思維、另外一種意象、另外一種符號。仿佛是詩歌的天外來客，文學的陌生人。古往今來，弄文學的人是最沒有力量的。但羅門的詩崎嶇、輝煌，有無堅不摧的力量。在羅門的詩面前，人類變得渺小。「戰爭都哭了，偉大它為什麼不笑」。《麥堅利堡》的這一詩句昭示出羅門創作的全部力量源泉，同時也是解開羅門詩歌之謎的一把鑰匙。中國文學裡有無真正的史詩和悲劇，研究者爭論不休。沒有爭論的是，由於中國文化的特性，使得我們中國人向來缺少悲劇意識。現在有了——我們在羅門詩裡看到了，這便是羅門詩力量源泉的所在。而且不要忘記，從這裡出發，才有可能最終開闢出為中國文化確立信仰之基的土壤。

羅門的經由深沉的悲劇意識鑄造出來的詩歌美學力量，也傳遞給了蓉子，使她「寧願擁抱大理石的柱石」，因為它「頂立着拱形的大廈而直立着，久久地支撐那偉麗的穹窿不使傾斜」。而大廈的周邊是需要有綠地——這就是蓉子的詩。張健教授提出，羅門的詩和蓉子的詩，有「三同」、「九異」，我想這應該是權威性的評判了。

第二、我認為這是一次在學術上有一定收穫的會議。為一對文學伉儷開研討會，對象不容易選擇，如上所說，這是一個難點。難點之二是開這樣的會有一定風險——開得不好，極可能流於捧場、湊趣，失去學術研討的初衷。當周偉民教授告知我有這樣一個會時，坦白地講，我不無擔心。只是到了海口之後，開完了兩天的會議，才解除了隱憂。提交給會議的論文有二十八篇之多，與會者來自諸多方面，有詩人，有作家，有詩評家，有研究文學的教授、學者。不少論文顯示出睿見卓識，對羅門和蓉子的藝術世界有物則兩美的把握。包括一些評論人的評論，也頗有見地。張健教授的《論羅門詩的兩大特色》，在理念認知和藝術體悟雙重層面都達至相當進境，但唐翼明教授的評議，又在詮釋理論和對羅門詩的解析方面，深入行進新的一步。詩人

公劉先生充滿人文關懷的演講，爲會議留給人們的影像加重了筆墨。

　　第三、依我個人的看法，此次會議也有千慮未到之處。主要是交流、對話、回應、論議，顯得不夠。首先是研討者和研討對象之間原可以增加一些對話。蓉子聲明，她在這個會上，做好了準備接受各位良醫的身體檢查。一位學者說羅、蓉的創作是高品位的金礦，大家只不過是採掘者。可惜大家未就這兩個意象系列作進一步的交流。

　　最後，這次具有特殊意味的研討會所以能夠召開，應該歸功於周偉民、唐玲玲兩位先生的偉大構想。他們說，當初一見羅門、蓉子，就幻化出一個三段論式：㈠寫一本書；㈡在海南大學開闢兩位詩人的作品的陳列室；㈢開一次專門的作品研討會。這三件事現在他們都做到了。今天中午我問偉民先生是否還有第四段構想？看來他有。那麼，我是否可以代表此次會議的與會者，祝周、唐兩位教授心想事成！

　　我的旁觀而未必客觀的學術小結，請各位多多指教。謝謝！

大會隨筆

像爸爸的孩子和像媽媽的孩子

陳祖芬

羅門的妻子叫蓉子。

蓉子的丈夫叫羅門。

羅門和蓉子生了許許多多的孩子。很多孩子像爸爸，陽剛磅礴。很多孩子像媽媽，純眞明麗。

像爸爸的孩子是羅門的詩。像媽媽的孩子是蓉子的詩。

羅門說起話來，雙手向上豎起，旋轉着，舞動着，灼熱着，像兩柱向上升騰的火。

蓉子說話低婉清朗。她說詩人只有寫詩的時候才是詩人。在平時，別人勞苦他（她）也勞苦，別人歡笑他（她）也歡笑。

蓉子的手是勞作的手，蓉子的心是可掬的心。在她的詩裏，看到大批的綠迎面而來，綠草地上開放着小紅花。而笑，是自然開放的小紅花。沒有人踐踏一棵小草，怕小草疼痛。井壁上全是一圈圈唱片上的紋，井裏青蛙在做好夢。大母鷄搖頭擺尾走來，因爲生了一只蛋，「咯咯咯，咯咯咯咯蛋。」太陽沿途把色彩分送。泉水裏有小仙人掉落的小帽子。

童話詩只是蓉子詩歌的一個小小的花園。不過我走過她的童話世界就不想出來了，就想賴在那裏不長大。就像蓉子一樣。蓉子一定是從來沒有長大。她和羅門都是28年生人，65歲的年齡只是大海的一道道波紋，晶瑩神奇的海底世界才是蓉子的精神。

我和羅門蓉子和海內外羅門蓉子的愛好者一起坐上大轎車在海南

作環島遊。蓉子在車上老在記筆記,像一個用功的小女生。

在東郊椰林吃了海鮮上車就坐,就聽羅門大叫:「糟糕了,蓉子呢?」他說着身子着力一頓,變成一個驚嘆號。羅門棄車去找蓉子,大家急起來,感覺中好像羅門丟了小女兒。然而就這麼一點路,就在這麼個大中午,蓉子如何就會丟失呢?果然遠處蓉子和另二位女性說着什麼走來了。我說羅門可急壞了。蓉子低婉清朗地說:他是很強烈的,可是他只知道往前走,也不管我。

羅門走路,是有一種無前的勁頭。而且他的眼睛總忙着「吃」。記得一次到某風景點,司機說先吃飯再看景。羅門說:「我們的眼睛先要吃好東西。」他說中國人在歐洲,也常常是先吃飯,再好的風景也靠後。

羅門的眼睛不僅「好吃」,而且有吃福。他出生在海南。迎接他的,除了無邊的綠,便是無邊的藍——藍得像天空的大海,和藍得像海洋的天空。後來他從臺灣空軍官校到了美國民航中心。飛行員羅門,一踩油門,飛機直上雲天。「在沒有終點的渾沌裏,問時間,春夏秋冬都在睡,問空間,東南西北都不在,整個世界空在那裏……」。

這世界,空出版面等待一個——詩人。這個人用踩油門的力度和在雲天的氣度,噴射出他的詩行。他的名篇《麥堅利堡》,是紀錄在馬尼拉城郊看到七萬個大理石十字架,刻著二次大戰時在太平洋戰死的美軍名字。「……血已把偉大的紀念沖洗了出來」「七萬朵十字花,圍成園,排成林,繞成百合的村」「沉默給馬尼拉海灣看,蒼白給遊客的照相機看」「凡是聲音都會使這裏的靜默受擊出血」「死者的花園,活人的風景區」「靜止像取下擺心的錶面,看不清歲月的臉」「麥堅利堡是浪花已塑成碑林的陸上太平洋,一幅悲天泣地的大浮雕,掛入死亡最黑的背景」……。

一位美國詩人說《麥堅利堡》「具有將太平洋凝結成一滴淚的那

種力量」「他的意象燃燒並灼及人類的心靈，我被他詩中的力量所擊倒」。

　　羅門寫戰爭與死亡，寫城市與喧囂，都是對生命的吶喊。這吶喊，又因爲現代手法更具衝擊力。在《都市之死》裏，現代人「用紙幣選購歲月的容貌」「行車抓住馬路急馳，人們抓住自己的影子急行，在來不及看的變動裡看，在來不及想的回旋裡想，在來不及死的時刻裡死」「人們伏在重疊的底片上，再也叫不出自己」「酒宴亡命於一條抹布，假期死在靜止的輪下」「伊甸園是從不設門的」「美麗的獸便野成裸開的荒野」「再也長不出昨日的枝葉，響不起逝去的風聲，一棵樹便只好飄落到土地之外去」……。

　　這樣的空間掃描，幾何結構，這樣的時空交錯，現代精神，叫我特別地想起畢加索的畫。我問及羅門。羅門說現代社會往往使人不能靜下來對話。不過越是能接受西方文明的挑戰，越是能了解東方。「做爲一個現代中國詩人與作家，他首先必須是中國人，同時必須是現代的中國人，也必須是關心到全人類的中國人，最後更必須是他不斷超越中的獨特的自己。

　　可是他不無痛惜地覺得現代人太多高明而太少高尚。中國人缺乏悲劇精神。魯迅是有大悲劇性的。魯迅或者有偏面，不過他的片面往往較全面更爲深刻。

　　於是明白羅門的詩在震撼力之外，還有孤獨感。「雨中的傘，走成一個個孤獨的世界」「他愕然站住，把自己緊緊握成傘把，只有天空是傘」……。

　　羅門說寂寞是消極的，而孤獨往往是力量。當物欲正在佔領心靈空間的時候，詩歌保衛生命、文明和智慧。詩歌就是環境保護，詩歌就是羅門的宗教。當然，當詩歌飛到一個高處在那兒廻旋高飛的時候，詩人是沉重的。

是沉重的，又是自由的。羅門說在人類自由的內心世界裏，詩人有上帝發給的通行證，詩人以生命來穿越，來創造。他說小說是卡車，裝滿了故事和人物，而詩歌是飛機。

可是，我不能不感覺到詩歌的消退，譬如在中國大陸。不，羅門說：詩尚可搬家到別的藝術形式裏，但是詩不會死，詩是語言的藝術，語言在，詩也會在。

而羅門，是住在飛機運載的詩裏的。

而蓉子，是住在青鳥歌唱的詩裏的。

而羅門蓉子和他們許許多多的中文英文詩集，是住在臺北一方平常的土地上的。

羅門、蓉子的文學世界學術研討會紀實

唐玲玲

　　一九九三年八月六日至十一日，來自美國、新加坡、馬來西亞以及臺灣、香港、大陸等國家和地區的詩人、學者，齊集海南大學邵逸夫學術中心，參加「羅門、蓉子的文學世界」學術研討會。

　　八月的海南，驕陽似火，挺立的椰樹紋風不動；熱島的炎暑，讓海峽兩岸三邊和各國詩人、學者的心融化在一起了。

詩人故鄉的濃濃情意

　　為臺灣一對詩人伉儷召開學術研討會，在中國大陸可以說是第一次。

　　開放的海南島，是經濟特區省，也是建設社會主義市場文明的熱島。建省五年來，與海外文學界、學術界進行了多方位的學術文化交流；把海外的優秀文化，與本土傳統的、廣土眾民的文化相結合，探尋着發展海南新的文化藝術的模式。於是，新省辦新事，也是自然現象。

　　臺灣著名詩人羅門，海南省文昌縣人。文昌縣乃中國著名宋氏家族的故里；這裏，人傑地靈，有舉世聞名的「宋氏故居」。羅門與夫人蓉子，一九六九年出席在馬尼拉召開的第一屆世界詩人大會，被譽為「世界詩人大會傑出文學伉儷」，兩位詩人的詩作，飲譽臺灣及世界詩壇。一九八八年十月十七日，羅門回到了濶別幾十年的故鄉，家鄉的親人激動而又驕傲地迎接這位「少小離家老大回」的遊子，故鄉的山水敞開胸懷接待這位來自臺灣的著名詩人。羅門沐浴着南國海島

的陽光，迎着膠林椰樹的婀娜風采，接受故鄉親朋好友質樸的親情厚誼。在海南，他訪問了海南文學藝術界聯合會、海南大學和海南師範學院，並就海峽兩岸文化發展、文藝交流和詩歌創作問題，與海南文化界、學術界進行廣泛的交流。羅門和蓉子爲了詩歌藝術事業，放棄了優厚的工作待遇，提前退休，全身心地獻給詩的世界，詩的藝術。羅門和蓉子這種獻身於嚴肅文學的可貴品格，感動了故鄉的親人們。從一九八八年起，羅門與故鄉海南的朋友們的友誼與日俱增。

四年多來，海南學術界以及父老鄉親們，對羅門、蓉子詩人伉儷，一直懷有三個心願：一是在海南大學圖書館設置「羅門、蓉子著作專櫃」，讓師生和廣大讀者閱讀與研究他們的著作。二是撰寫評論羅門、蓉子文學世界的專著，對詩人的創作世界作出評價。這兩個心願在兩年前已經做到了。經過一段較長時間的準備之後，第三個心願——召開「羅門、蓉子的文學世界」學術研討會，廣闊而又深入地研討羅門、蓉子的作品。在海南大學和海南日報的共同努力下，終於辦成了海峽兩岸文化交流中這樣一件盛事。

詩人的故鄉，以最濃的情意，張開雙臂迎接羅門、蓉子和來自各地的詩人、學者們。

在海南大學裏……

羅門和蓉子於會前的八月二日，到達海口，受到海南大學名譽校長林英教授、省政協副主席周松先生和家鄉親人的熱烈歡迎。他們到達海口的消息，不脛而走。

研討會前，羅門與蓉子的接待工作十分繁忙。海南年輕的詩人們簇擁到學術中心來了，與羅門、蓉子共聚一堂，舉行了詩歌對話會，共同探討詩歌創作問題。海南省副省長劉名啓先生，在海南大學校務委員會主任林亞珉和海南日報總編輯林鳳生的陪同下，宴請了羅門、

蓉子夫婦，海南作家協會、海南詩社也分別與羅門、蓉子進行詩歌創作的懇談，海南青年詩人在海南大學東坡水莊爲兩位詩人辦大型的詩歌朗誦晚會。在此期間，羅門、蓉子還參觀了海口罐頭廠和海口市工藝美術廠。在這先後的一周多時間裏，海南省各大報，紛紛報道海南大學、《海南日報》聯合主辦、海口市對外文學藝術交流協會協辦的「羅門蓉子文學世界」學術研討會消息。各大報分別出版了羅門蓉子創作專頁。八月九日新華每日電訊、八月十日人民日報及人民日報海外版都刊登了海內外學者匯集海南大學研討臺灣詩人羅門夫婦創作的消息。眞可謂盛況突前！羅門、蓉子在海南大學邵逸夫學術中心的日日夜夜，接待各方朋友，承受故鄉文化界的深深情誼；雖然忙碌勞累，但詩人的心卻沉浸在故鄉濃濃的鄉情之中。

　　海南大學邵逸夫學術中心，是海南省中外文化交流的良好場所；建成三年多來，這裏召開過多次國際學術研討會。今天，又迎接了羅門、蓉子及來自海內外的詩人、學者，這當中有來自臺灣的張健、陳鵬翔、丁善雄等教授和著名的青年作家林燿德，美國的唐翼明教授，新加坡作家協會會長黃孟文先生，香港詩人王一桃以及馮瑞龍博士，大陸著名作家、詩人陳祖芬、舒婷、公劉、韓少功及著名評論家劉夢溪、黃偉宗、金宏達、古繼堂、劉登翰、陳賢茂、劉揚烈、徐學、王振科、朱徽……等共六十多人，濟濟一堂，共同研討羅門、蓉子活動了幾十年的文學世界。羅門、蓉子在大會上精要地闡述自己的創作觀念，然後專心致意地傾聽，賓主暢所欲言，各抒己見。每一單元發言之後，有專人評論，最後由劉夢溪作學術小結，對若干學術問題及會議的組織作了評議。會議始終在熱情洋溢，氣氛和諧中進行學術探索。正如海南省副省長劉名啓所指出的：「他們賢伉儷對人類精神文明價值刻意追求和矢志於嚴肅文學事業的精神以及他們自身極高的獨立品格，是十分令人敬佩的。我們海南省的文學藝術工作者，應該從羅門、

蓉子的藝術實踐中得到有益的借鑒。」

羅門、蓉子的文學世界對世界文學的啓示

羅門、蓉子賢伉儷,在他們幾十年的創作歲月裏,創作了極具深度和力度的優秀作品。他們的作品雖立足於臺灣,但不局限於臺灣。他們詩的內容,關懷着人類的前途和命運,並以深刻的思想和藝術的魅力,感動和激勵着廣大的讀者。他們在那商品經濟充分發達的臺灣社會裏,以自己高尚的人品,抵禦着拜金主義的襲擊。用自己的全部身心,全部生命,爲嚴肅文學作出一生的嚴肅追求,羅門、蓉子的文學世界,對世界的文學,提供了有益的啓示。會議主持人、海南大學文學院周偉民教授在主題發言中,將羅門、蓉子文學世界的價值,概括爲四點:㈠始終認同文學對人類文明的精神價值,他們對不斷地淨化人類的精神空間,抱着強烈的歷史責任感與刻意的追求。㈡對於中國的「國魂」和文化中國的「根」,有着執着的堅持和嚴肅的維護。㈢對當代社會文明有着永遠的關懷,旣有積極的肯定,又有嚴厲的批評。㈣對嚴肅文學有着嚴肅的追求,以強烈的精品意識對待創作,在藝術實踐中積極進行多方面的探索,在文學理論與創作實踐相結合的基礎上,對藝術經驗作出科學的總結。周偉民教授還着重強調羅門詩歌理論的貢獻,羅門所堅持的詩與藝術是一項永恒性的精神作業、詩應該對人的心靈不斷地淨化的觀念,關於現代詩應從優秀古典文學中取得有機的生命與原動力的理論,關於「第三自然」與「現代感」的創作觀念,等等,這些文學理念,對於開拓詩的廣度與深度來說,都是值得肯定的。

大會劃分內容的三個單元。

一是探討羅門的詩歌創作。臺灣大學張健教授提出的《論羅門詩的二大特色》的學術報告中,認爲羅門是中國現代詩壇的一顆巨星,

無論是質、量及影響力諸方面，都有他不可忽視的重要性。張健從兩個重要主題討論羅門詩的整體特色：第一是富於思想性。他把羅門的詩作歸納爲⑴對時間的敬畏與讚嘆，⑵對現代文明的省思，⑶對死亡的省思，⑷自然的偉大與天人合一，⑸對英雄的崇敬。此外，堅持人類的心靈至高無上、高唱精神文明的重要，更是人所共知的「羅門主題」。第二是具有豐富的想像力。作者總結羅門詩歌的藝術經驗時認爲，羅門早期的詩，想像力的發揮大致集中在聯想作用上。而且比多於興，往往因想像力過於豐富而顯得意象和比喻過分擁擠，這當然是過猶不及的現象。但到了後期，這種現象已有了顯著的改善。同時，中、後期的羅門，想像世界已更爲開闊，不只限於聯想式的明喻和暗喻，滲入、醞釀一些「興」的片段，使得他的詩更爲主體化，也更耐讀者尋味。張健的報告，獲得與會者的認同及該場評論唐翼明教授的肯定。臺灣青年作家林燿德，則對「羅門思想」與「後現代」的關係，進行了頗有見地的論述。他認爲，羅門是一個現代主義者：「不論羅門是否承認，他本身在文學系譜上是一個現代主義者，而且他強調的無框架的現代思想、詩的創作與精純、強調作者內在生命世界的本質、喜愛使用各種形上學術語來論辯等等特徵，都恰好證實他是一個『有容乃大』卻從不動搖立場的、卓絕的現代主義者。」並認爲羅門以「第三自然螺旋型架構」對於後現代的批判與修正，具有嚴肅的意義，因爲羅門能夠以一己營造的壯美思想體系面對時潮，羅門篤定而誠懇的態度值得肯定，重建眞理的企圖令人敬佩。最後他結論說：「後起的浪潮不見得必然高過前驅的浪鋒，能夠堅持自我理念的詩人羅門是永不過時。」林燿德關於現代主義與後現代主義關係的發言，引起了與會者的不同思考。臺灣師範大學陳鵬翔教授以宏觀的視角闡釋羅門的詩歌理論，側重論述羅門詩論中的三個重心，即心靈、現代人的悲劇精神和第三自然。這同時也是羅門詩歌理論的三個座標。他以羅門

的詩引證羅門的詩歌理論，提出羅門的悲劇精神超越尼采。他說「反觀諸羅門，雖然他也主張我們得生活得積極，有意義，要能欣賞美——包括詩歌與其他藝術品——可見他的道德意識似乎比尼采強大多了。」對於羅門的詩歌藝術進行探討的論文，有廈門大學徐學副教授的《羅門詩論的主體性》，鄭州大學魯樞元教授的《詩人與都市》，香港詩人王一桃的《論羅門的城市詩》，香港作家王業隆的《羅門詩中的鄉情》等。還有未及出席大會而撰寫論文的，有北京大學謝冕教授寫的「羅門的天空」、臺灣戴維揚的《噴向永恒思維的螺旋——試論羅門三篇詩作的「空間運作」》和蕭蕭的《論羅門的人文關懷》等。

二是研討蓉子的詩歌創作。著名女作家陳祖芬和著名女詩人舒婷主持了這場討論。臺灣師範大學丁善雄教授，以《蓉子詩中的女性意識》為題，闡述蓉子詩歌創作的特色。他認為，蓉子沒有單純的愛情詩，並引用余光中的話：「蓉子的作品並非永遠是『閨秀』的，往往她的筆下竟聞風雷之聲，這是許多女詩人做不到。」由此指出蓉子創作風格並非人們所認為的純屬婉約，而是有「剛性」，蓉子探追求的，「是一個完整的女性自我」。她具有強烈的完整的自我性及獨立精神，她以「一朵青蓮」作為自我象徵，表明了詩人的超凡脫俗而又有孤高的氣質，這正是女性的自我的展現。王一桃的《從蓉子詩看其詩觀》的報告中，指出蓉子以詩論詩的特色，他從「何謂詩」、「詩之緣」、「詩與眞」、「詩與善」、「詩與美」、「詩與美」、「詩無價」、「詩與愛」這些角度，論述蓉子詩歌中所展現的創作理論，如他從蓉子的詩《笑》、《為什麼向我索取形象》等詩作為根據，論證「眞」的詩歌理論。他說：「詩的出發點是眞，誠如蓉子所說的：眞誠的詩和美的藝術都永遠引人入勝。唯其眞，才能表現生命的本質，生活的內涵和大自然的奧秘。」王一桃的報告注重蓉子詩歌及其詩論的眞、善、美。香港浸會學院馮瑞龍博士的論文，以《愛神、情聖與愛情象

徵》爲題，分析蓉子比較少情詩傳世，認爲原因有三：⑴婚姻美滿；
⑵作者不擅長；⑶喜歡寫原型多於寫個人。但並不因此而說蓉子不寫
愛情詩，他說：「研究發現蓉子的情詩絕不遜色」，蓉子的「愛情詩
主要是寫集體的、民族的、原型的愛情而非個人的愛情。」如《這一
站不到神話》中的一組情詩，就體現了詩人對愛情生命的詮釋：普遍
化的、原型意味的愛情。馮瑞龍特別指出蓉子詩中愛情意象如愛神、
情聖以至各種愛情象徵，都以西方影響爲主，爲較爲出色。上海王振
科副教授以《飄泊者的歌哭——試論蓉子詩的鄉愁意識》爲題，論述
蓉子的鄉愁詩創作的心路歷程，認爲這是凝聚了海峽彼岸整整一代知
識分子的喜怒悲歡，有其獨特的審美價值和認識價值。新加坡作協會
長黃孟文博士從另一角度，談蓉子的《童話城》的藝術價值——生動、
形象、有趣，敬佩蓉子有寫童詩的才華，認爲她有一顆童心，能夠站
在兒童的立場來描寫。黃孟文希望蓉子能夠再度拿起她那支寫童詩的
彩筆，引領千千萬萬的兒童，漫遊她所創造出來的、更多的、一座又
一座的童話城。北京社科院胡時珍副研究員賞析蓉子小詩精品是「生
命的禮贊，進取的人生」。海南大學唐玲玲教授提交的論文是《蓉子
詩歌的藝術風格》。更有北京社科院陳素琰研究員的精心撰述《從青
鳥到弓背的貓》。

　　三是綜論羅門、蓉子詩歌的藝術成就。中山大學黃偉宗教授以《
穿越「傳統」與「現代」的文化與藝術》爲題，評論新近花城出版社
出版的羅門、蓉子詩選《太陽與月亮》一書。他首先肯定這次海南大
學、《海南日報》主持召開的「羅門、蓉子的文學世界」學術研討會，
在盛夏的海口舉行，是一件有意義的盛事。表明了海南在經濟對外開
放的同時，文化上也同樣有對外開放的姿態。繼而指出這次會上羅門
和蓉子伉儷向自己的鄉親和中外詩人學者，亮開自己的文學世界，既
可藉此擴展自己的文學世界，又可擴展人們的文學世界，尤其是二位

伉儷詩人所典型體現的海外華人的文學世界可藉此與國內的文學世界交流，都是極有意義的。黃偉宗教授認為，羅門、蓉子的文學世界，是極其廣闊、深邃、多彩、豐富的，他印象最深的是穿越「傳統」與「現代」的文化意識和藝術功力，這是他倆把握世界的藝術支點或藝術紅線，同時，也就是他倆文學世界的核心噴射的激光，使得他倆的藝術天地，縱橫古今中外，而又是有鮮明的時代、民族和個性特點的藝術整體。他還特別論述羅門、蓉子詩歌的追蹤的意識和方式、本質的內涵與技巧的多樣性、意境——動的旋律與靜的超越等三個方面的議題，分析羅門、蓉子詩歌藝術的內涵及藝術特質。北京社科院古繼堂研究員以《自然和靈魂的堅強衛士》為題，論羅門、蓉子詩歌價值。四川西南師大新詩研究所劉揚烈教授，以《卓越的詩才與自覺的選擇》，論證羅門都市詩的成就。汕頭大學陳賢茂、杜麗秋教授則把羅門、蓉子詩作一比較，說明他們以各自不同的視角，去觀察自然、都市、現實、生命以及永恒。福建社科院劉登翰教授以《日月的行踪》為題，寫羅門蓉子論扎，他側重研討羅門、蓉子的都市詩。未到會寄來論文者如古遠清副教授的評羅門詩論《具有前衛性與創新性的現代精神意識》，潘亞暾教授的《羅門蓉子伉儷詩》，臺灣詩論家陳寧貴的《追踪內心的無邊視域——讀介蓉子的詩》等論文。這些發言及論文，都充分評介羅門、蓉子的詩歌藝術成就。最後，文化藝術研究院劉夢溪教授作學術小結，他肯定了這次學術研討會的嚴肅性、學術性以及研討的成功，指出這次會議的不足，是尚未展開充分爭論，如林燿德的對後現代的理論，徐學對羅門詩與當代文化人的比較等，存在不同看法，但因時間太短促，未能進行充分辯析。

這次研討會在海內外詩人、專家、學者的支持下獲得圓滿成功。

「文章江山助」！與會者在討論會結束之後，進行了「羅門故鄉行」開始的為期四天的環島考察，海南美麗的五指山和湛藍的海灣，

多彩多姿的少數民族的山寨、村落，大家都欣賞這無窮野趣。

　　這是一次在大陸為一對臺灣詩人伉儷而召開的具有特色的海峽兩岸文學藝術交流的會議，但願在第一朵鮮花盛開之後，將會釀成藝術花園中萬紫千紅的嫣然的一片艷麗。

我們在詩中相會

——「羅門、蓉子的文學世界」研討會絮語

王一桃

讓詩回頭來看這一對伉儷

　　很少遇到這樣的盛會。盛會的中心人物是一雙文學伉儷，而與會者之中也有幾對文學伉儷，要是趙明誠和李清照還在世，要是白朗寧夫婦仍在人間，相信也會聯翩赴會，欣然光臨「羅門蓉子的文學世界」。

　　羅門與蓉子的結合，是詩的結合、藝術的結合。從一九五五年到現在，整整三十八年一直如膠似漆，親密無間。詩神和美神，一直眷顧和佑護着他們。他們以詩來對話，以藝術來作心靈上的交流，組成了一個豐富和諧、神奇美麗的文學世界。

　　羅門把他和蓉子共同生活的日子形容為「詩的歲月」：「要是青鳥不來／春日照耀的林野如何飛入明麗的四月」？從繽紛燦爛的春到熱烈燃燒的夏，從一片輝煌的秋到一片溫馨的冬，一切的一切「都是流回四月的河水／都是寄回四月的詩」。（青鳥，是蓉子的成名作，既是詩，也是蓉子。四月，是這對文學伉儷結婚的月份。歲月如流，但四月對他們來說，永遠是燦爛輝煌，熱烈溫馨的。）

　　在他們結婚三十週年那天，羅門以詩作了一個幸福的回顧：從「你銜住那支仍青翠的桂葉／飛來歲月的雙翅」起，彼此使用詩釀造着白晝，用筆尖裝釘着夜晚，就這樣「一聲晚／一聲早／日月已伴我們／走了三十年」。而這「三十年／是詩說的／就讓詩回頭來看／除了你每進廚房／忙來一臉傻笑／白晝與夜晚／都一頁頁／疊在《日月集》

裏／疊高成時空的《燈屋》」。……

（日月集，是羅門和蓉子的詩合集，一九六八年八月被翻譯爲英文。燈屋，則是他們共同創建的藝術世界。詩和藝術，就是這樣伴隨着他們，幾十年如一日……）

太陽、月亮和星星相互致意

按這對詩人伉儷的本意，日月集中的日月是指詩的歲月，亦即他倆相處的美好時光和夜以繼日地捕捉詩的意象的日日夜夜。但後來卻被人引申爲太陽與月亮，例如一九九二年廣州花城出版社爲他們出版了一個詩集，書名就叫《太陽與月亮》。這樣一來，太陽很自然地成了羅門，而月亮，不言而喻便是蓉子了。儘管他們一再聲明這種比喻不當，容易造成誤會，但人們還是願意流傳和接受這「美麗的誤會」。

在這次海南召開的研討會上，中國大陸當代著名詩人公劉作了相當精彩的發言，他發言的題目就是《詩國日月潭》，海內外許多詩友在讌席上也爲臺灣詩空的太陽和月亮祝酒，而蓉子則代表她自己和羅門，爲在座衆多的星星共同舉杯，頻頻致意。頓時，酒會上洋溢着歡騰熱烈的氣氛。

主持大會的周偉民和唐玲玲伉儷就以一本厚達四百七十多頁的《日月的雙軌——羅門、蓉子創作世界評介》獻給日月和衆星。他倆目前都在海南大學執教。

從第二故鄉返回第一故鄉

羅門和蓉子都是一九四九年從大陸到臺灣的，整整四十年的時間，一直把臺灣當成了自己的「第二故鄉」。蓉子曾於八十年代中來過香港，在余光中、黃國彬等人的陪同下驅車直往落馬洲，舉目遠眺中國大陸，其時她「內心充滿了無盡感慨」：「車行到此車已無軌」，「

馬馳到此」也「當急速勒馬」，儘管「前面是故鄉，不是天涯」——
一種真切深沉的「故鄉情結」，在此流露無遺。

今天，開放的故鄉在向他們召喚，熱情的親人在向他們招手，《
海南日報》和海南大學還為他們舉行了「羅門、蓉子的文學世界」研
討會，簡直令他們「漫捲詩書喜欲狂」，「青春作伴好還鄉」！何況，
隨行者還有三十多位海內外的詩友和文友……。羅門，是海南的兒子。
在文昌的一個村莊，仍有他昔日的家園。他曾在「讀書樓」埋頭苦讀，
他曾在「望月樓」上舉頭賞月，他曾在寬廣的庭院裏歡度他的童年…
…故地重遊，他真是百感交集；蓉子跟在他身邊，彷彿也和他一樣感
同身受，重溫那流逝的歲月，從故園到燈屋，經過了將近半個世紀！
在臺灣，他們寫過幾十年的「懷鄉文學」，如今回到故鄉，他們又將
產生多少「返鄉文學」？不管「懷鄉文學」也好，「返鄉文學」也好，
貫串其中的仍是一種真切深沉的「故鄉情結」。

從樹上剛剛摘下的一顆顆青綠的椰子，由親人端到每一位嘉賓的
手上。

沿着吸管，人人都感到有一股清流沁入心間——這是故鄉清甜的
水啊，飲得羅門如痴如醉……

到了東坡載酒堂，詩人們更是興致大發。往昔蘇軾貶謫瓊崖，今
天羅門榮歸故里，同樣是來到海角天涯，兩個詩人竟有迥然不同的際
遇！然而，有一點是共通的，那就是他們都受到海南父老鄉親的熱情
接待，因為他們都是繆斯的使者。

不信，請聽那村頭樹下的那一串串辟里拍拉的喜慶爆竹，一串串
此呼彼應的歡聲笑語……

聽，「南方喚我！」看，「門羅天下」

來到海南，口中不禁跳出蓉子的《七月的南方》：「南方喚我！

／以一種澄澈的音響／以華美無比的金陽／以青青的豐澤和／它多彩情的名字」！從海口到興隆，從東郊椰林到天涯海角，從大東海到鹿回頭，從三亞到通什，從儋州到洋浦……幾乎無處不是綠色的世界。而在金色的陽光下，「椰子樹的巨軀靜靜地支撐南方無柱的蒼穹／古老桐的身上現出野獸的紋斑／松果緩緩地跌落在寂謐的苔鮮上／像是幸福的凝滴……」難怪蓉子會熱情地詠歎：「我便用這一叢叢綠，一朵朵紅花燃耀／一季節的光影彩虹／來描摹南方／描繪它悅人的形象！」

海南確實是美的，美得幾乎秀色可餐！然而它的兒子羅門和兒媳蓉子的詩也是美的，美得令人擊節讚賞！《門羅天下》一書，收集了張漢良、鄭明娳、蔡源煌、林燿德等幾十位當代名家對羅門詩作的評論；上文所提到的《日月的雙軌》也收集了周偉民、唐玲玲對羅門、蓉子伉儷創作世界的評介。在這次研討會上，發言的就有周偉民、張健、林燿德、古繼堂、陳鵬翔、徐學、黃孟文、劉登翰、劉揚烈、陳賢茂、王振科、公劉和筆者等；提交論文的還有蕭蕭、古遠清、陳寧貴、唐玲玲、喻大翔等人。發來賀電信的更是不勝其數。筆者除了宣讀《從蓉子詩看其詩觀》一文外，另提交一篇論文：《論羅門的城市詩》；並寫了一篇《臺灣女詩人蓉子筆下的香港》，刊登在香港《新晚報》上。

從羅門的城市詩，很自然聯想到海口市，頗值得詩人來吟咏。當然，作為一個起步不久的新興城市，海口市難免會遇到種種問題，例如經常停電停水。會議召開的第一天，電力供應就不很正常，時有時無。到了第二天，竟然全日無電，令邵逸夫中心會議廳變成一個大火爐！儘管如此，大家仍在揮汗如雨的情況下繼續深入探討羅門蓉子的文學世界。筆者恰好和古繼堂擔任最後一場會議的執行主席，不得不以羅門詩那種激情來煽動，以繼續鼓起全場的士氣。

研討會竟開到旅遊車上了

在漫遊海南島的過程中，有一件事是非常難忘的，那就是大家把研討會繼續開到旅遊車上了，和筆者同車的張健、丁善雄、陳鵬翔、金宏達、唐翼明、劉登翰、徐學、舒婷以及周偉民、唐玲玲等廿多人紛紛參加了討論。先是由張健對「羅門、蓉子的文學世界」作縱深的探索，並「爆」出了鮮為人知的「內幕」，使大家對這雙詩人伉儷的私生活和內在美有了進一步的了解，再由其他臺灣詩人和評論家作適當的補充，令大家對羅門和蓉子產生更深的敬意。

路曼曼其修遠兮，特別是橫貫南北穿過五指山的公路。要將長途跋涉的勞頓和疲憊驅散，不能老是開正正經經的研討會，於是文藝節目便應運而生。節目先是由筆者發端，然後再由舒婷主持，真是一路歡笑一路歌。丁善雄的調侃、張健的幽默、魯樞元的笑話，使一車人笑得前仆後仰！馬中欣的傳奇，金宏達的故事，周偉民的童話，也令大家樂在其中。馮瑞龍、鍾帶喜的對唱，唐翼明的獨唱，福建詩人的合唱，更使大家精神為之一振！參觀過東坡書院後上車，周偉民對蘇軾《念奴嬌・赤壁懷古》一詞中的句讀提出不同的看法，認為其中一句應讀為「小喬初嫁，了雄姿英髮，羽扇綸巾」，結果引起大家熱烈的爭論。經大家提議，筆者朗誦了蘇軾這首詞，將兩種版本反覆朗誦了兩遍……

我們到通什度假村的那天晚上，曾分別或結伴上山訪古探幽，其時暮色蒼茫，山上的景物漸漸朦朧，就像臺灣一些現代詩和大陸朦朧詩一樣，筆者年近六旬，不敢尾隨年輕人繼續奮勇前行，於是匆匆和幾位上了年紀的人走回頭路。結果不出所料，有一位年輕人迷失於濃重的夜色之中，走投無路（險象橫生，只好爬上樹去過整整一宵，一任蚊叮蟲咬。第二天天一亮，即迫不急待地披荊斬棘趕回賓館。

　　從八月六日到八月十一日的研討會圓滿結束了。筆者返港不久，即收到羅門的贈書和短簡：「回臺第一本寄出的書。此次相會，您對我與蓉子的垂愛，多謝！」書中，還夾了一張三人的合照，背後寫道：「我們在詩中相會」⋯⋯

一九九三年八月十五日，九龍得寶齋

後 記

周偉民

「羅門、蓉子的文學世界」學術研討會的學術論文，結集行世，又讓人追憶起1993年夏天海南島上醉人的海風椰韻。

為了增進海內外學術交流、加強瓊台兩島的文化聯繫，由海南大學、海南日報社聯袂主辦，海口市對外文學藝術交流協會協辦的「羅門、蓉子的文學世界」學術研討會，於1993年8月6日至11日，在海南省海口市海南大學邵逸夫學術中心舉行。與會的學者、作家、詩人等60多人，分別來自中國、美國、新加坡、馬來西亞及臺灣、香港等國家和地區，研討會收到學術論文30多篇。

這次學術研討會，除了會上進行學術交流、展開熱烈的討論外，與會者在作環島考察的途中，參觀了羅門舊居；羅門、蓉子與詩歌愛好者一起，舉辦了大型的詩歌朗誦會；詩人仉儷還與海南省青年詩人見面、對話。這次研討會，切磋學術，交流創作經驗，也增進了同行們的友誼，是一次成功的學術活動。

會議過程中，有一點令與會者都感到遺憾，即研討會進行當中，當時海南電廠的兩台發電機組常出現故障，給與會者的工作和生活帶來不便，可以想見。至今仍讓我們歉疚不已！

這次研討會，新華每日電訊、人民日報、光明日報、人民日報海外版、香港新晚報、香港文匯報、香港文學、海南日報、海南日報海外版、海南開發報、特區時報、海南青年報等，都作了報導；我們選擇了香港文匯報及香港文學上刊登的通訊，作為附錄，以殖讀者。

海南省副省長劉名啓先生，海南大學校務委員會主任林亞珉先生，

海南日報總編輯林鳳生先生在會上發表的精采的講話，以及海南省海外聯誼會會長周松先生蒞會指導，都已經和繼續給與會者留下美好的回憶。

這個文集的論文，大多數都在會上作了交流，有部分論文，當時未及在會前印出，現在也一并編入。我們本着學術民主、各抒己見的原則，各位學者的觀點，不求一律，各負文責。

對支持召開這次研討會的南風學會、海南海達房地產公司、海口工藝美術廠、海口罐頭廠、海口保健食品廠以及海口市財稅局等，我們表示衷心的謝意。我們要特別感謝臺灣文史哲出版社的代表人彭正雄先生，會前，他慷慨贈送五十冊《日月的雙軌——羅門、蓉子創作世界評介》一書，現在，又以對文化事業的無私奉獻的精神和高瞻遠矚的出版家的眼光，出版這本論文集。上述單位及其代表人，他們對嚴肅文學的支持，對人類精神文明建設的不懈關注，令人肅然起敬！

最後再補充說一聲，彭先生支持此書及時在四月十四日出版，尚有另一些用意，因這一天正好是羅門蓉子結婚紀念日，此書便也無形中成為一份貴重的文學賀禮。

1994、3、6、海南大學文學院

附　錄

附錄一

發表論文學者簡介 （按姓名筆劃）

丁善雄（林綠）：華盛頓大學比較文學博士、臺灣師範大學英文研究
　　　　所教授、詩人、評論家。

王一桃：詩人、專欄作家，從事文學評論。

王振科：上海第二工業大學教授，從事文學研究與評論。

王業隆：作家、世界華人文化名人傳略主編，從事文學創作與評論。

公　劉：詩人、作家，曾任安徽大學文學院院長。

古遠清：武漢中南財經大學中文系教授，文學評論家。

古繼堂：文學評論家，中國社會科學院臺港文學研究室副主任，現任
　　　　教北京大學。

朱　徽：四川大學外文系主任、文學評論家。

杜麗秋：汕頭大學教授從事文學創作與評論。

周偉民：海南大學前文學院院長、文學理論家、此次大會主席。

林燿德：詩人、小說家、散文家、評論家、青年寫作協會秘書長。

胡時珍：作家，任職北京萬壽寺中學。

徐　學：廈門大學教授、文學評論家。

陝昭明：作家，從事文學理論批評，中山大學臺港文學研究所。

張　健：臺灣大學中文研究所教授、詩人、散文家、評論家。

陳鵬翔（陳慧樺）：比較文學博士、臺灣師範大學研究所教授、詩人、
　　　　評論家。

陳祖芬：作家，從事散文、專欄與報導文學等創作。

陳寧貴：詩人、小說家、評論家、殿堂出版社社長、「新聞透視」副

　　總編輯。

陳素琰：從事文學創作與批評，任職北京中國社會科學院。

陳賢茂：汕頭大學中文系教授、文學理論家。

唐玲玲：海南大學中文系教授、文學理論家。

馮瑞龍：文學博士、香港浸會學院教授、文學評論家。

黃孟文：文學博士，新加坡作協會長、詩人、評論家。

黃偉宗：中山大學中文系教授、作家、文學評論家。

馮麟煌：詩人作家，文學評論家。

喻大翔：作家、文學評論家。

熊開發：作家，從事文學評論。

潘亞暾：暨南大學教授、作家、文學評論家。

謝　冕：北京大學教授、文學評論家。

魯樞元：理論家，鄭州大學心理學研究室主任、河南省文藝理論研究
　　　　會主任。

劉夢溪：中國藝術研究院文化研究所所長、名學者，文學評論家。

劉登翰：文學理論家、詩人、作家、福建社會科學院文學研究所副所
　　　　長、福建省作家協會副主席。

劉揚烈：文學評論家、重慶西南師範大學教授、四川魯迅研究學會副
　　　　會長。

戴維揚：文學博士，文學理論家、臺灣師範大學外文系教授曾任臺灣
　　　　美國文學學會會長。

蕭　蕭：詩人、文學評論家，現在大學任教。

附錄二

文藝界、學術界與社會人士參加人員

（不包括發表論文者）

周偉民：海南大學前文學院院長（大會主席）。

林亞民：海南大學校務委員會主任（大會聯合主辦單位代表）。

林風生：海南日報總編輯、海南省新聞協會主席（大會聯合主辦單位
　　　　　代表）。

劉名啓：海南省副省長。

周　松：海南海外聯誼會會長。

韓紉豐：海南海外聯誼會副會長。

林　英：海南大學名譽校長。

李昌邦：海南大學副校長。

唐翼明：文學博士在美任教，目前在臺灣文化大學客座。

金宏達：北京圖書館副館長。

王春煜：海南大學中文系主任，詩人、作家。

舒　亭：詩人，中國作協會員。

趙國泰：作家、評論家、長江文藝出版社副主任。

普麗華：作家、評論家、華中師範大學中文系教授。

鍾帶喜：作家、香港浸會學院中文系教授。

駱塞超：浙江大學中文系教授。

陳傳漢：海南大學教授海南大學學報主編。

吳奕奇：汕頭大學臺港文學研究中心研究員

葉蔚林：海南省作家協會主席。

紀少雄：詩論家、作家。

唐　彬：詩人，從事文學批評，中國作協會員。

裘之倬：作家，海南大學客座教授。

陳傳漢：海南大學副教授，海大學報副主編。

鄭心伶：作家，中國魯迅研究學會副秘書長。

郭澤福：海南日報副總編輯。

酈海星：詩人、海南詩社副社長。

雲逢鶴：詩人、中國特區時報副社長。

黃宏地：作家、海南日報文藝部主任。

周濟夫：作家、海南日報文藝副刊主任。

黃昌華：海口市對外文學藝術交流協會會長。

朱逸輝：作家、前海南省文聯主席。

周愛文：臺灣師範大學歷史研究所。

莊金穗：臺灣師範大學歷史研究所。

馬中欣：報導文學作家，攝影家（負責大會錄影，舉辦詩與他個人攝影展）。

林木海：作家馬來西亞作協會員。

陳淑婉：作家、中山醫院任職。

李秀英：旅美旅遊作家。

劉佳佳：藝術家、海口市工藝美術廠廠長。

附錄三：

大 會 剪 影

参加"罗门、蓉子的文学世界"学术研讨会学者专家留影
一九九三年八月六日于海南大学

●大會部份剪影

●羅門・蓉子詩朗誦晚會剪影
（在海南大學東坡水莊）

羅門蓉子詩朗誦晚會與節目主持人李成夫婦合影

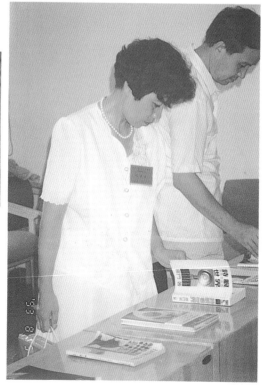

●羅門・蓉子著作
　與部份文藝活動
　資料展

●羅門・蓉子同青年文藝作家對談

● 羅門詩配合馬中欣攝影在會場舉行小型展

● 與會代表們造訪羅門童年舊居（文昌縣地泰村）

474

羅門・蓉子與魯樞元教授攝於名勝「鹿回頭」雕像前

劉夢溪、陳祖芬夫婦與羅門、蓉子留影於東坡書院

左起：黃孟文、羅門、蓉子、公劉、林木海、古繼堂、
　　　胡時珍攝於「東坡書院」，為弟子授業的雕塑前

左起：王一桃、羅門、陳鵬翔、劉登翰、李秀英、蓉子攝於「東坡書院」庭園內東坡銅像旁

羅門夫婦與詩人公劉攝於文昌縣「宋氏故居」

左起：陳鵬翔、周偉民、蓉子、舒婷在海灘上

左起：林綠、張健、蓉子、羅門攝於「牙龍灣」海灘

羅門蓉子和黃偉宗、陳淑婉夫婦在「天涯海角」海邊

左起：蓉子、唐玲玲、唐翼明、金宏達、黃孟文(看珍珠者)
攝於「天涯海角」風景區

羅門、蓉子和古繼堂、胡時珍夫婦合影

羅門與朱徽教授合照